◉主编　陈兴良

刑事司法研究

（第三版）

中国当代法学家文库

陈兴良刑法研究主编系列

Contemporary Chinese Jurists' Library

中国人民大学出版社
·北京·

总　序

自 1984 年发表第一篇论文（《论我国刑法中的间接正犯》，载《法学杂志》，1984（1））、1987 年出版第一本专著（《正当防卫论》，中国人民大学出版社，1987）以来，我的学术生涯已逾 20 载。其间，发表了二百余篇论文，出版了 11 部个人专著以及 8 部论文集，此外还主编或参编刑法学论著三十余部。以上论著的水平参差不齐，既有青涩的少作，也有成熟的代表作，基本上反映了我对刑法的感悟。这些论著，出版较早的已经过去十多年了，书店难觅其踪，图书馆也不易查找，经常有读者向我打听何处有售。本想对这些论著进行系统修订以后再版，但因写作任务挤压，加上历经 1997 年刑法修订，并由于我国刑法学理论水平的提高，旧作的内容益显其旧，甚至非经重写不可。在这种情况下，畏难情绪使旧作的修订工作一再拖延。正在旧作重新出版遥遥无期之际，中国人民大学出版社建立"中国当代法学家文库"，并邀请我参加，为我出版"陈兴良刑法研究系列"，将旧作进行整理以后集中出版。这一构想，对我颇有吸引力。经过慎重考虑，将 10 年前出版的旧作，除个别以外，分为三个系列出版，这就是：(1) 陈兴良刑法研究专著系列；(2) 陈兴良刑法研究文集系列；(3) 陈兴良刑法研究主编系列。现分别对这三个系列的情况略加说明：

“陈兴良刑法研究专著系列”，是我个人专著的书系。自1987年至2006年，我出版的个人专著共计11部，此次纳入文库的有《正当防卫论》、《共同犯罪论》、《刑法适用总论》、《刑法的人性基础》和《刑法的价值构造》等5部。在这些著作中，除《刑法的人性基础》和《刑法的价值构造》属于刑法哲学著作以外，其他3部中的《正当防卫论》和《共同犯罪论》是在1997年刑法修订前出版的，需要根据刑法进行修订，《刑法适用总论》也需吸收有关司法解释的内容。考虑到这些著作出版时间较早，只是反映我在10年前的学术水平，若进行大规模的修订已不可能，也无此必要。在这种情况下，我基本上保持旧作的原貌，只是对过时的刑法条文加以修订，并充实司法解释的内容。以后可能还会有更多的个人专著纳入书系。

“陈兴良刑法研究文集系列”，是我文集的书系。我的文集分为两种类型：一是综合性文集，类似于编年史，是按照论文发表的年代编辑而成的论文集，共计3部。第一部是《当代中国刑法新理念》，收入1984年至1994年的论文；第二部是《当代中国刑法新视界》，收入1995年至1997年的论文；第三部是《当代中国刑法新境域》，收入1998年至2001年的论文。现将2002年至2005年的论文加以整理，编成第四部论文集，名曰《当代中国刑法新径路》。二是专题性文集，例如《走向哲学的刑法学》和《刑法理念导读》以及新近出版的《死刑备忘录》等。这些文集以某一专题为主旨，汇集历年来对该专题的研究成果而成。这些论文集都将陆续收入文库。

“陈兴良刑法研究主编系列”，是我主编著作的书系。在我的学术活动中，主编著作有一席之地。尤其是连续出版物《刑事法评论》，成为我主持的一个刑事法的重要论坛。在我主编的各种论著中，有些时过境迁，没有再版的必要；有些则具有较高的学术价值，因而修订以后纳入文库出版。应当指出，我主编的这些学术著作，都是与他人合作的产物，包括同事与学生，通过共同合作这些著作而建立的友谊，历久弥新，令人难以忘怀。因此，我主编的著作并非我个人的研究成果，而是全体合作者的共同研究成果。只不过作为主编，我对这些著作的命运

负有某种使其久远地流传的责任而已。

随着我国法治建设的进步，我国的刑法学理论也随之发展。作为一名刑法学家，我时刻地感觉到时代的召唤，因而愿意将毕生的精力贡献给刑法学事业。我个人的学术成长，也正是我国刑法学从沉寂到复苏，并且迅猛地发展的一个缩影。“陈兴良刑法研究系列”的编辑，是对我以往学术生涯的总结，对以往学术成果的盘点，对以往学术能力的检讨。这是一个契机，使我能够回顾过去以便更好地面对未来。苏力曾经将法学家的命运和国家的关系与文学家的命运和国家的关系加以比较，进而认为，对于文学家来说是国家不幸诗家幸，因而文学家的命运与国家的命运之间存在负相关的关系。而法学家则不然，国家不幸法学家必然不幸，因而法学家的命运与国家的命运之间存在正相关的关系。就此而言，每个法学家都期盼着国家昌盛，法治发达，如此则法学家之幸耶。当然，国家之幸只不过为法学家的成才提供了客观外在的条件，真正为国家法治作出应有的学术贡献，仍有待于法学家的个人努力。就此而言，我辈确实是幸运的，我的业师高铭暄教授、王作富教授，在20世纪50年代初受过良好的法科教育，并受苏联专家的亲炙。但从20世纪50年代中期开始我国进入一个政治动荡期，及至1966年开始“文化大革命”，法律虚无主义盛行，法学家根本没有用武之地，法学更是被打入冷宫。这个政治动荡期与社会动乱期一直延续到1978年，此后我国才进入一个平稳发展的历史新时期。1978年，我始上大学，而高、王两位教授则归队重拾刑法旧业。这一年，我初度二十，而高、王则年届五十矣。可以说，高、王是从五十岁才开始真正从事刑法学的学术活动的，我则刚刚进入法学的门槛。我和高、王两位教授相隔三十年，这是整整一代人的时空距离，也是整整一代人的学术空白。这使我们这一辈年轻人有机会在老一辈学者的指点和提携下，脱颖而出并较早地进入到刑法学的学术前沿。时代给我们提供了广阔的学术舞台，我辈赶上了法治建设的黄金季节。当我年近五十的时候，已经完成了主要的或者重要的学术创作，可以开始进行学术总结。就此而言，我辈何其幸也。

一个人的学术生命不可能长生不老，这就是所谓“生有涯而知无涯”。因而，

我们应当承认在科学与学术面前，个人是渺小的，贡献是有限的。我们只能完成在特定历史境域中个人能力范围内所能完成的学术使命，勇于承认这一点，并且乐观地看着我们的学术作品慢慢地老去，逐渐地退出学术舞台，这不也是一种达观的学术谢幕么？对于我来说，尽管这一天还未到来，但我期盼着它的到来。这就是我在编辑“陈兴良刑法研究系列”书系时的一点感想与感慨，记之为序，且是总序。

陈兴良

谨识于北京海淀锦秋知春寓所

2006年6月11日

出版说明

刑法的研究，不仅仅是对法条及其规范的研究，而且还包括对刑事立法活动与刑事司法活动的研究。如此，才能大大地拓展刑法的研究视域。《刑事司法研究》一书就是秉承这一理念，研究涉及刑事司法活动的四个重大理论问题：情节、判例、解释和裁量。在本书第一版出版以后，我国刑法学界对这四个理论问题的研究都大大地推进了，尤其是判例和解释这两个问题，都有不止一部专著出版。但在12年前，我主编本书的时候，应该说对这些问题的研究还刚刚起步。本书第三版的出版，可以为我们提供某种理论上的参照，可以清楚地观察到我国刑法理论的进度，这是令人欣慰的。

值得说明的是，收入本书的是五位同志的硕士学位论文。硕士学位论文，作为一种学位论文，介乎于学士学位论文与博士学位论文之间，其学术含量则介乎于读书笔记与学术著作之间。一般来说，学士学位论文大多具有读书笔记的性质，对于学术性并无过多的要求。而博士学位论文则是按照专著来写的，并且大多能够出版，学术性是其一个重要的考量指标。但硕士学位论文则居于一种较为尴尬的境地，随着硕士生的大规模扩招，硕士学位论文的学术含量也普遍下降。而且，博士学位论文的篇幅较大，答辩通过以后经过修订作为专著出版，在篇幅

上没有问题。硕士学位论文只有三四万字，篇幅较小，即使较为优秀的硕士学位论文，也很难正式出版成为学术成果的一部分，大多自生自灭，殊为可惜。我在指导硕士学位论文的时候，有意识地纳入一个统一的科研写作计划，使硕士学位论文能够作为科研成果正式面世。本书正是这样一种想法的产物，当然夏成福的论文是一个例外。对此，我在本书第一版前言中已经有所交代。

本书在2000年出过一个修订版，现在第三版改在中国人民大学出版社出版，使本书的学术生命得以延续。在本书第一版的后记中，对各位撰稿人的身份有所介绍，十多年过去了，这些撰稿人的身份有所改变，在此特别加以介绍。黄朝华现为中国光大国际有限公司执行董事兼副总经理、莫开勤现为中国人民公安大学教授、蔡富超现为河南省郑州市中级人民法院刑一庭副庭长、付正权现为广东省深圳市人民检察院公诉二处副处长、夏成福现为四川省高级人民法院副院长。

是为出版说明。

陈兴良

谨识于北京海淀锦秋知春寓所

2008年2月1日

2000年修订版说明

《刑事司法研究》一书是1996年出版的，至今已经过去五年了。在此期间，我国刑法在1997年进行了修订。尤其是在建设法治国家的治国方略提出以后，对于刑事法治的关注，使得刑事司法的研究更为重要。在这种情况下，对本书进行修订再次出版，确有必要。

本次修订，未作大的改动，主要是根据修订后的刑法，对书中的法条作了一些调整。本书虽然引用了一些法条，但通观全书，还是以对情节、判例、解释、裁量等刑事司法中的基本问题进行理论研究为主。因而，本书所涉及的基本原理并不因为刑法修订而作废，这是值得欣慰的。随着司法改革的推进，如何协调成文法与判例的关系，如何科学地进行司法解释，在什么限度内赋予司法机关自由裁量权，这些问题都会重新引起我们的思考。本书对这些问题作了一些初步研究。我想，它对于这些问题的深入研究是会具有一定的启发意义的。

本次修订，周光权博士提供了帮助，这是需要感谢的。尤其应当指出的是，本书作者现大多在司法实践部门工作。他们没有时间对本书亲自作修订，但他们会将理论研究成果应用于司法实践，这比什么都重要。

陈兴良

2000年3月28日

谨识于北京大学法学院

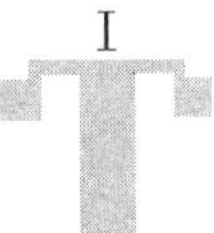

第1版前言

刑法学是一门实用学科，实践性始终是刑法学保持其理论活力与学术魅力的根本之所在。但是，刑法学的实践性绝不应当成为理论的浅陋性的遁词，这是我在《刑法哲学》一书后记中所说的话，至今我仍坚持这一观点与信念。我还认为，在刑法学中应当区分理论层次：刑法学既要有刑法哲学这样的深层次理论，也需要有案例研究这样的浅层次理论。同样，我们更需要有一种联结理论与实践的中层次理论。这种中层次理论，面向刑事司法中的热点问题与疑难问题，以解决司法实务问题为己任；但又不是“头痛医头、脚痛医脚”式的解决，而是对司法实践中的问题加以概括与提炼，力图从一定的理论高度解决这些实际问题。

我钟情于深层次的刑法哲学的理论研究，因为它能极大地满足我的理论兴趣，如同一种精神体操，锻炼着我的理论头脑。我所从事的深层次理论研究，主要反映在已经写作出版的《刑法哲学》、《刑法的人性基础》等著作，并且以后还准备继续从事这方面的研究。同时，我也有志于浅层次的刑法学理论研究，它虽然难登法学研究的大雅之堂，使人有吃力不讨好之叹，但它对于具体案件的处理

有着直接的指导意义，因而其功效更为直接与明显。为此，我主编了《经济犯罪疑案研究》、《中国刑事司法案例汇纂》等案例分析书籍。深层次刑法理论虽阳春白雪但曲高和寡，浅层次刑法理论虽附和者众但下里巴人。前者之雅使人孤独，后者之俗令人不屑。为此，更需要的是中层次理论，我所从事的大量的也是这一层次的理论研究。例如，我曾经主编了《刑事疑案研究》一书，从刑事理论上研究刑事疑案问题。这本《刑事司法研究》是刑法实务系列研究的又一成果，它的出版使我更加坚定了继续从事这一研究的信心。

应当指出，本书主要是在我的指导下由刑法硕士生完成的。其中，黄朝华、莫开勤、蔡富超、付正权分别是我带的 1992 级和 1993 级研究生。在硕士论文的选题设计时，分别选定定罪情节、量刑情节、刑事判例与刑法解释这四个互相关联的题目。写作过程中，我虽然给予了一定的指导，但主要还是由他们各自独立完成的，并且基本上实现了我的意图。现在，他们当中除莫开勤在校继续攻读博士学位以外，黄朝华在北京市司法局工作、蔡富超在郑州市中级人民法院工作、付正权在深圳市人民检察院工作。我相信，他们在从事司法实务过程中，必能将其在校之所学应用于本职工作；并从司法实践中提出问题，从理论上加以解决。这里尤其需要说明的是，作为本书撰稿人的夏成福同志，现任四川省高级人民法院研究室主任，是四川联合大学法学院 1993 级刑法专业在职硕士生，他的导师是四川联合大学法学院院长赵炳寿教授。我有幸于 1993 年 5 月受聘担任四川联合大学法学院 1993 级刑法专业硕士生的授课教师，主讲刑法各论，由此开始与夏成福同志的交往。他题为《裁判公正：理论与模式——法官刑事自由裁量权的法哲学研究》的硕士论文写出后，送我评阅。我看后十分欣喜，为夏成福同志写出如此高水平的硕士论文而高兴，这同时也要归功于赵炳寿教授的悉心指导。由于夏成福同志的论文与本书内容正好相吻合，征得他同意一并收入本书，从而使本书的内容更为丰富、体系更为完整。

生有涯，知无涯。这是古人对于人生之短暂而知识之无限的感叹。诚然，人不能以有涯之生而穷尽无涯之知。但无限的知识寓于各个具体的知识之中，具体

知识的积累勾勒出无限知识的轮廓。明白了这一道理，我们就不必再作古人之叹。理论未有穷期，道路始于足下，刑法学的发展也不正是如此么？以此与读者共勉。

陈兴良

1995年8月21日

谨识于北京塔院迎春园寓所

目　录

绪　论

我国刑法研究正逐步从纯注释中解脱出来，不断地开拓研究领域。刑法学不再单纯地以刑法条文为研究对象，而是将刑事立法与刑事司法纳入研究视野。本书是一本刑事司法问题研究的专著，在绪论中，我们就刑事司法研究的有关问题略作阐述。

一、刑事司法研究的界定

我国刑法学研究的春天是以 1979 年 7 月 1 日《中华人民共和国刑法》颁布为标志的。随着我国第一部刑法典的颁布，我国的刑法学研究进入了一个黄金季节。应该说，在刑法学研究的广度与深度上，是一个逐步展开的过程。在刑法颁布初期，我国刑法学界主要以注释现行刑法条文为主，科研成果主要表现为各种版本的教科书，刑事司法研究尚未提到议事日程上来。当然，在教科书的写作中，涉及刑法学研究对象的界定。这个问题的正确解决，对于刑事司法研究具有重要意义。

任何一门学科，包括刑法学，都有其特定的研究对象，这一特定研究对象表

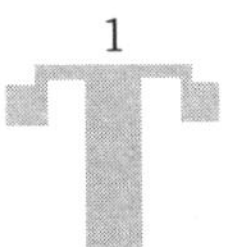

现的是某一现象的领域所特有的矛盾。对于刑法学研究对象的认识，也存在一个发展的过程。1957 年，新中国最早编印的两本刑法教科书指出：我国刑法学研究的对象，就是我国社会现象之一的犯罪，和我们国家同犯罪作斗争的方法——刑罚。[①] 这一界定，将刑法学研究对象确定为犯罪与刑罚，本身虽然没有错，但在研究范围上不能不说过于狭窄。刑法颁布以后，在刑法教科书的写作过程中，刑法学研究对象又重新提出讨论。1981 年，在司法部法学教材编辑部主持下讨论高等学校法学教材《刑法学》书稿时，关于如何给刑法学下定义，撰稿人中就有六种不同的表述意见：（1）刑法学是对刑法规范本质意义的认识体系。（2）刑法学是研究犯罪与刑罚的科学。（3）刑法学是研究犯罪与刑罚规范的科学。（4）刑法学是研究刑法理论和实践的科学。（5）刑法学是研究刑法理论的科学。（6）刑法学是研究刑法规范的原理和审判实践的法律科学。这些不同的表述意见，实际上反映了对刑法学研究对象的不同看法。这些看法各有其合理性，但又都不够理想。其中一个重要问题，就是在刑法学研究对象的确定上，大多以刑法规范为主体，对于刑事立法与刑事司法尚未引起重视，只是在上述第六种观点中，涉及审判实践。经过充分讨论，吸收上述几种意见的合理部分，《刑法学》最后采纳的表述是："刑法学是法学的一个重要部门，它是以刑法为研究对象的科学。刑法是掌握政权的统治阶级为了维护本阶级的利益和统治秩序，以国家名义颁布的关于什么行为是犯罪和如何惩罚犯罪的法律。因此，刑法学就是对犯罪和刑罚的规律、对刑事立法和司法实践进行理论概括的科学。"[②] 应该说，这一关于刑法学研究对象的定义是比较科学的，它包括了刑事立法和司法实践的内容。当然，这里的司法实践一词表述不够确切，改为刑事司法则更好。而且，正如我国著名刑法学家高铭暄教授指出的：在这个概念中还没有把刑事责任在研究对象中反映出来，这也是一个缺陷。简单地说刑法就是规定犯罪与刑罚的法律，是不够全面的。刑

---

① 参见中国人民大学法律系刑法教研室：《中华人民共和国刑法总则讲义（初稿）》，11 页，1957；张中庸编：《中华人民共和国刑法》，12～13 页，长春，东北人民大学出版社，1957。

② 高铭暄主编：《刑法学》，1 页，北京，法律出版社，1982。

法学的研究对象应当是“刑法及其所规定的犯罪、刑事责任和刑罚”，而不能仅仅是“刑法及其所规定的犯罪和刑罚”①。应该说，以上讨论是极有价值的。

我们认为，刑法学研究对象应该包括：(1) 刑法的本源，表现为刑法哲学理论；(2) 刑法规范即刑法及其所规定的犯罪、刑事责任和刑罚，表现为刑法注释学；(3) 刑事立法，表现为刑事立法理论；(4) 刑事司法，表现为刑事司法理论。在以上内容中，刑法规范是刑法学研究对象的静态部分，它以对刑法条文的注释为主，是最狭义上的刑法学研究对象。刑事立法与刑事司法是刑法学研究对象的动态部分，它虽与刑法规范紧密相关，但显然不能包括在刑法规范理论之中。刑事立法是要解决刑法规范从何而来的问题，刑事司法则是要解决刑法规范如何适用的问题。因此，刑事立法与刑事司法的研究在刑法学理论中占有重要地位。如果说，关于刑法本源的刑法哲学是刑法学的理论部分；那么，关于刑法规范、刑事立法与刑事司法的研究就是刑法学的实践部分。

刑事司法作为刑法学的研究对象，使刑法学研究能够超越刑法条文，而将研究的触须伸向司法实践，因而具有重要意义。在刑事司法研究中，除对刑法适用中具体问题的研究以外，还有一些涉及刑事司法的共性问题值得研究。这些问题包括：(1) 定罪情节；(2) 量刑情节；(3) 刑事判例；(4) 刑法解释；(5) 刑事裁量。对这些问题的研究形成刑事司法的一般理论。本书以此为内容，并相信通过这些刑事司法中共性问题的研究，有助于拓展刑法学研究的广度，并提高刑法学研究的深度，从而指导刑事司法活动。

二、刑事司法研究的现状

刑法颁布以来，我国刑法学研究中虽然没有形成刑事司法的一般理论，但对于刑事司法中的这些共性问题都曾经有所涉及，对某些问题还进行过讨论。

---

① 高铭暄：《刑法问题研究》，14 页，北京，法律出版社，1994。

（一）犯罪情节

我国刑法中的犯罪情节，可以分为定罪情节和量刑情节，两者对于犯罪认定与刑罚裁量都具有重大意义。我国刑法中，情节是采用最广泛的用语之一，它具有一定的模糊性。因此，对情节的理解与认定，对于司法实践中正确地适用刑法具有直接的指导意义。正因为如此，我国刑法学界对犯罪情节问题进行了较为深入的探讨。

在犯罪情节问题的探讨中，关于犯罪情节的概念，我国刑法学界存在不同的表述。例如我国学者认为，刑法中的情节就是犯罪过程中和犯罪环境里的某些因素和环节。这种表述把刑法中的情节与犯罪情节混为一谈，因而受到一些学者的批评。大多数学者认为，刑法中的情节与犯罪情节是两个不同的概念，前者是属概念，后者是种概念。至于如何具体界定这两个概念之间的关系，我国刑法学界又存在两种观点：第一种观点认为，犯罪情节仅与量刑有关，它是量刑程度以及是否免除刑罚的一个依据，不是划分罪与非罪的界限。而刑法中的情节除量刑情节以外，还包括划分罪与非罪的定罪情节及其他非犯罪情节。第二种观点认为，犯罪情节是指与定罪量刑有关的情节，即定罪情节与量刑情节，刑法中的情节除犯罪情节以外，还包括非犯罪情节，即未被认定为犯罪的危害社会行为的情节，例如刑法第13条所规定的情节，就是说明这些行为的社会危害性显著轻微，还不构成犯罪。应该说，上述第二种观点更为确切。

定罪情节和量刑情节与定罪量刑的关系十分密切，但在对刑法规范的注释中很难详尽地展开这些内容，在我国的刑法教科书中论述也较少。因此，将定罪情节与量刑情节作为刑事司法中的两个专门性的理论问题加以探讨，对于正确地适用刑法具有重大意义。正因为如此，我国刑法学界对定罪情节与量刑情节作了较为深入的研究。例如，陈兴良主编的《刑法各论的一般理论》（内蒙古大学出版社1992年版）一书中，有犯罪情节专章。当然，该书对犯罪情节的论述主要限于我国刑法中的情节犯与情节加重犯，它主要是将犯罪情节作为刑法各论中的共性问题来加以研究，这与本书的内容还是有所不同的。前者属于刑法注释的范

畴，侧重于对刑法分则中规定的各种犯罪情节的解释，而后者属于刑法适用的范畴，侧重于对刑事司法中如何适用定罪情节与量刑情节的研究。

（二）刑事判例

在法学理论和司法实务中，判例研究占有十分重要的地位。但在不同的法律制度下，这种重要性并不是等量齐观的，两大法系的差别尤为明显。这是由不同的法律传统和价值观念所决定的。在英美法系国家，由于历史传统而实行判例法。因此，在法学理论与司法实务中，都十分重视对判例的解析与评释。美国现实主义法学家弗兰克在《法律和现代精神》一书中指出："法律全部是由法院作出的各种可变的判决组成的，就任何具体情况而言，法律或者是实际的法律，即关于某一情况的一个过去的判定，或者是大概的法律，即关于一个未来判决的预测。"[①] 因此，在英美法系，判例是法的主要渊源，甚至可以说，判例就是法，这就是所谓的判例法。当我们把目光从英美法系收回，投向大陆法系，就会发现在大陆法系，由于实行成文法，在司法实务中法官严格适用法条，而不是比照判例。意大利著名刑法学家贝卡里亚曾经指出："法官对任何案件都应进行三段论式的逻辑推理。大前提是一般法律，小前提是行为是否符合法律，结论是自由或者刑罚。"[②] 因此，在大陆法系国家，十分强调法典的完善。因为在大陆法系的法学家看来，当法典中含有应逐字适用的法律条文，而法典加给法院的统一职责是查明公民的行为并确定它是否符合成文法的时候；当所有的公民——由最无知识的人一直到哲学家——都应当遵循的关于什么是正义的和不正义的规则是毫无疑义的时候，国民将免受许多人的微小的专制行为。在这种法律观念的指导下，大陆法系更注重刑法典，而对判例不如英美法系那样重视。当今世界，随着两大法系的合流趋势，英美法系开始注重成文法，尤其是在刑法领域内，法典化趋势十分明显。大陆法系也开始强调判例在司法实务中的作用，并以此作为克服法典

① 张文显：《当代西方法哲学》，53页，长春，吉林大学出版社，1987。

② ［意］贝卡里亚：《论犯罪与刑罚》，12页，北京，中国大百科全书出版社，1993。

的僵硬性的手段。

我国实行成文法，基本上属于大陆法系。因此，我国没有像英美法系国家那样建立起判例制度。相对来说，在司法实务中不存在判例的比照问题。但在刑事司法研究中，案例分析占有一席之地。应该指出：案例和判例是有所区别的。但在我国法学界和司法界，判例又往往称为案例，两者界限不明。在较权威的法学工具书中，一般都称判例。但在这种情况下，侧重于介绍中国古代或者英美法系的法律制度。而在前些年关于我国当前的法律制度的论述中，判例一词往往是忌讳使用的，而代之以案例。例如《法学词典》判例条指出：判例是“法院可以援引作为审理同类案件依据的判决。法的渊源之一，被称为判例法。中国历史上的决事比、例、断例等，都是判例。如清末同治九年（1883 年）《大清律例》，集中了 1 892 条判例，作为审理案件的依据，例的效力甚至大于律。英国 13 世纪形成通行全国的普通法，其内容大多由法院所作的判决编辑而成。判例在传统上是英国法的主要渊源之一。仿照英国法而建立的美国和其他国家的法，也都把判例作为法的重要渊源之一。法、德等欧洲大陆的国家，立法、司法在形式上严格分开，判决只是适用法律的结果，不能作为法律本身，不具有普遍约束力。在社会主义国家，判例不作为法的渊源，只具有参考价值”①。这一条目没有涉及判例在我国目前法律制度中的意义。一般法学辞典都没有收入案例这一条目，但在法学理论和司法实务中，案例是更为流行的法律术语之一。因此，一般人并没有注意到案例和判例的微妙区别。值得注意的是，我国著名法学家沈宗灵教授曾经谈到案例和判例的差异，指出：“从字面上讲，判例比案例更为确切。判例一词表示以某一判决作为审理同类案件的前例，而案例一词则表示以某个案件作为处理同类案件的前例。作为法学研究的对象来说，人们注意的不仅是案件事实，而且是法院的具有典型性的判决，包括作出判决者对案件事实如何陈述和分析，如何在这事实的基础上适用法律，进行推理，提出什么论据，最终作出什

① 《法学词典》，修订版，439 页，上海，上海辞书出版社，1984。

么判决，等等。只有这样的判例才能对同类案件的处理具有参考价值，甚至作为前例。”[①] 我们认为，沈宗灵教授的这一论述是颇有道理的。在英文中，案例和判例都用case一词表示。案例指一项独立的法律纠纷，尤其是引起诉讼的纠纷；该词也用指当事人一方的辩词、论据和提交审判的总称。判例也用指一项诉讼，或审判，或诉讼一方所提交的辩词、论据的总称。在法律著述中，判例是对一项诉讼的报告，包括作出判决的法官或法官们的意见，在这里判例被看作是对某一问题的法律解释，并有可能作为以后案件的先前判例。[②] 我们认为，案例是指某一案件的事实（通常称为案情）和证据等材料的总称，它偏重于对案情的陈述。判例则是指法官根据案情和证据，对某一案件所作出的判决，它偏重于对案情的法律评判。由于案例和判例这两个概念之间存在上述区别，案例分析和判例研究也同样不可等同视之。案例分析，是指对案件事实进行解析，并提出应如何适用法律的意见。在刑事案例分析中，案例分析往往涉及应当如何划分罪与非罪、此罪与彼罪的界限，以及应当如何依法正确适用各种刑罚制度等问题。而判例研究，则是指对于法院判决及其理由进行评价与辨析，看它适用法律是否正确等。显然，两者是有明显区别的：案例分析是以原始案件为对象，分析如何对其适用法律；判例研究是以法官判决为对象，评判这一判决适用法律是否正确。

当前，我国法学界对判例开始进行研究。在刑法学界，刑事判例的研究也逐渐引起重视。在刑事判例的研究中，涉及判例与定罪量刑的关系问题。例如，王勇博士在其博士论文《定罪导论》中，专门研究了判例与定罪的关系问题，认为判例在定罪中具有以下意义：(1) 在定罪中充分考虑先前的判例，有利于正确地进行定罪活动。(2) 在定罪中充分考虑先前的判例，有利于贯彻法制统一的原则，保证定罪在全国的统一性。(3) 在定罪中充分考虑先前的判例，有利于贯彻

① 沈宗灵：《比较法总论》，465～466页，北京，北京大学出版社，1987。

② 参见《牛津法律大辞典》，139～140页，北京，光明日报出版社，1988。

公民在法律面前一律平等的原则。(4) 在定罪中充分考虑先前的判例，还有利于司法人员在定罪时节省时间和精力，减少一些不必要的重复劳动。① 又如，周振想博士在其博士论文《刑罚适用论》中，专门研究了判例与量刑的关系，提出刑事判例在我国刑罚适用中所起的作用在于：解释现行刑法；指导用刑实践；提供判案先例；积累用刑经验。周振想博士还提出了建立并发展我国的刑事判例制度，为此，应当做到以下四点：(1) 转变传统观念。目前在我国，尤其在法学界和司法界，首要的是要改变对刑事判例形成的传统偏见，充分认识刑事判例在我国刑罚适用中，乃至在整个刑事司法中的作用。只有这样，才能尽快形成并发展我国的刑事判例制度。(2) 设立专门机构。在目前的情况下，可以由各级人民法院的研究室负责此项工作，待条件允许后，便成立专门的判例选定机构。(3) 认真进行编选。以后我国的刑事判例制度建立后，最后刑事判例的批准权应由最高人民法院审判委员会行使。(4) 定期予以公布。将选定的刑事判例，定期公布，以便使广大司法工作人员尽快了解，并在刑罚适用工作乃至整个刑事审判工作中参照执行。② 以上这些论述，对于建立我国刑事判例制度具有一定的参考价值。

值得注意的是，十多年来，我国最高司法机关在编发案例方面进行了有益的尝试。最高人民法院早在1983年和1984年，就编辑了两册《案例选编》，并要求各地人民法院审判刑事案件，要根据每个案件的具体情况，考虑当前斗争形势，恰当地运用这些案例，以做到依法准确地定罪处刑。从1985年以来，最高人民法院向国内外出版发行了《中华人民共和国最高人民法院公报》，公报每期都刊载若干典型案例，有的还加了按语，供各级人民法院借鉴。稍后创刊的《中华人民共和国最高人民检察院公报》也都刊载案例，主要是刑事案例。这些案例虽然还不能称为判例，但在一定意义上可以说是一种准判例，尤其是最高人民法院刑一庭从1999年开始创办了《刑事审判参考》(双月刊)，该刊每期都刊载选

① 参见王勇：《定罪导论》，205～206页，北京，中国人民大学出版社，1990。

② 参见周振想：《刑罚适用论》，257～261页，北京，法律出版社，1990。

自最高人民法院刑一庭办理的在认定事实、证据和如何适用法律、司法解释定罪处刑问题上具有研究价值，对刑事司法工作具有指导意义的典型、疑难案例，并对裁判理由加以论述。它们在指导各级司法机关的刑事司法工作中发挥了积极的作用，实际上起到了判例作用。随着我国刑事司法制度的发展，判例制度的逐渐建立，对刑事判例的研究也必将更加深入。

（三）刑法解释

刑法的解释是刑法适用的前提，因而具有十分重要的意义。在刑法颁布之初，刑法教科书中虽然也有刑法解释的一席之地；但当时对刑法解释的研究，主要涉及刑法解释的种类和解释方法。关于解释的种类，论及的是立法解释、司法解释和学理解释。其中，立法解释就是由立法机关所作的解释。包括：(1) 在刑法中用条文明确规定的解释。(2) 由国家立法机关——全国人民代表大会或全国人民代表大会常务委员会在"法律的起草说明"中所作的解释。(3) 刑法在实施中如发生异义，按照我国宪法第25条规定，解释法律是全国人民代表大会常务委员会的职权；因此，常务委员会所作的解释，是有权解释。司法解释就是由司法机关所作的解释。在我国，司法解释不仅由最高人民法院进行，而且也由最高人民检察院进行。学理解释是指由法学研究单位、政法院系教学单位及其个别学者所作的解释。关于解释的方法，论及的是文理解释和论理解释。其中，文理解释就是对法律条文的字义即文字上的意义加以注释说明。论理解释就是按照立法精神联系有关规定进行逻辑解释，以求符合立法的本意。论理解释又可分为：(1) 扩张解释，即将法律条文的意义作扩大范围的解释。(2) 限制解释，即将法律适用范围加以限制的解释。以上这些属于字面性的解释。由于在刑法颁行之初，刑法解释活动，尤其是司法解释尚不发达，因而刑法解释的研究还较为肤浅。

随着刑法适用活动的进展，客观上也发生了对刑法解释，尤其是司法解释的需要。因为，法律无论规定得多么具体，但与丰富多样的实际生活相比总还是概括的。因此，法律的实施离不开对法律的解释。在这种情况下，最高人民法院和

最高人民检察院分别就审判工作和检察工作中具体应用刑事法律的问题作过不少解释。例如，最高人民法院《关于人民法院审判严重刑事犯罪案件中具体应用法律的若干问题的答复》，最高人民检察院《关于在严厉打击刑事犯罪斗争中具体应用法律的若干问题的答复》，其中都就刑法某些条款的应用问题作了解释。特别是最高人民法院和最高人民检察院还就当前某些犯罪案件如何具体应用法律问题多次联合作出解释，比如，关于拐卖人口案件、关于强奸案件、关于流氓案件、关于集团犯罪案件、关于盗窃案件、关于经济犯罪案件等，都曾经联合作过解释。此后，司法解释越来越频繁，成为适用法律必不可少的根据。这些司法解释对于统一司法机关的认识，加强办案工作，提高检察和审判工作质量，起着十分强有力的指导作用。当然，在司法解释当中，也提出了一些问题。例如 1985 年 7 月 8 日最高人民法院、最高人民检察院《关于当前办理经济犯罪案件中具体应用法律的若干问题的解答（试行）》规定：国家工作人员、集体经济组织工作人员和其他经手、管理公共财物的人员，挪用公款归个人使用，超过 6 个月不还的，或者挪用公款进行非法活动的，以贪污论处。这一司法解释对挪用公款行为规定以贪污罪论处。在这种情况下，就提出了这一司法解释是否越权的问题。由此引发了我国刑法学界对刑法解释，尤其是司法解释的研究兴趣。在一个时期内，司法解释研究成为一个热点问题。

在司法解释研究中，主要涉及以下问题：(1) 关于司法解释的作用。学者都充分肯定司法解释对于刑事司法工作的重要意义。认为这种作用和意义主要表现在三个方面：其一，联结刑法规范与刑事司法工作的桥梁。为了把刑法条文的原则性规定正确适用于具体的刑事案件，就需要通过最高司法解释的形式较为具体地阐明立法原意，归纳符合法条原则规定的犯罪情况。其二，协调全国刑事司法工作的杠杆。运用最高司法解释的形式对司法实践中一些易出偏差、易生分歧的刑法问题作出明确而具体的解答和指示，是协调全国刑事司法工作、统一刑法执行的重要而有效的手段。其三，加强刑法同犯罪作斗争的重要手段。一方面，刑法的最高司法解释可以根据立法原意，对刑法条文的某些规定作出扩张或限制解释，以弥补立法技术上的不足；另一方面，可通过最高司法解释使刑法规范及时适应同犯罪作斗争之新情况的需要。[①]（2）关于司法解释的主体。这里主要涉及两个问题，第一个问题是：最高人民检察院是否具有司法解释权。关于这个问题，存在两种不同的观点。第一种观点认为，从长远观点看应当取消最高人民检察院的刑法司法解释权，将刑法司法解释权统归于最高人民法院。主要理由是：我国检察机关是法律监督机关，不应直接行使定罪和适用刑罚权。检察机关会同审判机关制定刑法司法解释，是检察权对审判权的介入，也可以说是检察权与审判权的混同。最高人民检察院享有刑法司法解释权有悖于检察机关与审判机关互相配合、互相制约的原则。[②] 第二种观点认为，最高人民检察院应当具有对刑法的司法解释权。主要理由是：最高人民检察院进行刑法司法解释并不是直接行使定罪和适用刑罚权。最高人民检察院解释刑法并不是行使审判权，更不能由此得出行政机关也可以作出司法解释的错误结论。最高人民检察院享有刑法司法解释权，正是检察机关与审判机关互相配合、互相制约的体现。外国最高检察机关没有刑法司法解释权，不能成为否定我国最高人民检察院享有刑法司法解释权的依据。[③] 第二个问题是：地方司法机关是否具有司法解释权。关于这个问题，也存在两种不同的观点。第一种观点认为，地方司法机关应当具有司法解释权。地方司法解释，就是地方各级司法机关根据本地区的特点对本地区如何适用刑法的问题所作的司法解释。承认地方司法解释的存在，不仅是对客观事物的承认，而且也有益于正确运用法律来认定犯罪。[④] 第二种观点认为，虽然"二级司法解释"比较符合我国的司法实际情况，具有一定的积极意义，但目前却于法无据。因此，地方司法机关的有关文件只能称为地方司法机关指导性文件，即地方各级人

---

① 参见赵秉志等：《中国刑法的适用与完善》，25～26页，北京，法律出版社，1989。

② 参见游伟、赵剑峰：《论我国刑法司法解释权的归属问题——关于建立多级审判解释体制的构想》，载《法学研究》，1993（1），59～60页。

③ 参见杨志宏等：《论加强最高人民检察院的司法解释权——兼与游伟等同志商榷》，载《法学研究》，1993（6），53～54页。

④ 参见王勇：《定罪导论》，192～193页，北京，中国人民大学出版社，1990。

民法院、人民检察院对本地区刑事审判、检察工作所下达的指导性文件。这些文件对相应的法院、检察院具体适用刑法的工作具有一定的指导意义，对制定具有法律效力的刑法司法解释也起到了一定的基础作用，但绝不能将这些具体指导刑事审判、检察工作的文件视为刑法司法解释。因为最高人民法院在《关于地方各级人民法院不应制定司法解释性文件的批复》中明确规定："具有司法解释性的文件，地方各级法院均不应制定。"① 以上关于司法解释主体的讨论，各家观点不同，但这种争鸣对于繁荣对刑法解释的研究是极其有益的。(3) 司法解释的原则。关于司法解释的制定原则，有的学者认为主要有以下两个：其一是维护法制的协调统一。其二是及时与慎重相结合。② 应该说，司法解释是我国刑法学界研究较为活跃的一个问题，尽管观点不尽相同，但这种讨论本身对于完善我国的刑法司法解释具有积极意义。

（四）刑事裁量

刑事裁量指刑事司法的自由裁量，这是司法活动的重要内容之一。在西方刑法理论中，刑事古典学派主张严格规则主义，否定法官的自由裁量权。而刑事实证学派则倾向于扩大法官的自由裁量权，以便实现刑罚个别化。例如意大利著名刑法学家菲利指出：在刑法中，将法令适用到具体案件中去不是或不应当像在民法中那样，仅仅是一个法律的和抽象的逻辑问题。它必须从心理学角度把某个抽象的条例适用于活生生的人。因此刑事法官不能将自己与环境和社会生活割裂开来，成为一个在一定程度上有些机械性质的法律工具。每一个刑事判决对人的灵魂鉴定都取决于行为、行为人和对其起作用的社会情况等，而不取决于成文法。在此，我们有一个解决法官权力（指自由裁量权——笔者注）这一古老问题的机会。菲利主张，法官应当在科学的和实证的审判资料允许的范围内具有更大的自

① 佘宏荣：《论我国刑法司法解释中的几个问题》，载《第二届学术讨论会论文选》，4～5页，北京，人民法院出版社，1991。

② 参见赵秉志等：《中国刑法的运用与完善》，21～22页，北京，法律出版社，1989。

由，因此他可以运用人类学知识来审判他面前的被告。[①] 正如菲利所言，法官的自由裁量权是一个十分古老的问题。但在我国刑法学界，这还是一个新课题，在理论上的研究还不够充分。

我国刑法及司法实践表明，我国法官的自由裁量权是比较大的，这主要表现在以下几个方面：(1) 原则性规定留下的自由裁量余地。(2) 空白性规定留下的自由裁量余地。(3) 概括性规定留下的自由裁量余地。(4) 选择性规定留下的自由裁量余地。事实表明，我国司法人员具有一定的自由裁量权是必要的，但自由裁量权过大则不利于保障公民的合法权益。对此，有的学者对于法官自由裁量权一方面论述了自由裁量权存在的必要性，另一方面也论述了对自由裁量权的合理限制。关于自由裁量权存在的必要性，论者指出：我国刑法实行"相对确定法定刑"的必然性，决定了量刑必须考虑包括人身危险性在内的一切情况的必然性。因而，也决定了法官自由裁量权存在的必然性。这种自由裁量权的存在，对健全社会主义法制并不是一件坏事。相反，如果运用得好，就可以充分调动审判人员自觉运用刑法预防犯罪的积极性，更有助于实现刑法的任务。关于对自由裁量权的合理限制，论者指出：限制法官自由裁量权的根据和目的就在于：所有刑罚权，包括自由裁量权在内，都是由国家享有的，任何人都没有刑罚权。法官对具体案件判处刑罚，是作为国家的代表人来行使刑罚权，因此，他必须忠实地代表国家，使对每个罪犯的处理都能真正体现国家的意志，而不能掺入任何个人的因素。即使对法律赋予的自由裁量权的行使，也应遵循这一原则。自由不是任意的，必须以体现国家意志，真正罚当其罪为限制。限制措施主要有以下几个方面：第一，加强立法解释和司法解释工作。第二，建议在全国范围内建立统一的量刑情节参考标准。第三，引进判例制度。[②] 以上对自由裁量权的研究虽然是初步的，但这是一个可喜的开端。

---

① 参见［意］菲利：《犯罪社会学》，120～121页，北京，中国人民公安大学出版社，1990。

② 参见张绍谦：《浅论法官量刑的"自由裁量权"》，载《刑法发展与司法完善》，251页，北京，中国人民公安大学出版社，1989。

三、刑事司法研究的完善

我国的刑法学研究，包括刑事司法研究，虽然取得了一定的成就，但从总体上说研究水平还是比较低的。主要表现在，我国刑法学研究还在较大程度上受到教科书的限制。应该说，刑法教科书反映一个时期的刑法学研究水平，它对于普及刑法知识、培育刑法人才都起到了很大的作用。但刑法教科书又具有很大的局限性，因为刑法教科书是以刑法条文体系为基础建立起来的学科体系，它的基本方法是对刑法规范的注释。因而对刑法条文以外的内容不可能在教科书范围内加以研究，这样就限制了刑法学的发展。为此，必须从刑法教科书的限制中摆脱出来，进一步发展刑事司法研究。

（一）开拓刑事司法研究的广度

对于刑事司法的研究，目前主要限于刑法教科书范围之内，因而犯罪情节、刑法解释问题研究得比较多一些，而刑事判例、刑事裁量等问题，由于在教科书中没有一席之地，因而研究得相对来说少一些。我们认为，刑法学研究仅仅局限在对刑法条文的注释是不够的，还必须直接以刑事司法活动为研究对象，揭示刑事司法活动的一般规律。只有这样，才能开阔刑法学研究的理论视野。在当前我国刑事司法活动中，存在着许多值得研究的课题，像法官的自由裁量权就是如此。这些问题过去在刑法教科书中基本没有涉及，它不是简单的一个法律规定的问题，而是涉及刑事司法活动主体的一个重大理论问题。这个问题的研究对于提高刑事司法水平具有重大的意义，应当进一步加强。

（二）发掘刑事司法研究的深度

刑事司法研究不仅要有广度，而且要有深度。当前我国刑事司法研究存在着理论深度不够的缺陷，就事论事，较为肤浅。因此，提高刑事司法研究的理论深度是一个重大课题。我们认为，为了提高刑事司法研究的理论深度，就必须从宏观上对刑事司法加以整体把握，致力于建立刑法学研究中的“中层次理论”。例如关于刑法解释，尤其是司法解释，我国刑法学界研究得比较多。但这些论述都未能触及刑法解释的根本，而只是讨论那些较为枝节的问题。当然，这个问题的解决与我国刑法学研究的整体水平的提高有关系。但如果没有具体问题的研究水平的提高，又何来刑法学研究整体水平的提高呢？由此可见，关键还在于刑法学研究者进一步解放思想，提高主观能动性，从具体问题入手逐渐地提高我国的刑法学研究水平。

第一章 定罪情节

在本章展开之前，有必要说明一下两个前提性的基本假设：

1. 罪责的轻重可分性，即任何犯罪行为之罪责均可在量上区分为较轻、较重之不同情形。一般认为犯罪行为状态主要表现为犯罪的纵向形态与犯罪的横向形态。[①] 纵向形态是指犯罪行为自预备至完成这一过程中的各个状态；横向形态实际上包括一人犯数罪与数人犯一罪等与罪数及共同犯罪相关的不同状态。实际上，犯罪行为状态的完整反映应该是三维的，即犯罪行为还有一种状态——犯罪的梯度状态。所谓犯罪的梯度状态，就是由同一罪质的不同层次以及与之相应的罪责的不同等级构成的不同罪刑单位，这些罪刑单位呈现由低至高排列的梯度性。而罪责的轻重可分性，最直接的基础就是犯罪的梯度状态的存在。

2. 原则上可能使罪责的程度与刑罚的高低相对称。刑罪相适应的思想古已有之。如我国古代思想家墨子即主张“罚必当暴”[②]，荀况更坚持要“刑当罪”，

---

① 参见陈兴良主编：《刑法各论的一般理论》，5页，呼和浩特，内蒙古大学出版社，1992。

② 《尚书》。

并指出“刑称罪则治，不称罪则乱”[①]。启蒙思想家孟德斯鸠在其名著《论法的精神》一书中论及“罪与刑间的适当比例问题”。近代刑法之父贝卡里亚在其名著《论犯罪与刑罚》中更辟专节论述了“刑罚与犯罪相对称”问题。[②] 在今天，罪刑相适应作为我国适用刑罚乃至制定刑法的一项根本原则几乎无人表示怀疑。细究之下，在罪刑相适应思想的背后隐含着一个假设：罪责与刑罚的对称在原则上是可能实现的。本章的思想也是与这样一个假设分不开的。

我国刑法规定的每一犯罪都具有独立的罪质，一定的罪质必然产生一定的罪责。根据我国刑法罪刑相适应的原则，罪质与罪责之间存在一种均衡与等价的关系。在某些情况下，一个罪质对应一个罪责，在法律条文上表现为一个罪状与一个法定刑，构成一个罪刑单位。而在大多数情况下，同一罪质的犯罪在其社会危害性和人身危险性的程度上具有很大的差别。我国刑法对此区别情节轻重规定了相应的法定刑。这样罪质就呈现一定的层次性，罪责也就具有一定的等级，二者的统一即出现所谓罪刑阶梯现象。

从我国现行刑事立法来看，罪刑阶梯表现为情节减轻犯、基本犯、情节加重犯与情节特别加重犯等由轻到重的不同形态。我们认为，这里的情节，应属于定罪情节。因此，本章拟通过定罪情节的深入探讨，以解决与罪刑阶梯现象有关的一些问题。

第一节　定罪情节的立法沿革

刑法中的情节问题，近年来受到刑法学界的高度重视。定罪情节是刑法中情节的一种，研究定罪情节对于深化和拓宽刑法理论对情节问题的探讨无疑具有重要意义。但是，目前刑法学界对定罪情节的研究可说是比较贫乏的，大都局限于

---

① 《荀子·正论》。

② 参见［意］贝卡里亚：《论犯罪与刑罚》，北京，中国大百科全书出版社，1993。

对我国现行刑事立法的解释。为此，我们有必要首先追溯一下有关定罪情节的立法沿革。

一、中国古代的定罪情节

法律发展之初，并无依具体情节将一种犯罪由轻至重划分为几种情况，分别处以不同刑罚之必要与可能。随着律令的逐步发展，法律条文本身趋向精细化，同时罪责的轻重不同应适用不同处罚的思想也趋于成型，这样对同一犯罪区分不同情节分别规定不同的法定刑就具备了必要性与可能性。

查中国刑法史稿，这方面最早的较成熟的规定当推云梦秦简所载之秦代刑法。秦简中，根据杀人的具体情节区分贼杀、盗杀、擅杀等项。所谓贼杀即故意杀人；盗杀，指因盗而杀；擅杀，专指尊杀卑、主杀奴。对于不同情况，处以不同刑罚。如《法律答问》记载："甲谋遣乙盗杀人，受贼十分，问乙高未盈六尺，甲何论；当磔。"即对于盗杀处磔刑。又根据秦律，父母"擅杀子，黥为城旦舂"①。应该指出，秦律中的贼杀、盗杀、擅杀等杀人罪的不同类别，也可视为各个独立的罪名，这是一种不同于我国现行立法的立法方式，但它在本质上与我们现在对故意杀人罪区分不同情节，规定不同法定刑是相通的，所不同的是现行立法中只有"故意杀人罪"一个罪名。秦律中关于斗殴伤害的规定也比较具体。在斗殴中"啮断人鼻若耳若指若唇"者，一律处以耐刑；"缚而尽拔其须眉"者，处完城旦刑。对于持械斗殴伤人者，处罚较徒手为重。如，"以针、铢、锥"相斗，赀二甲；伤人者，"黥为城旦"。如果拔剑而斗虽只"斩人发结"，也当"完为城旦"②。可见，伤害程度及犯罪工具均可影响罪责的轻重。这种规定与现代的规定已十分接近。

唐朝是我国封建社会发展中的全盛时期，《唐律疏议》是我国封建法律制度

①② 张晋藩主编：《中国刑法史稿》，83～84页，北京，中国政法大学出版社，1991。

建设上的最大成果。《唐律疏议》对定罪情节的规定是相当详备的。比如，唐律对预谋杀人的处理：所谓预谋杀人，“谓二人以上，若事已彰露，欲杀不虚，虽独一人，亦同二人谋法”，即指二人以上事先同谋策划而故意杀人的行为；如虽系一个独自所为，但事先经过周密计划和充分准备的，也按预谋杀人处理。根据唐律《贼盗律》，对预谋杀人区分以下三种情况分别处理①：

1. 一般预谋杀人。《贼盗律》规定：“诸谋杀人者，徒三年。已伤者绞，已杀者斩。从而加功者绞，不加功者流三千里。造意者，虽不行仍为首。即从者不行，减行者一等。”注云：“雇人杀者，亦同。”

2. 加重的预谋杀人。为了保护某些人的特殊利益，唐律规定了以下四种加重处罚的情况：(1) 谋杀各级官吏。《贼盗律》规定：“诸谋杀制使，若本属府主、刺史、县令，及吏卒谋杀本部五品以上官长者，流二千里，已伤者绞，已杀者皆斩。”(2) 卑幼谋杀尊长。《贼盗律》规定：“诸谋杀期亲尊长、外祖父母、夫、夫之祖父母、父母者，皆斩。”(3) 部曲奴婢谋杀主。《贼盗律》规定：“诸部曲、奴婢谋杀主者，皆斩。谋杀主之期亲及外祖父母者绞，已伤者皆斩。”(4) 妻妾谋杀故夫之祖父母、父母。《贼盗律》规定：“诸妻妾谋杀故夫之祖父母、父母者，流二千里，已伤者绞，已杀者皆斩。”

3. 减轻的预谋杀人。有以下两种：(1) 尊长谋杀卑幼。《贼盗律》规定：“即尊长谋杀卑幼者，各依故杀罪减二等，已伤者减一等，已杀者依故杀法。”(2) 厌魅咒诅杀人。《贼盗律》规定：“诸有所憎恶，而造厌魅及造符书咒诅，欲以杀人者，各以谋杀论减二等。”

又如唐律对窃盗的规定。根据《贼盗律》，窃盗行为的一般处刑原则是依得财多少而论罪。律云：“诸窃盗，不得财笞五十；一尺杖六十，一匹加一等；五匹徒一年，每五匹加一等；四十匹流三千里；五十匹加役流。”下列几种窃盗行为应当加重处罚：(1) 监守自盗或盗所监临财物。律云：“诸监临主守自盗，及

① 参见乔伟：《唐律研究》，190～194页，济南，山东人民出版社，1985。

盗所监临财物者，加凡盗二等，三十匹绞。”《唐律疏议》曰：“假如左藏库物，则太府卿、丞为监临，左藏令、丞为监事，见守库者为主守，而自盗库物者，为监临主守自盗。又如州县官人，盗部内人财物，是为盗所监临。”（2）殴人而窃盗。“诸本以他故殴击人……因而窃取者，以窃盗论加一等。若有杀伤者，各从故、斗法。”《唐律疏议》曰：“先因他故殴击，而辄窃取其财，以窃盗论加一等；一尺杖七十，一匹加一等。若有杀伤者，谓本因殴击杀伤，元非盗财损害，各从故、斗法，谓因斗致死者，绞；故杀者，斩。”（3）因盗过失杀伤。“诸因盗而过失杀伤人者，以斗杀伤论，至死者，加役流。”《唐律疏议》曰：“因行窃盗而过失杀伤人者，以其本有盗意，不从过失收赎，故以斗杀伤论。其杀伤之罪至死者，加役流。注云，得财不得财等，谓得财与不得财，并从斗杀伤科。财主寻追，遇他故死者非，谓财主寻追盗物之贼，或坠马，或落坑致死之类，是遇他故而死，盗者唯得盗罪，而无杀伤之坐。”（4）盗杀官私马牛。“诸盗官私马牛而杀者，徒二年半。”《唐律疏议》曰：“马牛军国所用，故与余畜不同。若盗而杀之者，徒二年半。若准赃重于徒二年半者，以凡盗论加一等。其有盗余犛牛之类，乡俗不用耕驾者，计赃以凡盗论。”根据《贼盗律》，下列两种窃盗行为可以减轻处理：（1）盗亲属财物。“诸盗缌麻、小功亲财物者，减凡人一等；大功，减二等；期亲，减三等。”（2）盗己家财物。“诸同居卑幼，将人盗己家财物者，以私辄用财物论加二等；他人，减凡盗罪一等。”《唐律疏议》曰：“同居卑幼，谓共居子孙、弟侄之类，将外人共盗己家财物者，以私辄用财物论加二等。案户婚律，同居卑幼，私辄用财者，十匹笞十，十匹加一等，罪止杖一百。”此则同居卑幼结外人，窃盗本家财物，卑幼处刑比一般窃盗为轻；他人则按凡盗减一等治罪。①

受唐律影响，以后历代刑律中都体现了区分定罪情节之轻重分别规定不同法定刑的精神。在此不再赘述。

---

① 参见乔伟：《唐律研究》，225～227页，济南，山东人民出版社，1985。

二、外国古代及近代的定罪情节

在各国古代的立法中不难发现定罪情节的影子，那就是区分犯罪的不同情况，规定了不同的法律责任。以古罗马《十二铜表法》为例，该法因窃盗的情况不同，即现行或非现行、夜间或白天，适婚人或未适婚人、自由人或奴隶，而规定不同的责任。它规定："现行窃盗被捕的，处笞刑后交被窃者处理；如为奴隶，处笞刑后投塔尔泊峨岩下摔死；如为未适婚人，由法官酌处笞刑，责令赔偿损失。"（第 8 表，第 14 条）"对非现行窃盗罪提起的诉讼，仅能处盗窃者两倍于赃物的罚金。"（第 8 表，第 16 条）"凡以正式方式在窃贼家搜出赃物的，以现行盗窃罪论处，如以非正式方式搜出，或在他处找到的，则处盗窃者三倍于赃物的罚金。"（第 8 表，第 15 条）所谓"正式方式"是指搜查人在搜查时，应赤身裸体，仅以亚麻布围腰部，双手捧一盘。《十二铜表法》还规定："夜间行窃，如当场被杀，应视杀死他的为合法。"（第 8 表，第 12 条）"白天行窃，除用武器拒捕外，不得杀之。"（第 8 表，第 13 条）"在夜间窃取耕地庄稼或放牧的，如为适婚人，则处死以谷神；如为未适婚人，则由长官酌情鞭打，并处以赔偿双倍于损害的罚金。"（第 8 表，第 9 条）对于伤害罪，《十二铜表法》区分重伤、轻伤规定不同处罚。"毁伤他人肢体而不能和解，他人亦将依同态复仇而毁伤其肢体"（第 8 表，第 2 条）。这是指重伤他人身体。如为轻伤，《十二铜表法》则规定处以罚金。第 8 表第 3 条规定："折断自由人一骨的，处 300 阿司的罚金；如被害人为奴隶，处 150 阿司的罚金。""对他人施行其他强暴行为的，处 25 阿司的罚余。"①又如古印度《摩奴法典》。法典对窃取不同种类、不同价值的财物者，按财物价值的大小分别处以死刑、体刑、罚金。如偷窃价值在 50 钵那以上的金银或其他贵重衣物者，应断其手；不足 50 钵那者，应处所偷物品价值的 10 倍罚金。（第 8

① 曲可伸主编：《世界十大著名法典评介》，38～39 页，武汉，湖北人民出版社，1990。

卷，第 322 条）对于初犯掏摸罪者可断其两指；再犯时断一足一手；三次者，处死。[①]（第 9 卷，第 277 条）

近代第一部刑法典——法国 1810 年刑法典虽然在许多具体犯罪的规定方面未能区分定罪情节，但仍有几处值得注意。该法第 321 条规定："故杀、故意伤害或殴击，如因受害人对行为人严重的殴击或暴行而激起时，应予宥恕。"又如该法对窃盗罪（含抢劫）的规定。第 379 条规定："诈欺地窃取不属于自己之物者，成立窃盗罪。"第 380 条规定了相应的法定刑。第 381 条规定了加重之定罪情节："窃盗具备下列情况者，处死刑：（1）夜间窃盗者；（2）二人以上窃盗者；（3）全体窃盗犯或其中一个携有显明的或暗藏的武器者；（4）借破坏外部、攀越或用伪钥的帮助，在有人居住或供居住的住宅、房舍、房室、宿舍或其附属建筑物内窃盗者，或诡称高级官吏或文武官员，或穿着这些官吏的制服或服装，或诈称奉有文武官署的命令而窃盗者；（5）以暴行或恐吓使用武器而窃盗者。"第 382 条规定："以暴行且以前条前四种情况中的两种实施窃盗者，处有期重惩役。实施窃盗时所为的暴行如遗有创伤或殴伤的痕迹时，此种情况即足据以宣告无期惩役的刑罚。"第 383 条规定："在公共道路上窃盗者，亦处无期重惩役。"

1871 年德国刑法典首次用笼统的方式规定了减轻之定罪情节，即用概括性的语言，如"有可减轻之情状时"、"其情轻者"等，规定情节减轻犯。比如第 94 条第 1 款规定："对于德意志皇帝与自国之国君、或联邦国滞在其国中之君主，而为暴行者，处无期惩役或无期禁狱；其情轻者，处五年以上之惩役，或同期之禁狱。"第 2 款规定："处禁狱时，得剥夺现任之官职及因公选所得之权利；有可减轻之情状时，处五年以下之禁狱。"又如第 146 条第 1 款规定："以行使之目的，伪造内国外国之金属货币与纸币，或变造通用之货币为高价，及变造不通用货币为通用货币者，处二年以上之惩役，尚得付之监视。"第 2 款规定："有可减轻之情状时，处禁锢。"类似的规定还可见于第 96 条、第 114 条、第 243 条、

① 参见曲可伸主编：《世界十大著名法典评介》，70 页，武汉，湖北人民出版社，1990。

第249条、第332条、第333条等。尽管关于情节减轻犯的笼统规定不少，但是没有情节加重犯的笼统规定。根据所掌握的资料，德国刑法典中出现情节加重犯的笼统规定始于法西斯专政时期。法西斯统治时期，对原有的刑法典作了修改和补充。如1944年9月对德国刑法典第90条的补充规定："其情节特别严重者，对德国人得处死刑"，为泄露国家机密罪增加了死刑。又如1936年7月2日对第139条的修正规定："一、知悉他人预备犯内乱罪、外患罪、损坏国防工事罪、侵害生命的重罪、伪造罪、强盗罪、掳人罪或危害公共安全的重罪的可靠计谋，而不及时报告主管机关或受威胁的人者，处轻惩役。如犯罪未着手实行者，不罚。二、其情节特别严重者，得处重惩役，如所犯罪的法定最高刑为死刑时，得处无期重惩役或死刑。"

第二节　定罪情节概述

一、定罪情节的概念

正确地界定定罪情节的概念，是深入研究定罪情节的前提条件。目前刑法学界尚未就定罪情节的概念达成比较一致的意见。综合起来，我们认为要合理界定定罪情节的概念，首先应该明确：

（一）定罪情节的上位概念

定罪情节的上位概念是刑法中的情节。各种论著中对"刑法中的情节"所下的定义极不一致。这里不就此展开论述，暂采取如下定义方式：刑法中明文规定的，犯罪构成共同要件外的，影响行为社会危害性和行为人人身危险性程度的，并进而影响定罪、量刑与行刑的各种具体事实情况。①

① 此处采广义刑法概念，含刑罚执行。若采狭义刑法概念，则不含行刑。

（二）定罪情节的概念界定

目前我国刑法学界关于定罪的定义不尽相同，一般来说，定罪的内容包括：(1) 确定行为是否构成犯罪，以区别罪与非罪；(2) 确定行为构成何种犯罪，以区别此罪与彼罪；(3) 确定犯罪的程度，以区别重罪与轻罪；(4) 确定犯罪的形态，以区别一般构成与特殊构成，如既遂犯还是未遂犯、共同犯罪还是单独犯罪等；(5) 确定行为所包含的罪数，以区别一罪与数罪等。显然，定罪情节的概念不能超越定罪的内容。我们认为定罪情节应是与确定行为是否构成犯罪、构成何种犯罪以及犯罪的程度相关的情节，即与确定罪与非罪、此罪与彼罪以及重罪与轻罪相关的情节。

基于以上分析，我们认为，定罪情节是指：刑法中明文规定的，犯罪构成共同要件以外的，影响行为社会危害性和行为人人身危险性程度的，定罪时作为区别罪与非罪、重罪与轻罪以及此罪与彼罪标志的一系列主客观事实情况。

二、定罪情节的特征

（一）刑法中情节的一般特征

定罪情节自然具有刑法中情节的一般特征。作为定罪情节的基本特征，应是除此一般特征以外，定罪情节独有的一些特征。

那么，刑法中情节的一般特征有哪些呢？由前述刑法中情节的概念不难看出其具有以下几个特征：

1. 法定性

定罪情节的法定性是指须由法律明文规定。这里有必要澄清那种认为酌定情节不具有法定性的认识。理论上通常把酌定情节作为法定情节的对称概念，认为酌定情节不是法律上明文规定的，而是从审判实践经验中总结出来的。[①] 我们认

① 参见高铭暄主编：《中国刑法学》，278 页，北京，中国人民大学出版社，1989。

为，酌定情节是概括性的、笼统的法定情节。刑法意义上的情节，都应该是法定的，这是罪刑法定原则的必然要求，只是考虑到犯罪现象的情状万千，才因立法技术的需要，对有些情节作确定的、具体的、详细的规定；而对另一些情节只能作概括的、原则的、笼统的规定，其具体内容由司法工作人员根据案情斟酌决定。①

2. 特定性

这种特定的质就是行为的社会危害性或行为人的主观危险性，情节正是体现社会危害性及其程度和主观危险性大小的。这是情节的根本属性。②

3. 客观性

定罪情节的客观性是指定罪情节内容（构成因素）具有客观性。构成情节的各种具体事实情况是客观存在的，不依人的主观意志为转移，人们也不能主观地凭空捏造某种事实情况作为情节。应该注意的是，行为人的主观方面的事实情况虽然是无形的，但也是客观的，是可以根据各种客观情况予以认定的。实践中容易抹杀情节的客观性，根据个人好恶，主观臆断行为人是否具有某种情节，这是十分有害的。

（二）定罪情节的基本特征

1. 定罪情节在定罪中的作用具有层次性

与罪刑阶梯现象相适应，定罪情节在整体上呈现出由轻到重的层次性。反映在我国现行立法中，即表现为自“情节显著轻微”到“情节特别严重”（或者“数额特别巨大”）的逐渐加重。

2. 定罪情节的具体内容是主观与客观的综合统一

一般认为，定罪情节应该具体包括以下一些因素：（1）犯罪对象；（2）犯罪手段或方法；（3）犯罪的时间、地点和环境；（4）犯罪动机；（5）犯罪目的；（6）结果加重犯中的加重结果；（7）数额犯中的数额。③ 这些情节既有主观方面

---

① 参见喻伟主编：《刑法学专题研究》，319页，武汉，武汉大学出版社，1992。

② 参见赵秉志等：《全国刑法硕士论文荟萃》，84、79页，北京，中国人民公安大学出版社，1989。

③ 参见王晨：《定罪情节探析》，载《中国法学》，1992（1），67～68页。

的，也有客观方面的。刑法笼统规定以定罪情节（例如“情节严重”、“情节恶劣”）作为犯罪成立的要件之一的，应综合考虑上述主客观因素。当然，若在同一性质的犯罪中，刑法已经特别规定了定罪情节的具体内容的，就应以该规定为准，无须再综合考虑其他因素。例如结果加重犯的定罪情节的具体内容就是加重结果。又如德国刑法典第 94 条（叛国罪）第 2 款规定：“情节特别严重的，处终身自由刑或五年以上自由刑。情节特别严重是指：(1) 负有保管国家机密义务的人员，滥用职权泄露国家机密，或 (2) 因其行为导致德意志联邦共和国外部安全遭受严重危险的。”

定罪情节是否仅限于犯罪行为实施过程中的事实情况，这是在定罪情节研究中的一个重要理论的问题。有论者主张定罪情节的一个基本特征就是“范围的特殊性”，即只能是犯罪行为实施过程中的事实状况，犯罪行为实施过程以外的因素，不能作为定罪情节。具体说，在我国刑法分则规定的以情节作为犯罪成立要件的犯罪中，其中的情节不包括行为人实施行为前的一贯表现以及实施行为后的态度等内容。① 当然，也有论者持相反意见，认为犯罪人的一贯表现和实施行为后的态度也不能被排除在定罪情节以外。如盗窃，如果行为人平时好逸恶劳，不务正业，偷了东西就肆意挥霍，虽然盗窃的财物数额只是接近较大还不够较大，也可以认定构成盗窃罪。② 那么，“范围的特殊性”究竟是不是定罪情节的基本特征呢？我们认为，在回答这个问题之前，有必要就以下有关问题作些分析，予以明确：

(1) 刑法学界对于量刑情节的范围已基本达成共识，那就是量刑情节包括行为实施前、行为实施过程中以及行为实施后的事实情况，即所谓罪前、罪中及罪后情节。

(2) 犯罪包括已然之罪和未然之罪，刑事责任不应仅仅针对已然之罪，而应同时针对未然之罪。作为已然之罪内容的是行为的社会危害性，作为未然之罪内

① 参见王晨：《定罪情节探析》，载《中国法学》，1992 (1)，67 页。

② 参见钱毅：《试论情节也是犯罪构成的共同要件》，载《中南政法学院学报》，1986 (4)，84 页。

容的是行为人的人身危险性。因此，刑事责任的根据应是二元的，即是行为的社会危害性和行为人的人身危险性的统一。① 因此，定罪情节的内容也应是行为的社会危害性和行为人的人身危险性的统一。

那么，决定行为人人身危险性的因素有哪些呢？一般认为，决定人身危险性的因素有：1）犯罪前的一贯表现，即犯罪人在实施犯罪行为以前的一贯表现，具体包括积极的事实特征和消极的事实特征。积极的事实特征说明行为人在实施犯罪行为以前一贯表现较好，人身危险性极小；消极的事实特征则说明行为人在实施犯罪行为以前表现较差，人身危险性较大，并且根据这些事实特征，还可以推断出行为人具有继续犯罪的可能性。由于刑法分则规定的法定刑都是以犯罪人在实施犯罪行为前没有人身危险性为起点的，或者说刑法分则规定的犯罪的基本形态是行为人初次实施犯罪行为。所以，犯罪前的一贯表现对刑事责任有影响力的应是消极事实特征。2）犯罪后的认罪态度，即犯罪行为实施以后，行为人在被追究刑事责任之前及在被追究刑事责任的过程中，对其所实施的危害社会行为性质的认识、所采取的态度及表现。犯罪后的态度可分为从宽罪后态度和从严罪后态度。从宽罪后态度，是指行为人在犯罪以后，对其行为的危害性质有新认识，认罪服法，具体表现为自首、坦白、立功、积极退赃或挽回损失等事实情况。从严罪后态度，是指行为人对抗司法机关对其采取的强制措施，拒不认罪，阻碍司法机关的侦查、审判，具体表现为行凶拒捕，对检举人、控告人、证人等进行威胁报复，互相串供、订立攻守同盟。应该指出，被告人依法行使诉讼权利，如依法行使辩护权、上诉权，不能认为是认罪态度不好。②

从以上两点出发，我们认为，定罪情节的范围应与量刑情节相同，而不存在特殊性。

其实，从我国刑事立法以及司法实践也可看出，定罪情节是包括行为人的罪

---

① 参见陈兴良：《刑法哲学》，152页，北京，中国政法大学出版社，1992。

② 参见王晨：《刑事责任的一般理论》，237页以下，武汉，武汉大学出版社，1998。

前一贯表现和罪后认罪态度的。试举例如下：

1）立法依据。刑法将某种罪前表现、罪后态度规定为定罪情节。例如《刑法》第351条规定："非法种植罂粟、大麻等毒品原植物的，一律强制铲除。有下列情形之一的，处五年以下有期徒刑、拘役或者管制，并处罚金：（一）种植罂粟五百株以上不满三千株或者其他毒品原植物数量较大的；（二）经公安机关处理后又种植的；（三）抗拒铲除的。非法种植罂粟三千株以上或者其他毒品原植物数量大的，处五年以上有期徒刑，并处罚金或者没收财产。"我们认为非法种植毒品原植物罪的实行行为是非法种植毒品原植物，而"经公安机关处理"、"抗拒铲除"则可视为区分罪与非罪的实行行为以外的事实，即行为人的一贯表现和行为后的态度。由此可见，行为人的一贯表现及行为后的态度不仅是影响量刑的因素（即可作为量刑情节），而且也可成为影响定罪的因素。所以，从我国现行立法来看，定罪情节不能排除行为人的一贯表现与行为后的态度。

2）司法解释依据。1984年最高人民检察院发布的《关于在严厉打击刑事犯罪斗争中具体应用法律的若干问题的答复》第13条规定，罪犯和劳教人员在服刑和劳教期间又有偷窃、抢夺行为的，虽然数额不大，但屡教不改的，应予起诉，追究刑事责任。在这里行为人的一贯表现及行为后的态度起着决定性作用，即作为定罪情节决定罪与非罪的界限。1985年最高人民法院、最高人民检察院（以下简称"两高"）发布的《关于当前办理经济犯罪案件中具体应用法律的若干问题的解答（试行）》，在如何认定投机倒把"情节严重"的问题上，明确指出应结合数额和其他严重情节综合考虑。而该解答列举的其他严重情节就包括"多次进行投机倒把活动，经行政处罚仍不悔改的"情节。1986年最高人民检察院发布的《人民检察院直接受理的经济检察案件立案标准的规定（试行）》中明确规定："偷税、抗税虽不足上述数额，但具有下列情形之一的也应立案：（1）一贯偷税或抗税，屡教不改的；（2）为逃避追查而有意毁坏有关计税凭证或其他纳税资料的……""两高"1989年11月6日发布的《关于执行〈关于惩治贪污罪贿赂罪的补充规定〉若干问题的解答》中规定，如果挪用公款数额较大，超过3个月后在案发前已全部归还本

息的，可不认为是犯罪，由主管部门按政纪处理；挪用公款在5万元以上，超过3个月，虽在案发前已全部归还本息，只要属于依法应予追诉的，仍应按挪用公款罪追究刑事责任。1987年9月5日“两高”《关于办理盗伐滥伐林木案件应用法律的几个问题的解释》中也规定，盗伐、滥伐林木接近规定的数量，而具有五种情形之一的，应按相应数量的标准定罪量刑。“一贯盗伐、滥伐或屡教不改”便是五种情形中的一种。最典型的例子当推1992年12月“两高”《关于办理盗窃案件具体应用法律若干问题的解释》第4条。该条明确规定：“盗窃数额是构成盗窃罪的重要标准，但不是定罪量刑的唯一标准。除根据盗窃财物数额外，还应当根据犯罪的其他具体情节和犯罪分子的认罪态度、退赃表现等，进行全面分析，正确定罪量刑。”该条具体列举了虽未达到“数额较大”，但也可追究刑事责任的10种情形，其中第7项、第8项分别是：“曾因盗窃被治安处罚三次以上，或者被劳动教养二次以上，解除教养后二年内又进行盗窃”；“曾因盗窃被免诉、免刑后二年内，或者因盗窃受过刑罚处罚后三年内又进行盗窃的”。该条还列举了虽已达到“数额较大”的起点标准，但可不作为犯罪处理的6种情形，其中即包括“初犯、偶犯”、“情节轻微并主动坦白或积极退赔的”、“自首或者有立功表现的”等内容。可见，定罪情节在司法解释中往往包括罪前表现及罪后态度。

三、定罪情节的功能

（一）定罪情节功能的概念

功能，又称效能，指事物或方法所发挥的有利的作用。定罪情节的功能是指定罪情节所能发挥的作用。

我们认为，定罪情节不具备下列两种功能：

1. 决定是否免予追究刑事责任的功能

刑法中之“免予追究刑事责任”，是指行为人的行为已构成犯罪并应受刑罚处罚，但因犯罪情节轻微，不需判处刑罚，或者具有法定的免除处罚的情节，而

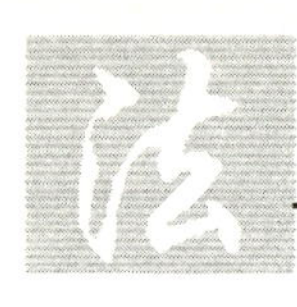

作有罪宣告，但免除刑罚处罚。因此，免予追究刑事责任实质是一个量刑问题。决定是否免予追究刑事责任是量刑情节的一种功能，而与定罪情节无关。

2. 排除犯罪性的功能

所谓排除犯罪性，无非是指某些行为在表面上具备犯罪构成，但由于某种事实的存在，而排除该行为的社会危害性，不构成犯罪，相反却是合法行为。

定罪情节具有区分重罪与轻罪、此罪与彼罪的功能，我们认为是成立的。理由主要是重罪与轻罪、此罪与彼罪之间均存在罪质与罪责上的区别。也即其共同特点是由于基本犯罪具备某一情节而改变了法定刑与基本犯罪的性质，将这种情节理解为量刑情节是不妥的。

综上，定罪情节的功能包括：(1) 区分罪与非罪的功能；(2) 区分重罪与轻罪的功能；(3) 区分此罪与彼罪的功能。

(二) 定罪情节功能的进一步分析

1. 区分罪与非罪的功能

一般认为，区分罪与非罪的功能表现为：(1) 决定行为不构成犯罪。例如我国《刑法》第13条但书规定："情节显著轻微危害不大的，不认为是犯罪。"在这里，情节显著轻微危害不大是区别罪与非罪的界限。这是从非犯罪方面来区分的。(2) 决定行为成立犯罪。比如，我国《刑法》第326条规定，以牟利为目的，倒卖国家禁止经营的文物，情节严重的，构成倒卖文物罪。这里的情节严重就是本罪的构成标准。

2. 区分重罪与轻罪的功能

在行为构成犯罪后，还有罪之轻重问题，定罪情节对于罪的轻重具有重要意义。正如本章的引言中论及，在大多数情况下，同一性质的犯罪在其轻重程度上具有很大的差别，我国刑法对此区别情节轻重规定了相应的法定刑。在这里，定罪情节所起的作用就是区分重罪与轻罪。

定罪情节是与一定的法定刑幅度相对应的，因为离开了不同的罪刑单位，也就无所谓定罪情节的层次性。所以，定罪情节区分重罪与轻罪的功能在形式上就

表现为决定法定刑的升格或降格。但是，在某一法定刑幅度内决定轻重选择的已不再是定罪情节，而只能算是量刑情节的功能。

在内容上，此种功能表现为什么呢？我国大陆刑法学界有人根据犯罪构成的社会危害程度，将犯罪构成分为三类：基本的犯罪构成、社会危害性较大的犯罪构成和社会危害性较小的犯罪构成。① 我国台湾地区学者一般将犯罪构成分为基本构成与变体构成，相应地将犯罪构成要件分为基本构成要件（Grund Tatbestand）与变体构成要件。变体构成要件可分为加重构成要件（Qualifikations Tatbestand od. qualifizierter Tatbestand）与减轻构成要件（Privilegierter Tatbestand）。② 我们认为两种分类并无本质区别。定罪情节区分重罪与轻罪的功能在内容上的表现是与这样的分类有密切关系的。可以说，定罪情节就是区分上述分类中不同的犯罪构成类型的标志。因此，我们基本同意前述第二种意见，即定罪情节是区分某种犯罪的基本类型与其他类型的标志。

3. 区分此罪与彼罪的功能

定罪情节能否作为区分此罪与彼罪的标志？学术界对这个问题看法不尽一致，主要存在以下两种观点：第一种观点认为区分此罪与彼罪的情节属于量刑情节的范畴。③ 第二种观点认为，这类情节不仅改变了基本犯罪的法定刑，而且改变了基本犯罪的性质，因此这类情节应属于定罪情节范畴。也就是说，定罪情节具有区分此罪与彼罪的功能。④ 我们同意第二种观点。比如，我国《刑法》第269条规定：犯盗窃、诈骗、抢夺罪，为窝藏赃物、抗拒抓捕或者毁灭罪证而当场使用暴力或者以暴力相威胁的，依照本法第263条的规定定罪处罚。在这里，为窝藏赃物、抗拒抓捕或者毁灭罪证而当场使用暴力或者以暴力相威胁的情节，就具有区分盗窃、诈骗、抢夺罪与抢劫罪的功能。

---

① 参见樊凤林主编：《犯罪构成论》，157页，北京，法律出版社，1987。

② 参见林山田：《刑法通论》，2版，112～113页，台北，三民书局，1986。

③ 参见敬大力：《正确认识和掌握刑法中的情节》，载《法学与实践》，1987（1），18页。

④ 参见王晨：《定罪情节探析》，载《中国法学》，1992（1），68页。

第三节 定罪情节的界定

一、定罪情节与量刑情节

（一）量刑情节概说

量刑情节，一般认为是指人民法院对犯罪分子量刑时，据以决定处刑轻重或者免除处罚的各种情况。

量刑情节不仅包括依照刑法典总则和全国人大常委会有关法律规定对各种犯罪共同适用的情节，还包括依照刑法典分则和全国人大常委会有关法律规定对特定犯罪适用的情节。根据现行立法，可将量刑情节，按照从严到宽的顺序，作如下排列：（1）应当从重或者加重处罚的情节；（2）应当从重处罚的情节；（3）可以从轻处罚的情节；（4）可以从轻或者减轻处罚的情节；（5）应当从轻或者减轻处罚的情节；（6）可以从轻、减轻或者免除处罚的情节；（7）应当从轻、减轻或者免除处罚的情节；（8）可以减轻或者免除处罚的情节；（9）应当减轻或者免除处罚的情节；（10）可以免除刑事处分的情节。理论上有人将量刑情节概括为四种，即免予追究刑事责任的情节、免除被告人刑罚的情节、影响刑罚从轻（包括减轻）的情节和影响刑罚从重（包括加重）的情节。

（二）定罪情节与量刑情节的区别

我国刑法学界对于定罪情节与量刑情节的关系颇多争议，几陷于混乱：（1）指代不明。什么是定罪情节？什么是量刑情节？在指代对象上是不明确的。即便是在同一著作中也存在矛盾之处。比如，高等学校文科教材《中国刑法学》对于作为区分轻罪与重罪标志的情节究竟是属于定罪情节还是量刑情节就先后作了完全相反的回答。[①]（2）功能模糊。量刑情节、定罪情节各自具有何种功能？

① 参见高铭暄主编：《中国刑法学》，82～83、276～277页，北京，中国人民大学出版社，1989。

理论上颇多含混、交叉之处。学者中往往存在膨胀自己所研究情节的功能的倾向，更是人为地制造了混乱。

我们认为，产生上述混乱的主要原因还在于对定罪、量刑这两个概念的不同理解。关于定罪的概念，前文已经论及，并且已经明确与定罪情节相关的定罪的具体内容有三点：(1) 确定行为是否构成犯罪，以区别罪与非罪；(2) 确定行为构成何种犯罪，以区别此罪与彼罪；(3) 确定犯罪的程度，以区别重罪与轻罪。这三点内容还可进一步理解为：定罪可以解决罪质的认定与法定刑幅度的适用，即完成犯罪事实与罪刑单位的统一。对于量刑，理论上也存在不同的理解，限于篇幅，在此不一一列举。我们认为，量刑之所以成为可能，是以相对罪刑法定主义取代绝对罪刑法定主义为前提的。[①] 在相对罪刑法定的情况下，法官在法定的量刑幅度内有选择科处之余地，而法官作此选择依据的事实即是量刑情节。所以，我们主张对量刑作狭义的理解，即在确立了相应的罪刑单位后，法官受此罪刑单位之法定刑幅度限制，依法根据有关事实（量刑情节）作出从轻（含减轻）、从重（含加重）或免除处罚的选择。

从上述认识出发，不难区别定罪情节与量刑情节：定罪情节具有区分罪与非罪、重罪与轻罪以及此罪与彼罪的功能；而量刑情节的功能则是在已被确定的法定刑的基础上，决定从宽、从严处罚或免除处罚。

从哲学意义上说，定罪情节与量刑情节可区分如下：对于同一性质的犯罪而言，量刑情节反映的是它的量，而定罪情节是整个罪质随着量刑情节的积累而实现质变或阶段性部分质变的原因。根据哲学原理，只要事物的本质属性未变，事物总体上仍然处于量变过程；但由于非本质属性发生了重大变化，事物呈现出明显的阶段性，这就是总的量变过程中阶段性的部分质变。[②] 我们认为，作为轻罪与重罪界限的定罪情节正是该罪质的阶段性部分质变的原因。至于说定罪情节是

---

① 参见陈兴良：《刑法哲学》，593页，北京，中国政法大学出版社，1992。

② 参见李秀林等主编：《辩证唯物主义和历史唯物主义原理》，修订版，127页，北京，中国人民大学出版社，1984。

整个罪质发生质变的原因，是指定罪情节是区分罪与非罪、此罪与彼罪的界限。

换句话说，定罪情节是一个临界点：(1) 质变的临界点，即此罪与彼罪、罪与非罪的界限；(2) 阶段性部分质变的临界点，即轻罪与重罪的界限。量刑情节反映的其实是偏离这个临界点的幅度。以强奸罪为例，根据刑法第 236 条的规定，强奸妇女多人属于“情节特别严重的”一种情形。在这里，“多人”应指三人以上。我们认为，强奸三人的“三人”是定罪情节，有此情节，则可适用“情节特别严重”的相应法定刑。若某犯强奸的是 $3+n$ 人，则 n 是量刑情节，也即是在“情节特别严重”相应的法定刑幅度内斟酌量刑的根据（我们在此假定不考虑除强奸人数以外的因素）。

如果用简明的数学语言（参见下图）来说明定罪情节与量刑情节的区别，我们能得到更清晰的印象。

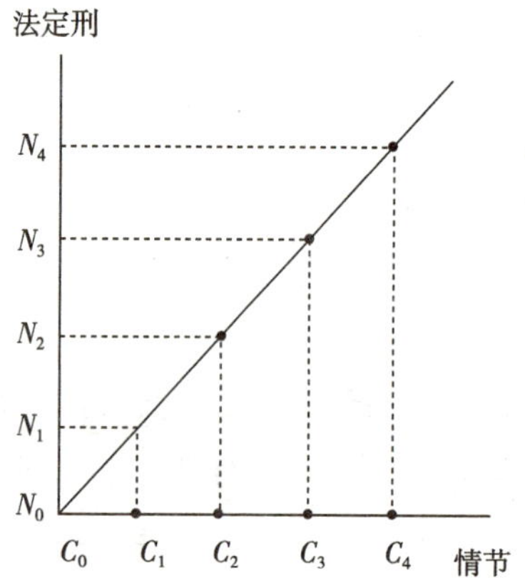

说明：(1) 定罪情节（作为临界点）包括：C_0：情节显著轻微；C_1：情节较轻；C_2：情节一般；C_3：情节严重；C_4：情节特别严重。(2) 在各点之间的范围则属于量刑情节。(3) 与各个定罪情节对应的是不同法定刑幅度（用 N 表示）的起点（N_0、N_1、N_2、N_3、N_4）。(4) 与量刑情节对应的是在各个法定刑幅度内斟酌裁量。当然不排除依法加重、减轻处罚，突破相应的法定刑幅度。

（三）定罪情节与量刑情节的联系

当我们深思熟虑地考察自然界或人类历史或我们自己的精神活动的时候，首先呈现在我们眼前的，是一幅由种种联系和相互作用无穷无尽地交织起来的画面。[①] 在研究定罪情节与量刑情节的区别的同时，我们不能忽视二者之间的内在联系。

我们认为，二者的联系主要表现为：同一罪质中同样的事实，有时是定罪情节，有时又是量刑情节。典型的例子是“两高”1987 年发布的《关于办理盗伐滥伐林木案件应用法律的几个问题的解释》第 5 条的规定。该条第 1 款规定：“盗伐、滥伐林木接近上述规定的数量，而具有下列情形之一的，应按上述规定的标准定罪量刑：(1) 为首组织、策划、煽动盗伐、滥伐林木，或者破坏植被面积较大，致使森林资源遭受损失的；(2) 盗伐、滥伐防护林、经济林、特种用途林的；(3) 一贯盗伐、滥伐或屡教不改的；(4) 盗伐、滥伐林木不听劝阻，或威胁护林人员的；(5) 其他盗伐、滥伐情节严重的。”该款中 5 项情节显然属于定罪情节。同条第 2 款又规定：“盗伐、滥伐林木已达到上述数量并具备上述情形的，应从重处罚。”此时，上述 5 项情节又成为量刑情节。因此，我们认为，某种事实究竟是定罪情节还是量刑情节不是绝对的，而是与一定的条件相联系的，并在一定条件下相互转化。

二、定罪情节与犯罪构成

定罪情节与犯罪构成的关系是一个比较复杂且容易产生分歧、却不容回避的问题。

（一）关于二者关系的理论聚讼

理论上对于定罪情节与犯罪构成的关系，主要有以下几种主张：

① 参见《马克思恩格斯选集》，2 版，第 3 卷，359 页，北京，人民出版社，1995。

1. 定罪情节也是犯罪构成的共同要件。[①] 理由是：(1) 法律根据。我国《刑法》第13条“但书”规定：“情节显著轻微危害不大的，不认为是犯罪。”这是刑法总则关于划分罪与非罪的情节的一般性规定，因此，认定刑法分则规定的所有具体犯罪，都必须考虑情节。而且，在刑法分则中有许多具体犯罪明文规定要求“情节严重”或“情节恶劣”才能构成。(2) 定罪情节的内容是相对独立的，它为犯罪构成的其他四个共同要件所容纳不了，情节的实质则是反映社会危害程度，这对于决定罪与非罪，自然具有重要意义。因此，不能低估定罪情节在认定犯罪中的作用，不能简单地把它划归为主客观要件的任何一个方面，也不能仅仅看作是影响量刑的因素，而理应作为犯罪构成的一个共同要件来看待。(3) 作者进一步指出，定罪情节作为犯罪构成的共同要件是有等级之分的。在一般情况下，认定某种行为是否构成犯罪，必须考虑情节是否在“显著轻微危害不大”的等级之上；在特殊情况下，认定某种行为是否构成犯罪，则必须考虑情节是否严重或情节是否恶劣。

2. 定罪情节不是犯罪构成的一个要件，只能作为衡量犯罪构成某个方面的或者犯罪构成全面的危害程度的一个标志，在立法上属于提示性规定，用以引起司法人员办案时的重视。[②] 理由是：(1) 犯罪构成要件一般都提四个方面，还没有人把情节提作犯罪构成的第五个方面的要件。(2) 就刑法规定的众多情节来看，有的属于客观方面的，有的属于主观方面的，还有的属于客体或对象的，有的属于主体的。既然犯罪构成的四个方面都有情节，就不好把情节作为一个独立的要件。(3) 刑法分则有的条款只把情节作为区分同一犯罪中的重罪、轻罪的标准，显然不是构成要件。

3. 定罪情节是某种行为具备犯罪构成的依据之一（比如情节犯之要求“情节严重”、“情节恶劣”），定罪情节影响犯罪构成的变化（指影响同一性质犯罪的

---

① 参见钱毅：《试论情节也是犯罪构成的共同要件》，载《中南政法学院学报》，1986 (4)，83～85页。

② 参见高铭暄主编：《中国刑法学》，83页，北京，中国人民大学出版社，1989。

轻重不同的具体构成），但定罪情节不能作为犯罪构成的一个要件。[①] 理由是：（1）情节对于行为是否构成犯罪只起量的作用。行为是否构成犯罪，取决于行为的社会危害性及其程度。何种性质的危害行为对构成犯罪至关重要，对此情节是无能为力的。情节只能衡量行为社会危害性的程度，它只起量的作用，对于犯罪的性质不起决定作用，因而不能作为犯罪构成的一个要件。（2）情节只能是犯罪构成要件的事实，但不是犯罪构成要件。因为某种犯罪构成是对所有该犯罪的法律抽象，它的各个构成要件和某个案件的事实是不能等同的。情节只能是案件事实的表现。尽管刑法分则有些条文把情节作为罪状的内容，但不是所有罪状的内容都是该犯罪的构成要件。（3）情节是个综合性术语，它既可表现为主观上的事实也可能表现为客观上的事实，不可能纳入犯罪构成四个要件中的任何一个要件之中，它只能是各个构成要件的事实内容的某些方面。如果将情节作为一个构成要件，势必违背犯罪构成整体性原则，割裂各个构成要件的有机关系。

4. 定罪情节不是犯罪构成的共同要件，但是，是具体犯罪构成的要件。[②] 理由是：（1）犯罪构成要件可分为犯罪构成的共同要件与具体犯罪构成的要件两大类。（2）定罪情节与犯罪构成共同要件在定罪中具有完全不同的意义：其一，犯罪构成共同要件决定着行为的性质，即罪质的质，而定罪情节只是影响社会危害性和人身危险性的程度，即罪质的量。虽然，一定的量变也会引起质变，但这种质变仍然不能跳出犯罪构成共同要件对该罪的规定性。其二，犯罪构成共同要件是一切犯罪都必须具备的要件，是犯罪的共性。定罪情节则是具体犯罪成立的要件，是犯罪的个性。其三，犯罪构成共同要件是一切犯罪成立的必要条件，而定罪情节则是具体犯罪成立的充分条件。（3）定罪情节之所以是定罪的情节，必然在犯罪的认定中发挥着作用。具体犯罪成立的要件，实际上就是犯罪构成共同要件与定罪情节之和。也就是说，定罪情节虽然不是犯罪构成共同要件，但却是具

---

① 参见赵炳寿主编：《刑法若干理论问题研究》，348～352 页，成都，四川大学出版社，1992。

② 参见王晨：《定罪情节探析》，载《中国法学》，1992（1），70 页。

体犯罪成立的要件。

（二）关于二者关系的理论剖析

为了准确辨析犯罪构成与定罪情节的关系，有必要首先界定犯罪构成、犯罪构成要件、犯罪构成共同要件、犯罪构成具体要件以及派生的犯罪构成的概念。

根据通说，犯罪构成就是依照我国刑法的规定，决定某一具体行为的社会危害性及其程度而为该行为构成犯罪所必需的一切客观要件和主观要件的有机统一。① 我们认为，犯罪的本质是行为的社会危害性及行为人的人身危险性的统一。犯罪构成作为犯罪概念的具体化，应回答的问题是：犯罪是怎样成立的？它的成立需要具备哪些法定要件？也就是说，它所要解决的是成立犯罪的具体标准、规格问题。犯罪概念是从总体上划清罪与非罪的界限，而犯罪构成则是分清罪与非罪、此罪与彼罪界限的具体标准。② 从犯罪的二元本质和犯罪构成要解决的问题出发，我们主张把反映行为人人身危险性的内容纳入犯罪构成的范畴，使成立犯罪的具体标准、规格得以完整。所以，犯罪构成可以定义为：依照我国刑法的规定，决定某一具体行为的社会危害性及其程度与行为人的人身危险性而为该行为构成犯罪所必需的一切客观要件和主观要件的有机统一。

从该定义出发，我们不难得出这样一个结论：具有区分罪与非罪、此罪与彼罪功能的定罪情节应属于犯罪构成的组成部分。那么，具有区分轻罪与重罪功能的定罪情节是不是属于犯罪构成的一部分呢？回答也是肯定的。理由是：（1）派生的犯罪构成也是犯罪构成。理论上通常依行为的社会危害性程度把犯罪构成分为独立的犯罪构成（或称普通的犯罪构成）与派生的犯罪构成（或称危害严重的

---

① 参见高铭暄主编：《中国刑法学》，75 页，北京，中国人民大学出版社，1989；林准主编：《中国刑法教程》，45 页，北京，人民法院出版社，1989；樊凤林主编：《犯罪构成论》，7 页，北京，法律出版社，1987；马克昌主编：《犯罪通论》，65～68 页，武汉，武汉大学出版社，1991。各书虽然在行文上略有区别，但内容基本一致。

② 参见林准主编：《中国刑法教程》，44～45 页，北京，人民法院出版社，1989。

犯罪构成或危害较轻的犯罪构成)。[①] 我们主张分类的标准应是综合考虑行为的社会危害性与行为人的人身危险性，所以，赞同独立的犯罪构成与派生的犯罪构成的称谓。一般认为，所谓独立的犯罪构成，是指刑法条文对具有通常社会危害程度的行为所规定的犯罪构成；派生的犯罪构成，是指以独立的犯罪构成为基础，具有较重或较轻社会危害程度而从独立犯罪构成中衍生出来的犯罪构成，其中具有较重危害程度的，称为加重的犯罪构成；具有较轻危害程度的，称为减轻的犯罪构成。我们认为，根据罪质的层次性及犯罪本质的二元论观点，可以将派生的犯罪构成定义为：以独立的犯罪构成（具有普通罪质）为基础具有较重或较轻罪质而从独立的犯罪构成中衍生出来的犯罪构成。其中具有较重罪质的，称为加重的犯罪构成；具有较轻罪质的，称为减轻的犯罪构成。显然，派生的犯罪构成也是犯罪构成。(2) 具有区分轻罪与重罪功能的定罪情节，正是派生的犯罪构成的关键事实。换句话说，定罪情节是区分独立的犯罪构成、加重的犯罪构成和减轻的犯罪构成的标志。这一点，在讨论定罪情节之区分轻罪、重罪功能时已有说明，在此不再赘述。

综上，定罪情节应属于犯罪构成范畴。那么，定罪情节在犯罪构成中的地位如何？前文已经谈到，有论者认为定罪情节属于犯罪构成的共同要件；相反观点主张，定罪情节不属于犯罪构成的共同要件，但是具体犯罪构成的要件。

所谓犯罪构成的共同要件（或称一般构成要件、基本的构成要件），是指每一犯罪构成所必须具有的、不可缺少的要件。[②] 我国刑法学界的通说认为，犯罪构成的共同要件是四个：犯罪的客体要件、犯罪的客观要件、犯罪的主体要件以及犯罪的主观要件。这四个要件固然为每一犯罪构成所必备的、不可缺少的要件，但是否还有其他的要件为每一犯罪构成所必需呢？有人认为，由于我国刑法对犯罪的定义中包含但书部分，即“情节显著轻微危害不大的，不认为是犯罪”，

---

① 参见樊凤林主编：《犯罪构成论》，157 页，北京，法律出版社，1987；马克昌主编：《犯罪通论》，87 页，武汉，武汉大学出版社，1991。

② 参见马克昌主编：《犯罪通论》，85 页，武汉，武汉大学出版社，1991。

所以“情节显著轻微”可以说是所有犯罪构成的消极要件，因此“情节显著轻微”也是犯罪构成的共同要件之一。我们不同意这种观点。理由很简单：一些犯罪的成立以“情节严重”、“情节恶劣”为条件，此时，“情节显著轻微”显然已不是区分罪与非罪的界限，也不再是犯罪构成的要件。至于定罪情节中的其他情节更不属于犯罪构成的共同要件。

因此，我们同意这种观点：定罪情节不是犯罪构成的共同要件，而是具体犯罪构成的要件。定罪情节只能是犯罪构成共同要件以外的事实情况，这是因为定罪情节与犯罪构成共同要件在定罪中具有完全不同的意义：(1) 犯罪构成共同要件决定着行为的性质，即罪质的质，而定罪情节只是影响社会危害性和人身危险性的程度，即罪质的量，或者说罪质的层次性。虽然一定的量变也会引起质变，但这种质变是阶段性的，仍然跳不出犯罪构成共同要件对该罪的规定性。(2) 犯罪构成共同要件是一切犯罪都必须具备的要件，是犯罪的一般要件；定罪情节则是具体犯罪成立的要件，是犯罪的特别要件。顺便指出，有学者在论述定罪情节与犯罪构成共同要件在定罪中的不同意义时，除上述两点区别以外，还列一条：“犯罪构成共同要件是一切犯罪成立的必要条件，而定罪情节是具体犯罪成立的充分条件。”[①] 我们认为，定罪情节不是具体犯罪成立的充分条件。所谓充分条件，其数学含义应是：若具备条件 A，则必可推出 B，那么 A 就是 B 的充分条件。该学者在文章稍后又认为，具体犯罪的成立的要件，实际上就是犯罪构成共同要件与定罪情节之和。[②] 因此，我们认为该学者在这一问题上是误解了充分条件的含义而导致自相矛盾。

那么，如何理解“定罪情节是具体犯罪构成的要件”呢？定罪情节之所以是定罪的情节，必然在犯罪的认定中发挥着作用。对于具体犯罪来说，其成立应具备两个要件：(1) 犯罪共同要件；(2) 具体犯罪构成特殊要求的要件。具体犯罪构成特殊要求的要件又是什么呢？一种观点认为其实就是定罪情节，进而主张具

---

① 王晨：《定罪情节探析》，载《中国法学》，1992 (1)，70 页。

② 参见王晨：《定罪情节探析》，载《中国法学》，1992 (1)，70 页。

体犯罪的成立要件，实际上就是犯罪构成共同要件与定罪情节之和。[①] 我们认为，这种观点对定罪情节的理解未免太过宽泛。一般认为，与共同的构成要件相对应的一个概念是特殊的构成要件（或称选择的构成要件），即指不是每一犯罪构成所必须具有的，而只是一部分犯罪构成所必须具有的，不可缺少的要件，比如犯罪对象、犯罪结果、犯罪的时间、地点、方法、特定身份、犯罪目的等，都属于特殊的构成要件。

为了正确理解定罪情节在具体犯罪的成立要件中的地位，我们应更换一个角度，即从定罪情节影响罪质的层次性这一点出发，将特殊构成要件中一部分不具有此种功能的事实从定罪情节中排除出去。

因此，我们认为，特殊构成要件可以分为两部分，即定罪情节及其他构成要件事实。定罪情节与其他构成要件事实的区别标志在于该事实是否具有影响罪质的层次性这种特点。

第四节　定罪情节的分类

定罪情节内容广泛，结构复杂，种类很多。有论者根据定罪情节在定罪中的作用，将其分为四大类：（1）作为基本犯成立要件的定罪情节；（2）作为情节加重犯成立要件的定罪情节；（3）作为结果加重犯成立要件的加重情节（疑为“定罪情节”之误）；（4）作为数额加重犯成立要件的定罪情节。[②]

我们认为，分类除了标准的确定性这一要求以外，还应注意涵盖被分类概念的全部外延以及分类的逻辑层次。上面的分类固然有利于对定罪情节的具体分析，但并未穷尽定罪情节的全部外延，逻辑层次存在混乱。理由是：（1）未包括作为减轻构成要件的定罪情节，即情节减轻犯之情节。（2）基本犯，是与加重

① 参见王晨：《定罪情节探析》，载《中国法学》，1992（1），70页。

② 参见王晨：《定罪情节探析》，载《中国法学》，1992（1），70～72页。

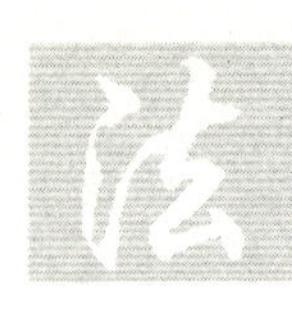

犯、减轻犯并列的。基本犯、加重犯和减轻犯分别与基本构成要件、加重构成要件和减轻构成要件相对应。根据通说，基本犯，是指刑法分则规定的不具有加重或减轻情节的犯罪；加重犯，是指刑法分则规定的在基本犯的基础上具有加重情节并加重刑罚的犯罪，包括情节加重犯和数额加重犯等；减轻犯，是指刑法分则规定的在基本犯的基础上具有减轻情节并减轻刑罚的犯罪。[①] 因此，上面的分类将基本犯与情节加重犯、结果加重犯以及数额加重犯并列，在逻辑层次上是混乱的。如果对上面的分类进行修正，我们可以将定罪情节分为作为基本犯成立要件的定罪情节、作为加重犯成立要件的定罪情节和作为减轻犯成立要件的定罪情节。

前文已经论及，定罪情节的功能有三个，即区分罪与非罪、轻罪与重罪以及此罪与彼罪。据此，可以将定罪情节分为区分罪与非罪的定罪情节、区分轻罪与重罪的定罪情节和区分此罪与彼罪的定罪情节。

此外，对定罪情节还可作如下分类：（1）根据法律对定罪情节规定的形式，可以分为明确具体的定罪情节与模糊综合的定罪情节。所谓明确具体的定罪情节，是指刑法对其内容作了明确具体规定的定罪情节。如《刑法》第 234 条规定："故意伤害他人身体的，处三年以下有期徒刑、拘役或者管制。犯前款罪，致人重伤的，处三年以上十年以下有期徒刑；致人死亡或者以特别残忍手段致人重伤造成严重残疾的，处十年以上有期徒刑、无期徒刑或者死刑。"该条中"致人重伤"、"致人死亡"就是明确具体的定罪情节。所谓模糊综合的定罪情节，是指刑法对其内容仅作模糊综合规定的定罪情节。比如《刑法》第 232 条规定："故意杀人的，处死刑、无期徒刑或者十年以上有期徒刑；情节较轻的，处三年以上十年以下有期徒刑。"该条中"情节较轻"就是模糊综合的定罪情节，其具体内容有待于司法解释加以明确。（2）根据定罪情节的性质，可分为积极的定罪情节与消极的定罪情节，即作为积极的犯罪构成要件的定罪情节与作为消极的犯

① 参见马克昌主编：《犯罪通论》，38～39 页，武汉，武汉大学出版社，1991。

罪构成要件的定罪情节。德、日刑法学根据刑法条文的规定是积极揭示行为的犯罪性，还是消极否定行为的犯罪性，将犯罪构成分成积极的犯罪构成与消极的犯罪构成。[①] 我国刑法中的定罪情节也可作类似区分。比如《刑法》第13条中"情节显著轻微"就是消极的定罪情节。积极的定罪情节在刑法条文中更是比比皆是，比如《刑法》第313条规定"情节严重"是拒不执行人民法院判决、裁定罪的构成要件，这里的"情节严重"就是积极的定罪情节，要构成拒不执行人民法院判决、裁定罪，必须有此定罪情节。应该指出，作为减轻犯构成要件的定罪情节也属于积极的定罪情节，因为它是构成减轻犯必不可少的定罪情节，不能将其纳入消极的定罪情节。

上述分类对于认识定罪情节的性质，都有一定意义。为了进一步分析的需要，笔者采取依功能分类的方法，即将定罪情节分为区分罪与非罪的定罪情节、区分轻罪与重罪的定罪情节和区分此罪与彼罪的定罪情节。在此基础上对定罪情节作较为详细深入的剖析。

一、区分罪与非罪的定罪情节

根据前文分析，定罪情节区分罪与非罪的功能一方面表现为决定行为不构成犯罪，另一方面表现为决定行为成立犯罪。决定行为不构成犯罪的定罪情节可称为消极的定罪情节；决定行为成立犯罪的定罪情节即为情节犯的定罪情节。

（一）消极的定罪情节

我国《刑法》第13条"但书"规定："但是情节显著轻微危害不大的，不认为是犯罪。"其中"情节显著轻微危害不大"就是消极的定罪情节。如何理解这一规定呢？理论界曾有过争议并逐渐达成共识。我们认为，有几点值得注意：(1) 但书所指的是，行为虽有一定的社会危害性，但还不严重，因而尚未构成犯

① 参见马克昌主编：《犯罪通论》，95页，武汉，武汉大学出版社，1991。

罪的情况。这种行为表面上可能符合刑法分则某一条文的规定，但因情节显著轻微危害不大，实际上不构成该条文所规定的犯罪。如果行为根本没有社会危害性，并且不存在表面上符合刑法分则条文规定的问题，虽然也不构成犯罪，但不应适用但书的规定来处理。[①]（2）适用但书的条件是同时具备“情节显著轻微”与“危害不大”。所谓情节显著轻微，是指明显的不严重、不恶劣；而危害不大，是指无实质性危害或影响，或其他较小的危害。[②] 这里的“情节显著轻微”与《刑法》第37条规定的“情节轻微”不同，应当加以区别。《刑法》第37条规定的“犯罪情节轻微不需要判处刑罚”，指的是行为仍然构成犯罪，但不需要判刑，属于免予追究刑事责任的量刑情节，而不是定罪情节。“情节显著轻微”较之“情节轻微”在程度上更轻。至于什么情况是“情节显著轻微”，什么情况是“情节轻微”，则应当根据案件的具体情况，全面考虑，然后加以确定。我们认为，由于二者都是模糊性规定，各自的内容本已难以确定，要划清二者界限更是十分困难。因此，在修改刑法时，有必要作相应改动，这一点将在文章稍后部分论及。（3）所谓“不认为是犯罪”，即不是犯罪，不应理解为不以犯罪论处，或免予刑事处罚。因为不以犯罪论处或免予刑事处罚，意思是行为仍然构成犯罪，只是不以犯罪处理或免予刑事处罚而已。《刑法》第13条规定的是犯罪定义，但书从反面规定不是犯罪的情况，使犯罪概念更加明确。若理解为“不以犯罪论处”或“免予刑事处罚”，便失去了这一重要意义。

我们认为，消极的定罪情节是不存在于刑法总则之外的，也即该种情节仅体现为第13条“但书”中的“情节显著轻微危害不大”。理由是：我国刑法分则规定的犯罪构成是积极的犯罪构成。尽管在总则第13条中有消极的构成要件之规定，但这主要是犯罪概念意义上的，而作为犯罪成立的具体标准，则是由刑法分则予以规定的。我国刑法分则规定的犯罪构成是犯罪成立要件意义上的犯罪构

① 参见马克昌主编：《犯罪通论》，28页，武汉，武汉大学出版社，1991。

② 参见赵秉志、吴振兴主编：《刑法学通论》，70页，北京，高等教育出版社，1993。

成，只有成立犯罪的行为才具备犯罪构成的要件，符合犯罪构成；而不成立犯罪的行为是不具备犯罪构成的要件、不符合犯罪构成的。[①] 定罪情节是属于犯罪构成的，因而我国刑法分则中不存在消极的定罪情节。

（二）作为情节犯成立要件的定罪情节

我国刑法分则条文对各种具体犯罪的规定，共分为三种情况：（1）只有对犯罪构成诸要件的描述，例如《刑法》第 253 条规定："邮政工作人员私自开拆或者隐匿、毁弃邮件、电报的，处二年以下有期徒刑或者拘役。"在这种情况下，只要查明行为人实施了条文规定的一定行为就构成犯罪。（2）除对犯罪构成诸要件的描述以外，还有数额较大的规定，例如《刑法》第 274 条规定：敲诈勒索公私财物，数额较大的，处 3 年以下有期徒刑、拘役或者管制。在这种情况下，数额较大就是划分罪与非罪的标准。（3）除对犯罪构成诸要件的描述以外，还有情节严重的规定，例如《刑法》第 246 条规定："以暴力或者其他方法公然侮辱他人或者捏造事实诽谤他人，情节严重的，处三年以下有期徒刑、拘役、管制或者剥夺政治权利。"在这种情况下，情节是否严重就是划分罪与非罪的标准。刑法学界一般把上述第二种情况称为数额犯，而把上述第三种情况称为情节犯。[②] 这里，情节犯是指以一定严重或者恶劣之情节作为犯罪构成的必备要件的犯罪，其中的严重或恶劣之情节即为定罪情节。[③]

我们认为，所谓情节犯，是指以一定之定罪情节作为犯罪成立之积极要件的犯罪。这一定义中的定罪情节是区分情节犯罪与非罪的标准。而此处的定罪情节，除了"情节严重"、"情节恶劣"之外，从广义上理解，还应包括数额犯之"数额较大"。因为，一些犯罪不以概括笼统之定罪情节（如情节严重）作为区分罪与非罪的界限，却以具体的数额是否较大为标准作为区分罪与非罪的界限。在这些犯罪中，数额之大小对于罪与非罪以及罪质的轻重层次有决定意义。例如对

---

①　参见马克昌主编：《犯罪通论》，96 页，武汉，武汉大学出版社，1991。

②③　参见陈兴良主编：《刑法各论的一般理论》，330～331 页，呼和浩特，内蒙古大学出版社，1992。

于盗窃罪，数额较大是罪与非罪的界限，数额巨大是区分重罪与轻罪的界限。因此，数额也可单独成为定罪情节。从这个意义上讲，情节犯也包括数额犯。① 我们可把数额犯称为一种特殊的情节犯。下面分别分析一般情节犯之定罪情节与数额犯之定罪情节。

1. 一般情节犯之定罪情节

一般情节犯在我国刑法分则中所占比重不小，对于这些犯罪的认定，尤其需要注意查明其定罪情节，否则就会混淆罪与非罪的界限。

正如有的学者指出，我国刑法之所以规定情节犯，主要是为了将某些虽然有一定的社会危害性，但其程度尚未达到应受刑罚惩罚的行为排除在犯罪的范畴之外，从而正确地划分罪与非罪的界限。② 对于一般情节犯来说，虽然已经具备主观与客观的要件，但如果一概认定为犯罪，就会使刑法的打击面失之过宽，不利于实行区别对待，体现惩办与宽大相结合的刑事政策。因此，对这些行为构成犯罪就应当有特殊的限制。但是，犯罪的情况是复杂多变的，我国地广人多，各地社会风貌又很不相同，加上我国又是第一次制定刑法，不可能对各种犯罪的具体情节一一加以详细规定，因此，立法者只能概括为“情节严重”或“情节恶劣”这样具有相当伸缩性的概念，将其解释权赋予司法机关。③

我们认为，一般情节犯的定罪情节的特性可以概括为：(1) 以“情节严重”或“情节恶劣”为其立法表现形式；(2) 内容具有综合性，是综合考虑影响行为的社会危害性及行为人人身危险性的各种因素的概括性评价；(3) 其功能是作为一般情节犯罪与非罪的界限。

2. 数额犯的定罪情节

我国刑法规定了为数不少的数额犯（以“数额较大”为罪与非罪的界限）。我国刑法规定数额犯的主要根据在于：(1) 我国刑法规定的各种犯罪，根据其客

---

① 后文将数额加重犯纳入情节加重犯也是出于这种考虑。

②③ 参见陈兴良主编：《刑法各论的一般理论》，331 页，呼和浩特，内蒙古大学出版社，1992。

观方面的不同，可分为具有物质性危害结果的犯罪和不具有物质性危害结果的犯罪；具有物质性危害结果的犯罪，还可以分为具有可计算价值量的危害结果的犯罪和具有无法计算价值的危害结果的犯罪。(2) 对于危害结果无法计算价值量的犯罪，只能根据主客观的各种情况，来考察认定犯罪的社会危害性大小；而对于具有可计算价值量的危害结果的犯罪来说，便可以主要根据其数额大小，来判断其社会危害性的程度，因此刑法将部分具有可计算价值量的危害结果的犯罪规定为数额犯。

作为数额犯成立要件的定罪情节具有以下特征：(1) 以一定的数额作为区分罪与非罪的界限；(2) 定罪情节的内容是具体的犯罪数额，不含其他主客观因素。以1979年《刑法》第151条规定盗窃罪之“数额较大”为例，立法原意是把它作为盗窃罪构成的必备要件之一的，而且并不像“情节严重”这样的综合性用语，包括各种主客观因素。正因为这一点，数额犯具有其局限性，很多学者主张摒弃数额犯的规定。仍以盗窃罪为例，理论界已倾向于把“数额较大”修改为“情节严重”[①]。在修订刑法中，部分地吸取了上述观点，在“数额较大”后面加上了“多次盗窃”。

二、区分轻罪与重罪的定罪情节

前已述及，定罪情节区分轻罪与重罪功能在内容上的表现，是与不同的犯罪构成类型（基本的犯罪构成、减轻的犯罪构成和加重的犯罪构成）相联系的。由减轻或加重的犯罪构成决定的犯罪分别称为减轻犯或加重犯。下面分别就作为减轻犯、加重犯成立要件的定罪情节进行分析。

（一）减轻犯的定罪情节

我国刑法中的减轻犯，条文主要有两种表述方法，即“情节较轻的”和“其

---

① 赵秉志主编：《刑法修改研究综述》，322～325页，北京，中国人民公安大学出版社，1990。

他积极参加的"[①]。第一种表达方式是综合性的，它的内容包括主客观各种影响行为的社会危害性以及行为人人身危险性的因素；第二种表达方式是单一性的，其内容即指行为人在犯罪中的地位是积极参加而不是首要分子或其他罪恶重大的分子。理论界有人将第一种情况称为情节减轻犯。[②] 我们认为，广义上的情节减轻犯，其实就是减轻犯之全部。因为，减轻犯是指刑法分则规定的在基本犯的基础上具有减轻情节并减轻处罚的犯罪[③]，减轻犯之成立即由于减轻情节的存在。但是，考虑到上述两种立法方式的区别，为研究上的方便，我们将第一种情况仍称为情节减轻犯，而把第二种情况称为特殊减轻犯。

我国刑法在多处规定了情节减轻犯。典型的规定是，《刑法》第 232 条规定："故意杀人的，处死刑、无期徒刑或者十年以上有期徒刑；情节较轻的，处三年以上十年以下有期徒刑。"据此规定，我国刑法把杀人罪分为两个罪刑单位：第一个罪刑单位规定的是故意杀人罪的基本犯，第二个罪刑单位规定的就是故意杀人罪的情节减轻犯。由上述法律规定可以看出，我国刑法中规定的情节减轻犯，主要是针对那些性质严重的犯罪，例如故意杀人罪。对于这些犯罪法律规定以重者为基本犯，因而起刑点高，这就提示司法机关在适用法条时首先应该考虑选择基本犯这一较重的罪刑单位。例如，犯故意杀人罪，一般都要处死刑、无期徒刑或者 10 年以上有期徒刑，只有具备某种较轻的情节，才能考虑处 3 年以上 10 年以下有期徒刑。[④] 情节减轻犯的定罪情节有下列特征：（1）条文表述为"情节较轻"；（2）内容是那些能够决定一定犯罪的罪质之大小的（而不是决定罪质之有无的）主观和客观的事实因素；（3）功能是区分重罪（基本犯）与轻罪（减轻犯）。

---

① 马克昌主编：《犯罪通论》，39 页，武汉，武汉大学出版社，1991。

② 参见高铭暄、王作富主编：《新中国刑法的理论与实践》，386 页，石家庄，河北人民出版社，1988。

③ 参见马克昌主编：《犯罪通论》，39 页，武汉，武汉大学出版社，1991。

④ 参见高铭暄、王作富主编：《新中国刑法的理论与实践》，388 页，石家庄，河北人民出版社，1988。

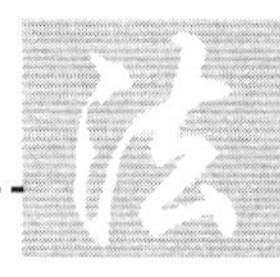

为了正确认定情节减轻犯，一定要准确把握情节减轻犯的定罪情节，也即减轻犯的减轻情节。我们认为，尤其应该注意：(1) 区分作为量刑情节的“情节较轻”（“情节轻微”）与作为定罪情节的“情节较轻”。作为量刑情节，“情节较轻”的规定见之于刑法总则，例如刑法第 37 条。它们的作用都是一个，即决定免予刑事处分，而与罪质的有无及轻重层次无关。作为定罪情节，“情节较轻”则成为基本犯与减轻犯的界限，对于罪质的层次有决定意义。(2) 区分量刑情节中的减轻处罚情节与情节减轻犯的减轻情节。我国《刑法》第 63 条规定：“犯罪分子具有本法规定的减轻处罚情节的，应当在法定刑以下判处刑罚。”该条中的情节就是量刑情节中的减轻处罚情节，尽管这一情节使得量刑可以突破法定刑的下限，但还是从属于一定的法定刑幅度的，量刑情节不能决定适用哪一个法定刑幅度。而能决定适用何种法定刑幅度的情节只能是定罪情节，情节减轻犯的定罪情节自然也有此功能。那么在法律规定了情节减轻犯的情况下，如何减轻处罚呢？也就是说，我国刑法规定的在法定刑以下判处刑罚，该法定刑是指基本犯的法定刑还是也包括情节减轻犯的法定刑？①

在这个问题上，我国刑法学界存在两种互相对立的观点，其根本分歧仍源于对情节减轻犯的理解，即是否把情节减轻犯视为一个独立的罪刑单位。② 我们同意有些学者的主张，即情节减轻犯是独立的罪刑单位，凡具有减轻处罚之量刑情节的，首先应根据有关定罪情节，决定适用基本犯之法定刑还是情节减轻犯之法定刑，然后再在相应的法定刑以下依法减轻处罚。③

（二）加重犯的定罪情节

加重犯，是由加重构成要件决定的犯罪，换句话也即是刑法分则规定的在基

① 这样的问题在理论上对于情节加重犯、结果加重犯、数额加重犯都存在，其解决的方式与情节减轻犯类似。

②③ 参见陈兴良主编：《刑法各论的一般理论》，348～349 页，呼和浩特，内蒙古大学出版社，1992。

本犯的基础上具有加重情节并加重刑罚的情形。[①] 这里的加重情节属定罪情节。

我国刑法中的加重犯，条文大都用“情节严重”、“情节特别严重”、“致人重伤、死亡”、“引起被害人重伤、死亡”、“情节特别恶劣”、“数额巨大”或者“数额特别巨大”等文字来表述。在刑法分则中规定加重犯的条款为数不少。为了研究的方便，我们将加重犯分成三类：(1) 结果加重犯，即以法律规定的加重结果为加重情节的加重犯；(2) 数额加重犯，即以法律规定的加重数额为加重情节的加重犯；(3) 情节加重犯，即以加重结果、加重数额以外的事实作为加重情节的加重犯。正如有的学者指出[②]，严格说来，结果加重犯中的加重结果和数额加重犯中的加重数额，都属于犯罪构成客观要件的内容，也是衡量行为社会危害性程度必须考虑的因素。但是，由于刑法专门规定了它们，并且以此作为区别轻罪与重罪的标志。因而，也将它们列入定罪情节的范畴，一并加以讨论。

1. 作为结果加重犯成立要件的定罪情节

刑法上的危害结果，以对某种犯罪的成立是否具有决定意义，可划分为构成要件的结果与非构成要件的结果。任何危害结果都能说明行为的社会危害性和直接客体遭受侵害的程度，但是，并非每种危害结果都对犯罪的成立具有决定性意义；有些危害结果虽然不能决定行为的社会危害性达到犯罪所必需的程度，但却是量刑轻重不可忽视的重要情节。因此，非构成要件的结果可以称为量刑结果。而构成要件的结果，亦称定罪结果，指刑法分则条文规定的或者依照刑法分则条文的规定，成立某种具体犯罪既遂必须具备的危害结果。[③]

构成要件的结果，以适用该种犯罪的法定刑档次不同，可以划分为普通结果与加重结果。普通结果与加重结果作为相对的范畴，其区别在于刑罚是否相对加重，而“加重”的标志则是适用相对较重的法定刑幅度。对于加重结果存在的范围，理论界有不同认识。一种观点认为存在于结果加重犯中，是结果加重犯成立

① 参见马克昌主编：《犯罪通论》，38页，武汉，武汉大学出版社，1991。

② 参见王晨：《定罪情节探析》，载《中国法学》，1992 (1)，72页。

③ 参见马克昌主编：《犯罪通论》，199页，武汉，武汉大学出版社，1991。

的要件之一，用公式表示就是：甲罪＋刑法规定的加重结果＝甲罪的结果加重犯。[①] 另一种观点认为，加重结果不仅存在于结果加重犯中，也存在于某些过失犯罪的加重犯中，比如，过失罪中的危险物品肇事罪，《刑法》第136条规定为："违反爆炸性、易燃性、放射性、毒害性、腐蚀性物品的管理规定，在生产、储存、运输、使用中发生重大事故，造成严重后果的，处三年以下有期徒刑或者拘役；后果特别严重的，处三年以上七年以下有期徒刑。"其中"后果特别严重"就是加重结果。我们认为，产生上述分歧的原因在于对结果加重犯的不同理解，即结果加重犯的基本犯罪是故意犯罪抑或故意犯罪和过失犯罪均可构成？我们主张由过失构成的基本犯罪，同样可以构成结果加重犯，正如有的学者所说，承认过失犯罪也有结果加重犯，既便于理解刑法中的有关规定（如刑法第136条），也有利于贯彻罪刑相适应原则，同时国外刑法也有相应的立法（例如德国刑法典规定有失火致死罪等由过失犯罪构成的结果加重犯）。[②] 基于此种认识，得出加重结果存在于过失犯罪中的结论也就很自然了。

对结果加重犯的理解还存在一个分歧，那就是行为人对加重结果的罪过形式是否仅限于过失，包不包括故意？本章不打算就此展开论述。从研究定罪情节的视角出发，我们在前文将结果加重犯定义为："以法律规定的加重结果为加重情节的加重犯。"可以说，我们的这一定义是与理论上的广义结果加重犯一致的。广义说认为，故意或过失实施一个基本犯罪，又故意或过失地造成了加重结果，刑法规定了加重法定刑的情况，是结果加重犯。按照广义说，结果加重犯是多元型的，即（1）基本犯为故意，加重结果也为故意（故意＋故意）；（2）基本犯为故意，加重结果为过失（故意＋过失）；（3）基本犯是过失，加重结果是故意（过失＋故意）；（4）基本犯是过失，加重结果也为过失（过失＋过失）。[③]

---

① 参见赵秉志等：《全国刑法硕士论文荟萃》，400页，北京，中国人民公安大学出版社，1989。

② 参见赵秉志等：《全国刑法硕士论文荟萃》，400～401页，北京，中国人民公安大学出版社，1989。

③ 参见马克昌主编：《犯罪通论》，625页，武汉，武汉大学出版社，1991。

德国刑法典第18条规定："法律就犯罪之特别结果加重其刑者，此加重规定对于正犯或共犯，至少关于犯罪结果，须犯罪人具有过失，始适用之。"奥地利刑法典第7条第2款规定："犯罪行为有结果加重之规定者，以行为人至少对此结果有过失时，始予以加重处罚。"至少须有过失，就是不限于过失，包含故意在内。因此，这两条都是广义说的适例。

从我国现行的刑事立法来看，存在三种类型的结果加重犯：(1) 基本犯为故意，加重结果为过失。比如故意伤害致死，行为人对被害人的死亡结果只具有过失，如果是故意，就构成故意杀人罪；又如犯非法拘禁罪而致人重伤、死亡，犯暴力干涉婚姻自由罪、虐待罪而引起被害人重伤、死亡，行为人对于重结果也只能是过失。(2) 基本犯为故意，加重结果既可以是故意，也可以是过失。比如，犯抢劫罪而"致人重伤、死亡"，重结果的罪过形式既可以是故意，也可以是过失，但重伤、死亡必须是作为犯罪手段（暴力、其他方法）所导致的结果，如果是抢劫后又实施杀人或伤害的，构成实质数罪。又如犯强奸罪而致人重伤，行为人对重结果的重伤同样既可以是故意，也可以是过失。但是强奸而致人死亡，行为人对重结果的死亡，只能是过失，强奸而故意杀人，则构成实质数罪。(3) 基本犯为过失，加重结果也为过失。比如，犯《刑法》第136条规定的危险物品肇事罪而"后果特别严重的"，加重结果的罪过形式只能是过失。

综上所述，我们认为，作为结果加重犯成立要件的定罪情节，加重结果具有下列特征：(1) 加重结果与基本犯构成要件的行为之间具有刑法上的因果关系；(2) 加重结果必须具有法律规定的重于基本犯罪基本法定刑的加重法定刑，因而具有区分轻罪与重罪的功能。

值得注意的是，我国刑法中有许多条文规定了"致人重伤、死亡"、"引起被害人重伤、死亡"，然而，从法律性质上说，并不完全是结果加重犯的加重结果，有些只是作为结果犯构成要件的结果。如何区分结果犯的结果和结果加重犯的加重结果，须就条文的整体结构把握立法原意作出判断。比如《刑法》第133条规定，"违反交通运输管理法规，因而发生重大事故，致人重伤、死亡或者使公私财产遭

受重大损失的，处三年以下有期徒刑或者拘役”。这里的“致人重伤、死亡或者使公私财产遭受重大损失的”就是交通肇事罪这一结果犯的结果，若不具备此危害结果，就不构成交通肇事罪。但是，《刑法》第234条中的“致人重伤”、“致人死亡”却是结果加重犯之加重结果。“致人重伤”、“致人死亡”是故意伤害罪的加重构成之加重结果，是与重于基本法定刑的罪刑单位相对应的，应为结果加重犯之加重结果。

2. 作为数额加重犯成立要件的定罪情节

所谓数额加重犯，是指以法律规定的加重数额为加重情节的加重犯，详言之，即是指行为人实施一定的侵犯财产的犯罪行为，具备了基本的犯罪构成要件，因为侵犯财产的数额巨大，刑法特别规定加重其法定刑的犯罪。例如，我国《刑法》第264条规定，盗窃公私财物数额巨大的，处3年以上10年以下有期徒刑，便是数额加重犯。

数额加重犯中的加重数额的主要特征是：数额超出基本犯罪构成要件中数额的限度，从而成立加重的犯罪构成。因此加重数额只是改变了基本犯的罪质的量，亦即成为区分基本犯与加重犯这样同一罪质犯罪中两个不同层次的罪刑单位的界限。①

如果对结果加重犯作广义的解释，数额加重犯其实也是一种特殊的结果加重犯。不过，结果加重犯之“加重结果”与数额加重犯之“加重数额”仍有不同：加重数额与基本犯的数额之间有相同性质，即二者的质以及行为人对二者的主观罪过形式都是一致的；加重结果与基本犯的结果（即普通结果）之间性质未必相同，行为人对二者的主观罪过形式也不一定相同。② 比如，在故意伤害致死这一结果加重犯中，加重结果是“致人死亡”，行为人对此结果的态度只能是过失，而对于故意伤害罪的普通结果即伤害则是故意；而且死亡与伤害在本质上是不同

① 参见王晨：《定罪情节探析》，载《中国法学》，1992（1），72页。

② 对于狭义的结果加重犯而言，其加重结果与普通结果的性质及行为人对二者的罪过形式都不同。

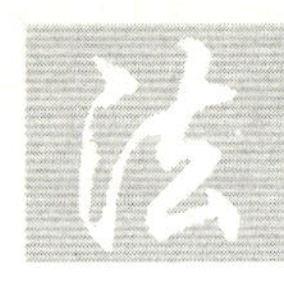

的两种结果。

我国刑法把犯罪数额分成了三个等级："数额较大"、"数额巨大"和"数额特别巨大"。"数额较大"是数额犯的定罪情节，"数额巨大"无疑是数额加重犯的定罪情节，那么，"数额特别巨大"呢？我们认为，"数额特别巨大"的功能如同"数额巨大"一样，只是改变了罪质的量，并没有改变罪质的质，它是区分数额加重犯与"数额加重犯的加重犯"两个罪刑单位的界限。因此，"数额特别巨大"其实也是数额加重犯的定罪情节。理论界也有人主张称其为"数额特别加重犯"的定罪情节，这也未尝不可。不过考虑到"数额特别加重犯"与数额加重犯在许多方面的特征是一致的，只是层次不同，姑且将"数额特别加重犯"纳入数额加重犯的范畴。

3. 作为情节加重犯成立要件的定罪情节

所谓情节加重犯，是指在充足基本犯构成要件的基础上，由于具有某种严重情节，加重其罪质而使其罪责加重所形成的加重犯。例如，《刑法》第279条规定："冒充国家机关工作人员招摇撞骗的，处三年以下有期徒刑、拘役、管制或者剥夺政治权利；情节严重的，处三年以上十年以下有期徒刑。"这一规定中包含两个罪刑单位：第一个罪刑单位规定的是敲诈勒索罪的基本犯，第二个罪刑单位规定的是敲诈勒索罪的情节加重犯。

我国刑法中广泛规定了情节加重犯。有学者统计，在我国1979年刑法分则条文中规定情节加重犯的有28条之多，约占分则规定罪刑单位的条文的30%。① 除此之外，我国刑法还在某些条文中规定了情节特别加重犯，即在情节加重犯的基础上，因情节特别严重而使其法定刑再次升格。我们认为，情节特别加重犯其实就是"情节加重犯的情节加重犯"，因此本章不再单独探讨情节特别加重犯，而将它纳入情节加重犯的范畴。

情节加重犯与结果加重犯、数额加重犯的区别表现为：（1）结果加重犯之加

① 参见陈兴良主编：《刑法各论的一般理论》，336页，呼和浩特，内蒙古大学出版社，1992。

重结果和数额加重犯之加重数额，严格说来，都属于犯罪构成的客观要件，因此，在刑法理论上称之为“客观的加重处罚条件”（Objektive Bedingungen der erhöhten Strafbarkeit）。而情节加重犯之加重情节则是一个主观和客观相统一的综合指标。（2）从法律效果上说，结果加重犯和数额加重犯，只要具备法律所规定的这一结果或数额，就足以使其法定刑升格；而情节加重犯，则要对主观和客观的事实因素加以综合考虑，以决定是否加重其罪责。

定罪情节中作为情节加重犯成立要件的加重情节，具有以下特征：（1）具有能够衡量一定犯罪的社会危害性和人身危险性程度的本质特征。加重情节是以主观和客观相统一的形式，体现一定犯罪的社会危害性及人身危险性程度，以决定加重其罪质的综合指标。（2）加重情节决定的是罪质之大小，而不是罪质之有无。决定罪质之有无的情节是基本犯的构成要件之一。例如，我国《刑法》第248条规定：“监狱、拘留所、看守所等监管机构的监管人员对被监管人进行殴打或者体罚虐待，情节严重的，处三年以下有期徒刑或者拘役；情节特别严重的，处三年以上十年以下有期徒刑。”在此规定中，“情节严重”决定的是罪质之有无，“情节特别严重”决定的是罪质之加重，只有后者才是加重情节。（3）加重情节不能改变基本犯的罪质的质，只能影响罪质的量，即加重情节要受基本犯罪质的制约，一旦超出其罪质的范围，则构成其他犯罪，而不能再以情节加重犯论处。

三、区分此罪与彼罪的定罪情节

定罪情节区分此罪与彼罪的功能表现为：行为人在实施某一通常是较轻的犯罪时，由于该情节的存在，又触犯了另一通常是较重的犯罪，因而法律规定以较重的犯罪论处。我国刑法中有两种立法形式反映了定罪情节的这种功能，那就是转化犯和转化型准犯。

（一）作为转化犯成立要件的定罪情节

转化犯这一概念，是我国刑法学界的首创。类似转化犯的法律现象，在以往

刑法理论中称为追并犯。转化犯与追并犯两个术语相比，前者明白易懂，后者艰深难懂，因而转化犯这一术语是可取的。①

关于转化犯的确切含义，存在分歧：(1) 转化犯是由法律特别规定的，某一犯罪在一定条件下成为另一种更为严重的犯罪，并且应当依照后一种犯罪定罪量刑的犯罪形态②；(2) 转化犯是指某一违法行为或犯罪行为在实施过程中或者非法状态持续过程中，由于行为主客观表现的变化，而使整个行为的性质转化为犯罪或转化为严重的犯罪，从而应以转化后的犯罪定罪或应按法律拟制的某一犯罪论处的犯罪形态③；(3) 转化犯是指行为人在实施某一较轻的犯罪时，由于连带的行为又触犯了另一较重的犯罪，因而法律规定以较重的犯罪论处的情形。④

比较以上三个定义，颇多相同之处，差别则集中于两点：(1) 转化犯是限于罪与罪之间的转化，还是也包括从非罪（违法行为）向罪的转化？定义 (1)、定义 (3) 均认为仅限于罪与罪的转化；定义 (2) 则主张还包括从非罪向罪的转化。(2) 从构成上来说，转化犯是一行为还是二行为？定义 (1)、定义 (2) 对此未予明确，而定义 (3) 则明确主张转化犯从构成上来说是二行为，并将引起转化的行为称为连带行为。

本书同意定义 (3)，即认为转化犯之转化限于罪与罪之间的转化，而且转化犯从构成上来说存在二行为。转化犯的性质是实施此罪时出现超出这一犯罪的主客观构成事实，而完全吻合彼罪的构成要件，从而以彼罪论处。因此，可以说转化犯之转化条件实际上就是此罪与彼罪的界限。我们将这一转化条件纳入区分此罪与彼罪的定罪情节的范畴。

综上，我们认为，作为转化犯成立要件（转化条件）的定罪情节具有以下特征：(1) 具有区分此罪（通常是轻罪）与彼罪（通常是重罪）的功能；(2) 该情

① 参见陈兴良：《转化犯与包容犯：两种立法例之比较》，载《中国法学》，1993 (4)，78 页。

② 参见王仲兴：《论转化犯》，载《中山大学学报》（社会科学版），1990 (2)，29 页。

③ 参见杨旺年：《转化犯探析》，载《法律科学》，1992 (6)，37 页。

④ 参见陈兴良：《转化犯与包容犯：两种立法例之比较》，载《中国法学》，1993 (4)，80 页。

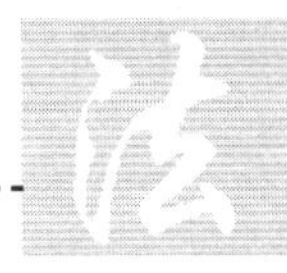

节已超出此罪的范围，而吻合彼罪的构成要件。

（二）作为转化型准犯成立要件的定罪情节

从语义上说，准者，程度上虽不完全够，但可以作为某类事物看待者也。[①]所谓准犯，是指对于类似于某种犯罪的行为，通过法律规定以该罪论处的情形。准犯是与标准犯相对应的。以抢劫罪为例，标准抢劫罪的构成特点是以暴力、胁迫或者其他方法劫取他人财物，暴力、胁迫是取财的手段；而准抢劫罪，根据《刑法》第269条规定，其构成特点则是在取财以后为窝藏赃物、抗拒抓捕或者毁灭罪证而当场使用暴力或者以暴力相威胁，暴力、胁迫不是取财的手段，而是在取财以后实施的。

我国刑法中准犯的立法，又可以分为一般准犯与转化型准犯。一般准犯，是指对于类似于某种犯罪的行为通过法律推定，规定以该罪论处的情形。例如《海关法》第82条与第83条分别规定了“是走私行为”与“按走私行为论处”两类行为，《刑法》第154条则将上述第一类走私行为表述为“下列走私行为”，《刑法》第155条将第二类走私行为表述为“下列行为，以走私罪论处”。这里，第二类行为本不具有走私的性质，仅仅出于某种需要，立法者才通过法律规定将其划入走私范畴，因而属于“准走私”[②]。转化型准犯，是指在犯此罪的过程中，由于主客观情况的变化，其行为类似于彼罪，法律规定以彼罪论处的情形。[③]

转化型准犯这种立法方式在我国刑法中很少采用，仅有《刑法》第269条规定的盗窃、诈骗、抢夺转化为准抢劫罪的情形。尽管如此，还是有必要研究这种特殊情形。

涉及转化型准犯的一个问题是：未构成犯罪的违法行为能否以准犯论处？大多数学者认为对这类转化的案件中的行为，不应强调必须构成犯罪。[④] 部分学者

---

① 参见《现代汉语词典》，5版，1797页，北京，商务印书馆，2005。

② 陈兴良主编：《经济刑法学》（各论），19页，北京，中国社会科学出版社，1990。

③ 参见陈兴良：《转化犯与包容犯：两种立法例之比较》，载《中国法学》，1993（4），79页。

④ 参见王作富：《中国刑法研究》，591页，北京，中国人民大学出版社，1988。

主张准犯转化的前提是其行为已构成犯罪，倘若未构成犯罪，或未构成特定的犯罪，则绝无转化的可能。[①] 我国司法解释倾向于前一种观点。“两高”《关于如何适用刑法第153条（指1979年刑法，下同）的批复》指出：被告人实施盗窃、诈骗、抢夺行为，虽未达到“数额较大”，但为窝藏赃物、抗拒逮捕或者毁灭罪证而当场使用暴力或者以暴力相威胁，情节严重的，可适用《刑法》第153条的规定。司法解释所持的见解虽然注意到了行为性质的变化，即由盗窃、诈骗、抢夺转化为抢劫，但是忽略了标准犯与准犯在不法内涵上的差别。因此我们认为，转化型准抢劫罪须以构成盗窃、诈骗、抢夺罪为前提。

应该指出，转化型准犯虽然是从此罪向彼罪的转化，但不能将其归于转化犯的范畴。这是由准犯与转化犯两种立法例的不同性质所决定的。准犯的性质是对不完全符合标准犯的犯罪通过立法推定以标准犯论处；而转化犯的性质是对实施此罪时出现超出这一犯罪的主客观构成事实，而完全吻合彼罪构成要件的情形以彼罪论处。

综上，作为转化型准犯成立要件的定罪情节，具有以下特征：（1）具有区分此罪与彼罪的功能，该定罪情节是某种犯罪向准犯转化的条件；（2）其内容已超出此罪的犯罪构成，却又不完全符合另一犯罪（标准犯）的构成要件，因而成为彼罪（准犯）的构成要件。

第五节　定罪情节的司法适用

一、定罪情节的司法认定

刑事立法中的定罪情节设置的是假设的罪刑关系，要实现定罪情节的功能，

① 参见郑伟：《刑法个罪比较研究》，181页，郑州，河南人民出版社，1990；陈兴良：《转化犯与包容犯：两种立法例之比较》，载《中国法学》，1993（4），80页。

还有待诉讼实践的具体化。具体案件中如何认定某种定罪情节呢?

我们认为，定罪情节的认定，应当注意以下几个问题：

（一）按照有关法律规定认定定罪情节

我国刑法中某些犯罪，采取空白罪状的立法方式，在定罪时往往要参照有关的法律。在有些情况下，有关法律对情节轻重有明确、具体的区分，可以作为认定定罪情节的依据。

（二）按照有关司法解释认定定罪情节

刑法颁行以来，我国最高司法机关先后颁布了一系列司法解释，指导司法实践。这些司法解释在很多地方涉及对一些犯罪的定罪情节的解释，为正确认定定罪情节提供了明确、具体的法律标准。

（三）按照司法实践经验认定定罪情节

在法律和司法解释对定罪情节没有明确规定的情况下，如何认定定罪情节呢？我们认为，可以按照司法实践经验予以认定。具体应该注意从以下几个方面考虑：(1) 从主观恶性上考虑。主观恶性是指犯罪人主观上的反社会性，它主要通过犯罪时的心理状态表现出来。主观恶性的程度，是衡量犯罪的社会危害程度的一个十分重要的因素。凡是主观恶性大的，其行为的社会危害性也大，因而可视为情节较重；反之，凡是主观恶性小的，其行为的社会危害性也小，因而可以视为情节较轻。以故意杀人罪为例，实践中“情节较轻”一般是指：防卫过当杀人；基于义愤杀人；因受被害人长期迫害而杀人等。① 这里依据的就是行为人主观恶性较小的事实。(2) 从行为方式上考虑。行为方式是指犯罪的客观表现形式，主要包括行为的手段、方法等。行为方式是犯罪的社会危害性的主要表现，行为方式不同，行为的社会危害性也就不同。因此，在认定定罪情节时，要认真考察行为方式。(3) 从客观后果上考虑。客观后果是指行为所造成的危害社会的后果，它以直观的形式反映了行为的社会危害性，也是衡量行为的社会危害性程度

① 参见林准主编：《中国刑法教程》，432 页，北京，人民法院出版社，1989。

的一个重要因素。例如，在许多情况下，客观后果是否严重往往决定某一行为的情节是否严重，因而成为区分罪与非罪的标准。(4) 从行为人一贯表现及行为后的态度考虑。行为人的一贯表现及行为后的态度，反映行为人的人身危险性，是认定定罪情节的依据之一。应该指出，上述四个方面不是孤立的，而是密切联系的，司法实践中应把它们综合起来考虑。唯此，才能正确认定有关的定罪情节。

值得注意的是，不得把一些属于量刑情节的内容解释为定罪情节的内容。以“情节较轻”的劫持航空器罪为例，有学者认为其中的“情节较轻”主要是指劫持航空器的预备犯罪行为、未遂犯罪行为、中止犯罪行为、共同犯罪的从犯、胁从犯或者犯罪主体是未成年人等。① 其实这些内容均属于总则性的量刑情节。

二、定罪情节的司法解释

司法解释是某些定罪情节的具体依据。我国刑法中的定罪情节有很大一部分是笼统的、模糊性的，如果不通过司法解释予以具体化、明确化，实践中是很难操作的。

法律解释方式不一，文理解释（字面解释）及论理解释中之限制解释，得适用于刑法，对此学者均无异说，唯对于扩张解释可否用于刑法，则有不同意见。依罪刑法定主义原则，刑法解释应从严，因此有学者反对扩张解释。但是，现代大多数学者认为，为适应社会情势变迁，刑法可于论理必要范围内运用扩张解释。因为扩张解释为论理解释之一种，当法律条文字面含义过狭，不合立法本意时，以论理方法扩张其适用范围，其所依据的是立法原意及一般法理，自不可谓其有悖于罪刑法定原则。我们赞同扩张解释，但是应特别注意扩张解释不得超出立法原意。

对于定罪情节的司法解释也以不超出立法原意为原则。这一原则体现在两个

① 参见曾芳文编著：《刑法新罪名简析》，106 页，北京，人民法院出版社，1993。

方面：(1) 对情节减轻犯和情节加重犯的定罪情节进行解释时，不能超出基本犯的罪质范围。因为，在同一犯罪的情节减轻犯、情节加重犯与基本犯之间只存在罪质层次上的差别，罪质并无根本不同。(2) 对情节犯之定罪情节进行解释时，不得超出立法原意。

三、定罪情节的司法运用

（一）定罪情节与法条竞合

法条竞合是指同一犯罪行为因刑事法律对法条的错综规定，出现数个法条所规定的构成要件在其内容上具有从属或者交叉关系的情形。法条竞合所要解决的是在一个犯罪行为该当数个法条的情况下，适用哪个法条的问题。[①]

在法条竞合的司法适用中，不同犯罪行为的不同罪质应当合理地对应着不同的罪责，就是罪刑档次的对应问题。法条竞合不仅揭示两个法条之间的罪质联系，而且在罪质联系的同时在一定程度上反映罪责的对应关系。大多数分则条文设立了基本构成、加重构成、特别加重构成以及减轻构成的罪刑单位排列层次，这是条文本身的纵向的罪刑对应关系，而法条竞合的罪刑对应，是指相竞合的法条之间的横向对应。可以说，条文的纵向对应为条文之间的横向对应提供了参考系数。[②] 因此，我们有必要将定罪情节与法条竞合联系起来，研究定罪情节适用中的法条竞合问题。

数额犯、数额加重犯的定罪情节都是数额。同时，数额也是其他犯罪的定罪情节的重要内容，比如非法经营罪要求“情节严重”的才能构成[③]，认定“情节严重”，就应当以非法经营的数额或非法获利的数额较大为起点，并结合考虑其他严重情节。即使是行为犯，虽然在严格立法意义上没有数额限定，如伪造有价

① 参见陈兴良等：《法条竞合论》，13页，上海，复旦大学出版社，1993。

② 参见陈兴良等：《法条竞合论》，232～233页，上海，复旦大学出版社，1993。

③ 参见《刑法》第228条。

票证罪，但是司法实践中，还是有一定数额要求的，不能说伪造少数几张车船票就按伪造有价票证罪处理。

数额问题是定罪情节适用中的疑难问题。这一问题主要表现在两个方面，即如何确定数额起点与数额幅度。有学者将法条竞合理论用于解决这个问题，不失为一种有益的尝试。①

数额起点，是针对某一犯罪的基本犯而言的。通常情况下，应当依据两个标准衡量和确定不同罪名的数额起点：（1）不同犯罪构成类型之间的比较。即行为犯与数额犯、情节犯或结果犯相竞合的情况下所规定的数额指数。从轻重程度说，后三种犯罪与行为犯相隔一个罪刑层次，在法条竞合下，数额起点的规定应当拉开档次，由此体现法条竞合机制。（2）同一犯罪构成类型的比较。就是说，相竞合的法条的基本构成，同属一种类型。

我国刑法规定了自基本犯、情节减轻犯、情节加重犯到情节特别加重犯的多个罪刑档次。法条竞合理论有助于正确认定不同罪刑档次的定罪情节。但是在分析时，一定要慎重。例如，我国刑法对强奸罪规定了两个罪刑档次，即与基本犯对应的法定刑及与情节加重犯和结果加重犯对应的法定刑。如何理解强奸“致人重伤、死亡”是司法实践中的重要问题。根据有关司法解释，强奸“致人重伤、死亡”，是指因强奸妇女、奸淫幼女导致被害人性器官严重损伤，或者造成其他严重伤害，甚至当场死亡或者经治疗无效死亡的。至于是否包含故意杀人、故意重伤的内容，并未明确，只是规定：“对于强奸犯出于报复、灭口等动机，在实施强奸的过程中，杀死或伤害被害妇女、幼女的，应分别定为强奸罪、故意杀人罪或者故意伤害罪，按数罪并罚惩处。”有学者从法条竞合的原理出发，认为强奸罪包容重伤罪与杀人罪，而且在竞合的原因上，与杀人罪是结果包容，与重伤罪既可以是结果包容，也可以是手段包容。② 我们认为，这是值得商榷的。首

---

① 参见陈兴良等：《法条竞合论》，236～241页，上海，复旦大学出版社，1993。

② 参见陈兴良等：《法条竞合论》，247页，上海，复旦大学出版社，1993。

先，如果说，强奸罪与重伤罪、杀人罪存在法条竞合，也应该是交叉关系的法条竞合，而不是包容竞合。其次，可以说强奸罪与重伤罪存在竞合，而强奸罪与故意杀人罪不存在竞合关系。因为法条竞合关系存在与否，一方面应以法律条文的规定为根据，分析法条之间是否存在包容或交叉关系，另一方面应考虑到合理适用刑罚的需要，即不能枉纵犯罪分子。对于强奸罪与重伤罪、故意杀人罪而言，由于法律并未明确强奸罪中“暴力”手段和“致人重伤、死亡”后果的具体内容，故不能肯定它们之间有竞合关系。不过，可以设想，如果强奸罪包含故意重伤、故意杀人的内容，即承认它们间有法条竞合关系，那么能否做到罪刑相适应呢？显然，对于重伤来说，这一点不成问题。但是，对于故意杀人来说，就会因为适用强奸罪之法定刑而导致轻纵犯罪分子。因为，法律规定故意杀人罪的基本法定刑是“处死刑、无期徒刑或者十年以上有期徒刑”，高于强奸罪的加重法定刑“处十年以上有期徒刑、无期徒刑或者死刑”。因此，我们认为，“强奸妇女致人重伤、死亡”，不包括故意杀人在内。因遭反抗而故意杀死妇女的，又独立构成故意杀人罪，应当和强奸罪（包括未遂）合并论处。[①] 当然，将来修改刑法时，可考虑设立强奸杀人罪这样的结合犯。

（二）定罪情节与追诉时效

我国刑法就追诉时效作了明确规定，以法定最高刑为确定追诉时效的基础。那么，在法律规定减轻犯与加重犯的情况下，如何确定某一犯罪的法定最高刑从而决定其追诉时效的期限呢？追诉时效的长短，应当与犯罪之罪质轻重和刑罚的轻重相适应，罪质重，法定刑重，则追诉时效就应当较长；反之，追诉时效就应当较短。这是我国刑法确定追诉时效期限的基本原则。根据这一原则，有学者主张，在法律规定情节减轻犯和情节加重犯的情况下，应该以情节减轻犯和情节加重犯具有独立的罪刑单位的意义为出发点，解决其追诉时效问题。在能够确定犯

① 参见高铭暄主编：《中国刑法学》，466页，北京，中国人民大学出版社，1989。该书即持此见解，但未说明理由。

罪情节轻重的情况下，追诉时效应以其所适用的罪刑单位的法定最高刑为准。例如，防卫过当构成故意杀人罪，如果犯罪情节较轻，构成故意杀人罪的情节减轻犯，其追诉时效期限为15年。某些犯罪，在实体审理前不能决定其追诉时效期限，应在实体审理后依上述精神处理。① 我们同意这种意见，并且主张把这一原则推广到其他以定罪情节为成立要件的犯罪类型，如结果加重犯、数额加重犯等。这一原则的核心在于把“法定最高刑”理解为某一具体罪刑单位的最高刑。

关于对我国刑法中追诉时效的法定最高刑应如何理解，司法实践中存在两种意见：一种意见是按条计算，因为案件尚未审判，难于弄清罪行轻重或情节如何，不好确定应适用的条款或量刑幅度；另一种意见是按条款或相应的量刑幅度计算，因为罪行轻重不同，适用的条款或量刑幅度不同，追诉期限长短也就不同，应按照罪行的实际情况确定追诉期限长短，才合理合法。对此，最高人民法院1985年8月21日在《关于人民法院审判严重刑事犯罪案件中具体应用法律的若干问题的答复》中作了正确的解答：“刑法（指1979年刑法）第76条按照罪与刑相适当的原则，将追诉期限分别规定为长短不同的四档，因此，根据所犯罪行的轻重，应当分别适用刑法规定的不同条款或相应的量刑幅度，按其法定最高刑来计算追诉期限。如果所犯罪行的刑罚，分别规定有几条或几款时，即按其罪行应当适用的条或款的法定最高刑计算；如果是同一条文中，有几个量刑幅度时，即按其罪行应当适用的量刑幅度的法定最高刑计算；如果只有单一的量刑幅度时，即按此条的法定最高刑计算。”最高人民法院的这一司法解释，为我们正确理解追诉时效的法定最高刑提供了实际根据，对于情节减轻犯、情节加重犯、结果加重犯和数额加重犯的独立的罪刑单位的意义，也是一种司法上的肯定。

（三）定罪情节与故意犯罪的未完成形态

在此，我们主要研究定罪情节与犯罪未遂的关系。具体探讨的就是以定罪情节为成立要件的犯罪类型的犯罪未遂问题。由于不同犯罪类型有不同的犯罪构成

① 参见陈兴良主编：《刑法各论的一般理论》，350～351页，呼和浩特，内蒙古大学出版社，1993。

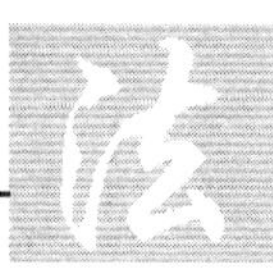

特点，因而对这一问题应区分各种情况分别对待：

1. 情节犯、数额犯与犯罪未遂

以定罪情节为基本犯成立要件的是情节犯与数额犯。理论界对于情节犯、数额犯有无未遂问题存在争议。我们知道，犯罪既遂与未遂相区分的标准，是在着手实行犯罪并已构成犯罪的基础上是否完全具备了犯罪构成的要件。因此，某类犯罪有无犯罪既遂与未遂之分及其区分的具体标志，都必然取决于其犯罪构成要件的特点。情节犯在犯罪构成要件上的特点是，在具备四个犯罪共同构成要件以外，还必须具备“情节严重”、“情节恶劣”的要件，否则就不成立犯罪。因此，有学者认为情节犯无犯罪未遂。[①] 我们认为，情节犯的未遂不是指“情节严重”（“情节恶劣”）要件是否欠缺，而是指在已具备“情节严重”（“情节恶劣”）条件的情况下，行为人之犯罪实行行为的未能得逞。基于这种理解，我们认为情节犯存在犯罪未遂。

同理，数额犯也存在犯罪未遂。以盗窃罪为例，刑法规定构成盗窃罪必须具备“数额较大”这一情节。我们不能把这一数额理解为犯罪分子已窃得的数额。正如有学者指出[②]，盗窃罪里的“数额”包括主客观两个方面的含义。因此，主观上企图造成且客观上也已实际造成了数额较大以上损失的盗窃案，当然构成盗窃罪的既遂；行为人主观上企图盗窃数额较大的财物并已着手实行盗窃，就已具备了“数额较大”这一定罪情节，如果由于行为人意志以外的原因，未能实际获得数额较大的财物（甚至分文未得），应该认定为盗窃罪未遂，而不是不构成犯罪。当然，如果综合整个案情认定为“情节显著轻微危害不大”，则不构成犯罪。

2. 加重犯、减轻犯与犯罪未遂

据前文，加重犯主要是结果加重犯、数额加重犯与情节加重犯，减轻犯主要是指情节减轻犯。

---

① 参见赵秉志：《犯罪未遂的理论与实践》，235～236页，北京，中国人民大学出版社，1987。

② 参见赵秉志：《犯罪未遂的理论与实践》，285页，北京，中国人民大学出版社，1987。

结果加重犯有无犯罪未遂，历来在犯罪未遂专题中得到研讨与关注。[①] 根据我们的理解，结果加重犯有无未遂，应视其犯罪构成要件的特点而定，不能笼统地采用国外和我国台湾地区刑法理论中关于结果加重犯对加重结果是出于过失的论据，来论证我国刑法中的结果加重犯不存在犯罪未遂。其实，我国刑法中的结果加重犯对加重结果并不限于过失。我们认为，结果加重犯是否存在未遂，应根据基本犯的特征决定。如果基本犯没有未遂，则其结果加重犯也没有未遂，反之，如果基本犯存在未遂，那么其结果加重犯也有未遂的可能。前者一般是基本犯为过失犯，加重结果也为过失造成的情况。例如，危险物品肇事罪的结果加重犯。后者一般是基本犯为故意，加重结果为过失或故意的情况。如通说认为，强奸罪既遂标准以插入说为妥[②]，而强奸罪的结果加重犯（即“致人重伤或死亡”）的既遂、未遂界限当然也应采此通说。因此，如果出现此种加重结果，而强奸仍未能得逞的，仍应适用结果加重犯之法定刑，再依未遂犯处罚原则处理。因此，那种一味主张结果加重犯没有未遂的观点是不妥的。值得注意的是，主张结果加重犯无未遂的可能的重要理由是，加重结果是结果加重犯的必备要件，无加重结果，则仅构成基本犯，也就谈不上有结果加重犯的未遂。[③] 我们认为，这是偏离了问题的核心，我们也同意无加重结果则无结果加重犯成立的可能。但问题在于，在加重结果具备的情况下，是不是就充足了犯罪构成的全部要件呢？从强奸罪的例子，可以看出，回答应该是否定的。从另一方面考虑，若不承认结果加重犯也有未遂的可能，则有可能造成罪刑失衡。仍以强奸罪为例，某甲强奸乙未得逞，但致乙重伤；另案中丙强奸丁得逞，也致丁重伤。若不承认结果加重犯也有未遂的可能，对甲、丙的处罚则无区别，然而二者的犯罪行为在社会危害性上显然存在较大差别，在量刑上应有所区别，对于甲应考虑其未遂情节，可以比照既遂犯从轻或者减轻处罚。

---

① 参见赵秉志：《犯罪未遂的理论与实践》，222～223页，北京，中国人民大学出版社，1987。

② 参见高铭暄主编：《中国刑法学》，465～466页，北京，中国人民大学出版社，1989。

③ 参见马克昌主编：《犯罪通论》，630页，武汉，武汉大学出版社，1991。

数额加重犯存在犯罪未遂。数额加重犯以加重数额为必备要件。我们认为，加重数额与加重结果不同。我国法律规定的加重结果均指在基本犯之普通结果之外又发生了更为严重的结果，这种结果以已经发生为限；而加重数额则包括犯罪指向数额，这种数额未必都是犯罪所得数额。以盗窃罪为例，通说认为如果以盗窃巨额财物为目的进行盗窃（比如盗金库、博物馆之珍宝），被当场抓获，虽然犯罪分子分文未取，但仍构成犯罪未遂，即盗窃罪的数额加重犯的未遂。有关司法解释也证实了这一点。

情节加重犯有无犯罪未遂？理论界对此颇有争议。一般认为，加重情节的有无即是否具备，也是决定情节加重犯是否成立的要件，因此，与结果加重犯一样，情节加重犯也只有是否构成之分，而没有既遂与未遂之别，不具备加重情节，就构不成情节加重犯而只构成基本犯。[①] 我们认为，虽然成立情节加重犯以具备加重情节为必备要件，但是在具备加重情节的情况下，相应的基本犯的实行行为仍可能未能完成，这种情况也成立犯罪的未遂。

与情节加重犯相对应，情节减轻犯也有犯罪未遂。以故意杀人罪为例，出于义愤杀人属于情节较轻的故意杀人罪。如果某甲出于义愤策划并实行杀害乙的行为，被警察制止，甲之行为应属杀人未遂，此点应无疑问。但是应适用哪个法定刑幅度？根据是什么？我们认为，应适用减轻犯之法定刑幅度，即“三年以上十年以下有期徒刑”，比照既遂犯从轻或减轻处罚。这样做的根据就在于承认情节减轻犯也有犯罪未遂。如果否认情节减轻犯的犯罪未遂的存在，处刑则会失之畸重。

3. 转化犯、转化型准犯与犯罪未遂

所谓转化犯，是指行为人在实施某一较轻的犯罪时，由于连带的行为又触犯了另一个较重的犯罪，因而法律规定以较重的犯罪论处的情形。根据我国刑法中转化犯的有关立法，我们认为，对转化犯的犯罪未遂问题应区分不同情况：

---

① 参见赵秉志：《犯罪未遂的理论与实践》，227～228页，北京，中国人民大学出版社，1987。

(1) 不存在犯罪未遂的转化犯。这种转化犯的转化条件是发生一定之结果，结果未发生，就不存在转化问题，故无未遂。(2) 依转化后的犯罪性质而定。这一转化犯中是否存在犯罪未遂应依转化后的犯罪而定，因为转化后的罪有犯罪未遂，故这一转化犯也存在犯罪未遂。

所谓转化型准犯，是指在犯此罪过程中，由于主客观情况的变化，其行为类似于彼罪，法律规定以彼罪论处的情形。我国刑法规定的盗窃、诈骗、抢夺转化为抢劫罪的未遂问题应依转化后的犯罪性质而定，即依抢劫罪的性质而定。抢劫罪的基本犯以是否取得财物为既遂与未遂的区分标准，如果有“致人重伤、死亡”之情节转化后构成抢劫罪的结果加重犯，据前文分析也存在犯罪未遂，若“情节严重”转化后构成抢劫罪的情节加重犯，则同样有犯罪未遂存在之可能。

(四) 情节加重犯与牵连犯、连续犯和想象竞合犯的关系

有学者指出，在法律规定情节加重犯的情况下，牵连犯、连续犯和想象竞合犯等都可以作为情节加重犯论处。[①] 我们拟分别予以剖析。

所谓牵连犯，是以实施某一犯罪为目的，而其犯罪的方法行为或者结果行为又触犯其他罪名的犯罪。司法实践中，一般对牵连犯不实行数罪并罚，而是以一重罪从重处罚。

所谓连续犯，是连续数个行为触犯同一罪名的犯罪。或者说，以同一的犯罪故意，连续实施数个独立的犯罪行为而触犯同一罪名的叫连续犯。该数个独立的犯罪行为，每一个都可以充足基本构成。本为数罪，由于行为人出于同一犯罪故意反复实施同一犯罪行为而合并为一罪。所以，连续犯不实行数罪并罚。在法律规定情节加重犯的情况下，可以作为情节加重犯论处。

所谓想象竞合犯，是指实施一个犯罪行为而触犯数个罪名的情形。从形式上看，想象竞合犯似乎具备了两个犯罪构成，好像是数罪，但因为它只有一个行为，所以不是实际的数罪，而只是观念上的数罪。想象竞合犯虽然以一罪论，但

① 参见陈兴良主编:《刑法各论的一般理论》，344 页，呼和浩特，内蒙古大学出版社，1993。

其行为触犯其他罪名的情节在量刑时是应该加以考虑的。因此，如果法律对某一犯罪规定了情节加重犯，则该罪的想象竞合犯可以按照情节加重犯论处。例如，我国刑法规定的过失致人死亡罪，分为基本犯和情节加重犯两个罪刑单位，如果某甲在拨弄枪支时走火，致乙死亡，致丙重伤，甲的一个过失行为同时触犯过失杀人和过失致人重伤两个罪名。按照我国刑法理论，对想象竞合犯应按照数个罪名中法定刑最重的犯罪论处。所以，对甲应以过失致人死亡罪论处；但考虑到其过失致丙重伤的事实，应具体适用过失杀人罪的情节加重犯。

唯如此，才能体现罪刑相适应的要求。

第六节　定罪情节的立法完善

一、外国定罪情节立法之比较

定罪情节反映在各国刑事立法中，有不同的表现形式。我们试图通过对几种有代表性的立法作一比较，分析其利弊得失，寻求最有效的立法方式。①

（一）联邦德国 1975 年刑法典中的定罪情节

查联邦德国 1975 年刑法典，有关定罪情节的总则性规定是与量刑的基本原则联系在一起的。该法典第 46 条（量刑的基本原则）第 3 款作为例外条款规定："属于法定犯罪构成事实的，可不考虑。"据此，量刑考虑之各种因素中不含属于犯罪构成事实的定罪情节。当然这里的量刑是狭义的，仅指确定罪刑单位以后在相应法定刑幅度的基础上的具体裁量。②

---

① 我们将重点放在减轻情节、加重情节的立法方式的比较上，这是各国有关定罪情节立法差异的集中体现。

② 需要指出的是，该法典第 50 条规定："某一情况单独或与其他情况竞合，构成减轻处罚，并同时属于第四十九条特别法定减轻理由的，只能减刑一次。"我们认为，这是关于多个量刑情节的竞合之规定，不在本章讨论范围之内。

在分则条文中，该法典大量出现了有关定罪情节的规定。大致有以下几种情形：第一，“基本构成＋情节较轻”型。即如第81条（针对联邦的叛乱罪）规定：“1. 以暴力或暴力威胁实施下列行为之一的，处终身自由刑或十年以上自由刑：（1）危及德意志联邦共和国的存在；（2）改变根据联邦宪法而存在的宪法秩序。2. 情节较轻的，处一年以上十年以下自由刑。”这种立法方法是在基本犯罪构成之后，规定一个减轻的犯罪构成。类似规定还有第82条、第83条、第105条、第146条、第154条、第179条、第181条、第220条a、第224条、第225条、第226条、第234条a、第239条、第258条a、第265条、第308条、第311条b、第315条、第315条b、第316条c、第332条、第334条、第343条、第344条、第345条等。值得注意的是，上述条文均未具体列举情节较轻的内容，仅概括性规定情节较轻的适用较轻的法定刑。第二，“基本构成＋情节特别严重”型。即如第94条（叛国罪）规定：“1. 向下列人员泄露国家机密，因而使德意志联邦共和国的外部安全遭受重大危险的，处一年以上自由刑：（1）外国或其代表人；（2）其他无权获得国家机密之人取得，意图危害德意志联邦共和国或有益于外国而予以其公布者。2. 情节特别严重的，处终身自由刑或五年以上自由刑。情节特别严重一般是指：（1）负有特别保管国家机密义务的人员，滥用职权泄露国家机密；（2）因其行为导致德意志联邦共和国外部安全遭受严重不利之危险的。”此种立法方式是在基本构成之后，规定一个加重构成。类似的规定还有第95条、第98条、第99条、第100条、第100条a、第102条、第106条、第109条e、第113条、第121条、第129条、第176条、第212条、第218条、第235条、第240条、第253条、第263条、第264条、第266条、第267条、第292条、第293条、第302条a、第310条b、第311条a、第311条e、第330条等。在这些条文中既有具体列举了“情节特别严重”的内容的，也有只作概括性规定的。[①] 第三，混合型。即在一个条文中同时规定了基本的犯罪构

① 这种立法上的差别缘何产生？由于资料有限，我们不能妄加评论，有待进一步研究。

成、加重的犯罪构成和减轻的犯罪构成。即如第100条（危害和平的犯罪）规定："1. 在本法效力范围内有住所的德国人意图引起针对德意志联邦共和国的战争或武装行动，与本法效力范围外的政府、团体或机构或为其工作者建立或维持联系的，处一年以上自由刑。2. 情节特别严重的，处终身自由刑或五年以上自由刑。情节特别严重一般是指其行为导致德意志联邦共和国的存在遭受重大危险。3. 情节较轻的，处一年以上五年以下自由刑。"类似的规定还有第223条b、第316条a等。除同时规定情节加重犯与情节减轻犯这种方式以外，混合型还包括一种情形，即同时规定情节减轻犯与结果加重犯。比如第177条（强奸罪）规定："1. 以暴力或胁迫手段，强迫妇女与自己或他人实施婚姻外性交行为的，处二年以上自由刑。2. 情节较轻的，处六个月以上五年以下自由刑。3. 行为人因轻率造成被害人死亡的，处五年以上自由刑。"联邦德国刑法典还针对有些犯罪的特点，分别在不同条文中规定该种犯罪的基本犯、加重犯和减轻犯。比如第123条（非法侵入他人住宅）与第124条（非法侵入住宅的加重犯），第125条（破坏社会安宁）与第125条a（情节特别严重的危害社会安宁），第212条（故意杀人）与第213条（故意杀人的减轻情节），第224条（重伤害）、第225条（故意重伤害）与第226条（伤害致死），第242条（盗窃）、第243条（特别严重的盗窃）与第244条（携带武器盗窃、结伙盗窃），第249条（抢劫）与第250条（情节严重的抢劫），第283条（破产）与第283条a（情节特别严重的破产），第306条（重大纵火）、第307条（情节特别严重的纵火）与第308条（纵火）等。如果严格从法条特征来看，这种立法方式确定的是不同的罪名，因而与我们前面所说的影响罪质轻重的定罪情节不同。但是，我们没有必要过于拘泥这种形式上的差别。可以说，二者在实质内容上是一致的。因此，也可以说这种立法方式是定罪情节法律化的一种变通形式。

（二）美国刑法的罪刑等级制度

重罪、轻罪分类法源于14世纪普通法。这种分类的依据是刑罚的轻重。然而从1967年起，英国把传统的以刑罚轻重为依据的三分法（分为叛逆罪 treason、重罪 felony、轻罪 misdemeanor）改为以诉讼为着眼点的二分法（分为可逮

捕罪 arrestable offence 和不逮捕罪 non-arrestable offence)。类似的修改还有加拿大 1971 年刑法典的新三分法，即分为叛逆罪、公诉罪和简易裁判罪。1975 年联邦德国刑法典则干脆取消“重罪、轻罪”分类法。

与之相反，还存在另一种趋势，那就是以美国刑法为代表的完善这种分类模式的努力。美国模范刑法典按刑罚轻重把犯罪分为四等：重罪、轻罪、微罪（petty misdemeanor)、违警罪（violation)，重罪又可分为三级：一级重罪、二级重罪、三级重罪。轻罪的刑罚不超过 1 年监禁，微罪的最高刑期为 30 天，违警罪只能判处罚金。

所谓罪刑等级制度，正是在“重罪、轻罪”分类基础上发展起来的。其目的是为了使“罪刑相当”这一刑法基本原则进一步精确化和制度化。其中精确化主要表现在罪刑等级的进一步明细，形成相应的梯度。另外，从立法技巧上看，可以使刑法分则条款行文简化，省去“刑罚”部分的具体叙述，只需说明该罪属于哪一个等级。[①] 以强奸罪为例，纽约州刑法典把强奸罪分为三级：（1）一级强奸罪，是指使用暴力强迫的；被害妇女因失去知觉或者其他原因在生理上没有能力表示同意与否的；被害人年龄不满 11 岁的。（2）二级强奸罪，是指 18 岁以上男子同不满 14 岁的妇女性交的。（3）三级强奸罪，是指 21 岁以上男子同不满 17 岁的妇女性交的，或同由于并非未达法定承诺年龄（17 岁）的其他原因而没有心理能力（诸如精神缺陷等）表示同意与否的妇女性交的。又如杀人罪（criminal homicide)。英美法都把杀人罪分为谋杀（murder）和非预谋杀人（manslaughter）两大类。在美国大多数州把谋杀罪分为一级谋杀罪、二级谋杀罪，把非预谋杀人罪分为故意非谋杀（voluntary manslaughter）和过失杀人（involuntary manslaughter)（有的州如纽约州，则分为一级非谋杀罪、二级非谋杀罪)。

该制度在立法技巧上可说是兼顾了罪刑等级的明细与行文的简洁两个要求。不过，我国刑法主要受大陆法系影响，罪刑等级方面接受了基本犯、减轻犯、加

① 参见储槐植：《美国刑法》，6 页，北京，北京大学出版社，1987。

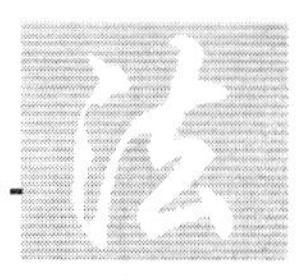

重犯的区分，与一级、二级这种序数的区分不同。其实可以说，二者有异曲同工之妙。美国刑法这种罪刑等级制度的难度还在于刑罚等级的确立应精确到何种程度。此外，不同刑种如何综合运用似乎也难以统一解决。因此，我们认为，还是以大陆法系中基本犯、减轻犯、加重犯的区分为宜。

（三）瑞士、意大利刑法中的定罪情节

世界上大多数国家都是以明确的具体列举的方式规定减轻、加重情节。以杀人罪为例，瑞士刑法典共分 7 个条文，分别规定了故杀、谋杀、激愤杀人、受托杀人等，每个条文都具有独立的罪名，这些罪名构成罪质同一的杀人罪。因此，在瑞士刑法典中，杀人罪是一个集合罪名，其中故杀条规定："故意杀人而未该当以下各条特别规定之一者，处五年以上重惩役。"这里所说的以下各条特别规定，是指对谋杀、激愤杀人、受托杀人等的规定。所以，故杀是基本犯，它和其他法条具有普通法与特别法的关系。意大利刑法典规定的杀人罪则分为三个条文：第 1 个条文规定杀人罪的基本犯，第 2 个和第 3 个条文规定的是杀人罪的加重犯，法律明文列举了 9 个加重情节，犯故意杀人罪而具有加重情节之一的，得加重处罚。又如意大利刑法典第 386 条（纵放）中明文规定："……有下列情形者减轻其刑：(1) 被告为受刑人之近亲者；(2) 被告于脱逃人逃脱后三月内将其捕获或使其向该管官署投案者。"因此，无论瑞士刑法典和意大利刑法典在法条形式上有何差别，明文列举减轻或加重情节是其共同特点。

（四）苏联、东欧等国家刑法典中的定罪情节

1. 2002 年蒙古刑法典

该法典中大量出现了"情节较轻"、"情节严重"、"情节特别严重"等关于情节减轻犯、情节加重犯的概括性规定。蒙古刑法典第 55 条列举式地规定了减轻责任情节，第 56 条列举式地规定了加重责任情节。在基本犯后，又在同一条文内概括性规定情节加重犯的，有两种情况。其一，也是主要的一种方式，是以"情节严重"之概括规定为立法模式。其二，是以"情节特别严重"之概括规定为立法模式。值得注意的是，在同一条文中并未出现"情节严重"、"情节特别严

重”递进的规定。“情节特别严重”部分主要是解决可以适用死刑的问题。

2.1968 年保加利亚刑法典

该法典（1968 年制定，后经 61 次修改补充）中大量采用的仍是减轻情节、加重情节的概括性规定。当然，也有一些条文作了列举式规定，比如第 116 条具体列举了 12 个故意杀人罪的加重情节，第 152 条也具体列举了强奸罪的加重情节。

3.1996 年俄罗斯联邦刑法典

该法典通篇不见关于情节减轻犯、情节加重犯的概括性规定，而是大量运用具体列举的方式。这在法律的明确性上不能不算是一大进步。以偷窃罪为例，该法第 158 条对盗窃罪的加重情节都作了列举性规定，例如第 2 款列举了以下四种情形：(1) 有预谋的团伙实施的；(2) 多次实施的；(3) 非法潜入住宅、房舍或其他库房的；(4) 给公民造成巨大损失的。这种规定方式比那种单纯以数额为标准的数额加重犯或者笼统的情节加重犯的立法方式要全面明确得多。

综上可知，各国在定罪情节的立法方式上存在较大差异。如何借鉴各国的立法经验，以完善我国的立法，仍是一个值得探讨的课题。不过，我们已至少可以明确几点：(1) 定罪情节的立法方式是受该国的法律文化（含法律观念、法律制度、法学理论等）和政治体制等诸种因素的影响的。一个重视刑法的保障功能、主张权力制衡的国家，往往倾向于法律的明确化、具体化，不给司法留下太大的空间；反之，一个过于重视刑法的保护功能、国家权力过于集中的国家，则往往忽视法律的明确化、具体化，给司法提供了太大的灵活性。(2) 一国刑法关于情节减轻犯、情节加重犯的规定往往兼用多种不同方式，并不仅限于概括性规定或具体列举之单调方法。

二、我国定罪情节立法之完善

（一）立法技术上的完善

1979 年刑法典概括性地以情节轻重作为划分罪质的层次从而区分相应的罪

责等级的标志，至于情节的具体内容，则没有明文列举或者详细规定，而是由司法机关具体掌握。根据通说，这种做法是基于以下考虑：我国是一个幅员辽阔、人口众多的大国，各地情况千差万别，犯罪情节形形色色；而且我国又是第一次制定这样一部完整的刑法，不可能包罗无遗地列举各种具体情节。否则，不仅使刑法冗长不堪，而且不利于司法机关掌握运用。所以，根据原则性和灵活性相结合的立法原则，我国刑法既分别情节轻重规定了相应的法定刑，又没有列举具体情节，而是概括地规定情节较轻或者情节严重，以便于司法机关具体掌握。[①] 在1997年刑法修订中，对于定罪量刑的情节虽然作了一些改进，例如增加了某些列举性的规定，或者在情节之外对于某些常见的情形加以并列的规定，但概括性地以情节轻重作为罪质的层次从而区分相应的罪责等级的标志这一立法现状没有得到根本解决。

然而这种规定方式也产生了许多问题。其中最突出的即是犯罪构成评价要件极其模糊。“情节严重”、“情节恶劣”、“情节较轻”等概念是相当模糊笼统的。这些模糊的概念在我国刑法分则中几乎到处可见，它既可以在叙明罪状中作为区分罪与非罪的界限，又可以在加重罪状和减轻罪状中作为区分重罪与轻罪的标准。至于其确切含义，不仅一般公民完全无从了解，而且即使司法工作人员在实际办案中，除某些有现行司法解释的以外，也完全是凭经验判断，主观随意性极大。虽然，经过长期的司法实践，许多罪状中的“情节严重”、“情节恶劣”、“情节较轻”等评价要件已为司法解释予以明确化，在统一定罪量刑方面具有重要意义。但是，通过司法解释来叙明这些模糊概念的具体含义这种做法本身是否合适，是值得商榷的。我们认为，犯罪构成评价要件的具体含义与内容，应当尽量由立法者在罪状中详细加以规定，而不宜通过司法解释规定。因为，犯罪构成评价要件，直接关系到社会的保护与人权的保障，因而应当由立法者加以规定，而不能任由司法者加以解释。

---

① 参见高铭暄、王作富主编：《新中国刑法理论与实践》，389页，石家庄，河北人民出版社，1988。

为了强化刑法的保障机能和提高刑法规范的可操作性，在综合考察中外立法例的基础上，我们主张：

1. 加重情节原则上应有明确具体之规定，尤其是死刑条款中的加重情节更应摒弃概括规定的做法。具体而言，可以采用如下模型：（1）“基本构成＋具体列举之加重情节”。其中加重情节部分的行文，既可以在基本罪状之后，紧接着规定“有下列情形之一的，处……：1）……2）……”，也可以在基本罪状之后另款规定“情节严重的，处……”，然后在该款接着规定“情节严重一般是指：1）……2）……”。（2）“基本构成＋具体列举之加重情节＋具体列举之特别加重情节”。针对有些犯罪本身的罪质轻重程度存在很大的差异，仅规定一般的加重犯仍不能满足罪刑相适应的需要，还必须规定特别加重犯。我们认为，规定特别加重犯的方式最好是：“情节特别严重的，处……情节特别严重一般是指：1）……2）……”

加重情节原则上应予具体列举，但是以下两种情况应属例外：（1）空白罪状中的加重情节。由于空白罪状只描述了某一具体犯罪的部分犯罪构成特征，要了解其全部构成要件，还必须参照其他法律、法规的规定，因而，该罪状无法具体列举有关加重情节，而应由有关法律、法规来具体列举。究其实质，这种情况下，加重情节也是具体列举的，只不过不是由刑法典直接明确而已。（2）由于技术上的原因实难一一列举的加重情节。有些犯罪，由于其自身的复杂性以及立法经验的不足，不得已只能概括性规定其加重情节。我们认为，司法实践中对于这种情况应持慎重态度，一方面在拿不准时应以适用基本罪刑单位为原则，另一方面应制定有关情节的司法解释，努力协调司法活动，并在此基础上，逐步将司法解释的成果吸收到立法中来，最终减少对加重情节的概括性规定。

2. 减轻情节原则上可由司法解释予以明确。纵观各国立法，对于减轻之定罪情节大都未采取具体列举方式，而仅作概括性规定，即规定“……情节较轻（轻微）的，处……”。我们认为，这种做法是合理的。因为基于罪刑法定主义之明确性原则的出发点在于防止刑罚权的滥用，明确具体规定加重情节可以实现刑

法谦抑之价值。规定减轻情节的目的也在于节约刑罚量，做到罪刑相适应，因此对其不必像限制加重情节那样框得过死。同时，概括规定减轻情节既可以为扩大减轻犯款项的适用提供可能，也不致有侵犯被告人权利之虞。

但是，个别犯罪的减轻情节则有必要予以具体列举。比如故意杀人罪的减轻情节。纵观各国立法，大都具体列举了故意杀人罪的几个减轻情节。如苏俄刑法典在第103条规定了故意杀人罪的基本犯之后，又在第104条、第105条规定了两种减轻犯：在强烈的精神激动状态中故意杀人罪和超过正当防卫限度的杀人罪。而我国刑法只是概括性规定故意杀人罪的减轻情节，具体内容则任由司法机关或理论界作出解释。这种做法存在下述弊端：(1) 未能警示民众激愤杀人、超过正当防卫限度杀人等行为也应受法律追究。(2) 司法中难以准确、协调地适用故意杀人罪的减轻犯。因为故意杀人罪的罪质轻重程度差异极大，相应的处罚幅度的差异也极大，理应通过明确其减轻情节而限制法官的任意性。(3) 生命为最高之价值，自应予以最严格之保护，禁止任何人非法剥夺他人生命。因此，除了明文列举的几种减轻情节之外，其他情形均不在减轻之列。但如果采用模糊概括之规定，则可能过于宽泛，不利于对生命价值的保护。

3. 在基本犯之后，规定减轻犯还是加重犯应视基本犯在社会政治和法律上评价的严厉程度而定。正如有的学者在研究我国刑法中的情节减轻犯和情节加重犯时指出的那样，情节减轻犯是由重到轻，而情节加重犯则是由轻到重，因而在法条适用上也有所不同。我国刑法中规定的情节减轻犯，主要是那些性质严重的犯罪，例如危害国家安全罪和故意杀人罪。对于这些犯罪法律规定以重者为基本犯，因而起刑点高，这就提示司法机关在适用法条时首先应考虑选择基本犯这一较重的罪刑单位。而情节加重犯则以轻者为基本犯，因而起刑点低，这就提示司法机关在适用法条时首先应考虑选择基本犯这一较轻的罪刑单位：只有当具备某种严重的情节时，才能选择情节加重犯的罪刑单位。[①] 因此，对于一些比较严重

① 参见陈兴良主编：《刑法各论的一般理论》，337～338页，呼和浩特，内蒙古大学出版社，1993。

的犯罪，我们可以采取先规定基本犯，后规定情节减轻犯的办法；反之，对于一些较轻的犯罪，则可以先规定基本犯，后规定情节加重犯。

4. 充分运用基本构成、减轻构成和加重构成的立法技术，根据需要规定轻重有别而又合理衔接或交叉的法定刑刑度，做到罪刑相适应。法定刑的刑度是法定刑的核心问题，它涉及“横向”和“纵向”两个方面。“横向方面”主要指整个刑度的协调问题，本章不予探讨。“纵向方面”主要指就同类案件来说要做到案件与案件之间的综合平衡，重罪重罚，轻罪轻罚，罚当其罪，充分体现刑罚的公正合理性，最终发挥刑罚的预防功能。所以，有必要根据罪质的层次性，采用基本犯、减轻犯和加重犯的立法技术，设立轻重有别的刑度。而且，在每个刑度内，设立可选择的多档次、多层次的刑种幅度，既要尽量压缩量刑空间，又不能过于死板以至于规定绝对确定的单一刑种和刑度。当然，我国刑法在这方面存在的主要问题仍是刑度上下限幅度失之过大、过宽，过于强化法官在量刑中行使自由裁量权的主观随意性，造成弹性用法，造成量刑畸轻畸重。

（二）立法内容之完善

定罪情节的内容是行为的社会危害性和行为人的人身危险性的统一，即不仅可以是犯罪行为实施过程中的反映行为的社会危害性的事实状况，也包括犯罪前的一贯表现、犯罪后的认罪态度等反映行为人人身危险性的事实状况。因而，法律在具体列举定罪情节的内容时就不能囿于犯罪行为实施过程中的事实情况。纵观外国有关定罪情节的立法例，我们也不难发现这一点。比如苏俄刑法典第102条规定的故意杀人罪的11个加重情节中就有一个是：“特别危险的累犯所实施的。”类似的规定在其他国家的刑法典中也不少见。但由于理论认识上仍存在分歧，因而，具体立法时大都回避这个问题。可见，我们的立法还是偏于客观的报应主义，忽视行为人的人身危险性。

还有一点，尤其值得注意：列举的加重情节、减轻情节不得改变犯罪的性质。加重情节、减轻情节与罪质的不同层次相对应，并受基本犯的罪质的约束，即不得超出基本犯的罪质范围。在某些刑事立法中，这一点往往被忽视，违反了

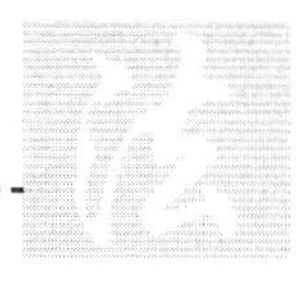

基本犯、加重犯的罪质同一原则。

（三）某些定罪情节的存废问题

我们这里主要谈谈几种特殊的定罪情节的存废问题。

1. 刑法总则中的消极性定罪情节

前文论及消极的定罪情节仅见于刑法总则关于犯罪概念规定中的但书部分，即“但是情节显著轻微危害不大的，不认为是犯罪”。规定这种消极的定罪情节目的在于从反面规定不是犯罪的情况。笔者认为，应该废止这种定罪情节，理由主要是：(1) 其本身的含义十分模糊，欠缺可操作性；(2) 易与刑法总则“情节轻微”等概念相混淆；(3) 并不适用于所有犯罪（比如情节犯要求情节严重才构成犯罪，举动犯也不存在“情节显著轻微危害不大”的问题）；(4) 纵览各国刑法典，都未作此规定；(5) 其限制刑罚权发动的功能可以由分则中积极的构成要件替代发挥；(6) 刑事违法与一般行政、民事、经济的违法应通过刑事、行政、民事、经济法规相互参照来划清界限，笼统地规定一个消极的定罪情节不仅于事无补，而且人为地阻隔了这些法规的联系，使得民众误认为“情节显著轻微危害不大”即不被认为是犯罪，其他法律对之也无可奈何。

2. 数额犯之定罪情节

数额犯的特征是以一定的数额作为区分罪与非罪的界限，作为数额犯成立要件之定罪情节的内容就是具体的犯罪数额，不含其他主客观因素。

我们认为，应当摒弃数额犯的规定。首先，应该摆正犯罪数额在定罪中的地位。犯罪数额只能与其他因素一道成为定罪情节的内容之一，而不能排斥其他非数额内容。对于部分犯罪（主要是财产犯罪）它虽可以成为最主要的内容，但仍不是唯一的内容。这是我国刑法主客观相统一原则的必然要求。其次，即便是法律明文规定数额犯，在实践中也不仅仅是根据数额定罪量刑，这一点已为大量的司法解释所证实。以盗窃罪为例，有关司法解释就多次明确了这一点。

数额加重犯也存在同样的问题。我们主张，数额可以作为加重犯的一个加重情节，但没有必要专门规定一个排斥其他因素的数额加重犯。因此，在具体列举

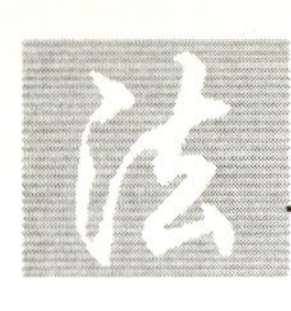

某种犯罪的加重情节时，完全可以把一定的数额作为其中的一个情节对待。

3. 转化犯、转化型准犯之定罪情节

转化犯之定罪情节是转化犯转化的条件，具有区分此罪（轻罪）与彼罪（重罪）的功能。转化犯之定罪情节的存废问题实际上就是转化犯这种立法方式的取舍问题。同理，转化型准犯之定罪情节的存废问题实际上也就是转化型准犯这种立法方式的取舍问题。

我们认为，应该限制转化犯的规定。转化犯之立法价值在于：(1) 转化犯有助于实现刑罚协调。在转化犯的情况下，由于此罪转化为彼罪，完全依彼罪论处，因而当彼罪的法定刑修改时，并不影响对转化犯的刑罚适用。(2) 其次，从立法技术上看，转化犯可用于减少死刑条款。因为，转化犯一般是轻罪向重罪转化，用重罪的法定刑就足以管住。比如，故意杀人罪可以判处死刑，而其他许多犯罪包含故意杀人的内容，例如放火、投毒、抢劫等，如果将故意杀人的内容从这些犯罪中排除出去，犯这些罪而故意杀人的，转化为故意杀人罪。这样，就可以将这些犯罪的死刑废除。换言之，用一个故意杀人罪的死刑可以取代现行刑法中的许多死刑。但是，转化犯这种立法方式在一定程度上限制了数罪并罚制度的适用范围，与“一罪一罚，数罪并罚”的原则相悖。更为主要的是，从犯罪构成理论上来说，这种立法例的立论根据也并不充分。比如，以暴力抗税致人重伤或者死亡的，以伤害罪、杀人罪从重论处。在这种情况下，抗税的性质就无从体现。因此，我们主张，对这种情况，规定数罪并罚更妥。①

转化型准犯是相对于一般准犯而言的。转化型准犯之转化是由此罪向彼罪（准犯）的转化。我们认为，对于现行立法中的转化型准犯应明确只有已构成犯罪（此罪）的行为才能转化为准犯，并且这种立法方式应限制使用。因为转化型准犯的立法例其实是一种立法类推，即在犯此罪的过程中，由于主客观情况的变化，使该行为类似于彼罪，法律规定以彼罪论处。所以，这种立法方式应严格掌握。

---

① 参见陈兴良：《转化犯与包容犯：两种立法例之比较》，载《中国法学》，1993 (4)，85页。

第二章

量刑情节

自从世界上产生了犯罪，就有了惩罚犯罪的刑罚，也就有了犯罪与刑罚得以确立的定罪与量刑。罚不同，刑亦不同，即使在罪刑擅断的古代刑法中，这也是一个基本的原则。为了对不同之罪处以不同之刑，各国统治阶级均遵循着一定的量刑原则，即以一定的事实情况作为量刑根据。这种作为量刑根据的“一定的事实情况”即我们所称的量刑情节。由于近现代各国大多实行相对罪刑法定主义，法定刑相对确定，法官在法定的量刑幅度内有选择科处刑罚之余地，因而量刑原则为各国刑法所普遍规定，量刑情节成为刑法的一个重要组成部分。

量刑情节在刑法中具有相当重要的地位。根据罪刑法定原则和罪刑相适应原则的要求，法定之刑应当与法定之罪相适应。而犯罪现象又极其复杂，不但不同性质的犯罪具有不同的社会危害性，即使相同性质的犯罪也会具有不同的社会危害性，因此各国为了适应惩罚犯罪的需要，无不规定了相对确定的法定刑，允许法官根据案件实际情况依法斟酌决定刑罚。为了防止法官这种自由裁量权的滥用，又必须在法律上把斟酌决定刑罚的各种实际情况即量刑情节予以规定。可见，量刑情节在立法上的规定，既是罪刑法定原则的要求，也是罪刑相适应原则

的要求，它对于司法实践中如何正确量刑以实现罪刑均衡尤其具有重要的指导意义。

我国从新中国成立之初的1950年《中华人民共和国刑法大纲（草案）》到以后的历次刑法草案中，都有关于量刑情节的专门规定，1980年1月1日起施行的新中国第一部刑法即《中华人民共和国刑法》第57～59条首次在立法上对量刑情节的有关内容作了明确规定。这些规定为司法实践中的量刑活动提供了基本的法律依据，同时也为对量刑情节的理论研究提供了法律根据。

我国从20世纪50年代就开始对量刑问题进行研究，1957年第4期《政法研究》发表了冯世名的《关于量刑问题》一文。刑法典颁行后，我国刑法理论开始对量刑、量刑原则重视起来，一些有关量刑、量刑原则的专题论文陆续发表，在这期间先后出版的刑法学教材也都专章、专节对量刑有关问题予以论述，其中都包含有量刑情节的内容。1982年第3期《贵州师院学报》发表了赵廷光的《试论量刑的酌定情节》一文，这是我国专门研究量刑情节最早的一篇论文。在这以后，数十篇有关量刑情节或刑法中的情节内容的论文在有关刊物上先后发表，1985年、1986年通过答辩的两篇硕士论文也以“论我国刑法中的情节”为题把量刑情节作为内容之一进行了研究。这些论文从司法实践需要出发，结合我国立法情况，从理论上对量刑情节的概念、特征、功能、分类、与量刑的关系等有关问题进行了较为系统和深入的研究，并提出了加强量刑情节研究的意见。应该说，我国刑法学界已经对量刑情节这一理论课题给予了相当的关注，近年来出版了若干关于量刑情节的专著。①

但是，不容否认，我国刑法理论对量刑情节的研究相对来说还是较为薄弱的，仍有进一步深入研究之必要。关于量刑情节的一些重要的基本问题如量刑情节的法定性、量刑情节与罪刑相适应原则的关系、量刑情节与量刑平衡的关系、

---

① 例如蒋明：《量刑情节研究》，北京，中国方正出版社，2004；李翔：《情节犯研究》，上海，上海交通大学出版社，2006，等等。

酌定情节的性质、种类、量刑情节的发展完善等还缺乏研究或研究不深。同时，在司法实践中司法人员普遍重视定罪，忽视量刑，以致量刑偏轻偏重乃至畸轻畸重的现象时有发生，而这种现象还往往被认为是合法的。可以说，刑法理论上偏重对犯罪理论的研究而相对忽略了对量刑情节的研究是造成司法实践中这种现象的一个重要原因。不管是从繁荣和深化我国刑法科学的目的出发，还是为了发展完善我国的刑事立法和促进人民法院正确定罪量刑，都有必要加强对量刑情节理论的研究。有鉴于此，本章试图结合我国刑事立法和司法实践，对量刑情节的一般理论进行专门探讨，以期引起刑法学界对量刑情节理论系统、全面的深入研究。

第一节 量刑情节的立法沿革

作为与各种犯罪相伴随的事实情况，量刑情节同样具有悠久的历史。然而，在刑事立法上以法条的形式对量刑情节予以规定并不断发展完善却经历了一个漫长的演变过程。对量刑情节的立法沿革进行考察，对于研究我国刑法中的量刑情节并建立具有中国特色的量刑情节理论，无疑具有十分重要的意义。

一、我国古代的量刑情节

在我国古代刑法中，由于君主专制的社会性质所决定，实行所谓“设法而体刑，临事而议罪”。罪之擅断，决定了刑之擅断。在这种情形下，量刑基本上没有法律根据与事实根据，而是以个人好恶为转移。但是，统治阶级为了其自身的利益，仍规定对一些犯罪根据不同的事实情况处以不同的刑罚。因此我国古代刑法中虽然没有量刑情节的概念，甚至没有出现“量刑情节”的字眼，但量刑情节的内容却可以说是源远流长。这从古代文献的一些记载中可以得到证明。

关于我国奴隶制社会刑法中有无量刑情节的规定，至今还未得到法律文献的确凿证明，但是从后世的文献资料中可以发现当时根据不同情节对犯罪者予以不同处罚的记载。例如，《尚书·胤征》记载："歼厥渠魁，胁从罔治。"这是指对首要分子应处死刑，对胁从分子则不予治罪。这与现代刑法中"首犯从重、胁从不问"的区别对待量刑实质上是一样的。及至西周，《尚书·康诰》说："人有小罪，非眚。乃惟终……乃不可不杀"，"乃有大罪，非终，乃惟眚灾……时乃不可杀"。眚是过失，非眚即是故意，惟终是惯犯，非终是偶犯。也就是说，对故意和惯犯，虽小罪也处重刑，对过失和偶犯，虽有大罪亦可减刑。① 可见当时统治者就考虑犯罪分子是否具有犯罪习性而给予不同处罚，这可以说已具有相当进步之意义了。

根据古代文献记载，直到战国时期，量刑情节的规定才见诸法律。战国时魏文侯相李悝所撰《法经》中"具法"即规定，根据罪犯的不同情况有区别地予以对待，也就是所谓"具其加减"。例如"其减律略曰：罪人年十五以下，罪高三减，罪卑一减；年六十以上，小罪情减，大罪理减"②。这是指罪犯中年15以下的少年犯和年60以上的老年犯，无论大罪小罪都按律原情，予以减刑。这可能是年龄影响处刑轻重的最早立法。及至现在，各国无不把未成年人犯罪作为从轻处罚情节在立法中规定下来。

到了秦朝，《秦律》中根据不同的犯罪情节和认罪情况而实行从重或从轻处罚的规定已有所发展。如《秦律》规定："甲谋遣乙盗杀人，受分十钱，问乙高未盈六尺，甲何论？当磔。"这是对教唆未成年人犯罪从重处罚的规定。又如，"诬人盗值廿，未断，又有它盗，值百，乃后觉，当并臧以论"，"甲乙雅不相知，甲往盗丙，才到，乙亦往盗丙，与甲言，即各盗，其赃值各四百，已去而皆得。其前谋，当并赃以论"。这是指对累犯和预谋犯加重处罚，这与现代刑法中对主

---

① 参见张晋藩主编：《中国刑法史稿》，40页，北京，中国政法大学出版社，1991。

② 董说：《七国考》。

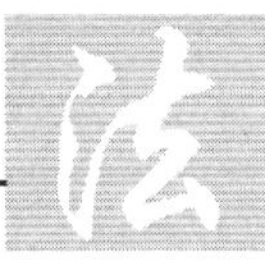

犯、首犯加重其刑的规定几无不同之处。还如，“司寇盗百一十钱，先自告，何论，当耐为隶臣，或曰赀二甲”，“隶臣妾系城旦舂，去亡已奔，未论而自出，当笞五十，备系日”。这两例都是减刑后的惩罚，如果不是“自告”、“自出”，而是由官吏抓获，处刑就会加重。[①] 可见在秦朝，自首就已作为一个量刑从轻的情节予以规定了。另外，《秦律》中还有消除犯罪后果减免刑、未遂犯从轻处刑、有前科罪犯加重处刑等规定。可以说《秦律》已具有相当高的立法水平。

汉承秦制并有所发展，对《秦律》的有些规定进一步予以具体和明确化。如汉律规定，“先自告除其罪”[②]。自告即自首，自告可以减免其罪，但限于自首部分，且不得为“造意”和“首恶”。如淮南王刘安谋反，其中郎伍被参与其谋，后自首，然“张汤曰：彼首为王画反计，罪无赦，遂被诛”[③]。这是严惩首恶的案例。而“入山谷，谕告群盗，非本造意，渠率皆得悔改自出”[④]。即非首恶与故意可减免其罪。此外，汉朝还实行“亲亲得相首匿”原则和“老、幼、妇、残有罪减刑”原则等。如“父子之亲，夫妇之首，天性也。虽有祸患，犹蒙死而存之。诚爱结于心，仁厚之至也，岂能违之哉。至今子首匿父母，妻匿夫，孙匿大父母，皆勿坐。其父母匿子，夫匿妻，大父母匿孙，罪殊死，皆上请廷尉以闻”[⑤]。这是指在一定的亲属范围内可以互相隐罪，法律不予制裁，或减轻处罚。现行我国台湾地区“刑法”仍有类似的这种规定。还如，汉惠帝时，“诏民年七十以上，若不满十岁，有罪当刑者，皆完之”[⑥]。这是对一定年龄上下之人予以减轻处罚。汉景帝时，对于“年八十以上，八岁以下，及孕者未乳、师、侏儒当鞠系者，颂系之”[⑦]。即对这几类人不带刑具。这是由于当时统治者考虑老、幼、

---

① 参见张晋藩主编：《中国刑法史稿》，104～105页，北京，中国政法大学出版社，1991。

② 《汉书》卷四十四，《淮南衡山济北王传》。

③ 《汉书》卷四十五，《伍被传》。

④ 《汉书·孙宝传》。

⑤ 《汉书·宣帝纪》。

⑥ 《汉书·惠帝纪》。

⑦ 《汉书·刑法志》。

妇、残对于社会的危害较小，因而对其刑事责任有所减轻。[①]

到了唐代，作为我国封建社会刑法典的楷模的《唐律》对一些刑之加减情节作了更为详细的规定，其主要表现在以下几个方面：(1) 以议、请、减、赎以及官当等方式对犯罪的贵族、官僚在适用刑罚时实行优待。如《唐律疏议·名例律·议章》规定："诸八议者，犯死罪，皆条所坐及应议之状，先奏请议，议定奏裁；流罪以下，减一等。"也就是说，对适用八议之人，在犯死罪时，司法机关才能对其适用议的原则，将其罪状写明并注明该犯属哪一议，将议状上报皇帝，申请议决，皇帝再召集中央重臣于都堂集议，以决定是减免，还是依法执行。流罪以下自然减刑一等。[②] 如果"诸一人兼有议、请、减，各应得减者，惟得以一高者减之，不得累减"。即如果一个人是皇后小功亲，合议请；又父有三品之官，合请减；又身有七品官，合例减。此虽三处具合减罪，唯得以一议亲高者减之，不得累减。[③]《唐律》规定这种量刑情节充分反映了其特权法性质。(2) 处理老、少、残疾人犯罪时区别对待。《唐律》把他们根据年龄、残疾程度不同区分为负完全刑事责任、减轻刑事责任、对一般犯罪不负刑事责任、完全不负刑事责任几种情况。体现了对老、少、残疾人的从轻处罚原则。(3) 共犯区分首、从。如《唐律疏议·名例律》规定："诸共犯者，以造意为首，随从者减一等。"(4) 累犯加重。《唐律疏议·名例律》规定："诸犯罪已发及已配而更为罪者，各重其是。"即累犯加重处罚。(5) 自首原则。《唐律疏议·名例律》规定："诸犯罪未发而自首者，原其罪。"即对自首者可免其罪。(6) 同居相隐不为罪原则。如《唐律疏议·名例律》规定："诸同居，若大功以上亲及外祖父母、外孙，若孙之妇、夫兄弟及兄弟妻，有罪相为隐；部曲、奴婢为主隐，皆勿论。即漏露其事及擿语消息亦不坐。其小功以下相隐，减凡人三等。"与前代相比，《唐律》

---

① 参见张晋藩等：《中国刑法史新论》，201 页，北京，人民法院出版社，1992。

② 参见张晋藩主编：《中国刑法史稿》，254 页，北京，中国政法大学出版社，1991。

③ 参见张晋藩等：《中国刑法史新论》，498 页，北京，人民法院出版社，1992。

放宽了相隐内容，扩大了相隐范围。[①] 可以看出，《唐律》关于量刑情节的规定已相当完善，许多为后代立法所承袭。

宋、明、清等几代封建社会刑法基本上沿袭《唐律》，对量刑情节的规定没什么发展，直至《大清新刑律》才规定了一些具有近现代意义的量刑情节的内容。如《大清新刑律》规定未遂罪之刑得减既遂罪之刑一等或二等。犯罪已着手而因已意中止者，准未遂犯论，得免除或减轻本刑；已受徒刑之执行，更犯徒刑以上之罪者，为再犯，加本刑一等。三犯以上者加本刑二等；犯罪未发觉而自首于官受审判者，得减本刑一等；瘖哑人，或未满十六岁人，或满八十岁人犯罪者，得减本刑一等或二等[②]，等等。自此以后，中国古代刑法向近现代刑法发展。

以上简单考察了中国古代刑法关于量刑情节的规定，尽管这些规定并不一定为统治者量刑时真正遵循，但其内容对我们今天仍有很大的借鉴意义。

二、外国古代及近代的量刑情节

在古代社会，由于实行罪刑擅断，刑之轻重、人之生死，完全取决于法官的自由裁量，因此其量刑制度遭到了18世纪资产阶级启蒙思想家的猛烈抨击。例如，孟德斯鸠指出："惩罚应有程度之分，按罪之大小，定惩罚轻重。"[③] 贝卡里亚指出："犯罪对公共利益的危害越大，促使人们犯罪的力量越强，制止人们犯罪的手段就应该越强有力。这就需要刑罚与犯罪相对称。"[④] 马克思也曾指出："惩罚在罪犯看来是他的行为的必然结果，——因而也应该是他本身的行为。他受惩罚的界限应该是他的行为的界限。犯法的一定内容就是一定罪行的界限。"[⑤]

---

① 参见张晋藩主编：《中国刑法史稿》，260页，北京，中国政法大学出版社，1991。

② 参见张晋藩主编：《中国刑法史稿》，515～516页，北京，中国政法大学出版社，1991。

③ ［法］孟德斯鸠：《波斯人信札》，141页，北京，商务印书馆，1962。

④ ［意］贝卡里亚：《论犯罪和刑罚》，65页，北京，中国大百科全书出版社，1993。

⑤ 《马克思恩格斯全集》，中文1版，第1卷，141页，北京，人民出版社，1956。

为了实现罪刑均衡，资产阶级革命胜利后制定的刑法大多数都规定对犯罪须根据一定之情节判处适当的刑罚。可以说，近现代意义的量刑情节制度在刑法中的地位开始真正确立。

在西方国家刑法中，德国、意大利、日本、奥地利等国都规定了量刑时应斟酌的各种情况，有的同时还规定了刑之加重与减免的各种情节。例如，联邦德国刑法典第 46 条规定："犯罪人之责任为量刑之基础。刑罚对犯罪人未来社会生活所可期待发生之影响，并应斟酌之。""法院于量刑时应权衡一切对犯罪人有利及不利之情况，尤应注意下列各事项：犯罪人之动机与目的，由行为所表露之心情及行为时所具意念，违反义务之程度，实行之种类及犯罪之可归责的结果，犯罪人之生活经历，其人身的及经济的关系，以及其犯罪后之态度，尤其补偿损害之努力。"意大利刑法典第 133 条规定："法官依前条自由裁量时，应斟酌下列各款情状：一、行为之性质、种类、方法、对象、时间、地点及其他一切状况。二、被害人所受损害或危险之轻重。三、故意或过失之程度。法官应斟酌下列有关行为人之犯罪倾向：一、犯罪之动机及行为人之性格。二、刑事及裁判上之前科及行为人犯罪前之行为及生活状况。三、犯罪时或犯罪后之态度。四、行为人个人、家庭或社会关系。"该法还在第 61 条把"因卑劣或琐徽之动机而犯罪者"等规定为加重处罚之情节。第 62 条把"因他人不正之行为，引起义愤而犯罪者"等规定为减轻刑罚之情节。奥地利刑法典第 32 条则规定："（一）量刑应以行为人之责任为准。（二）法院在量刑时，对于未明定法定刑加重事由及减轻事由，应予比较衡量。对行为人就不同的法律价值之取舍态度，以及决定取舍倾向之外在环境或内在动机，均应加以考虑。（三）在通常之情形，行为人所引起或虽非行为人所引起，而对之应负责之损害或危害越大，或行为人对其行为所违反之义务越多，或行为人对其行为之思虑越充分，或行为人对其行为之准备越慎重，或行为人实行其行为越肆无忌惮，以及对行为越不谨慎，其量刑应随之越严格。"该法第 33 条、第 34 条还分别规定了一些加重或减轻处刑之情节。日本 1974 年修正刑法草案关于刑罚适用标准的第 2 项也明确规定："适用刑罚时，必须考虑

到罪犯的年龄、性格、经历和环境、犯罪的动机、方法、后果和社会影响、罪犯在犯罪后的态度和其他情由，应该达到有利于遏制犯罪和使罪犯改过自新这个目的。”其他一些大陆法系国家也都有类似规定。上述国家规定的量刑情节的种类、范围及规定方式等虽各有所不同，但在量刑时主要根据量刑情节确定刑罚这一点却是共同的。

在苏联、东欧国家刑法中，对于量刑应依据各种量刑情节也有明文规定。如1919年苏俄刑法指导原则第11条规定：“对犯罪人决定刑罚方法的时候，法院要鉴别犯罪人本人和他所实施的犯罪行为对共同生活的危害程度和危害性质（属性）。为了这一目的，法院除了研究实施犯罪行为的全部环境以外，首先应当判明犯罪人的个人情况在其罪行和动机里已经暴露出来的程度及根据其生活方式和过去情形所能阐明其个人情况的程度；其次，并应当确定行为本身在当时的时间和地点的条件下，对于社会安全的基础所侵害的程度。”此后1922年的苏俄刑法典、1924年的苏联及各加盟共和国刑事立法基本原则、1926年的苏俄刑法典等均有类似规定。此外，东欧国家，如波兰刑法典第50条第2款规定：“法院应在第1款所列自由裁量权的指导下，具体考虑犯罪所引起的损害的类型与范围，动机与犯罪人的行为方式，其品质与个人状况，其在犯罪前的生活方式与犯罪后的行为及其在犯罪时是否有未成年人参与。”第3款规定：“在适用罚金时，法院还应考虑犯罪人的经济状况与收入，以及犯罪人从犯罪中所得到或企图得到的利益。”蒙古刑法典除在第54条规定适用刑罚的一般原则外，也在第55条和第56条列举适用刑罚的减轻或加重情节。另外罗马尼亚、朝鲜等其他国家的刑法典也有类似规定。

从以上规定可以看出，无论是西方国家还是苏联、东欧等社会主义国家，尽管在刑法典中对量刑应依据的各种情节表述不尽一致，内容不完全相同，但上述各国规定在量刑时应依据量刑情节所体现的犯罪的社会危害程度和犯罪人的人身危险性大小来确定应当判处的刑罚这一点上是一致的。

第二节 量刑情节概说

一、量刑情节的概念

概念是客观事物本质特征的反映，因此探讨量刑情节，首先必须弄清量刑情节的概念。这是研究整个量刑情节理论的基本出发点。只有从量刑情节的概念出发，我们才能正确理解量刑情节的地位和功能，科学界定量刑情节的范围，从而大致把握量刑情节理论的轮廓。

量刑情节是刑法中的情节的一种，因而理解量刑情节，应当先了解刑法中的情节的含义。情节一词，从词义上来说，是指事物存在和变化的情状与环节，而刑法无非是规定犯罪与刑罚的法律，因而刑法中的情节是指刑法中规定的与犯罪和刑罚的存在与变化有关的情状与环节，也即定罪和量刑过程中必须考虑的客观事实因素。刑法中的情节有哪些种类，刑法理论上看法不一，观点各异。从刑法中的情节与定罪、量刑的关系来说，它可以划分为定罪情节和量刑情节两种基本类型，量刑情节即影响量刑的各种具体事实情况。

现代各国刑法中，大都有对量刑情节的具体内容如刑之加重与减免之情节等问题的具体规定，但均无关于量刑情节的法定概念，外国刑法理论中也未见有对量刑情节概念的界定。我国刑法同样没有规定什么是量刑情节，刑法理论上对量刑情节存在各种各样的表述。

我们认为，概念是反映客观事物一般的、本质的特征的一种基本思维形式，量刑情节的科学概念也必须反映量刑情节的本质特征，具备一定的形式和内容，从而与其他有关情节区别开来。为此，给量刑情节下定义，以下几点必须首先予以明确：（1）量刑情节应该是法律规定的。作为影响量刑的事实情况，不能仅凭法官来随意认定、取舍，否则是与罪刑法定这一刑法基本原则直接背离的。至于

法律如何规定，这又牵涉到立法背景、立法技术等诸多问题，但量刑情节应具有法定性这一点是不容置疑的，这是对量刑情节的形式要求。(2) 量刑情节必须是能反映犯罪行为的社会危害性和犯罪人的人身危险性程度的各种事实情况，这是量刑情节之所以能影响量刑的本质所在。(3) 量刑情节是与定罪事实完全不同的范畴。它与犯罪成立与否没有直接关系，只有在犯罪成立以后才开始考虑量刑情节。上述几点是量刑情节的核心内容，在定义中均应有所反映。

据上所述，我们认为量刑情节的概念应该表述为：法律规定的定罪事实以外的，与犯罪行为或犯罪人有关的，体现行为社会危害性程度和行为人人身危险性程度，因而在决定处刑从宽、从严或者免除处罚时必须予以考虑的各种具体事实情况。

二、量刑情节的特征

特征无非是概念的外在表现。探讨量刑情节的特征，有助于我们理解量刑情节的本质含义，以及对量刑情节其他有关问题研究的深入。我们认为，量刑情节的特征主要表现在以下几个方面：

(一) 法定性

正如前面所说，量刑情节应该是由法律规定的，这是罪刑法定原则的必然要求。量刑情节之所以产生，是考虑到犯罪情况极其复杂，立法者不可能对各种各样不同的犯罪情况都明确规定相对应的确定的法定刑，为了能对相应之罪处以相应之刑，立法者便在法律上规定一些量刑情节，从而赋权法官根据每一具体案件中的量刑情节在相对确定的法定刑幅度内确定相应之刑，这样既能使刑罚的确定符合复杂的犯罪情况，又使刑罚确定时有章可循，不至于超出法律规定之范围。如果量刑情节不是由法律规定的，那么不但什么可以作为量刑情节难以确定，同时也极易造成法官自由裁量权过大，从而导致罪刑擅断，使公民的权利得不到法律的保障，最终使法制遭到破坏。有人提出我国的酌定情节不是由法律规定的而是司法实践中普遍存在的客观情况。[1] 我们认为，且不论这种观点是否成立还有值得商榷的地方，即使酌定情节确实不是我国法律规定的，我们也只能把这归于我们的立法失误，而不能顺从错误的立法现象，否则，理论一味顺从立法而不考虑立法正确与否，这很大程度上也失去了理论研究的价值。因而，立法上是否规定了量刑情节或如何规定是一回事，量刑情节应否由法律规定是另一回事，我们研究量刑情节时对这一点首先是应该注意的。我们研究量刑情节的出发点和归宿，也是为了使我国的立法和司法最终得以完善。

（二）客观性

量刑情节是客观存在的。在这里要把量刑情节的客观性与量刑情节可以分为主观性量刑情节和客观性量刑情节这两个问题区分开来。量刑情节的客观性是指它随着犯罪的实施而产生，并不以人们的意志为转移地存在于案件之中。这些客观存在的量刑情节不仅包括看得见、摸得着的有形情节，如犯罪手段的残暴与否，犯罪后果的轻重等，同时还包括无形的、存在于犯罪人主观方面的情节，如犯罪的动机、目的、犯罪后的态度等。属于犯罪人主观方面的情节虽然是无形的，但它们仍然是一种客观存在并且可以通过对案件的考察、分析来认定和评价。因此主观性量刑情节与量刑情节的客观性并不是互相矛盾的。肯定量刑情节的这种客观性，就要求法官在量刑时，要从实际出发，实事求是地认识和把握一切对量刑有影响的情节，而不能借口量刑情节不可捉摸而主观臆断，随意取舍与适用。

（三）联系性

量刑情节必须与某一具体的刑事案件有关，而且还能体现该案犯罪行为的社会危害性程度及犯罪人人身危险性大小，这是量刑情节的本质特征。在具体案件中，与案件有关的客观事实情况是很多的，但立法者并非把所有与案件有关的事实情况都规定为量刑情节。有些案件事实情况如指纹、犯罪人的面貌特征等也许

① 参见应懋：《酌定情节法定化之建言》，载《法律学习与研究》，1990（6），14页。

对案件的侦破很有意义，但它们不能成为刑法意义上的量刑情节，原因即在于它们与犯罪行为的社会危害性程度或犯罪人的人身危险性大小无关。可见，某一客观事实情况是否被规定为量刑情节，并非立法者的随意取舍，而是具有一定的评判标准。另外需要注意的是，量刑情节并不能决定行为社会危害性或行为人人身危险性的有无，它只能体现犯罪行为社会危害性和犯罪人人身危险性的轻重程度。这是量刑情节与定罪情节的一个重要区别。

（四）排他性

量刑情节是刑法中的情节的一种，刑法中的情节主要还包括定罪情节。由于量刑情节是在犯罪成立后才对该案的量刑起影响的情节，因而如果某一情节已在定罪时予以适用了，则不能再作为量刑情节，否则就违反了禁止重复评价的原则，犯了一事占两头的错误。同样的道理，作为犯罪成立的基本事实即犯罪构成要件事实也不能视为量刑情节。只有属于定罪事实以外的具体事实情况才能作为量刑情节，这是对量刑情节范围的一个限制，在司法实践中尤其要予以注意。例如，在以犯罪目的为犯罪成立要件的犯罪中，犯罪目的便不是量刑情节，而在不是以犯罪目的为犯罪成立要件的犯罪中，犯罪目的则属于量刑情节。

（五）功能性

这是量刑情节作用的体现，也是立法者规定量刑情节的目的所在。量刑情节的功能从对犯罪人是否有利来分，可以分为趋轻功能与趋重功能；从其适用对法定刑的变化有无影响来分，可以分为变更法定刑的功能与不变更法定刑的功能，前者指量刑情节是变更法定刑的根据，后者指量刑情节是在法定刑范围内决定宣告刑的根据。正确依照量刑情节的功能决定刑罚，是量刑适当的前提条件之一。

三、量刑情节的地位

关于量刑情节的地位问题，我国刑法理论上鲜有人论及，这是造成我国刑事立法上忽略对量刑情节的规定和刑事司法中忽视对量刑情节的适用的重要原因。

近年来有学者谈到酌定情节的地位问题[①]，但论者并未把其扩展到整个量刑情节的地位上来，而且其对酌定情节地位的论述也显得并不深入。研究量刑情节的地位问题无论对刑事立法还是对刑事司法都有其不可忽视的意义。我们认为，量刑情节的地位主要体现在以下三方面：

（一）量刑情节是罪刑法定原则的必然体现

法无明文规定不为罪，法无明文规定不处罚，这是罪刑法定的基本含义。根据罪刑法定原则的要求，哪些行为是犯罪，应当处以何种刑罚，都应当以法律事先有明文规定为限。罪刑法定从思想萌芽、学说形成到法律的转变，经过了近六个世纪的演变过程，于1789年法国资产阶级革命胜利后得以完成。为了反对封建司法擅断，1791年法国刑法典实行绝对罪刑法定主义，在绝对罪刑法定主义要求下，量刑情节根本没有存在的余地。由于绝对罪刑法定主义根本行不通，1810年法国刑法典除对少数犯罪规定绝对确定的法定刑外，对其余犯罪的法定刑都规定了一定幅度，在此幅度内，法官依案件情节有自由裁量权。这就是现今仍风行于世界大多数国家的相对罪刑法定主义，我们通常所称的罪刑法定一般都在此意义上使用。根据罪刑法定主义，如何定罪、量刑都必须由法律规定，但因法律规定有一定弹性，法官在规定范围内又有一定的自由裁量权，法官行使自由裁量权的依据当然是具体案件中的各种情况即量刑情节。由于这些量刑情节一般都是法律规定的，这样使其不失罪刑法定原则的明确化要求，同时，要求法官量刑时必须考虑这些量刑情节，因此，既达到了限制法官自由裁量权过大的弊端，又使法官可以根据案件具体情况灵活进行刑罚裁量活动。如果刑法中不对量刑情节作出规定，或规定不完善，则罪刑法定原则要么因失于僵化而无法实现，要么因“相对性”过大而失去“法定”之本意。由此可见，量刑情节可以说体现了现代罪刑法定原则的灵魂和精髓。

---

① 参见江涛：《略论酌定情节》，载《江西法学》，1991（2），9～10页。

（二）量刑情节是罪刑均衡原则的必然要求

罪刑均衡原则是指刑罚一定要和犯罪相称，重罪重罚、轻罪轻罚，罚当其罪。罪刑均衡观念最早可追溯到原始社会的同态复仇，其作为一项原则则是确立在资产阶级革命胜利后。当今世界各国对罪刑均衡原则理解各异，法律规定也不完全相同，加上不定期刑的引入、保安处分的盛行，这一原则受到排挤，内涵也不断变化，但其仍是刑法的基本原则之一。

根据罪刑均衡原则的要求，重罪重罚、轻罪轻罚，相应之罪对应相应之刑。而由于犯罪的复杂性，即使同一罪质的犯罪其罪责也不一定相同，刑事立法上对每一种具体犯罪情况规定相对应的确定的法定刑是不可能也不科学的，这样在刑法中引入量刑情节就成为必然。由于量刑情节是反映社会危害性或人身危险性的各种情况的抽象概括，这样，就能使法官对每一种犯罪依其不同的量刑情节科以相应的刑罚，如此使罪刑相适应原则在刑事立法和司法上得以充分贯彻，既使刑罚不失其公正性，又使其具有预防犯罪之功利性，从而实现刑罚目的。可以说，罪刑相适应原则必然要求在刑法中规定量刑情节，而量刑情节的完善规定反过来可使罪刑之间的对应关系得到科学的体现，两者互相依存、互相促进，使刑事立法和司法趋于完善。

（三）量刑情节是刑罚个别化原则的体现

量刑是刑事审判的主要环节之一，谈到量刑，不能不提及量刑原则。我国刑法学界一般认为《刑法》第 61 条是关于量刑的一般原则的规定[①]，有的论著具体把“以犯罪事实为根据，以刑事法律为准绳”作为量刑一般原则。[②] 对此有论者提出质疑，如有的认为我国刑法的量刑原则应该是罪刑均衡原则和刑罚个别化原则。[③] 我们认为罪刑均衡原则是刑法基本原则，不宜再视为量刑基本原则；而量刑是针对具体犯罪、具体犯罪人进行的，它是一种具体活动，因而把刑罚个别化

① 参见高铭暄主编：《中国刑法学》，268 页，北京，中国人民大学出版社，1989。

② 参见王作富主编：《中国刑法适用》，239 页，北京，中国人民公安大学出版社，1987。

③ 参见曲新久：《试论刑罚个别化原则》，载《法学研究》，1987（5），25 页。

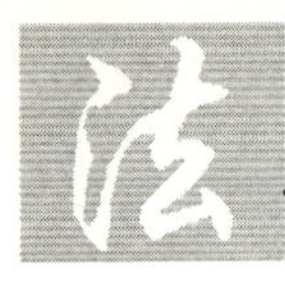

原则作为量刑基本原则是可行的，这也符合具体情况具体分析、区别对待的基本原理。

刑罚个别化原则为德国学者沃尔伯格于 1869 年首先提出，其核心是对不同犯罪人适用不同刑罚方法，使刑罚与犯罪人的人身危险性相适应。自此以后该原则长期为新派教育刑论者所倡导。我们认为，教育刑论者要求刑罚适用同犯罪人个别情况相适应，追求等质的罪刑均衡有其科学性，但其过分强调人身危险性而忽视犯罪行为的各种具体情况，又显其片面性。我国有的刑法学者在论及刑罚个别化原则时同样存在类似问题。[①] 实际上，刑罚个别化原则应该不仅仅指刑罚应与人身危险性相适应，它同时还指刑罚与社会危害性相适应，司法实践中对任何具体犯罪量刑时都应同时考虑犯罪行为的社会危害性与犯罪人的人身危险性，刑罚个别化原则并非与罪刑均衡原则对立而存在，它应是罪刑均衡原则的应有之义。只有在这个意义上理解刑罚个别化原则才能为正确量刑提供指导，同时使理论上长期存在的一些争论得以解决。

根据刑罚个别化原则的要求，在量刑时，必须主要依据与犯罪行为有关的各种情况，如犯罪手段、动机、后果等判断其社会危害性的大小，同时还应考虑与犯罪人人身危险性有关的个人情况，如年龄、性别、家庭、婚姻、职业、文化、性格、道德等，并参考其犯前表现、犯中表现和犯后表现，此外治安形势、民愤等也应一并加以考虑。根据我国刑法理论、刑事立法规定及司法实践的做法，犯罪手段、动机、后果等即是我们一般所称酌定情节，而其犯前表现如因有前科构成累犯、犯罪后表现如自首等则属于法定情节的范畴。由此可见，刑罚个别化实际上是要求在量刑时依据各种量刑情节决定刑罚。因此刑法中是否规定量刑情节，如何规定量刑情节或量刑情节规定是否完善，直接关系到刑罚个别化原则实现程度，关系到量刑结果的公正、合理性。

由于刑罚个别化这一量刑基本原则的客观要求，现代各国刑法大多规定了量

① 参见周振想：《论刑罚个别化原则》，载《社会科学战线》，1990（2），137～141 页。

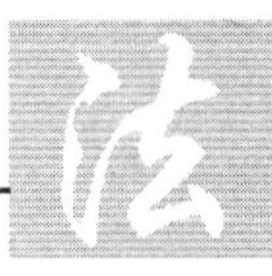

刑时应依据的各种情节，我国也是如此。但从刑法完善的角度看，我国酌定量刑情节在刑法中还未获得应有的地位，有的酌定情节还应上升到法定情节。因此，我们不应仅仅把量刑情节的规定与否单纯看作一个立法技术问题，而应把它上升到关系刑罚个别化原则实现与否、实现程度如何的高度来认识。量刑情节直接关系到整个量刑活动的进行，对此我们必须予以充分重视。

四、量刑情节的功能

量刑情节的功能是指量刑情节在量刑过程中所发挥的有利的作用、效能，具体说，即对刑罚的最后确定具有决定性作用。我们根据量刑情节对法定刑影响的不同，从以下两方面来分析其功能：

（一）在法定刑范围内决定宣告刑的功能

法定刑是刑法对各种犯罪规定的量刑幅度，它从总体上限定了对犯罪人裁量刑罚的范围。一般来说，这一范围的确定，是以定罪事实所体现的社会危害性和人身危险性为根据的，它解决的是此罪与彼罪以及基本罪与加重罪、减轻罪（即具有加重构成或减轻构成之犯罪，如情节加重犯、情节减轻犯）在刑罚上的区别，而未涉及同一罪质的犯罪中不同案件的量刑问题。而量刑情节则成为在法定刑幅度内，对不同案件裁量刑罚的根据。只有根据每一具体案件量刑情节所体现的社会危害性和人身危险性程度，才能最终决定犯罪人的宣告刑。同样性质的犯罪之所以被判以不同的宣告刑，原因即在于它们具有各自不同的量刑情节。量刑情节的这一功能根据对量刑轻重影响的不同，又可以分为从重功能和从轻功能。

为了正确地理解从重与从轻的法律蕴含，我们必须正确理解法律对这一问题的规定。我国《刑法》第62条规定："犯罪分子具有本法规定的从重处罚、从轻处罚情节的，应当在法定刑的限度以内判处刑罚。"那么根据这一规定，从重、从轻是相对于什么情况而言呢？对此我国刑法理论上有不同的观点：如有的人认为，从重处罚是在法定刑的平均刑期以上考虑应当判处的刑罚，从轻处罚是在法定刑的平均刑期以下考虑应当判处的刑罚[①]；有的人认为，从重处罚就是在法定刑范围内对犯罪分子适用较重的刑种或者较长的刑期，从轻处罚就是在法定刑范围内对犯罪分子适用较轻的刑种或者较短的刑期[②]；有的人则认为，从重处罚是指与同类事实的犯罪相比具有从重情节时，在法定刑范围内适用较重的处罚，从轻处罚是指与同类事实的犯罪相比具有从轻情节时，在法定刑范围内适用较轻的刑罚。[③] 上述观点均值得商榷。为了正确理解从重、从轻的含义，我们不妨考察一下我国刑法关于从重、从轻规定的立法意图。我国刑法草案第22稿曾规定从重、从轻是“应当在法定刑的限度以内判处较重或者较轻的刑罚”。意思即，在法定刑中间画中线，从重处罚是在中线以上量刑，从轻处罚是在中线以下量刑。在讨论中因考虑到对犯罪分子判处刑罚，应当根据量刑原则条文的规定，综合分析案件的各种情节，而不能只根据其中某一个情节。如果某个案件整个案情是轻微的，不足以判处法定刑中线以上的刑罚，就不能因为它具有某个法定从重处罚的情节而判处法定刑中线以上的刑罚；反之，如果某个案件整个案情是严重的，足以判处法定刑中线以上的刑罚，也不能因为它具有某个法定从轻处罚的情节就判处中线以下的刑罚。而且有些法定刑幅度可以画一中线，有些则无法画中线。同时具备几个从重处罚或者从轻处罚情节也无法画中线。所以第33稿就将“较重或者较轻的”字样删去。刑法（指1979年刑法）第58条的意思是说：有从重处罚、从轻处罚情节，是在法定刑的限度以内比没有这个情节处罚相对要重些或轻些，至于在这个限度以内究竟多重多轻，究竟在法定刑中线以上或以下，那就要综合分析，全面考虑。[④] 因此，从重处罚应该是指在法定刑幅度内选择比没有这个情节的类似犯罪相对重一些的刑种或刑期；从轻处罚应是指在法定刑幅度内选择比没有这个情节的类似犯罪相对轻一些

① 参见李光灿主编：《中华人民共和国刑法论》（上册），544页，长春，吉林人民出版社，1984。

② 参见高铭暄主编：《刑法学》，305～306页，北京，北京大学出版社，1989。

③ 参见《中国大百科全书·法学》，382～383页，北京，中国大百科全书出版社，1984。

④ 参见高铭暄：《中华人民共和国刑法的孕育和诞生》，92～93页，北京，法律出版社，1981。

的刑种或刑期。[①] 上述三种观点之所以错误，最主要的是没有把量刑情节的运用与整个犯罪事实联系起来。一个具体犯罪，通常情况下并不一定就是按其量刑幅度的中间线判刑，既然这一前提不存在，具有一定的从重或从轻情节便在量刑幅度中间线以上或以下判刑，或者在量刑幅度中判处相对较重的刑种、较长的刑期或相对较轻的刑种、较短的刑期当然就是错误的，量刑情节的从重或从轻功能是指在某一犯罪量刑基准点基础上的相对从重、从轻，而非在法定刑幅度内的绝对从重、从轻。这是理解量刑情节从重、从轻含义时必须注意的。

（二）变更法定刑的功能

一般来说，法定刑一经确定，便对法官具有不容变更的制约性。然而，立法者在确定法定刑时，只是针对某一性质的犯罪之一般情况，而不可能反映该犯罪的一切情况。因此，为了使量刑能兼顾到具体案件中可能出现的特殊情况，立法者在确定法定刑时，总是不可避免地要规定可以超越法定刑量刑的一些特殊情况。这些特殊情况的存在可使法官变更法定刑。量刑情节这种变更法定刑的功能具体包括加重功能、减轻功能与免刑功能三种情况。

加重有立法加重与司法加重，立法加重是指立法机关通过立法程序加重某一犯罪的法定刑，司法加重是指立法机关授权司法机关酌情予以加重。作为量刑情节之加重，只能是司法加重，而不是立法加重。[②]

减轻有一般减轻与特别减轻、法定减轻与酌定减轻之分。所谓一般减轻是指刑法总则规定的对一切犯罪均可适用的减轻，特别减轻是指刑法分则性条文规定的对特定犯罪适用的减轻。所谓法定减轻是指法律明文具体规定的减轻，酌定减轻也称裁判上的减轻，是指法官斟酌案件具体情况，依职权所作的减轻。我国刑法总则中规定了有关减轻处罚的情况。同时刑法还规定了酌定之减轻，即“犯罪分子虽然不具有刑法规定的减轻处罚情节，如果根据案件的特殊情况，判处法定

① 参见苏惠渔等：《量刑情节中从重、从轻、加重、减轻的科学含义及其定量研究》，载《量刑方法研究专论》，113页，上海，复旦大学出版社，1991。

② 参见陈兴良：《刑法哲学》，611页，北京，中国政法大学出版社，1992。

刑的最低刑仍然过重的，经最高人民法院核准，可以在法定刑以下判处刑罚”。不论是一般减轻还是特别减轻、法定减轻还是酌定减轻，减轻都是指在法定最低刑以下判处刑罚。那么减轻是否包括可以判处法定最低刑呢？减轻又能减轻到何种程度呢？对于前一个问题，我国有学者认为判处法定最低刑可以算是减轻处罚，并认为这是符合刑法规定的。我们认为，从减轻处罚和从轻处罚应有严格界限的角度出发，减轻处罚应该是指判处低于法定最低刑的刑罚，否则减轻和从轻就没有什么区别了。还应说明的是，这里的法定最低刑是指某一具体量刑幅度的法定最低刑，而非整个条文的法定最低刑。对于后一个问题，刑法学界存在着三种观点①：第一种观点认为，减轻处罚既包括刑期的减轻，也包括刑种的减轻，还可以减到免除处罚；第二种观点认为，减轻处罚既包括刑种的减轻，也包括刑期的减轻，但不能减到免除处罚；第三种观点认为，减轻处罚只能是刑期的减轻，而不包括刑种的减轻。外国一些立法例对如何减轻有明确规定，如日本刑法典第 68 条第 1 款规定：“死刑应减轻时，是无期或十年以上的惩役或监禁。”我国刑法对减轻之限度并无规定，因而低于法定最低刑判处刑罚时，当然既可以是刑期的减短，也可以是刑种的减轻，但减轻与免刑终究有所区别，因而减轻不能包括免除刑罚。至于在某些情况下具有减轻处罚情节之所以免予刑事处分，这并非是适用减轻处罚情节的结果，而是根据该案其他情况而可以酌情免刑。

免刑是指根据法定或酌定理由，对犯罪分子作有罪宣告，而免予刑罚处罚。同减轻处罚一样，免刑也可分为一般免刑与特别免刑、法定免刑与酌定免刑。一般免刑是刑法总则规定的免刑，特别免刑是指刑法分则性条文规定的免刑，在我国表现为分则性质的单行刑事法律所规定的免刑。法定免刑是指法律明文规定的免刑；酌定免刑是指法官根据案件具体情况依职权而决定之免刑，如我国《刑

---

① 参见苏惠渔等：《量刑情节中从重、从轻、加重、减轻的科学含义及其定量研究》，载《量刑方法研究专论》，117 页，上海，复旦大学出版社，1991。

法》第63条第2款的规定。应予注意的是，免刑与《刑法》第13条所说的因“情节显著轻微危害不大，不认为是犯罪”有原则区别，对不构成犯罪的，不能判决免予刑事处分。另外免刑也不同于免除刑罚的执行，前者是已构成犯罪而由法院以判决形式免除刑罚，后者是法院已宣告具体刑罚，因遇大赦、特赦等而免除刑罚的执行。

五、量刑情节的范围

量刑情节的范围即量刑情节存在的领域，这是量刑情节的外延问题。对此我国刑法学界有不同的看法。例如我国有学者认为，作为量刑情节的除了犯罪行为实施过程中的事实情况外，还包括罪前表现和罪后态度。① 还有学者认为，量刑情节的范围在量刑的本体情节方面，有罪前的起因、动机、目的，罪中的基本犯罪事实，以及罪后的坦白、自首、悔罪、狡赖、抗拒等等；从量刑的外部因素看，社会治安形势、刑事政策导向、社会舆论影响，乃至审判人员的刑罚价值观念等，都会因影响量刑轻重而渗透、融合在量刑情节之中。② 还有学者认为，情节（当然包括了量刑情节——笔者注）不外乎是犯罪的主观方面或客观方面的具体表现③，等等。我们认为，根据《刑法》第61条的规定，量刑情节当然限于犯罪实施过程中的体现行为社会危害性的事实情况，从这点看上述第三种观点是有其法律依据的。但是，正如我们前面所述，量刑除了以社会危害性程度为根据外，还以行为人人身危险性为根据。在某种意义上可以说，离开了对犯罪人的人身危险性的考察，就不可能对犯罪人正确地量定刑罚。④ 在量刑中应当考虑犯罪人的人身危险性，这是各国刑法的通例。如德国刑法典第46条规定：“犯罪人

① 参见王晨：《定罪情节探析》，载《中国法学》，1992（1），69页。
② 参见喻伟：《论刑法中的情节》，载《人民检察》，1993（5），10页。
③ 参见赵炳寿主编：《刑法若干理论问题研究》，336页，成都，四川大学出版社，1992。
④ 参见陈兴良：《论人身危险性及其刑法意义》，载《法学研究》，1993（2），41页。

之责任为量刑之基础，刑罚对犯罪人未来生活所可期待发生之影响，并应斟酌及之。”这就要求法官量刑时同时要考虑到“犯罪人之生活经历，其人身及经济的关系”等各种犯罪人的个人情况。而且我国《刑法》第61条虽然只承认社会危害性程度是量刑的唯一根据，但在一些具体规定中，仍然表现出承认犯罪人的人身危险性大小也是量刑的根据之一。如我国刑法规定对累犯从重处罚，对自首者从轻处罚，原因即在于他们具有较一般犯罪人不同的人身危险性。同时量刑时考虑犯罪人的人身危险性状况也是刑罚目的的要求。既然社会危害性程度和人身危险性状况都可以成为量刑的根据，那么一切体现社会危害性和人身危险性的事实情况当然都可以成为量刑情节了（但是必须是定罪事实以外的事实情况）。这样，体现社会危害性程度的犯罪事实情况自然属于量刑情节的范围，而体现犯罪人人身危险性状况的事实情况也可以属于量刑情节的范围。把量刑情节局限于犯罪行为的主观方面与客观方面的具体表现，当然就难以完全反映出量刑的根据，因而是不正确的。另外，量刑情节虽不限于犯罪事实情况，但也并非犯罪事实以外的一切情况都属于量刑情节的范围。例如审判人员刑罚价值观念等情况，虽然客观上确实会影响量刑，但它既与犯罪行为无关，也与犯罪人无关，因而并非量刑情节。如果承认这种情况也属量刑情节，就等于承认法官可以按自己的价值观甚至其个人好恶来确定刑罚，这显然是行不通的。相比较来说，上述第一种观点对量刑情节的范围界定比较科学，但还可以进一步明确化，即量刑情节既包括与犯罪行为有关的事实情况，也包括与犯罪人有关的事实情况；从量刑情节出现的时间先后顺序看，它既包括罪前情节，也包括罪中情节，同时还包括罪后情节。正确认识量刑情节存在的范围既有助于我们对量刑情节内涵的认识，更有利于我们在适用量刑情节时，能全面、综合地分析量刑情节，而不随意取舍或者忽略对某一情节的适用，从而正确量刑。

第三节　量刑情节的界定

一、量刑情节与定罪事实

定罪事实，顾名思义，即定罪所根据之事实，简单地说，也就是定罪根据。那么什么是定罪事实或者定罪根据呢？中外刑法学界对此存在以下不同看法[①]：(1) 认为社会危害性和犯罪构成共同成立为定罪的根据。(2) 认为罪过是定罪的根据。(3) 认为犯罪行为是定罪的根据。(4) 认为犯罪构成是定罪的根据。其中第四种观点在我国居于通说地位。

定罪事实不同于确定刑事责任的事实。确实刑事责任的事实包括确定刑事责任有无和确定刑事责任大小的事实；而定罪事实只是指确定某一行为是否构成犯罪以及构成何种犯罪的事实。从这点上说定罪事实主要是指反映某一行为的质的事实。需要指出的是，我国刑法中规定的犯罪之罪质并不都是单一的，而是存在复杂的情形，即罪质呈现出一定的层次性。[②] 如有的犯罪具有一个基本的罪质，即基本犯，在基本犯的基础上，还存在情节减轻犯或情节加重犯。另外有的犯罪还存在结果加重犯或数额加重犯等情形。以上相对独立的罪质与相对独立的法定刑相对应，从而构成一个独立的罪刑单位。因而，在只有一个罪刑单位（即只规定了一个法定刑幅度）的犯罪里，定罪事实固然是指认定构成该罪的事实，而在具有多个罪刑单位的犯罪里，定罪事实则是指认定构成某一具体的相对独立的罪质之事实。在当前，定罪事实的具体、明确化已成为各国刑事立法的发展趋势。

定罪事实是一种最基本的犯罪事实，即犯罪构成事实。犯罪构成事实即犯罪构成要件。犯罪构成要件包括犯罪构成的共同要件与犯罪构成的选择要件，后者

---

① 参见王勇：《定罪导论》，67～68页，北京，中国人民大学出版社，1990。

② 参见高铭暄、王作富主编：《新中国刑法理论与实践》，386页，石家庄，河北人民出版社，1988。

即具体犯罪成立的特殊要件。如犯罪目的并非犯罪构成的共同要件，但在一些营利性犯罪中它却成为这些犯罪成立的要件。因此定罪事实不仅指犯罪构成的共同要件，同时还包括犯罪构成共同要件以外的一些事实情况，如加重结果、加重数额、目的以及综合性的情节等。

以上我们简要论述了定罪事实的概念和范围等问题，目的是为了更好地理解量刑情节与定罪事实之关系。关于量刑情节与定罪事实的关系，在我国刑法理论上还没发现有人作过专门论述，但对于情节与犯罪构成之间的关系却有不少学者进行了探讨，主要存在以下几种观点：第一种观点认为，情节和犯罪构成的关系表现为三方面：(1) 两者互为依存。犯罪构成实际上就是对形形色色的犯罪情节的抽象和分类。(2) 两者相互转化。(3) 两者所体现的社会危害性是统一的、不可分割的。[①] 第二种观点认为，犯罪构成与情节是质和量的对立统一关系。犯罪构成是从质上把握行为是否构成犯罪，情节是从量上把握行为是否构成犯罪，二者都在行为的社会危害性及其程度的基础上发挥作用，都是以社会危害性为出发点。[②] 第三种观点认为，犯罪构成要件要借助于犯罪的情节来表现，犯罪情节绝不是犯罪构成的要件。犯罪构成要件的每一部分都有各自的情节，情节不是与要件平列的因素。犯罪情节是社会危害性的程度因素，是在程度上把握的是否构成犯罪和责任轻重的条件。[③] 第四种观点认为，情节是犯罪构成的共同要件。[④] 等等。

以上几种观点虽然是论述情节与犯罪构成的关系，但仍对我们有一定借鉴意义。我们认为，情节有定罪情节与量刑情节之分，笼统地探讨情节与犯罪构成的关系是没有多大的意义的，而且也难以把问题说清楚。以上各说即存在着这样那样的缺陷，因此应具体分析量刑情节与定罪事实的关系。我们认为，量刑情节与

---

① 参见赵秉志等：《全国刑法硕士论文荟萃》，80页，北京，中国人民公安大学出版社，1989。

② 参见赵炳寿主编：《刑法若干理论问题研究》，351～352页，成都，四川大学出版社，1992。

③ 参见敬大力：《正确认识和掌握刑法中的情节》，载《法学与实践》，1987 (1)，17～18页。

④ 参见钱毅：《试论情节也是犯罪构成的共同要件》，载《中南政法学院学报》，1986 (4)，83页。

定罪事实的关系主要表现为以下几方面：(1) 两者是含义不同的两个概念。虽然两者都是与犯罪的社会危害性和犯罪人的人身危险性有关的客观事实情况，但量刑情节只对量刑有意义，定罪事实则是针对犯罪成立与否而言的。(2) 两者存在的范围不同。定罪事实只能是犯罪行为实施过程中的事实情况，而量刑情节除了犯罪行为实施过程中的事实情况外，还包括罪前表现和罪后态度等非犯罪事实情况。(3) 两者之间具有排他性。即量刑情节必须是定罪事实以外的事实情况，因此，犯罪目的、特定身份等在一些犯罪中作了定罪事实便不能再当做量刑情节来使用。当然，定罪事实能确定犯罪之法定刑幅度，从这个意义上说，定罪事实也对量刑有一定意义。但是我们所指的量刑情节只限于确定某一法定刑幅度之后才对量刑有影响的事实情况，因而量刑情节与定罪事实是有严格区别的。

由于定罪事实表现为各种具体的犯罪构成要件，因而量刑情节与定罪事实的关系具体表现为量刑情节与各种具体犯罪构成要件的关系。以下我们分别予以论述。

（一）量刑情节与犯罪构成主体要件

犯罪构成主体要件属于与犯罪主体有关的事实情况。犯罪主体是指具备刑事责任能力，实施犯罪行为并且依法应负刑事责任的自然人①（在此我们不探讨法人作为犯罪主体的问题）。犯罪构成主体要件包括犯罪构成共同主体要件与犯罪构成特殊主体要件，前者指具有刑事责任能力的自然人，后者是指身份等特定犯罪的主体构成要件。与犯罪主体有关的事实情况并不限于犯罪构成主体要件，它同时还包括一些属于量刑情节的事实情况，对此必须注意。以下分别进行分析。

1. 年龄与量刑情节

年龄的大小关系到行为人刑事责任的有无及大小，从而也决定行为是否构成犯罪及处罚的轻重。各国刑法都规定了刑事责任年龄，达到刑事责任年龄是行为构成犯罪的前提条件，如我国刑法规定，已满 14 周岁不满 16 周岁的人对一些严

① 参见赵秉志：《犯罪主体论》，10 页，北京，中国人民大学出版社，1989。

重的犯罪承担刑事责任，已满 16 周岁的人对一切犯罪均应负刑事责任。因而在一些严重犯罪中年龄达到 14 周岁或者在一般的犯罪中年龄满 16 周岁属于犯罪构成的主体要件。刑事责任年龄之所以能成为犯罪构成主体要件，是因为行为人达到一定年龄，才对自己的行为具有一定的认识和控制能力，从而具有刑事责任能力。

刑事责任年龄属于犯罪构成主体要件之内容，而达到刑事责任年龄后行为人的年龄大小仍影响行为人认识和控制自己行为的能力之大小，从而影响刑事责任之轻重。因而这种年龄因素可影响对其处罚之轻重，它们属于量刑情节的内容，如我国刑法规定，已满 14 周岁不满 18 周岁的未成年人犯罪的，应当从轻或者减轻处罚。还有老年人犯罪的，世界上有的国家和地区把它规定为量刑时应考虑的因素，我国台湾地区“刑法”也把它作为量刑应斟酌之情状予以规定，在我国也可以作为酌定情节在量刑时予以考虑。

2. 精神障碍与量刑情节

精神是否正常也决定行为人辨认和控制自己行为的能力的有无，从而决定刑事责任能力的有无，因而也属于犯罪构成主体要件之内容。我国刑法第 18 条不仅规定了精神病人不负刑事责任，而且还规定了限制刑事责任的精神障碍人的刑事责任问题。因而我国刑法限制刑事责任的精神障碍人属于量刑情节之内容。

3. 生理功能丧失与量刑情节

生理功能丧失不影响刑事责任有无而只影响刑事责任大小，因而它不属于定罪事实而属于量刑情节。我国刑法第 16 条把聋哑人和盲人犯罪这两种情况规定为可以从轻、减轻或者免除处罚的情节。

4. 身份与量刑情节

身份是指人的出身、地位和资格。作为犯罪主体方面的特殊身份，则是指刑法所规定的影响行为人刑事责任的行为人人身方面特定的资格、地位或状态。特殊身份从形成来看有自然身份与法定身份之分，前者如亲属身份，后者如公务员身份。特殊身份依其在刑法中的意义可分为定罪身份与量刑身份，定罪身份当然

属于定罪事实。在渎职性犯罪中，特殊身份是犯罪成立的必备要件，如受贿罪要求其主体必须是从事公务的人员。在一些不以特殊身份为犯罪构成要件的犯罪中，特殊身份则成为影响量刑轻重之情节。在我国古代刑法中还把亲属间犯罪作为一种从宽量刑情节加以规定，外国一些刑法以及我国台湾地区“刑法”也有这种规定，我国司法实践中对一些具有亲属身份的犯罪也是把亲属身份在量刑时作为情节予以考虑的。如家庭成员盗窃其家人的财产在理论上和实践中都主张应从轻处罚。

5. 犯罪人的其他个人情况与量刑情节

这主要是指犯罪人的道德、性格、习性等表现犯罪人人格的内容。因这些内容不属于犯罪过程中的事实情况，因而不属于定罪事实，但它们与再犯可能性有关，因而理应属于量刑情节的内容，在量刑时应加以考察。

（二）量刑情节与犯罪构成客体要件

犯罪客体是指我国刑法所保护的，为犯罪行为所侵犯的社会关系。任何犯罪都必然侵犯一定的社会关系，犯罪客体是行为构成犯罪的必备要件之一，因此犯罪客体属于定罪事实之范畴，它直接影响犯罪之成立以及犯罪之性质。犯罪客体受到的侵犯是通过犯罪人对一定的具体的人或物施加影响来体现的，这些特定的人或物即犯罪对象。犯罪对象与犯罪客体有密切关系，但两者仍有区别，主要表现为犯罪对象不是犯罪构成的必备条件。只有法律把犯罪对象规定为犯罪构成要件时，它才对定罪有意义。如假冒商标罪要求犯罪对象必须是他人的注册商标，否则不构成此罪。当法律没有把犯罪对象规定为犯罪构成要件时，犯罪对象则成为一些犯罪的量刑情节。例如，侵犯残疾人、未成年人、老年人、怀孕妇女的犯罪，就比侵犯其他对象的相同犯罪，具有更大的社会危害性，处罚时应从重。又如挪用救灾、抢险等特定款物归个人使用的犯罪就比挪用一般公款归个人使用的犯罪危害要大些，也应从重处罚。在法律没有明确规定犯罪对象影响量刑时，也应把犯罪对象作为一种重要的酌定情节予以考虑。

（三）量刑情节与犯罪构成主观要件

犯罪的主观方面不仅包括属于犯罪构成主观要件的罪过等定罪事实，同时也包括不属于犯罪构成要件的事实情况，另外还有一些与犯罪人主观有关的事实情况，对此必须加以区分。

1. 罪过与量刑情节

罪过是指犯罪的故意和过失，它是任何犯罪成立的必备要件。罪过形式不同，还可决定犯罪性质之不同以及刑事责任的轻重，因而不同罪过形式的犯罪应处以不同的刑罚。但这种罪过总的来说仍不属于我们严格意义的量刑情节，它属于定罪事实的内容之一。

2. 犯罪动机与量刑情节

犯罪动机是指驱使犯罪人实施犯罪行为达到一定犯罪目的的内心起因或意识冲动。犯罪动机是一种重要的酌定量刑情节，它直接反映着犯罪人主观恶性程度的深浅。犯罪动机情况不一，量刑的轻重也应有所不同。

犯罪动机虽然侧重影响量刑，但它对直接故意犯罪的定罪也具有一定的意义。如我国《刑法》第 13 条规定“情节显著轻微危害不大的，不认为是犯罪”，这里的情节显然包含了犯罪动机的内容。又如在侮辱罪和诽谤罪等情节犯中，犯罪动机如何是认定情节是否严重、是否恶劣时应考虑的重要因素，从而犯罪动机成为决定这些犯罪成立与否的定罪事实。当然，在这些犯罪中，犯罪动机已被视为定罪时考虑的事实之一，在量刑时它就不能再作为量刑情节来考虑了。

3. 犯罪目的与量刑情节

犯罪目的是指犯罪人主观上通过实施犯罪行为达到某种危害结果的希望或追求。犯罪目的是犯罪人的主观恶性的直接体现，它对于行为的性质具有决定性的意义，因而我国刑法把犯罪目的规定为某些犯罪的构成要件。如侵犯著作权罪必须以营利为目的等。另外，犯罪目的不仅决定行为性质，而且也直接反映着行为人的主观恶性程度和社会危害性程度，因此，犯罪目的是量刑时应予考虑的因素

之一。[①] 当然，犯罪目的不如犯罪动机对量刑的影响明显。

4. 认识错误与量刑情节

认识错误是犯罪主观方面一个特殊而又重要的问题，与罪过及其形式有着密切联系。认识错误有法律上的认识错误与事实上的认识错误之分。不管是哪种认识错误，只要其排除行为人主观上有罪过则排除行为构成犯罪的可能性。如果其认识错误只能排除故意，则可构成过失犯罪。如行为人误把人当野兽对之射击，将他人杀死。如果行为人应当预见可能是人时，构成过失犯罪，如果不能预见时，则属于意外事件。在这种情况下，认识错误属于影响罪过存在与否或罪过形式的定罪事实之范围。

那么认识错误能否影响量刑呢？不少国家把法律认识错误区分为可避免与不可避免的两种情况，对前者减轻处罚，对后者则免除处罚。如德国刑法典第 17 条规定："行为人于行为之际，欠缺违法行为之认识，且此认识错误系不可避免者，其行为无责任。如系可避免者，得依第 49 条第 1 款减轻其刑。"我国刑法草案第 22 稿也曾规定："对于不知法律而犯罪的，不能免除刑事责任；但是根据情节，可以从轻或者减轻处罚。"后来第 33 稿删去了这一条。我们认为，第 22 稿的规定还是有一定的合理性的。行为人不知法或误认为现行立法没有规定他所实施的行为已构成犯罪，可以作为酌情从宽的情节。

5. 情感因素与量刑情节

在心理学中，情感是人对客观事物态度的一种反映。在犯罪的主观心理事实中，情感也是一个不容忽视的因素，但我国刑法理论上对其鲜有论及。实际上，情感能决定主观恶性的大小，甚至在个别情况下决定主观恶性之有无。因此不少国家刑法将义愤杀人作为故意杀人罪从轻或减轻处罚的法定情节。我国刑法虽未规定情感因素对量刑之影响，但我们不能忽视它对量刑之作用。例如在应激状态下发生的犯罪比一般情况下发生的同样犯罪主观责任显然小些。因而情感因素可

① 参见马克昌主编：《犯罪通论》，378 页，武汉，武汉大学出版社，1991。

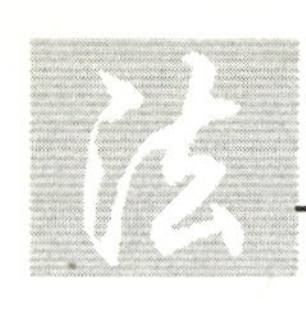

以成为酌定情节之内容。

（四）量刑情节与犯罪构成客观要件

无论是定罪还是量刑，都离不开对犯罪客观方面的考察。构成犯罪客观方面的诸事实情况，既包括作为犯罪构成要件的定罪事实，也包括作为量刑情节考虑的内容。

1. 危害行为与量刑情节

无行为即无犯罪，危害行为的有无决定犯罪之有无，因而危害行为是任何犯罪构成的必备要件。危害行为可分为不同的形式，但总的来说它不影响对刑罚的具体确定。

2. 危害结果与量刑情节

危害结果是指危害行为对刑法保护的社会关系所造成的实际损害和现实危险。危害结果是我国大多数犯罪的构成要件。例如，过失犯罪必须具备危害结果这一要件。这种结果又称为定罪结果或构成要件结果，它是定罪事实的重要内容之一。

危害结果不但影响定罪，同时也影响量刑。危害结果的大小、轻重是量刑时应考虑的重要因素。如行为犯造成危害结果的比未造成危害结果的处罚要重，未遂犯可以从宽处罚，中止犯之从宽也因为其危害结果比一般犯罪要轻。另外危害行为所引起的间接危害结果、精神损害等在量刑时均应作为情节酌情考虑。

3. 犯罪的时间、地点、方法与量刑情节

犯罪的时间、地点、方法属于犯罪行为实施的客观条件。在我国刑法中，某些犯罪要求具备特定的时间、地点或方法作为其构成要件，这些特定的时间、地点或方法对定罪具有决定意义。如我国刑法规定的非法捕捞水产品罪必须是在禁渔区、禁渔期或使用禁用的方法实施。

在我国刑法中，绝大多数犯罪则不要求特定的时间、地点或方法为其构成要件。在这种情况下，不同的时间、地点或方法应作为酌定情节加以考虑。如非法拘禁罪中对被害人人身拘禁时间的长短不同，其社会危害程度就有所不同；在灾区、经济发展比较落后的地区实施抢劫、盗窃等行为，其社会危害程度就大于在

一般地区实施这类行为；而以残忍的方法将人杀死与用简单手段致人死亡，两者社会危害程度也有区别。因而对前者应适当从重处罚，对后者应适当从轻处罚。

4. 与犯罪客观方面有关的其他因素与量刑情节

形势、犯罪率等，这些因素不属于犯罪实施过程中的事实情况，不能作为定罪事实影响定罪，但可以影响量刑。如在社会治安形势不好时犯罪，或者在犯罪率比较高时犯罪，这种情况易于引发更多的人犯罪，即使他人的初犯可能性增大，因而量刑时应考虑适当从重。

二、量刑情节与定罪情节

定罪情节是指犯罪行为实施过程中，犯罪构成共同要件以外的，影响行为社会危害性和行为人人身危险性的，定罪时作为区别罪与非罪、重罪与轻罪以及此罪与彼罪标志的一系列主客观事实情况。[①] 定罪情节既可以表现为具体的内容，如作为犯罪构成要件的犯罪目的、时间、地点、方法、加重结果、数额等，也可以表现为综合性的情节。由于定罪情节中的综合性情节的具体表现形式与作为量刑情节的因素具有相同之处，因而对两者应加以区分。

综合性的定罪情节在刑法中主要以“情节严重”或“情节恶劣”等笼统性词语出现。一般来说，认定情节是否严重或是否恶劣时，应具体考虑以下一些因素：犯罪对象；犯罪手段或方法；犯罪的时间、地点和环境，犯罪动机；犯罪目的；结果加重犯中的加重结果；数额犯中的数额。[②] 由于量刑情节必须是定罪事实以外的事实情况，因而作了定罪情节的上述因素不能在量刑时再予以考虑。如犯罪动机等在情节犯中不能作为酌定情节影响量刑。在认定及适用量刑情节时对此应予注意。

① 参见王晨：《定罪情节探析》，载《中国法学》，1992（1），67页。

② 参见喻伟主编：《刑法学专题研究》，305页，武汉，武汉大学出版社，1992。

第四节 量刑情节的分类

一、量刑情节分类概述

量刑情节内涵丰富、外延广泛，因而各国和地区刑法均对量刑情节分门别类地予以规定。如意大利刑法典把量刑情节分为刑之酌科情节和刑之加减情节，刑之加减情节又具体包括刑之加重情节与刑之减轻情节。其他各国和地区刑法典也大多类似这种分类，我国台湾地区“刑法”也是如此划分的。我国刑法对量刑情节没有明确的分类，但理论上存在各种不同的分类法。为了对量刑情节进行研究与运用的便利，我们有必要就量刑情节的科学分类予以探讨。

量刑情节依不同标准可以分为不同的种类。因分类标准不同，对量刑情节的分类在理论上存在以下几种观点：第一种观点认为，量刑情节可以分别划分为犯前情节、犯中情节与犯后情节，从宽情节与从严情节，确然情节、或然情节与放任情节，单功能情节与多功能情节，适应量刑目的性的情节与适应量刑公正性的情节①；第二种观点认为，量刑情节可以分为法定情节与酌定情节，从宽处罚的情节与从严处罚的情节，应当情节与可以情节，单幅度情节与多幅度情节，总则情节与分则情节，反映社会危害性的情节与反映人身危险性的情节，罪前情节、罪中情节和罪后情节②；第三种观点认为，量刑情节可以分为两种，即法定情节和酌定情节，法定情节又可分为从重处罚的情节，加重处罚的情节，从轻、减轻和免除处罚的情节③；第四种观点认为，量刑情节可以分为犯前情节、犯中情节和犯后情节，免刑情节、影响量刑从轻或减轻处罚情节、影响量刑从重或加重处

---

① 参见邱兴隆、许章润：《刑罚学》，274～277页，北京，群众出版社，1988。

② 参见周振想：《论刑罚适用的情节》，载《中外法学》，1989（5），37～41页。

③ 参见林准主编：《中国刑法教程》，184～189页，北京，人民法院出版社，1989。

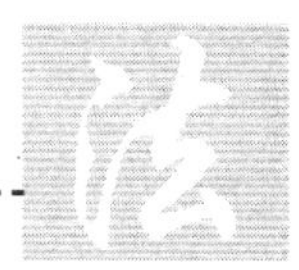

罚情节[①]；第五种观点认为，量刑情节可划分为单方案量刑情节和多方案量刑情节两大类[②]；第六种观点认为，量刑情节主要可以分为法定情节与酌定情节，从宽情节与从严情节，应当刑情节与可以刑情节，单功能情节与多功能情节四种[③]，等等。可以说上述分类，除个别分类尚值得商榷之外，大多数分类都各有所长，值得借鉴。

我们认为，对量刑情节进行分类时，必须注意以下三点：第一，对量刑情节的分类必须与法律的有关规定相符，因为法律是量刑情节产生的直接依据，必须是法律规定的事实情况才能成为量刑情节。第二，量刑情节分类后必须与量刑情节的外延相一致，即我们应就量刑情节这一总体进行分类，而不能就某一部分量刑情节进行分类，否则便犯了外延不周的逻辑错误。第三，对量刑情节的分类应该具有一定刑事立法或刑事司法意义。我们对量刑情节进行分类并非纯粹为了分类，而是为了解决一定的实践问题。这既是我们对量刑情节分类的理由所在，也是我们对量刑情节分类的目的和归宿。据此，我们认为，可以依不同的标准把量刑情节作以下分类：

（一）法定情节与酌定情节

这是我国刑法理论上最通常的分类。这种分类一般认为是以刑法是否就刑罚裁量情节及其功能作出明确规定为标准进行划分的。[④] 法定情节具体可分为从重、加重、从轻、减轻和免除处罚的情节，也还可以分为应当刑情节和可以刑情节或者总则性情节与分则性情节；酌定情节则是法律未就其具体内容及功能作出明确规定的情节。

（二）从宽情节与从严情节

这是以量刑情节对量刑影响的轻重性质为标准进行划分的。从宽情节是指对

① 参见赵炳寿主编：《刑法若干理论问题研究》，342～343页，成都，四川大学出版社，1992。

② 参见史建三：《多方案量刑情节的合理选择》，载《量刑方法研究专论》，86页，上海，复旦大学出版社，1991。

③ 参见赵秉志、吴振兴主编：《刑法学通论》，381～382页，北京，高等教育出版社，1993。

④ 参见赵秉志、吴振兴主编：《刑法学通论》，381页，北京，高等教育出版社，1993。

犯罪人的量刑发生从宽影响的情节，它具体包括免除处罚情节、减轻处罚情节和从轻处罚情节三种，如犯罪人未成年、犯罪预备、自首等都属此列；从严情节是指对犯罪人的量刑发生从严影响的情节，具体包括从重情节与加重情节两种，如累犯、劳改人员逃跑后行凶报复等。量刑情节的这种分类，有助于法官区别量刑情节的不同功能，避免适用量刑情节不当的结果。无论是法定情节，还是酌定情节，均可依上述标准分为从宽情节和从严情节。

（三）总则性情节与分则性情节

这是以情节是由刑法哪一部分规定为标准划分的。总则性情节是对所有犯罪普遍适用的量刑情节，分则性情节是只对个别犯罪适用的情节。应当指出，我国的量刑情节除了规定在现行刑法典之中外，还散见于全国人大常委会颁布的数个修改或补充刑法典的决定或规定之中，但由于这些决定、规定的修改、补充一般限于分则性的内容，因此这些量刑情节一般都属于分则性情节的范畴。从我国刑法规定的量刑情节来看，法定情节既有总则性情节，也有分则性情节。酌定情节则只限于总则性情节。将量刑情节区分为总则性情节与分则性情节，有助于法官在对犯罪人量刑时，既注意刑法典总则、分则规定的情节，同时也不忽视规定在全国人大常委会的有关规定、决定中的情节，从而更好地进行量刑。

（四）单功能情节与多功能情节

这是以同一量刑情节对量刑之影响的可能性的单复为标准划分的。也有人称之为单幅度情节与多幅度情节或单方案量刑情节与多方案量刑情节。单功能情节，是对量刑的影响只有一种可能性的情节。例如，累犯应当从重处罚，根据这一规定，法官在法定刑幅度内对犯罪人量刑时，就必须判处比没有累犯情节时要重的刑罚，选择不从重的或者加重的刑罚都是违法的。因此这类情节的特点是刑法明文限定了它只能对量刑产生某种影响。从我国刑法规定来看，单功能情节较少，而且主要限于从重情节。在司法实践中，单功能情节比较容易掌握，一般不会出现很大的偏差。多功能情节，是指对量刑的影响具有两种以上可能性的情节。如犯罪预备对量刑的影响具有从轻处罚、减轻处罚和免除处罚的可能性，因

此，它属于多功能情节。这种情节的特点在于刑法明文规定了其对量刑产生的影响具有多种可能性，法官有就量刑情节的多种功能进行一定选择的自由。对量刑情节所进行的这种分类，可以使法官全面认识不同的量刑情节的不同功能，明确哪些量刑情节可以根据其具体情况对其多种功能择一而从，哪些量刑情节则无选择适用其功能的余地。

（五）犯前情节、犯中情节与犯后情节

这是以量刑情节出现的先后次序及与犯罪之产生和发展过程的关系为标准划分的。犯前情节指存在于犯罪以前的影响量刑的情节，如犯罪人的一贯表现、是否有前科、犯罪原因等；犯中情节是指存在于犯罪的实施过程中对量刑有影响的情节，其涉及面最为广泛，犯罪的实施程度、犯罪动机、犯罪手段、犯罪未遂和犯罪中止等都属于这一范畴；犯后情节是指发生在犯罪结束后的影响量刑的情节，它主要是指犯罪后的态度。一般来说，犯前情节和犯后情节并不属于犯罪事实，因而其本身不能反映犯罪社会危害性的大小，但它们在一定程度上反映了犯罪人的人身危险性状况，因而可以影响量刑轻重。而犯中情节主要直接反映了犯罪社会危害性的大小，因此它是决定对犯罪人是否处以刑罚或处以多重刑罚的主要情节。对量刑情节进行上述分类，有助于法官认识量刑情节的多样性，在量刑时顺着犯罪形成的自然线索，全面地分析与把握具体案件的量刑情节，避免量刑时顾此失彼。

（六）确定性情节和非确定性情节

这是以法律是否就量刑情节的功能作出确定性规定为标准进行划分的。确定性情节是指刑法明文规定应当从宽或从严处罚的情节。如不满 18 周岁的未成年人犯罪应从轻或减轻处罚，主犯应从重处罚，这两种情节即属于确定性情节。确定性情节的特点在于刑法就其功能作了硬性规定，法官不具有就其是否影响量刑自由斟酌的余地。非确定性情节是指刑法没有规定是否影响或者如何影响量刑的情节。它又包括两种情况，一种是法律规定的可以从宽或从严处罚的情节，即可以型情节；另一种是法律没有规定从宽或从严处罚而是由法官斟酌确定如何影响

量刑的情节，即酌定情节。把量刑情节划分为确定性情节和非确定性情节，旨在使法官明确不同情节的不同法律效力，以便在适用情节量刑时清楚地认识到在什么情况下可以就情节对量刑是否发生影响进行自由斟酌，什么情况下必须按法律规定的量刑情节功能来确定刑罚。

（七）反映社会危害性的情节与反映人身危险性的情节

这类情节，也被称为适应量刑目的性情节与适应量刑公正性情节。[①] 这是从量刑情节的本质特征上进行的划分。量刑情节之所以能影响量刑，无非在于其本质上反映了犯罪的社会危害性及犯罪人的人身危险性，如犯罪未遂、犯罪后果、犯罪动机、教唆未成年人犯罪等反映的主要是犯罪所具有的社会危害性大小，而累犯、自首、犯罪人有无前科、罪后态度、犯罪时形势、民愤等主要反映的是犯罪人人身危险性大小。应当指出的是，将量刑情节划分为反映社会危害性的情节与反映人身危险性的情节，是就一般情况来说的，实际上有的量刑情节本身具有两种性质，即它既反映犯罪的社会危害性程度，同时也反映犯罪人人身危险性大小。例如，犯罪中止即属于这种情节，因为犯罪中止属于犯罪人自动停止犯罪，其再犯可能性显然不大，其人身危险性相应较小，同时因其中止犯罪，对社会造成的危害也相应地消失，因而社会危害性也相应较轻。对量刑情节如此分类，是为了揭示不同的量刑情节影响量刑的根据是不同的，并明确量刑情节之于量刑原则贯彻的不同意义。

以上从七个方面对量刑情节进行了不同的分类，理论上对量刑情节还有其他一些划分方法，本章出于前面所述理由，不再一一列举。考虑到我国理论上对量刑情节最通常之分类是将其划分为法定情节与酌定情节，司法实践对此也普遍予以承认。为了系统、深入地研究法定情节与酌定情节，以下对其进行专门的探讨。

---

① 参见邱兴隆、许章润：《刑罚学》，277页，北京，群众出版社，1988。

二、量刑的法定情节

（一）法定情节的概念和特征

依照通说，法定情节是指法律明文规定在量刑时必须予以考虑的情节，其中包括依照刑法总则和全国人大常委会有关决定的规定对各种犯罪共同适用的情节，以及依照刑法分则和全国人大常委会有关法律的规定对特定犯罪适用的情节。[①] 有的则具体表述为“指刑法规定的应当或可以从轻、减轻、免除刑罚的情节和从重、加重处罚的情节”[②]。我们认为，上述定义并没有完全反映出法定情节的本质特征。在我们看来，并非仅仅法定情节是在量刑时必须予以考虑的情节，酌定情节也是量刑时应该考虑的情节。据此，对法定情节的定义作如下表述更为合适：法定情节是指法律明文规定其具体内容以及对量刑影响之轻重的量刑情节。法定情节是量刑情节的一种，它除具有量刑情节的一般特征外，还具有以下两个独有的特征：

1. 法定情节内容的明确性

量刑情节具体内容是很多的，但只有那些法律明确规定了的才是法定情节。一个量刑情节被规定为法定情节，其本身即表现了一定的社会危害性或人身危险性。如累犯是一种法定情节，具有累犯情节的犯罪人即比不具有累犯情节的犯罪人的人身危险性大。也有的量刑情节虽然本身能体现一定的社会危害性或人身危险性，但法律未明确将其予以规定时，它仍不是法定情节。例如，惯犯相对于偶犯来说显然具有更大的再犯可能性，也就具有更大的人身危险性，外国的一些刑法典一般将其规定为刑之加重事由，如奥地利刑法典第 33 条即把“可罚性行为继续相当长期间者”即惯犯作为一种特别加重事由加以规定，但我国并未明确将

① 参见高铭暄主编：《中国刑法学》，274 页，北京，中国人民大学出版社，1989。

② 周振想：《刑罚适用论》，265 页，北京，法律出版社，1990。

惯犯规定为法定从重或加重处罚的情节，因此惯犯不是我国刑法中的法定情节。法律是否明确把其内容予以明确规定，是从形式上衡量一个量刑情节是否属于法定情节的重要标准。

2. 法定情节功能的确定性

任何量刑情节都具有影响量刑的功能，但如何影响量刑则不是每一量刑情节一开始就都确定了的。例如，对于犯罪后的态度我们普遍承认这是一个量刑情节，但犯罪后的态度本身并不能决定我们对犯罪人应从宽还是从严判处刑罚。犯罪态度有各种各样不同的情况，只有具体分析了这些不同的情况后，才能最终决定对犯罪人判处的刑罚。与此不同，法定情节对量刑影响的功能则是确定的，只要存在某一具体的法定情节，那么就能肯定这一情节对量刑是发挥从宽还是从严的作用。这是因为法定情节本身即反映了一定程度之社会危害性或人身危险性。例如我国刑法规定，对正当防卫超过必要限度的，应当酌情减轻或者免除处罚。那么，只要犯罪人具有防卫过当这一情节的，对其就应当减轻或者免除处罚，而不允许考虑对其从重甚至加重处罚。

（二）对法定情节几个问题的探讨

1. 关于法定情节的规定方式

对法定情节的规定方式无非有三种，一种是总则集中规定方式，一种是分则分散规定方式，还有一种则是总则集中规定与分则分散规定相结合的方式。从国外一些国家刑法典看，它们一般是将法定情节明确集中地规定在总则之中，同时在分则中规定一些特殊的法定情节。例如，意大利刑法典在总则第 61 条、第 62 条分别列举了加重刑罚之法定情节与减轻刑罚之法定情节，同时在分则中针对一些特定犯罪也规定了一些影响刑罚轻重之法定情节，如该法典第 245 条规定“如以通谋为目的传播印刷物者，加重其刑”，第 246 条规定“于战时犯之（指外国人贿赂本国人）者以及期约或交付之金钱或利益作为印刷宣传品之用时，加重其刑”。另外，外国一些刑法典总则对法定情节进行了分类。如苏俄刑法典、蒙古刑法典将法定情节分为“减轻责任的情节”和“加重责任的情节”两类，西班牙

刑法典则将其分为“刑罚免除之情况”、“刑责减轻之情况”和“刑责加重之情况”三类。另外外国刑法规定的法定情节的功能只限于加重或减轻刑罚或免除刑罚，而不包括从重、从轻处罚之功能，从重、从轻处罚属于酌定情节之功能。与之相比较，我国刑法对法定情节的规定具有自己的特点。首先，从我国刑法规定的方式看，大致也属于总则规定与分则规定相结合的方式，不同的是，我国总则规定的法定情节散布在第一章、第二章、第四章中，而未集中规定在某一章节中，更谈不上以几个条文明确列举，显得有些杂乱而不系统，不便于对其适用。而我国分则性法定情节在刑法典分则中规定得并不多。其次，从我国刑法总则规定的法定情节类别看，由于我国不是在某一章节专门规定，因而也没有按一定的类别进行规定，而是各自独立地规定在有关章节的一些条文中。如“在外国已经受过刑罚处罚”这一情节规定在第一章“刑法的任务、基本原则和适用范围”部分。而“累犯”这一情节则规定在第四章“刑罚的具体运用”部分。从发展、完善的角度看这种规定方式是值得考虑的。最后，从规定的法定情节的功能看，我国的法定情节对量刑的影响可以是从重，也可以是从轻、减轻或免刑，即功能具有多样性。由于我国与外国刑法对法定性幅度具体规定不一样，对犯罪构成要件等的明确性程度不同，我们不好笼统地说哪种规定更科学。但在具体适用上，我国法定情节的功能实际上具有不确定性，这不能不说是一个较明显的缺陷。

2. 关于法定情节的法律效力

任何量刑情节都是在量刑时必须予以考虑的。具体来说，某一量刑情节如何影响量刑则取决于量刑情节之性质或内容。例如酌定情节之功能具有不确定性，酌定情节如何影响量刑必须是对该酌定情节的具体情况进行分析后才能确定。就法定情节而言，其功能都是确定的，即具备某一法定情节，对犯罪人要么从严处罚，要么从宽处罚，而不可能同一种法定情节有时具有从严作用，有时具有从宽作用。但就某一具体法定情节是否必然影响量刑的从宽或从严而言，则还要取决于该法定情节本身是否必然体现了一定社会危害性与人身危险性。据此，根据法定情节对量刑轻重之影响是具有必然性还是仅具有可能性，可以把其分为应当情

节与可以情节。应当情节是指对量刑结果必然产生影响的情节①，它既包括从宽处罚的情节，也包括从严处罚的情节。只要存在这种应当情节，对犯罪人量刑时就必须从宽处罚或从严处罚。例如，犯同样之罪的，一为主犯，一为从犯，对从犯的处罚应轻于主犯。实施相类似的犯罪行为的，一属于累犯，一属于初犯，则对累犯的处罚一定会重于初犯。这是因为同样的犯罪，有无这种情节存在，其社会危害性或人身危险性必然不一样。由于应当情节存在与否与犯罪之社会危害性或犯罪人之人身危险性的大小具有必然联系，因而其对量刑轻重之影响是确定的；而可以情节是指对量刑结果产生或然影响的情节。②也就是说，这些情节的存在对量刑轻重之影响只具有一种可能性，法律对此规定只表明了其倾向性，而非不可变更性。例如在司法实践中，犯罪以后自首的，或者犯罪未遂的，对犯罪人并不一定都予以从宽处罚。这是由于这些可以情节与犯罪的社会危害性或犯罪人的人身危险性之间不具有一种必然的联系。有的虽然存在从宽情节，但并未因此具有较轻的社会危害性或较小的人身危险性，因而对其量刑不能予以从宽。法律之所以对这种情节的效力作出或然性的规定，是考虑到即使是法定情节也具有极为复杂的性质，有的情节一般情况下具有效力之确定性，有的情节有时则不一定具有影响量刑轻重之效力。还要说明的是，我国对法定情节影响量刑之从严功能都是明确予以规定的，但对其影响从宽处罚的效力则很多是不确定的，有的是就是否影响之效力的不确定，有的是就影响从轻、减轻或免除之效力的不确定。明确法定情节效力之不同，有助于理解各种法定情节之不同内涵，从而便于司法实践的运用。

三、量刑的酌定情节

（一）酌定情节的概念和特征

酌定情节，又称为裁判情节，是我国刑法中一种重要的量刑情节。然而何谓

①② 参见周振想：《刑罚适用论》，268页，北京，法律出版社，1990。

酌定情节，却是刑法理论上极不确定的一个概念，对此一些刑法论著或教科书采取回避态度，有些干脆不提量刑情节，有些则只讲法定情节而不讲酌定情节。总的来说，对酌定情节缺乏应有的重视。在论及酌定情节的有关论著中，其定义的表述也极不一致。我们现列举一些主要观点如下：（1）指不是法律上明文规定的，而是从审判实践经验中总结出来的，在量刑时灵活掌握、酌情适用的情节[①]；（2）指根据立法精神，从审判实践中总结出来的，由人民法院灵活掌握、酌情适用的情节[②]；（3）指审判机关在量刑时酌情考虑的情节[③]；（4）指审判机关灵活掌握的影响犯罪对社会的危害程度，从而影响处刑轻重的法定情节以外的其他情节，它虽然不是法律明文规定的，但却是根据立法精神和有关刑事政策，从审判实践经验中抽象、概括出来的[④]；（5）指法律虽无明文规定，但对量刑和决定行为的社会危害程度有一定意义，由审判机关灵活掌握的情节[⑤]；（6）指刑法没有规定，而司法实践中普遍存在，能反映犯罪的社会危害性以及罪犯改造难易程度的，对量刑具有影响力的，由审判人员根据案件的具体情况决定是否在量刑时予以考虑以及如何考虑的客观情况[⑥]；（7）指法定情节以外的由法官灵活掌握的影响对犯罪人处刑轻重的情节[⑦]；（8）指刑法对其内容和形式只作概括性明文规定，表明行为的社会危害性和行为人人身危险性程度，影响定罪和量刑的各种事实情况[⑧]；（9）指不是由法律明文具体规定，而是根据立法精神，从审判实践经验中总结出来的，在量刑时灵活掌握、酌情适用的情节。[⑨]

① 参见高铭暄主编：《中国刑法学》，185页，北京，中国人民大学出版社，1989。

② 参见林准主编：《中国刑法教程》，278页，北京，人民法院出版社，1989。

③ 参见何秉松主编：《刑法教程》，175页，北京，法律出版社，1987；梁新伟编著：《刑法学教程》，317页，南京，南京大学出版社，1987。

④ 参见王作富主编：《中国刑法适用》，249页，北京，中国人民公安大学出版社，1987。

⑤ 参见姚辉、张燕：《量刑的酌定情节》，载《政治与法律》，1986（3），42页。

⑥ 参见应懋：《酌定情节法定化之建言》，载《法律学习与研究》，1990（6），14页。

⑦ 参见周振想：《刑罚适用论》，266页，北京，法律出版社，1990。

⑧ 参见张宝华：《酌定情节探讨》，载《法律科学》，1993（3），40页。

⑨ 参见王晨：《酌定情节探讨》，载《法律科学》，1992（5），80页。

上述关于酌定情节的诸定义，虽然从不同侧面揭示了酌定情节的一些特征，但普遍存在以下几个问题：第一，没有完全、充分揭示出酌定情节的本质属性。第二，没有将酌定情节限定为与法定情节相对应的一种量刑情节。例如，在第(3)种定义中，论者认为酌定情节指审判机关在量刑时酌情考虑的情节，而情节在刑法中除包括量刑情节中的法定情节和酌定情节外，还包括定罪情节等刑法上的情节，而定罪情节在一定意义上也是对量刑有影响的情节。可见这种下定义的方法从逻辑上说是不周延的。第三，在上述定义所揭示的特征中，并非都是酌定情节的本质属性。例如，在第(1)、第(2)、第(3)种的定义中，其含义即不甚明确，不知其所指的“灵活掌握、酌情适用”或“酌情考虑”是指酌情是否适用这一情节，还是指酌情如何适用这一情节？如果指前者，那么酌定情节便成了法官随意裁量刑罚的护身符。如果指后者，那么法定情节中也存在如何适用的问题，又如何将两者区别开来呢？另外，还有论者忽略了酌定情节本身具有的约定俗成的特定含义，如第(8)种定义认为酌定情节包括酌定定罪情节和酌定量刑情节。我们且不论论者对所谓的“酌定定罪情节”的论述是否具有合理性，单就论者针对理论上和司法实践中普遍承认的酌定情节是量刑情节的一种的观点另作他论，这也是不必要的。当然排除这一点，论者的有些见解还是有一定借鉴意义的。

另外，从上述诸定义的内容中还可以看出，在对酌定情节一些具体问题的理解上也存在分歧意见：其一，酌定情节作为一种量刑情节，有无法律根据？上述第(3)、第(7)种两个定义中没有提及这一问题，第(1)、第(5)、第(6)种三个定义认为“不是法律明文规定的”、“法律无明文规定”、“刑法没有规定”，第(2)、第(4)种两个定义认为根据是“立法精神”或“立法精神和刑事政策”，第(8)种定义认为根据是“刑法的概括性明文规定”，第(9)种定义认为“不是由法律明文具体规定”，根据仍然是“立法精神”。其二，酌定情节的范围如何确定？第(4)、第(5)种两个定义认为酌定情节只限于对社会危害性程度有影响的情节，第(6)种定义认为不仅影响社会危害性程度的因素可以作为酌

定情节，能够反映罪犯改造难易程度的也可以作为酌定情节。第（8）种定义则认为表明行为社会危害性和行为人人身危险性及其程度的事实情况可以作为酌定情节。对上述这些问题的看法如何，也直接影响到对酌定情节性质的认定。

我们认为，给酌定情节下定义，必须明确以下几点：第一，酌定情节应是法律规定的一种情节。法定性是量刑情节的特征之一，对酌定情节来说自然也不例外。法律是否规定是一回事，法律如何规定又是另外一回事，有的法律对酌定情节可能规定得比较明确、合理，有的则规定得不明确。我们认为我国的酌定情节在一定意义上具有法定性，但也不否认我国刑法对酌定情节的规定有诸多值得完善的地方。第二，酌定情节是与法定情节相对应的一种量刑情节。量刑中情节的范围很广，量刑情节只是其中的一种。量刑情节可以分为法定情节和酌定情节，因此一个量刑情节要么属于法定情节，要么属于酌定情节，而没有第三种可能。据此，已被法律明确上升为法定情节的不能再是酌定情节，而法定情节以外的其他量刑情节均应是酌定情节。酌定情节与量刑情节是一种被包含与包含的关系。第三，酌定情节应该是与法定情节相区别的一种量刑情节，因此它除具有量刑情节所具有的一般特征外，更主要的是具有与法定情节所不同的特征，这是在界定酌定情节的概念时必须注意的。第四，给酌定情节下定义还应注意既不能脱离我国的法律规定，同时又不能囿于我国的法律规定，我们应从现行的有关规定科学、合理地论证出我国的酌定情节应该是什么。这才是我们进行理论研究的目的所在。

根据以上分析，我们认为酌定情节应该定义为：是与法定情节相对应的，法律对其具体内容及其功能没有作出明确规定，依其具体情况对量刑之轻重产生影响的量刑情节。酌定情节具有以下两个特征：

1. 具体内容之不明确性

这是由酌定情节之本质所决定的。所谓酌定，从字义上理解即斟酌确定，其本身具有不明确性或者说模糊性，所以酌定情节也无非是指不能明确予以规定的量刑情节。这是酌定情节与法定情节一个重要区别。法定情节都是确定的，每一

种法定情节都有其特定含义。例如，累犯、自首、未成年人犯罪等都属于法定情节，它们在我国刑法中都具有特定含义，因而理解或认定时都不会发生错误。而酌定情节则与之不同，它本身内容极其广泛，不可能确定下来，当然酌定情节的某一种情况经过司法实践充分证明后能确定其含义时，也可以上升为法定情节。而其他大量未被法律明确规定其含义的量刑情节仍属于酌定情节。事实上从总体上说酌定情节必须具体化为各种具体情况以后才能表现出其对量刑的影响。例如，动机这一酌定情节的表现形式之一，它具体可表现为动机较好、动机恶劣等各种不同的情况，那么仅凭“动机”一词是无法理解这种酌定情节之意义的。我们这里认为“动机”是酌定情节的一种“表现形式”而不说是一种“具体内容”，正是为了说明酌定情节具体内容的不易确定性。明确这一点对我们区分法定情节与酌定情节是很有帮助的。

2. 影响量刑功能之不确定性

法定情节影响量刑之功能都是确定的，例如，具备“未成年人犯罪”这一情节的，就应对其从宽处罚。法定情节影响量刑功能之确定性原因就在于其具体内容的明确性。如“未成年人犯罪”这一情节是指“未满 18 周岁的人犯罪”之意，而这种情况比已满 18 周岁的人犯罪所体现出的社会危害性及人身危险性要小。与此相比，酌定情节之内容并不具有明确性，法律至多只能列举酌定情节表现的几种方式，即把具体的各种酌定情节归纳、抽象为几种形式，如罪前一贯表现、犯罪手段、罪后态度等，但法律不可能事先规定其具体情况，酌定情节之具体情况只能在具体案件中表现出来。这样法律当然不可能事先规定酌定情节影响量刑的功能。例如，任何犯罪人都会存在罪前表现如何的问题，但“罪前表现”一词并不能说明应处刑之轻重，必须在针对一个犯罪人具体罪前表现好或者坏之程度确定后，才能确认其人身危险性之大小，从而决定刑罚之轻重。认识这一点，就要求法官在适用酌定情节时，必须深入考察其具体情况，而不仅仅是表面的认定。

(二) 有关酌定情节的几个问题

1. 酌定情节的法定性问题

量刑情节具有法定性，本章一开始就强调这一点。法定情节都是由法律规定的，这一点毫无疑义。可是酌定情节是否也可以找到法律根据，却是众说纷纭。如前面所列举的关于酌定情节的概念的各种观点中，即有的认为它不是“法律规定的”，有的认为它“不是法律明文规定的”，有的仅认为它不是“法律明文具体规定的”，同时有的认为它是“从审判实践经验中总结出来的”，有的认为其根据是“立法精神”或“立法精神和刑事政策”等。可见，专门对酌定情节的法定性问题予以探讨很有必要。

在外国甚至在我国台湾地区“刑法”中并不存在酌定情节之法定性问题，因为它们均以专门条文规定了量刑时应斟酌之情况。例如联邦德国刑法典第 46 条第 2 款即规定了法院量刑时应权衡之情况，尤其是“犯罪人之动机与目的，由行为所表露之心情及行为时所具意念，违反义务之程度……”。我国台湾地区 1935 年“刑法”第 57 条也规定了科刑时应审酌之情状，尤其是“犯罪之动机、目的、犯罪时所受之刺激、犯罪之手段……犯罪后之态度”。我国刑法中则找不到类似这种规定，因而引起分歧。

我们认为，酌定情节还是具有法定性的。我国《刑法》第 61 条规定：“对于犯罪分子决定刑罚的时候，应当根据……情节……依照本法的有关规定判处。”显然，这里所指情节，可以理解为包括法定情节和酌定情节，至少不能说它明确把酌定情节排除在外。而且，《刑法》第 63 条第 2 款明文规定：“犯罪分子虽然不具有本法规定的减轻处罚情节，但是根据案件的特殊情况，经最高人民法院核准，也可以在法定刑以下判处刑罚。”这里所说的“案件的特殊情况”，当然属于与法定减轻情节相对应的“酌定减轻情节”。以上我们从分析刑法条文得出酌定情节之法定性是我国刑法中应有之义，这一点与立法原意也是相符的。在我国 1979 年刑法典草案讨论修改过程中，有人曾主张增加规定：“对于犯罪分子决定刑罚的时候，应当考虑下列情况：(一) 犯罪的动机；(二) 犯罪的目的；(三) 犯罪的手段；（四）犯罪造成的损害和影响；（五）犯罪分子在共同犯罪中所起的作用；（六）犯罪分子的以往表现；（七）犯罪分子的生活境遇；（八）犯罪分子和被害人平日的关系；（九）犯罪分子的认罪态度和悔改表现；（十）民愤大小。”讨论中大家认为，量刑原则的内容已很概括，不需要另行详细列举，以免重复。[①] 据此我国刑法典没有详细列举量刑应考虑之酌定情节。可见，严格地说，酌定情节并非法律或者说刑法没有规定，而是刑法没有明文具体规定。这种规定方式之抽象、隐晦，甚至使酌定情节之法定性形同虚有，但我们仍不能否认其法定性，而且这种规定方式与当时的立法背景有相当关系。

2. 酌定情节之功能问题

法定情节具有影响量刑从重、从轻、减轻或免除处罚的功能，酌定情节也具有大致相同的功能。但两者侧重点是不同的，即法定情节依其性质可以影响量刑之从重，也可影响量刑之从轻、减轻或免除处罚，而酌定情节则主要是影响量刑之从重或从轻，即一般不允许酌定情节变更法定刑。这是因为酌定情节具体内容不明确，而且其所体现的社会危害性或人身危险性之差异也无法定情节明显，从限制法官自由裁量权和刑罚相适应角度出发，法律一般不允许法官偏离法定刑过大来决定刑罚。只有特殊情况下，如具有《刑法》第 63 条第 2 款规定之情形时，可以对犯罪人减轻处罚或免除处罚。在适用酌定情节时必须注意其功能的特殊性。

3. 酌定情节的范围问题

量刑情节的范围既包括反映社会危害性方面的情节，也包括反映人身危险性方面的情节。就法定情节而言，其范围也包括这两方面的情节已逐渐为我国刑法学界所承认。如累犯一般都被认为属于体现人身危险性的情节。而酌定情节是否包括反映人身危险性方面的情节则还存在争议，究其原因也是源于《刑法》第 61 条的规定。在刑法草案第 33 稿中，关于量刑原则的条文中，在“应当根据犯罪的事实……和对于社会的危害程度”一句之后，还有“参照犯罪分子的个人情

① 参见高铭暄：《中华人民共和国刑法的孕育和诞生》，88 页，北京，法律出版社，1981。

况、认罪的老实程度和对犯罪的悔改态度”一句。修改中认为，这些情况在量刑工作中适当加以掌握就行了，不必在条文上明白规定，规定上去容易产生副作用……因此将上述那一句删除。[①] 可以说，从立法原意上，酌定情节是不包括反映人身危险性方面的情节的。但我们显然不能完全受这种不完善之立法规定的影响，而且我国刑法学界在量刑时应当考虑犯罪人的人身危险性这一点上已达成共识。[②]

4. 酌定情节的地位问题

在我国刑法学界，酌定情节往往被理解为只是量刑时酌情适用，可有可无的情节。或者认为是在量刑时根据不同案情斟酌予以考虑灵活运用的情节。这种看法在司法实务界更为普遍，不少审判人员对究竟什么是酌定情节，在量刑时应考虑哪些酌定情节甚至都不了解，以至于他们在量刑时随意定夺，任意操纵量刑轻重，严重破坏法制。造成这种现象固然有法律规定不完善的原因，而更重要的是由于轻视酌定情节，认为酌定情节可有可无这种倾向的存在。对这种倾向必须予以纠正。

实际上，酌定情节具有其特殊的地位。法定情节固然对量刑有重要影响，而酌定情节作为一种影响犯罪社会危害性和犯罪人人身危险性的客观存在，也是在量刑时必须予以认定和考虑的，任何以自由裁量为借口拒绝考虑酌定情节都是极端错误的。而且在一个案件中，可能不存在法定情节，却不可能不存在任何酌定情节，即使存在法定情节，法定情节也只能变更一定的法定量刑幅度或修正案件的基础刑，而不能决定案件的具体基础刑，基础刑的确定是以案件的酌定情节为根据的；如何选择确定法定情节的功能及功能大小也必须依赖于酌定情节[③]，因而酌定情节对量刑的影响具有普遍性。另外，在对行为社会危害性和行为人人身危险性影响的程度上，某些酌定情节，如犯罪动机、积极退赃、挽回损失、立功等，甚至远远超过某些法定情节。[④] 正因为如此，我国学者提出酌定情节恰恰是

① 参见高铭暄：《中华人民共和国刑法的孕育和诞生》，88～89页，北京，法律出版社，1981。

② 参见陈兴良：《论人身危险性及其刑法意义》，载《法学研究》，1993（2），41页。

③ 参见江涛：《略论酌定情节》，载《江西法学》，1991（2），10页。

④ 参见喻伟主编：《刑法学专题研究》，321页，武汉，武汉大学出版社，1992。

任何具体案件都存在的必不可少的情节，并对量刑起决定作用，而法定情节都不具有普遍性。为此论者根据量刑情节在量刑中的地位和功能，将量刑情节分为特别量刑情节和基本量刑情节两大类，前者即法定情节在量刑中居于从属地位，后者即酌定情节在量刑中居于主导地位。[①] 尽管这种观点有些偏颇，但其重视酌定情节之地位的见解却无疑具有积极意义。

5. 酌定情节的表现形式

由于我国刑法没有具体规定酌定情节的种类，因而在量刑时对于哪些方面是应当考虑的酌定情节看法不一，做法相异。为了解决这一问题，有人建议，应使酌定情节法定化。[②] 我们认为，酌定情节具体内容的法定化是不可能的，酌定情节的表现形式的法定化则是有一定道理的。因为酌定情节不同于法定情节，每一种法定情节如累犯、自首等都可以在法律上明文具体规定。可作为这种法定情节规定下来的量刑情节并不多，因而是可能的。而酌定情节则不一样，尽管酌定情节在具体案件中的具体内容可以体现出来，但要从立法上规定下来却极为困难。单就犯罪动机方面来说，其具体内容可能是贪财，可能是报复、泄愤，还可能是其他动机，各种不同的动机对量刑的影响并不完全一样。试问能把不同的动机都明确规定下来吗？这不但不可能，而且也不必要。但从另外一个角度看，酌定情节的具体内容虽各不相同，甚至难以事先预见，但它们却可以归结为几类形式，各类形式则包括不同的具体情况。认识这一点是很有意义的，它可以引导法官在量刑时往某些方面去考虑酌定情节，酌定情节法定化也只有从这点上说才有其意义。根据我国刑法理论和司法实践的认识，我们认为酌定情节的表现形式可以归为以下几类：

（1）犯罪的动机。犯罪动机不同，反映主观恶性程度不同。从而社会危害性大小也不同，量刑时应予区别对待。如报复杀人与义愤杀人，前者社会危害性要大些，处刑时要重于后者。

---

① 参见赵秉志等：《全国刑法硕士论文荟萃》，504～505页，北京，中国人民公安大学出版社，1989。

② 参见应懋：《酌定情节法定化之建言》，载《法律学习与研究》，1990（6），14页。

（2）犯罪的手段。手段是否残酷、狡猾，反映行为的社会危害程度不同。如杀人手段极端残忍，量刑时应适当从重。

（3）犯罪当时的环境和条件。即实施犯罪当时的客观情况。这可以从犯罪时间、地点、形势、犯罪率等方面具体考察。例如社会治安形势不好时，同样性质的犯罪比治安状况好时的社会危害性或人身危险性要大些。

（4）犯罪造成的损害结果。损害结果严重与否，表明行为的客观危害有所区别。

（5）犯罪人的一贯表现。犯罪人的平时表现情况，是确定其改造难易程度和再犯可能性大小的参考因素，因而表明其人身危险性大小不同。

（6）犯罪侵害的对象。犯罪对象的状况如何，也会影响犯罪的社会危害程度。例如盗窃救济救灾款要比盗窃一般财物严重，量刑时应从重。

（7）犯罪后的态度。表明其悔罪程度如何，反映再犯可能性大小，从而说明其人身危险性大小。

另外，有人认为犯罪目的、犯罪人与被害人之关系、犯罪时所受刺激（即情感）、民愤等也属于量刑时应考虑的酌定情节。① 我们认为是有一定道理的。

以上简单列举了一些在理论上和司法实践中普遍承认的几种酌定情节的表现形式，但要严格地说，这些表现形式还缺乏明确的法律依据，因而有待于我国刑法典修改时予以规定，以使酌定情节得到重视并得以正确适用。

第五节　量刑情节的司法适用

一、量刑情节的适用原则

量刑情节的具体内容十分丰富，形式多种多样。为了正确适用量刑情节，必

① 参见应懋：《酌定情节法定化之建言》，载《法律学习与研究》，1990（6），15页。

须遵循一定的原则。量刑情节适用的原则主要包括以下几种：

（一）依法适用原则

依法原则是整个刑事审判工作必须遵循的原则，量刑情节适用属于具体操作性工作。那么，在量刑中有没有必要提依法原则呢？我们的回答是肯定的。虽然我们这里提的依法也是指依据刑法，但其具体内容是指依据刑法关于量刑情节适用的规定。如《刑法》第62、63条即是对量刑情节影响量刑从重、从轻、减轻限度的规定。强调这一点，要求我们在适用量刑情节时，不但要对量刑情节的含义、范围、功能等问题有一科学的认识，而且还要求必须掌握法律的有关规定，否则便会造成司法权的滥用，破坏法制的统一。

尽管我国刑法关于量刑情节的规定还有不完善的地方，但在刑法修改以前，我们适用量刑情节仍必须遵循法律规定。在司法实践中，有多个从重量刑情节时是否可以加重处罚，有多个从轻量刑情节时是否可以减轻或免除处罚；加重处罚与减轻处罚是否必须有一定的限制，如在适用加重情节时，能不能把有期徒刑加重为无期徒刑，或者把无期徒刑加重为死刑；有立功情节的是否应一律从轻或减轻处罚等，对此都存在不同意见，但目前也只能在理论上予以探讨，而不能在司法实践中遵照执行，否则法将不法。实践中一些审判人员随意突破法律规定的限度运用对量刑情节的裁量权，从而造成不少刑事案件量刑的偏轻偏重甚至畸轻畸重。因而，强调依法适用量刑原则有其重要的现实意义。

（二）全面适用原则

在审判实践中，刑事案件具体情况复杂多样，量刑情节也各不相同，其中既可能有有利于犯罪人的情节，也可能有不利于犯罪人的情节。在适用量刑情节时对此必须同时兼顾，而不能随意偏颇取舍，否则刑罚就失其公正性，也会影响其功利性。我们必须认识到，刑法既有保护社会的职能，也有保障被告人的职能，因而在刑事审判中不能一味强调对犯罪人的惩罚，同时要注意对其合法权利的保障。但是，从实际情况看，由于各种因素的影响，惩罚思想、重刑思想在我国司法领域中仍有相当的市场，体现在量刑情节的适用上，就是注重不利于犯罪人的

情节，而忽视有利于犯罪人的情节。这种片面观点显然应予纠正。今后我国刑法修改完善时可以在“量刑原则”部分明确规定“量刑应考虑一切对行为人有利与不利之情况”，这样对于贯彻量刑的全面适用原则是有积极意义的，而且这一点已为世界上一些国家所注意到。

（三）综合适用原则

对量刑情节不但要求全面适用，同时还应综合适用。这是因为量刑情节形式多样，效力不同，功能各异。如有的案件既有从宽量刑情节又有从严量刑情节，有的案件有多个从严量刑情节或多个从宽量刑情节；有的量刑情节功能是单一的，有的量刑情节则有多种功能；有的量刑情节是应当适用的，有的量刑情节则是可以适用的，等等。在这种情形下，对量刑情节的适用不但要求全面，而且要求综合分析、判断，对各个量刑情节既不能一视同仁予以适用，也不能片面强调或夸大某一量刑情节的作用，孤立地据此决定处刑轻重。例如，既有从严情节又有从宽情节的案件中，必须分别分析两类情节对量刑影响之程度，从而得出一个从严、从轻或既不从严又不从轻的总体结论；有既可以从轻又可减轻，甚至可以免除处罚的情节存在时，要就该情节结合案件其他事实情况如酌定情节综合分析，从而决定是从轻还是减轻甚至免除处罚；在既有应当刑情节，又有可以刑情节存在时，也应分别分析判断，确定对应当刑情节应从重还是加重，应从轻、减轻还是免除处罚，以及决定可以刑情节是适用还是不适用等，从而得出两类情节如何影响量刑的结论。在对案件各种具体情节进行综合分析后，也不能因情节具有从严性而一律在法定刑幅度内判处较重的刑罚，或者因情节具有从宽性而一律在法定刑幅度内判处较轻的刑罚，而应视全部案情之轻重，相对地判处比缺少从严或从宽情节案件较重或较轻的刑罚。

（四）禁止重复评价原则

禁止重复评价原则源自诉讼法上的“一事不再理”原则。一事不再理即对于判决已发生法律效力的案件，除法律另有规定的以外，不得再行起诉和

处理。[①] 在英美法中，类似原则是“防止双重危险”，指禁止使一个人因同一罪行在第一次审判之后，再次处于被定罪和处罚的危险之中，亦即在同一罪被起诉和审判之后，不得因同一罪行对其再次进行起诉和审判。[②] 因此一事不再理原则之实质在于不得对同一行为重复评价并予以处罚。这一原则在刑法中显然也具有一定的意义。因为我们认定犯罪并处以刑罚，也存在一个对犯罪或犯罪人之有关事实情节的评价问题，处罚之轻重取决于犯罪行为的社会危害性或犯罪人的人身危险性的轻重。而在刑事审判中，有些事实情况已作为定罪事实予以评价了，那么在量刑时显然不能再予以考虑，否则要么对犯罪人不公平，要么会放纵犯罪人。

我国有学者认为，禁止重复评价原则的观点难以成立。[③] 例如论者认为量刑情节与定罪情节既有重合，也有交叉。重合、交叉的情节，既是定罪情节也是量刑情节。论者还举例说，以残忍手段故意杀人或伤人，手段是犯罪的方法，手段的残忍程度是犯罪人的主观恶性，两方面实际同时体现在一个环节上，定罪时，它是构成要件的情节，量刑时，是从严惩处的情节。这种看法显然值得考虑。首先，在上述案例中，手段并非是构成要件的情节，因而不存在定罪情节与量刑情节的重合问题。其次，依论者所说，某人盗窃了刚好达到数额较大之财物，因而构成犯罪，那么在量刑时还要考虑“数额较大”这一情节，处以相对较重的刑罚。显然这是不可能的。因此在适用量刑情节时我们仍应坚持禁止重复评价原则。

根据禁止重复评价原则的要求，在定罪中已发挥了重要作用的具体事实情况，在量刑时不能再度当作量刑情节而作为从宽或从严处罚的依据。如侮辱罪必须是情节严重的行为才能构成，而认定情节是否严重主要考虑犯罪动机、手段、后果等内容，那么在量刑时对这些因素不应再予以考虑。坚持这一原则，尤其对

① 参见周枏等：《罗马法》，334 页，北京，群众出版社，1983。

② 参见孙膺杰、吴振兴主编：《刑事法学大词典》，466 页，延吉，延边大学出版社，1989。

③ 参见喻伟主编：《刑法学专题研究》，300～301 页，武汉，武汉大学出版社，1992。

于在对情节犯量刑时如何适用酌定情节有重要意义。

二、量刑情节的具体适用

任何量刑情节都能影响量刑，而不同性质的量刑情节影响量刑的作用又不完全一样。如何把握量刑情节对量刑影响的性质与作用，正确适用量刑情节，是量刑中一个十分复杂而又不可避免的问题。因此，有必要对量刑情节的具体适用问题进行研究。

（一）单功能情节与多功能情节的适用

单功能情节是对量刑影响只有一种可能性的量刑情节，单功能情节影响量刑之功能没有选择性。例如累犯应当从重处罚，累犯即属于单功能情节，审判人员对具有累犯情节的犯罪人只能在法定刑幅度内判处比没有累犯情节时处罚要重的刑罚。选择不从重的或者加重的刑罚都是违反法律规定的。由于单功能情节的适用只表现为对量刑产生法定的影响，司法实践运用时也比较容易掌握，不会出现很大的偏差，理论上对此也没有什么分歧，因此不需多述。

我国刑法规定的法定情节大多为多功能情节，即对量刑影响具有多种可能性的量刑情节。由于多功能情节对量刑影响存在多种可能性，而在对一个案件具体量刑时，同一多功能情节又不可能同时产生两种以上的影响，只能产生一种影响，因而，对多功能情节的适用必须解决对其多种功能择何而从的问题。这也是多功能情节适用之核心所在，不解决对多功能情节的功能取舍，多功能情节的适用便无法进行。那么，在具体案件中究竟应该选择多功能情节的哪一种功能呢？对此我国刑法理论上一般认为应根据犯罪的性质和罪行的轻重、量刑情节本身的轻重以及法律对多功能情节所包含的不同功能的排列顺序，决定对其具体功能的取舍。[①] 我们依次进行探讨。

① 参见赵秉志、吴振兴主编：《刑法学通论》，391 页，北京，高等教育出版社，1993。

1. 根据案情轻重情况确定

我们认为犯罪性质不能决定多功能情节功能之取舍。因为性质严重的犯罪其案情不一定都比性质相对不那么严重的犯罪重。如危害国家安全罪是性质最严重的一类犯罪，而危害国家安全罪中罪行较轻的具体犯罪显然不能说比杀人、强奸等罪的罪行严重。因此如果笼统地以犯罪性质来决定多功能情节功能的取舍，难免会造成量刑情节适用的不合理。

根据案情的轻重来确定多功能情节功能的取舍，具体是指对于案情比较严重的具体犯罪（如前面所述，指确定某一具体法定刑幅度之犯罪），如果具有从重或加重这种从严性的多功能情节，应选择其较大的从严功能即加重；如具有从轻、减轻或免除处罚这种从宽性的多功能情节，则应选择其较小的从宽功能，即一般是从轻，至多是减轻，但不能是免除处罚。而对于案情不甚严重甚至比较轻微的案件，如具有从严性多功能情节，应选择其较小的从严功能即从重；如具有从宽性的多功能情节，则应选择其较大的从宽功能，即可以是减轻或者是免除处罚，而不能仅仅是从轻。如上述案例中，如劳改犯逃跑后诈骗的财物刚好是达到数额较大构成犯罪的，对其则应是从重而不是加重处罚，而未成年人只盗窃了他人财物几百元而构成犯罪的，则应减轻甚至免除处罚，而不能仅是从轻处罚。

案情的轻重之所以影响对多功能情节功能的选择，是因为在暂不考虑该案多功能情节等法定情节的状态下，案情的轻重决定了对该案所处刑罚在法定刑幅度中的位置。案情越严重，对其判刑应愈接近法定刑的上限直至重合，当案件具有从严性多功能情节时，选择从重功能没有多大意义甚至毫无意义，这样也就难以体现从严性情节对量刑的影响，因而应选择加重功能；当案件具有从宽性多功能情节时，选择减轻甚至免刑功能便会过分强调某一从宽量刑情节的作用，导致同一类型的犯罪仅因某一情节的有无而在量刑上相差太悬殊，不符合罪刑相适应的原则，因而一般应选择其从轻功能。同样，案情愈轻微，对其判刑应愈接近法定刑下限直至重合，当案件具有从严性多功能情节时，如择其加重功能必会导致同类犯罪因某一情节的有无而在量刑上悬殊太大，从而极易导致轻罪重刑，因而只

应选择其从重功能；当案件具有从宽性多功能情节时，只择其从轻功能很难体现该情节对量刑的影响，甚至使该情节的存在变得毫无意义，因而应选择减轻或免刑功能。

2. 根据量刑情节之轻重确定

这里所说的量刑情节之轻重当然是指量刑情节所体现的社会危害性和人身危险性之轻重。从司法实践来看，不同形式的量刑情节对量刑的影响当然不完全一样，即使同样形式而具体情况不同的量刑情节对量刑影响之大小也是不同的。多功能情节具体不同情况的差异必然影响对其功能的取舍。具体而言，如果情节本身较轻的，应选择较小的从严功能或较大的从宽功能；情节本身较重的，则应考虑选择较大的从严功能或较小的从宽功能。例如，犯罪分子逃跑后犯过失罪的，其逃跑后犯罪这一情节对量刑并无多大影响，当然不能选择其加重功能；犯罪后自首的，自首时间有早有晚，悔悟程度有大小差异，其体现之人身危害性大小不一，对自首早、悔悟彻底的当然可考虑减轻甚至免除处罚，相反，自首晚，悔悟不彻底的至多只能选择从轻功能；还如，同样是杀人犯罪未遂，一造成他人重伤，一未造成任何伤害，对前者最多视为从轻情节，对后者则可视为减轻情节。

多功能情节具体情况的不同之所以影响其功能的取舍，是因为立法设置某一情节的理由在于该情节体现了一定的社会危害性和人身危险性。法定情节所体现的社会危害性和人身危险性当然具有一定的确定性，否则法律也不会把它作为影响从严或从宽量刑的理由。但是这种确定性只是相对的而不可能是绝对的，所以立法又进一步规定了从严或从宽影响的几种可能性。在具体案件中，只有按量刑情节所反映的社会危害性或人身危险性的轻重程度选择其功能，才能与立法精神相吻合。据此，如果从严性多功能情节在具体案件中所反映的社会危害性或人身危险性愈大，则愈应选择较大的从严功能，反之，则应选择较小的从严功能；如果从宽性多功能情节在具体案件中所反映的社会危害性或人身危险性愈小，则愈应选择较大的从宽功能，反之，则应选择较小的从宽功能。

3. 根据法律规定的顺序确定

考察我国刑法规定可以发现，我国刑法对多功能情节影响量刑功能规定的顺序是不一样的。这不是随意安排而是有其立法意图的，即认为各种情节一般情况下反映的社会危害性或人身危险性是不同的，因而影响量刑的幅度也应随之有差别。具体来说，在从严情节中以从重处罚为主，在从宽情节中，则有的以从轻处罚为主，有的以减轻处罚为主，有的以免除处罚为主。在考虑选择其具体功能时，应当充分考虑这种立法意图，尤其是多功能情节具体情况体现为实践中经常出现的一般状态，案情也属于一般时，其功能排列顺序对功能的取舍具有决定性意义。

可见，对多功能情节功能的取舍，虽然赋予了法官一定的自由裁量权，但其自由裁量权是受到限制的，而且究其根据还是源于法律规定以及案件的具体情况，而不是法官的自由意志。因此在多功能情节的适用上，应该杜绝主观任意性，防止自由裁量权的滥用。

（二）应当型情节与可以型情节的适用

应当型情节是对量刑必然产生从严或者从宽影响的量刑情节。只要有这些情节存在，对犯罪人量刑时就必须予以从严处罚或从宽处罚。这是由于案件具有这些情节与不具有这些情节相比，其社会危害性或人身危险性肯定不同。如犯同样之罪者，一为成年人，一为未成年人，对后者的处刑就必须轻于前者。由于应当型情节之效力属于法律的硬性规定，法官只需认定这种情节是否存在，然后依法适用，因而比较简单，故在此不多加论述。

可以型情节即对量刑产生或然性影响的情节。也就是说，这种情节的存在，对量刑可能产生影响，也可能不产生影响，法律对此并未规定一个明确的标准，这样法官就面临着在具体案件量刑中对这种情节是否适用的问题，因而比较复杂。

对可以型情节如何适用的问题，刑法理论上一般都认为，法律规定“可以”从轻、从重，究竟要不要从轻、从重，由人民法院根据案件的具体情况来决定。不过，法律规定“可以”是有倾向性的，也就是说，除个别情况外，原则上是要

从轻、从重处罚的。[①] 这种观点是有一定道理的。据此，对于可以型情节，法官在量刑时，首先应考虑其可以影响量刑的一面，只有在某些例外的情况下才应考虑其不能影响量刑的一面。那么究竟在什么情况下可以型情节对量刑不发生影响呢？刑法学界有人认为可以型情节不影响量刑的例外情况主要有[②]：(1) 案件的性质特别严重；(2) 或然情节（即可以型情节，下同）影响量刑的一般理由在具体案件中体现得不充分；(3) 犯罪的其他情节抵消了或然情节对量刑的影响。我们认为上述第二类情况可以影响量刑是有其理由的，而把第一类情况与第三类情况视为决定可以型情节是否影响量刑的因素则要么不严谨，要么不必要。因为案件的性质严重并不意味着某一具体案件案情的严重，因而案件性质严重不能一概排除可以型情节的适用；而可以型情节与其他情节因抵消而不影响量刑，这是量刑情节综合适用的结果，不能就此说可以型情节没有影响量刑，实际上恰恰相反，可以型情节与其他情节在其中都对量刑起了影响作用。

我们认为，可以型情节能否影响量刑只能取决于可以型情节的存在能否体现一定犯罪的社会危害性或犯罪人人身危险性。由于可以型情节的存在，与犯罪社会危害性或犯罪人人身危险性大小之间并不存在一种必然性联系，因而当可以型情节存在，某一犯罪的社会危害性或犯罪人人身危险性并不因此受到影响时，则该可以型情节对量刑不发生影响。例如，自首与未自首的相比，一般具有较小的人身危险性，但如果犯罪人是在被通缉、追捕时因走投无路而被迫自首的，其人身危险性则未必因此减小，对其自然可以不予以从宽处罚。

总之，可以型情节是否影响量刑虽也与法官自由裁量权有关，但其确定的根据并非是法官之主观意志，而仍然是具体案件情况，即可以型情节与犯罪社会危害性或犯罪人人身危险性的关系。在具体案件中，可以型情节是否影响量刑是确然的，它要么影响量刑，要么不影响量刑，这并不取决于法官的任意选择。法官的权限只

① 参见高铭暄主编：《中国刑法学》，277 页，北京，中国人民大学出版社，1989。

② 参见邱兴隆、许章润：《刑罚学》，279 页，北京，群众出版社，1988。

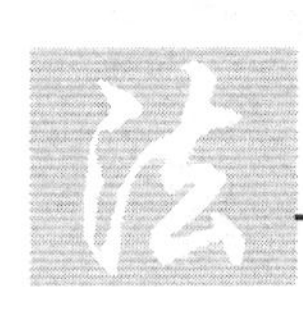

能是分析具体案情而得出结论。那种认为可以型情节是指法官在量刑时“可以考虑，也可以不考虑”的情节的观点是不妥的，如果以此为由，必然影响量刑之质量。

（三）竞合情节的适用

在实践中，同一刑事案件，有的只存在一个法定量刑情节，有的则存在两个以上的法定量刑情节，此即量刑情节的竞合。对于一情节的案件，只要依前面所述分析其是否属于多功能情节和可以型情节，然后选择其功能，确定其效力，即可以使该情节得到正确适用。对于竞合之数情节，不但需判断分析各个情节的性质，而且还需解决这些情节总体如何适用的问题，因而在审判实践中极为复杂。

竞合情节依不同标准可进行不同分类。如以各情节功能的单复为根据，可分为单功能竞合情节、多功能竞合情节与混合型竞合情节；依各情节之效力为根据，可分为应当型竞合情节、可以型竞合情节与混合型竞合情节；依各情节的功能性质为根据，可分为同向竞合情节与逆向竞合情节。由于我们在前面已对单功能情节与多功能情节以及应当型情节与可以型情节分别作了论述，对其功能取舍及效力判断一般不会发生什么问题，所以我们以下只对同向竞合情节与逆向竞合情节的适用予以探讨。

1. 同向竞合情节的适用

同向竞合情节即具有两个以上的同为从严或从宽的情节。对于同向竞合情节的适用，必须注意以下几点：第一，不能因数个同向情节的存在而任意改变量刑情节的功能。如两个以上从轻情节不能转变为一个减轻情节，两个以上从重情节不能转变为一个加重情节。至于依《刑法》第63条第2款规定可以特殊减轻的，并非仅是同向从轻情节之影响，而是因为还存在其他酌定减轻之情节。第二，同向数情节中可能有的属于多功能情节，有的属于可以型情节，虽然多功能情节或可以型情节之功能或效力具有可选择性，但在具体案件中，根据具体情况，其功能或效力则应当是可以确定的，而不是可以随意取舍。因此那种认为“在应当型情节与可以型情节并存的情况下，首先应当考虑应当型情节，其次再考虑可以型

情节”[①] 的观点是不甚合理的。实际上，可以型情节一旦确定要予以适用，即与应当型情节具有同样效力；多功能情节之功能一经取舍，就可以与单功能情节一样予以适用。以下我们进一步区分几种情况论述同向竞合情节的适用。

（1）从轻情节竞合时的适用

在这种情况下，可以根据各个从轻情节对量刑的影响，适当增大从轻的幅度。如前面所说，在此不能对犯罪人减轻处罚，如果依各个从轻情节判处法定最低刑仍嫌重的，只能看是否存在《刑法》第 63 条第 2 款规定之具体情况。因为仅仅是从轻情节，并不能对犯罪的社会危害性或犯罪人人身危险性程度影响过大，所以对法定刑也不能影响过大，否则有悖于罪刑相适应的刑法原则。

（2）减轻情节竞合时的适用

这种情况与从轻竞合情节的适用相类似，可以增大减轻法定刑的幅度对犯罪人予以处罚。如需免除处罚，必须有《刑法》第 37 条规定的“犯罪情节轻微”这一特殊情况的存在，仅仅是减轻处罚情节存在不能因此而免除处罚。

（3）从轻、减轻、免除处罚情节相互竞合时的适用

竞合情节中如果有应予以免除处罚情节存在的，从轻或减轻情节不再有什么意义，不必再予以考虑，直接适用免除处罚情节即可；如果是从轻与减轻情节竞合的，应先适用减轻情节，然后考虑从轻情节对量刑影响的大小，对减轻的幅度可以适当增大，但也不能免除处罚。

（4）从严情节竞合时的适用

从严情节包括加重情节与从重情节。我国刑法规定的加重情节只有两种，这两种加重情节可以说不可能同时出现在一个犯罪案件中，除非是一个人构成数罪而具有这两种情节，因而一般不会发生加重情节竞合的问题。如果是从重情节与加重情节竞合的，应直接适用加重情节，其加重幅度适当增大即可，这样就一并把从重情节考虑进去了。在实践中，从严情节竞合大量表现为从重情节的竞合，对这种情况

① 赵秉志、吴振兴主编：《刑法学通论》，392 页，北京，高等教育出版社，1993。

的适用，可以在其法定刑幅度内判处相对较重的刑罚，直至判处法定最高刑，但无论如何不能把数个从重情节合并为一个加重情节从而突破法定刑幅度处刑。因为我国对加重处罚是严格控制的，绝不允许随意突破法定刑最高刑限制适用刑罚。

2. 逆向竞合情节之适用

逆向竞合情节是指两个以上情节中，既有属于从宽情节者，也有属于从严情节者。逆向竞合情节的适用，要解决的是功能相反的数情节在总体上对量刑的影响问题，因而较之同向竞合情节的适用更为复杂。在适用逆向竞合情节时，我们首先要摒弃简单的抵消法或相减法。抵消法是指如逆向数情节中的从宽情节与从严情节功能相对应，而且数量相等，在量刑时可以将两情节的功能相抵消，既不从宽也不从严；相减法是指当逆向数情节中的从宽情节与从严情节功能相对应，但数量不等时，可先将两者相减后，再将所余情节按一情节或同向数情节的适用原理适用。[①] 实际上，在具体案件中，每一量刑情节的内涵都不是等量的，因而不能简单地予以抵消，同时各个量刑情节对法定刑的影响也不一定都能以同样的数量关系表现出来，因而同样不能简单地予以加减。另外理论上还有学者认为，逆向数情节中，应当刑情节应优先于可以刑情节来考虑[②]，这种观点也不甚妥当。正如我们前面所说，可以型情节在具体案件中一旦确定适用，便与应当型情节具有同样的效力了。

我们认为，在适用逆向竞合情节时首先应考虑具体案件案情的严重性情况。一般来说，整体案情较轻的，从宽情节的作用比较明显，整体案情较重的，从严情节则比较明显，也就是说，基本案情所体现的犯罪的社会危害性或犯罪人人身危险性的轻重能抑制从宽情节或从严情节的作用发挥。其次，在适用逆向情节的时间顺序上也应注意以下两个方面：一是，一般情况下，宜先考虑从严情节。因为在考虑了案件基本事实后，率先考虑从严情节，能够确定“此案至多判何种刑

① 参见邱兴隆、许章润：《刑罚学》，291页，北京，群众出版社，1988。

② 参见邱兴隆、许章润：《刑罚学》，292页，北京，群众出版社，1988。

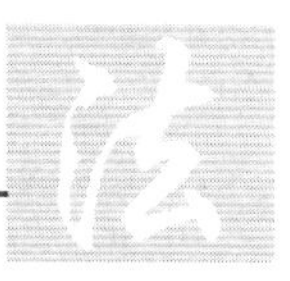

或何刑期"，以此为基础，考虑各种从轻情节，就比较容易恰当地作出宣告刑。[1]二是，影响量刑的作用大的情节优先于作用小的情节。[2]如减轻情节与从重情节竞合时，对其可先减轻处罚，然后在已减轻的幅度内从重量刑；加重情节与从轻情节竞合时，对其可先加重处罚，然后在加重的幅度内从轻量刑。如果先适用影响量刑小的情节，再适用影响量刑大的情节，实际适用效果则会使影响量刑小的情节几乎没什么意义。

当然，以上关于竞合情节适用的论述还比较原则，而实际案件中的竞合情节是极为复杂的，要实现恰当的量刑，除应遵循上述情形外，还必须依靠法官发挥主观能动性，对案件情节具体分析，得出综合结论。

（四）酌定情节的适用

前面所说的量刑情节的适用实际上都是指的法定情节的适用，酌定情节的适用另有其特殊性，而理论上对这一问题的研究更显得不够深入，因而这里有必要专门探讨。

酌定情节当然是客观存在的，因而法官在量刑时必须予以考虑，而不是可以考虑也可以不考虑，否则属于工作失误或故意枉法行为。但酌定情节的具体内容和功能又具有不确定性，这是与法定情节不同的特殊之处，因而适用酌定情节更需具体案情具体对待。

酌定情节对量刑的影响总的来说也无非可分为两方面，即从宽和从严。从严作用只能限于从重作用，因为加重情节是我国刑法严格限制的情节，只限于两种特定情况，一般的量刑情节包括酌定情节都不具有此功能。酌定情节的从宽作用也主要指从轻作用，但根据《刑法》第 63 条第 2 款规定，在特定情况下它还具有减轻作用或免刑作用。

酌定情节在实际案件中主要表现为我们前面所说的八种类型，或者更多的一

① 参见胡云腾：《试论多情节案件的量刑问题》，载《政法论坛》，1991（6），27 页。

② 参见邱兴隆、许章润：《刑罚学》，291 页，北京，群众出版社，1988。

些类型。我们认为，适用酌定情节时，首先可以把每一类酌定情节按具体性质简单地分为三类：一类属于体现较轻的社会危害性或人身危险性的，一类属于中性的，一类属于体现较重的社会危害性或人身危险性的。这里所讲的“中性的”并非指不具有任何意义的情节，而是指相对于那些体现较轻或较重的社会危害性或人身危险性的情节来说属于较一般的情节。如罪后态度这类酌定情节，可能有的态度属于较好甚至特别好的，有的属于恶劣甚至特别恶劣的，有的则属一般态度，既算不上好，也算不上恶劣。其次可以区分一下每一类酌定情节对法定刑影响的大小。先以主要的酌定情节为根据大致确定可能判处的刑罚。如对于盗窃、抢夺、诈骗、贪污等犯罪可以依犯罪所得数额大致确定应判刑罚（有的人认为属于量刑基准点的确定①，我们赞同这种观点），然后对于其他酌定情节依其属于前述三类中的某一类综合确定其对量刑的影响起从宽作用还是起从严作用，据此再对应处刑罚作适当调整。如果该案无法定情节，即可得出宣告刑，如果该案还有法定情节，则再对法定情节予以适用后再得出宣告刑。

三、量刑情节的量化分析

（一）量刑平衡与量刑情节的量化概述

量刑，就其本质而言，就是对犯罪分子所具有的每个量刑情节，进行综合评价和正确适用，从而在法定刑幅度范围内找到宣告刑的最佳适度。因而，在定罪正确的条件下，对犯罪人决定处罚轻重的事实根据只能是量刑情节。那么如何正确适用量刑情节，发挥其影响量刑之功能，从而达到量刑平衡呢？我们认为，对量刑情节予以量化是达到量刑平衡的有效途径。因此，量刑情节的量化与量刑平衡之间可以说具有一种手段与目的的关系。我们研究量刑情节量化的根本目的，

① 参见苏惠渔等：《论量刑基准点》，载《量刑方法研究专论》，83页，上海，复旦大学出版社，1991。

是为了求得量刑平衡，离开这一点，研究量刑情节量化问题就没有任何意义。

1. 量刑平衡

量刑平衡，也称为量刑适当或量刑综合平衡。一般认为是指国家审判机关在对刑事案件进行处罚时，应综合考虑案件各方面的情节，判处适当的刑罚，避免量刑偏轻偏重甚至畸轻畸重、罚不当罪的不公正现象；同时，对于情节相同（或相类似）的案件，应处以相同或相接近的刑罚，避免量刑此轻彼重、忽重忽轻的不一致现象，以实现执法的公正性、统一性，取得刑罚的最佳社会效果。[①] 据此看来，量刑平衡有两层含义[②]：其一是案件自身情节与量刑的平衡，即量刑时应对全案所有的情节作综合分析、全面审度，在法定刑范围内选择适当的刑种、刑度，以达到罪与罚的互相平衡、互相适应；其二是案件与案件之间的量刑互相平衡，即对同种性质、情节相同或相似的犯罪案件，在无地区差别、形势差别，法律没有修改的条件下，应处以无差别或差别适度的刑罚，各法院的判决应保持前后连贯、左右均衡。

上述关于量刑平衡的观点在一定程度上揭示了量刑平衡的内涵，但严格地说，量刑平衡是指法院对某一刑事案件进行处罚时，应判处与该案件所有量刑情节所体现的犯罪的社会危害性和犯罪人人身危险性之轻重程度相一致的刑罚，即重罪重罚、轻罪轻罚，刑罚的轻重与罪责之大小相适应。只要各个具体案件与其自身所具有的量刑情节相平衡，对这一犯罪的处罚就是适当的，这样同类案件之间也能达到相互平衡；而同类案件相互平衡不能反过来证明各个案件量刑都是适当的，因为各个案件都量刑失衡时其相互之间也可能是平衡的。因而我们在刑事审判中应该追求的是个案的量刑平衡，进而达到类案间的平衡，而不能单纯追求类案间的平衡。

量刑平衡是罪刑相适应原则的必然要求，也是实现刑罚目的的前提条件。如果量刑偏轻甚至畸轻，就会放纵犯罪分子，同时使犯罪分子和社会上其他易犯罪

---

①② 参见柯葛壮、林荫茂：《略论量刑综合平衡》，载《政治与法律》，1989（3），51页。

者产生侥幸心理，导致犯罪人再犯及他人初犯的发生；如果量刑偏重甚至畸重，就会使犯罪人觉得刑罚失之公正，从而产生抗拒改造心理，同时还会得到社会上其他人的同情，使其容易因不满情绪而再实施犯罪。这样都会使刑罚达不到应有的效果。因此，量刑平衡是全部刑事审判工作的基本落脚点，也是正确适用刑罚的标志。

为达到量刑平衡，必须分析影响量刑平衡之因素，也就是造成量刑不平衡的原因。对于导致量刑不平衡的原因，理论上一般把其归纳为八类①：(1) 立法不完备。如法定刑幅度大，法定量刑情节抽象、不明确。(2) 执行制度不完善。如审判委员会不审理却判决。(3) 量刑方法不科学。如一般采用综合估量法，无明确定量标准，主观随意大。(4) 审判员素质和法律水平有一定问题。(5) 行政干扰、舆论干扰仍有发生。(6) 地域广大，政治、经济、文化、习俗差异太大，对行为危害性认识不一致。(7) 量刑标准不一。有的重主观恶性，有的重危害结果，有的强调行为环境，对量刑指导思想和刑罚目的认识不一。(8) 治安形势和刑事政策的影响等。我国也有学者认为量刑不平衡的原因在于②：第一，法庭对个案拥有在相对确定的法定刑内作出不同判决的裁量权；第二，刑事审判活动具有个性特征；第三，刑罚基本理论在量刑指导思想上存在难以克服的冲突，使得量刑不平衡现象具有某种根据。还有人则把造成量刑不平衡的原因分为外部原因和内部原因，外部原因包括刑事立法上的疏漏、领导体制的制约、行政机关的干预、监督机制的脆弱、治安形势的影响、社会舆论的介入；内部原因包括“先判后审”、“上请下判”、个人素质、判例因素。③ 依据以上对影响量刑平衡因素之分析，论者分别提出了防止量刑不平衡，使量刑达到公正合理的一些措施和方法。这些研究无疑对实现量刑平衡具有积极意义。

我们认为，正如前面所说，造成量刑不平衡现象既有外部干涉的原因，也有

---

① 参见晓林：《量刑综合平衡理论讨论会综述》，载《政治与法律》，1989 (1)，62 页。

② 参见杨诚：《论量刑的不平衡》，载《政治与法律》，1989 (6)，20 页。

③ 参见喻伟：《刑法学专题研究》，284～291 页，武汉，武汉大学出版社，1992。

法院内部的原因；既有客观原因，也有主观原因；既有实体上的原因，也有程序上的原因。从刑法角度看，究其根本原因可归结为刑事立法与刑事司法两方面。因为量刑无非是在定罪的基础上根据法律规定确定一定的刑罚。法律规定不完善以至于司法上难以正确执行或者法律虽有规定，而司法运用不当都必然会导致量刑不平衡。如何解决这方面的问题应是我们的重点所在，而其他方面的原因经过相关制度的完善是可以解决的，刑事立法与司法之完善应该成为实现量刑平衡的主要途径。

刑事立法对量刑之影响体现在对量刑情节之规定，刑事司法对量刑之影响体现为审判人员对量刑情节的理解与适用，其中个人因素不可避免地在起作用。因而量刑情节在立法上如何规定及在司法上如何得以适用与量刑平衡的实现关系重大。由于我国传统上对犯罪偏重定性分析，忽略定量分析，对量刑情节的规定与适用也是如此。司法实践中量刑普遍采用综合估量法即是明证。但是量刑是要把相对不确定的法定刑变为确定的宣告刑的活动，这样就必然要对影响量刑的量刑情节作定量分析，这样对量刑情节予以量化就成为实现量刑平衡必要之方法。

2. 量刑情节量化

量刑情节量化是指依照一定的方法，把影响量刑轻重的各种量刑情节数量化，明确其影响刑罚量的多少，也就是运用数学等现代科学技术和研究方法建立各种情节的量化指数，然后依据这些指数来计算出具体的刑罚量。

量刑情节量化是对标准化量刑进行探索的产物。我国传统上在量刑时采用综合估量法这种经验型的量刑方法，根据这种量刑方法，审判人员首先审理案件，掌握案情，在法定刑范围内，参照司法实践经验，大致估量出对现在案件应判处的刑罚，接着再考虑案件中存在的加重、从重、从轻、减轻或免除处罚的情节，最后综合估量出对犯罪人应判处的刑罚。这种量刑方法简便易行，但因不具有计量性，因而导致量刑一定程度的随意性，这样显然难以实现量刑平衡。为了准确量刑，使量刑能根据一定的标准具有可计量性，我国一些刑法理论工作者在当代科学发展的基础上，提出了数学量刑法和电脑量刑法等新的量刑方法，希望通过对量刑方法的改革、对量刑模式的优选，为准确、公正、合理地量刑提供帮助。量刑方法改革的核心即是把刑罚加以量化，并把量刑情节也予以量化，从而使两者相对应。因而量刑情节量化也是与相应的量刑方法相联系的。目前关于量刑情节量化主要存在以下一些观点：

（1）将基本量刑情节分档评定综合量化法①

这是将某一犯罪全部量刑情节分为特别量刑情节和基本量刑情节两大类，基本量刑情节依据加权平均测评法或模糊综合测评法分为六个等级，与该罪法定刑所区分的六档中的每一档次相对应。如果有加重或减轻情节的，则把法定刑的上限或下限相应地升降调整为准法定刑，也把其分为六个档次。然后基本量刑情节的每一个等级便与法定刑或准法定刑中相应档次相对应，该罪基本量刑情节即代表了与其相对应的刑罚量。如有特别量刑情节中的从重、从轻情节的，就把基本量刑情节决定的刑罚量（称为基础刑）略作调整，即为宣告刑，没有从重、从轻情节的，基础刑即为宣告刑。

由上可见，这种量刑情节之量化实际上只是对酌定情节量化，对法定情节仍偏重于大致估量。对酌定情节的具体量化方法是：把酌定情节归纳为犯罪手段、行为动机、犯罪结果等 9 种类型，每一种类型均区分为 1 等～6 等情形，如犯罪手段依具体情况可分为轻微、较轻、一般、较恶劣、恶劣、特恶劣 6 等，每一等与一定的标准分值相对应；然后依每一酌定情节对社会危害程度的决定力和对量刑轻重所起作用的大小确定各自权数（即对量刑的侧重程度），如犯罪结果权数为 0.5，犯罪手段权数为 0.15；最后把分值与权数相乘得出该情节的加权平均分。所有酌定情节加权平均分之和按论者设计的“罪行情节等级确定表”确定其情节等级以与该等级所代表的法定刑相对应。这种量刑情节量化法即为加权平均测评法，其关键是先界定酌定情节具体属于哪一情形以与一定分值对应，并人为

① 参见赵秉志等：《全国刑法硕士论文荟萃》，504～507 页，北京，中国人民公安大学出版社，1989。

对每一酌定情节规定权数，两者之积体现了该情节在所有酌定情节体系中的地位与作用，最后综合所有酌定情节，量化成一定之刑罚量。另外论者还提出模糊综合评判法对量刑情节进行量化的方法，其基本原理与上述相同，不再赘述。

（2）量刑情节指数确定法①

这种量化方法前提是把法定刑折算为统一的量的指数，如 15 日拘役指数为 0.5（月），三年有期徒刑为 3（年），2 年管制为 1（年徒刑），无期徒刑量的指数则设定为 16～20（年），死刑设定为 21（年），每一法定刑幅度中最高限和最低限的中线为基本法定刑。然后把量刑情节分为一般性从重情节，如累犯、主犯等；决定性从重情节，如动机特别恶劣、后果特别严重等；特定犯罪的一般性从重情节，如动机特别恶劣、后果特别严重等；特定犯罪的决定性从重情节，如轮奸等；一般性从轻情节，如未遂犯、从犯等；决定性从轻情节，如未成年人犯罪、因义愤犯罪等。由于决定性情节与一般性情节对量刑影响程度有大小、主次之分，因而，把基本法定刑指数和最高或最低法定刑相减之差再乘以 75%确定为决定性从重或从轻情节的指数，75%即为决定性从重、从轻情节之增减率；同样，设定一般性从重、从轻情节的增减率为 10%，可以计算出一般性情节的指数。最后把基本法定刑指数与量刑情节指数相加或相减，即为宣告刑指数，宣告刑指数与法定刑幅度中的指数相对应，即可换算出刑罚量。这种量化方法主要在于把量刑情节区分依一定之增减率折算成相应的从重或从轻指数，然后换算为相应的刑罚量。

（3）量刑情节积分量化法②

这种量化方法的前提是将法定刑幅度设定为一定的空间宽度并划分为若干个刻度（等分），明确处罚上限和下限，有加重、减轻情节的，量刑幅度向上限或下限扩大 1/4 作为调整后的法定刑幅度（可称为准法定刑幅度）。一般来说，幅

① 参见陆翼德：《刑事审判中量刑的定量分析方法初探》，载《量刑方法研究专论》，133～141 页，上海，复旦大学出版社，1991。

② 参见赵廷光：《电脑辅助量刑系统的一般原理》，载《中国法学》，1993（5），84～88 页。

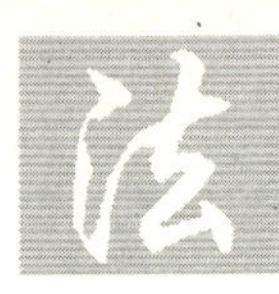

度设定为100个刻度，有多个刑种的，均折算为统一刻度。论者设定：拘役、管制自然可与有期徒刑折算，罚金则占33.33个刻度（单处罚金的），附加剥夺政治权利也与罚金一样可确定相应刻度；死刑、无期徒刑则均以15年至20年为标准确定刻度。在此基础上，依量刑情节在量刑中所处地位和作用把量刑情节分为最轻、较轻、中平、轻重、最重的1～5档五个分量“等级”，又根据每一具体量刑情节在案件中不同表现把其影响量刑从轻或从重处罚的程度划分为略重（轻）、较重（轻）、一般重（轻）、很重（轻）、最重（轻）的1～5个档次，最后把分量“等级”和“处罚轻重程度”相乘（1档1分，2档2分，依此类推）即得出该情节积分。据此每一量刑情节均可划分为25种不同情况，按100个刻度计算，1个积分等于4个刻度。然后，将量刑情节之积分按其轻、重性质反向表现在量刑幅度内，如果犯罪人既有从宽情节又有从严情节，可将轻重情节积分等量抵消，这样可以将原来较宽的法定刑幅度缩小为一个相对较窄的幅度，这一幅度中间线的刻度即为量刑的最佳适度。这种量化方法是把情节转化为一定积分，从而相对于法定刑上限或下限而言代表一定从轻或从重刑罚量，以最终可以使用于电脑量刑。当然其量刑情节之分量等级与轻重处罚程度仍依赖于司法人员的认定。

（4）量刑情节分别量化法①

这是指对量刑情节的量化要根据某一量刑情节在不同犯罪中影响量刑轻重的程度，一罪一定，或者以若干同类的罪名为单位，建立一个具体的量刑情节定量化的分体系，对每一种法定量刑情节和酌定量刑情节进行细化，分成若干具体表现及其轻重程度，对各量刑情节的具体表现分别定量并可考虑适当的容差范围。具体又可分为以下三种方法：

1）判例因果比较法

即通过收集大量的、经过相应的审判机关审定或认可的、定罪准确量刑适度的判例，并对这些判例进行因果关系的比较，来确定某一量刑因素影响量刑结果

① 参见剑文：《试论量刑情节的量化》，载《政治与法律》，1989（6），14～15页。

的量。如甲判例与乙判例均有量刑情节 A_1、A_2、A_3，乙判例多了一个未成年人（17 岁）犯罪的情节，结果甲案处刑 5 年，乙案处刑 4 年，这样年仅 17 岁的量刑情节从轻指数为 1。其他量刑情节的量化可以此类推。

2）专家判断法

即利用精通量刑理论和富有量刑经验的专家能够对形形色色犯罪的问题作出较为准确的评价的本领，对影响量刑轻重的情节排列组合编成各种具体案例，经过多轮反复对多人进行互不见面、互不知名的“背靠背”式的答案征询，将各种量刑情节影响量刑轻重的范围确定至一定区域，以确定某一因素影响量刑结果的量。

3）计量模型测试法

即对量刑系统进行分析研究，罗列出数百种与量刑有关的因素并加以归类，从数学角度加以抽象化为量刑系统的组成要素、变量、参数、函数的关系式，然后运用一组方程式予以表示，求得各因素影响量刑之量。

（5）量刑情节层次分析量化法①

即按我国《刑法》第 61 条规定，把影响量刑轻重的因素分为 14 种，分属不同层次，然后通过判断矩阵对每层元素的相对重要性及每层所有元素相对于刑罚总量的重要性进行两两比较，然后确定各元素相对于刑罚总量的权重值（系数，也就是重要性系数）。把权重值与各元素在具体犯罪中的得分（满分为 10 分）相乘，即得到各元素之量的分值，累计分值之和经罪刑换算可确定具体刑罚量。

另外，对量刑情节的量化还存在其他一些方法，在此不再一一列举。

应当承认，上述有关对量刑情节量化的研究和探索是具有相当意义的，它对于提高我国刑事审判工作中量刑的质量、减少量刑偏差、实现量刑平衡，为审判人员提供一个比较统一的量刑标准将有巨大的推动作用。但是，不容否认，上述探讨还主要局限于主观性和经验性，如权重值、增减率、指数、积分等的确定均是依靠主观规定的，问卷调查、专家判断又自然带有经验主义痕迹。这样当然不

① 参见段立文、陈殿福：《近年来标准化量刑研究概览》，载《政法论坛》，1991（5），21～22 页。

具有多大的说服力，其局限性显而易见。而且上述研究与我国的立法规定是基本相脱节的。脱离法律之规定去将量刑情节予以量化适用的主张当然不可取，以法律不完善、太模糊为由自行设计量刑情节的量化方法也不具有任何现实意义。

因此，我们研究量刑情节的量化应与研究刑事立法对量刑情节之规定及刑事司法对量刑情节的适用同步进行。我们必须分析对量刑情节量化的必要性、可能性，及司法实践中的可操作性。当然，我们也应当看到，由于量刑情节对社会危害程度轻重影响各异，同一量刑情节在不同案件中或者在不同情形下对量刑轻重也影响各异，有的量刑情节还具有难以确定性，因而对量刑情节量化是存在相当困难的。但是随着刑法理论的发展，科学技术的进步，加上司法实践经验的日益丰富，这种困难又不是不可解决的，因而研究量刑情节的量化又是可能的。与上述研究方法不同，我们结合我国实践情况，把量刑情节的量化区分为量刑情节的立法量化与量刑情节的司法量化两个方面来分别进行探讨。

（二）量刑情节的立法量化

刑事立法是一切刑事审判工作的基本法律依据，对于量刑也不例外。研究量刑情节的量化问题也必须从立法的高度上对其予以探讨，而这正是前面所述对量刑情节量化诸观点所存在的缺陷。从各国刑事立法看，一般对加重情节与减轻情节多有量化规定。如罗马尼亚刑法典第 78 条规定："具有加重处罚情节之犯罪，可处至该罪的最高法定刑期。处最高法定刑期尚不够的，可再加处三年，但加处期不得超过最高法定刑期的三分之一，因激愤而实施的犯罪可加处不超过最高法定刑期的五分之一的刑期。"德国刑法典第 49 条第 1 款第 3 项规定："自由刑最低度为十年或五年者，减为二年，最低度为三年或二年者，减为六个月，最低度为一年者，减为三个月。"意大利刑法典第 64 条规定："有一种加重刑罚之原因，而依法未规定其刑罚之加重者，应按其应处之刑，加重其刑罚至三分之一以下，但有期徒刑之加重，不得超过三十年。"第 65 条规定："有一种减轻处罚之原因，而依法来规定其刑罚之减轻者，依下列规定减轻之：一、处无期徒刑者，减为二十年以上二十四年以下有期徒刑。二、其他刑罚减轻至三分之一。"等等。

我国刑法对于量刑情节量化的规定并非没有，但可以说很不完善。如我国《刑法》第62条规定："犯罪分子具有本法规定的从重处罚、从轻处罚情节的，应当在法定刑的限度以内判处刑罚。"第63条规定："犯罪分子具有本法规定的减轻处罚情节的，应当在法定刑以下判处刑罚。"但从重、从轻处罚量的多少、减轻可减至多少，则未予以具体规定。关于加重情节，根据立法性解释，可加处刑罚一等，这算是比较具体的，当然这种类似规定完全可以用刑事立法而非立法解释的形式体现出来。由于刑事立法对量刑情节量化的规定存在着诸多问题，使量刑情节在司法实践中难以得到正确的量化，因此很有必要对立法上如何规定量刑情节的量化问题进行一些研究，下面分几个方面进行论述。

1. 法定情节的立法量化

（1）减轻情节之立法量化

根据《刑法》第63条规定，具有减轻情节的案件应减轻处罚，那么减轻处罚的程度如何呢？对此刑法学界有不同认识。[①] 有的学者认为减轻处罚可以是刑期的减轻，也可以是刑种的减轻，还可以减到免除处罚。有的学者认为减轻处罚包括刑种的减轻和刑期的减轻，但不能减到免除处罚。有的学者认为减轻处罚只能是刑期的减轻。有的学者则认为应依刑法分则具体条文和具体量刑情节具体分析，如法定最低刑为5年或3年以下的，可以是刑种的减轻或刑期的减轻；法定最低刑为5年或7年以上的且量刑情节同时规定有"从轻、减轻或免除处罚"的，可以是刑种或刑期的减轻，而量刑情节只规定"从轻或者减轻处罚"的，只能作刑期的减轻。还有学者则认为可参照加重处罚的方法，在法定最低刑以下一格判处，如法定最低刑为10年有期徒刑的，最低不得减至低于7年有期徒刑。

我们认为，从立法原意上看，减轻处罚当然不包括减至免除处罚，但可以包括刑种的减轻和刑期的减轻。至于到底适用刑种的减轻还是刑期的减轻，主要应

① 参见苏惠渔等：《量刑情节中从重、从轻、加重、减轻的科学含义及其定量研究》，载《量刑方法研究专论》，117～118页，上海，复旦大学出版社，1991。

取决于法定最低刑的高低及减轻情节轻重的具体表现。当前可以考虑比照加重处罚方法确定一种“减轻格”，但更为合理的方法是刑法明确对减轻的程度作出限制规定。如罗马尼亚刑法典第 76 条即规定：“最低法定监禁为十年或十年以上的，其刑罚降为最低法定刑以下，但不得低于三年……对国家安全、公共财产的犯罪、故意杀人罪、对和平与人类的犯罪、给国民经济造成重大损失之犯罪，具有从轻情节的，监禁不得减低至少于法定最低刑期的三分之一以下。”我们认为，这种立法例有利于审判人员对量刑情节予以定量分析从而得到正确适用，这是对减轻情节立法量化比较科学的方式。当然如何根据法定最低刑确定减轻情节对应的刑罚减轻量，还值得进一步研究，但这种方法是可取的，而且我们认为，减轻情节的量化应与加重情节的量化基本相适应。

(2) 从重、从轻情节的立法量化

我国刑法规定有从重、从轻情节的应在法定刑限度内判刑，但具体从重或从轻多少再无明确规定，因而刑法对从重、从轻情节的量化实际上没有规定，这样无论在法定刑限度内从重或从轻多少似乎都是合法的。由于我国法定刑具有宽幅度甚至多刑种的特点，这种规定必然使审判人员有过大的自由裁量权，当然容易导致量刑的不平衡。

根据我国传统观点，加重与从重或减轻与从轻含义是不同的，加重、减轻是针对法定刑的最高度或最低度而言，从重或从轻则是针对某一案件不具有该情节时所应处的刑罚而言。实际上，不管是加重或从重，还是减轻或从轻，都只不过影响刑罚量的增减，如果说有所不同，也不过是加重比从重所增加的刑罚量要大一些，减轻比从轻所减少的刑罚量也大一些。从这一前提出发，我们可以进一步设定加重情节之加重处罚程度不再是针对法定最高刑，而是针对案件本应判处的刑罚而言，当然“加重格”还可以按目前立法性解释的规定来确定，那么刑法可以规定从重情节的“从重格”，该“从重格”可以按相应的“加重格”确定，当然量的大小应有区别，可以设想“从重格”为“加重格”量的一半左右。同样，“从轻格”可以与“减轻格”相对应而确定。当然这有待于刑法完善时对“加重

格”、“从重格”、“减轻格”与“从轻格”都明确规定下来。这对传统的估堆儿方法来说无疑是一个重大的变革。在目前当然仍只能由审判人员依具体案情来决定从重与从轻的程度。

2. 酌定情节的立法量化

酌定情节的立法量化更具有其困难性，因为其具体内容难以事先确定，酌定情节的认定甚至也具有不统一性。正因为这样，各国刑法大都只规定量刑时应考虑一定的情状，并对有关情状予以列举，但这些情状可以在多大程度上影响刑罚并无规定。

我们认为，对酌定情节的量化还是有其必要性与可能性的。前面所阐述的关于量刑情节量化的研究现状中，有人把酌定情节也区分为从重或从轻情节一并与法定情节加以量化，我们认为，从重、从轻情节只属于法定情节，而且正如多数人所说，从重、从轻的程度应是相对于某个应判处的刑罚而言的。我们进一步大胆地设定，加重与减轻也是相对于本应判处的刑罚而言的（当然这与目前的立法意图不相符，这点在前面已谈到）。在此基础上，我们当然要问，本应判处的刑罚是以何为根据来确定的？由于定罪事实只能确定一个法定刑幅度，而不能确定具体的刑罚（除非存在绝对确定法定刑），因而答案只能是酌定情节。如果不以酌定情节为根据来确定本应判处的刑罚，则刑罚的量定也就失其客观性、公正性，可能导致刑之擅断。虽然酌定情节的具体情况具有不确定性，但每一种酌定情节还是可以大致分为几种情况的，不同的酌定情节在具体案件中其影响量刑的地位与作用大小也还是可以大致确定的，如过失犯罪主要以其危害结果来确定刑罚轻重，一些经济犯罪或财产犯罪（数额犯）一般都可以按数额大小大致确定一定的刑罚。因而综合分析判断酌定情节所体现的社会危害性与人身危险性的大小，便可以确定某一案件的应判刑罚。

那么刑事立法上应如何对酌定情节的量化予以规定呢？这确实是相当困难的一个问题，世界各国可以说都没有找到很好的解决办法。我国过去刑事立法过分追求原则性，对此当然不会予以过多的重视，但由于司法实践的要求，一些相应的刑事司法解释已在一定程度上反映出了对酌定情节量化的规定。再考察犯罪动机、手段等其他酌定情节，对该刑罚作一定程度的调整，即可得出对案件应处的基本刑罚。

综上所述，我们认为，对酌定情节的立法量化可以从以下几方面着手：首先，在刑法总则中明确规定对犯罪分子量刑时应考虑酌定情节，并对酌定情节予以列举，而且规定应区分各种酌定情节对量刑作用之大小。如前面所述，数额在某些犯罪的酌定情节中具有决定性作用。其次，在分则中对各种犯罪规定尽可能明确、具体的罪状，尤其是法定刑幅度上下限下相应的酌定情节的对应关系应体现出来，如前面关于贪污罪的立法。实际上我国犯罪中过失犯罪主要以危害结果确定刑罚，数额犯以数额确定刑罚，危险犯之危险程度也可以较粗略地估计，这些酌定情节主要体现社会危害性程度，可以说社会危害性程度仍是决定刑罚的主要因素。这样大部分犯罪都可以根据某一主要酌定情节量的变化大致确定刑罚量的变化，再对其他酌定情节适当考虑，不难确定比较适当的刑罚。对其他的一部分犯罪如行为犯，行为程度是主要应考虑的因素，但其远没有“数额”等对量刑的决定性作用大。对这种犯罪可以按酌定情节档次决定。如可把酌定情节按轻重分为三档或五档、六档，当然立法上不可能具体确定每一档酌定情节的具体表现，但这一点可以通过司法解释作相应的列举来得到解决。据此同样可以使刑罚量与酌定情节之量相对应。当然，立法不可能是绝对的，因而立法对量刑情节的量化也不可能是绝对的，即使司法解释也仍具有一定的灵活性。需要说明的是，我们这里多次提及司法解释，是考虑到司法解释是对立法原意的阐明，而不是对量刑情节的直接运用，因而把它归为量刑情节的立法量化范畴内。

（三）量刑情节的司法量化

研究量刑情节量化的目的是为了使量刑情节在司法实践中得到正确运用，而且由于量刑情节的立法量化仍具有不确定性，而对于具体案件来说，量刑情节之量又应该是确定的，因而我们进一步对量刑情节的司法量化问题作一些研讨。

1. 酌定情节的司法量化

从重、从轻等法定情节是建立在一定的基础之上的，这一基础一般可称为量刑基准点，也可称为基本刑。因为加重、减轻情节实质上也是刑罚量的加减，所以我们也把它们作为相对于某一量刑基准点而言的法定情节，这与目前立法意图把它们建立在法定刑幅度最高限与最低限之上是不同的，这点在前面已有说明。关于在量刑活动中是否应确定量刑基准点，有两种截然对立的观点。[①] 其中肯定说又有分格论、中线论、固定式论、移动式论等几种看法。我们赞同肯定说，但又不同意上述几种看法。我们认为，基本刑（或称为量刑基准点）是由酌定情节综合确定的。由于各个具体案件酌定情节轻重之不同，所以基本刑都是不确定的，但其变化仍是有规律可循的。对酌定情节的司法量化即是为了确定一个基本刑，这是进一步适用法定情节的前提，因此我们先对酌定情节的司法量化略加论述。

酌定情节的司法量化实际上是对酌定情节立法量化规定的具体适用，是对某一具体案件酌定情节对刑罚影响量的确定。在具有决定性酌定情节的具体案件中，可以先按该情节确定大致的基本刑，如盗窃财物 5 000 元的，可以依有关司法解释确定其大致应判处的刑罚。问题关键在于对其他酌定情节影响刑罚之轻重的量应如何确定，以修正该刑罚。我们认为，如前面所述，酌定情节可以大致概括为 7 种类型。假定每种类型又可以分为趋轻的、一般的、趋重的三种具体情形，我们分别以数字－1、0、1 来表示，那么酌定情节的不同情形之组合可以包括－7～7 之间 15 种情况。从这一前提出发，我们认为，每一种酌定情节情况应与法定刑幅度的 1/15 刑罚量分别对应。这样，我们认为，在决定性酌定情节大致决定某一刑罚时，综合评价其他酌定情节，其趋重或趋轻幅度以不超过法定刑幅度的 1/15 为宜。当然这是以假定其他酌定情节对量刑影响的“权重值”是一样为前提的。如果法定刑幅度包括管制、拘役的，可以把其折算为有期徒刑。如果

① 参见苏惠渔等：《论量刑基准点》，载《量刑方法研究专论》，78 页，上海，复旦大学出版社，1991。

法定刑幅度同时包括有期徒刑和无期徒刑的，由于我国无期徒刑实际上一般相当于16年至20年有期徒刑，因而也可以予以折算。对于死刑，我们认为，死刑是一种极端刑，它只能由决定性酌定情节决定，其他酌定情节的趋重量对其不发生作用，但趋轻量则对其有一定意义，即当按决定性酌定情节刚好可判处死刑时，如趋轻量较大，可判处无期徒刑。当然，死缓作为死刑的执行方式，可以受趋轻量的影响。

对于不存在决定性酌定情节的案件，我们认为，在一般情况下同样可以把法定刑幅度分为15个档次，然后如上面所说计算出全部酌定情节分值之和，与法定刑幅度之档次相对应，在对应的档次幅度一般可以取中间值，当然也可以由审判人员依具体情况予以调整。法定刑幅度包括管制、拘役或无期徒刑的，同样可以进行折算，对于存在有期徒刑、无期徒刑、死刑的，死刑应占法定刑幅度15个中的后5个档次，即酌定情节分值之和在3～7分之间的可以考虑判处死刑，当然这其中还可考虑是否对其缓期执行。对于存在附加刑的，我们在此不进行探讨。

2. 法定情节的司法量化

法定情节的司法量化也应以法定情节的立法量化为前提。目前我国只对加重情节的加重量有较明确的规定。在刑法对法定情节的减轻量、从重量以及从轻量作出较明确具体规定之前，我们在前面已假设减轻量与加重量相等，从重量则相当于加重量的一半，从轻量相当于减轻量的一半。当然选择加重还是从重、减轻还是从轻，还需考虑案件基本情况的轻重，实际上即酌定情节所决定的基本刑罚之轻重。依上述前提，我们可以对法定情节的司法量化进行一些论述。

与酌定情节的司法量化相类似，我们对每一种法定情节都可以大致分为三种情况，如加重情节、从重情节都可分别划分为较重、重、最重三种，减轻情节、从轻情节也可分为较轻、轻、最轻三种。如果能划分更细的话，当然对其量化也就更精确。与此相适应，从重格、加重格、从轻格与减轻格也可分为三个幅度，上述法定情节的每一种情况可以与相应的刑罚增减量相对应。这样计算出每一法

定情节对应的刑罚量，便可以在酌定情节决定的基本刑的基础上进行修正，从而得出案件的宣告刑。这样量刑基本上还是比较适当的。另外需要说明的是，考虑到从重、从轻情节与加重、减轻情节之不同，我们认为，不管存在多少个从重或从轻情节，其刑罚量的增减都不能突破法定刑幅度的上下限。只有加重、减轻情节的适用才能判处超出法定刑幅度上下限的刑罚。

第六节　量刑情节的发展完善

对量刑情节的理论研究要立足于现行刑事立法和司法实践，要研讨现实条件下对量刑情节的理解和适用问题。但是刑法理论的任务不能限于对法条的简单注释或只对司法实践进行客观的描述，而是要进一步对立法的优劣作出评价，对司法实践的得失加以估量，在此基础上，展望未来，探索刑事立法与司法的发展完善问题。只有这样，刑法理论才具有真正的现实意义。为此，在本章行将结束之际，我们结合当前理论上对量刑情节完善的研讨，联系立法和司法实践情况，借鉴外国刑事立法经验，对量刑情节立法和司法的发展完善问题略作一些初步的探讨。

一、量刑情节的立法完善

（一）量刑情节立法存在的缺陷

我国刑法对量刑情节的规定，由于立法背景、立法指导思想以及立法技术等因素的影响，随着司法实践的发展变化，已逐渐体现出其不足之处。从司法实践看，刑法对量刑情节的规定主要存在以下一些缺陷：

1. 量刑情节的立法方式有待完善

综观世界各国和地区刑法典，对量刑情节的立法无不采取总则与分则相结合的方式，我国也不例外。但对量刑情节的总则规定，有的国家和地区采取集中规定的方式，有的国家和地区则采取分散规定的方式。前者包括联邦德国、意大利、奥地利等多数国家的刑法典，我国台湾地区的“刑法”也是采用这种方式；后者主要是日本等少数国家的刑法典，但日本刑法典虽分三章对量刑情节有关内容进行规定，其每章之内容都属于量刑情节某一方面的内容，从这点上说其规定方式仍有相对集中的特点。

我国刑法总则对量刑情节的规定方式具有典型的分散性特点。从其分布范围看，我国刑法总则第一、二、四章对量刑情节均有规定，这显然是不妥当的。正如有人指出，刑法总则第一章是规定刑法的指导思想、任务和适用范围，第二章是规定犯罪的，在这些章中却出现了刑罚具体运用的内容，显然是不协调的；而且量刑的根据以及从轻、从重及减轻的含义，在第四章才作了规定，在此之前便有了关于处罚的具体规定，这从逻辑上说是不合理的；分散规定量刑情节，也不利于建立完整、科学的量刑情节体系，不利于对量刑情节作科学、准确的量化分析，更不利于司法实践中对量刑情节的具体掌握运用。对此，有学者早就提出，在修改刑法时，量刑情节应集中规定于第四章中，形成独立、科学的体系。① 我们认为，这种观点是有其道理的。量刑情节在刑法总则中予以集中规定，对于促进刑法体系结构的科学完善，提高人们对量刑情节地位和作用之认识以及便于司法实践运用等方面都有重要的意义。

2. 量刑情节的地位有待明确

我国《刑法》第 61 条规定：“对于犯罪分子决定刑罚的时候，应当根据犯罪的事实、犯罪的性质、情节和对于社会的危害程度，依照本法的有关规定判处。”显然，该法条将量刑的根据限定为犯罪事实、犯罪性质、犯罪情节和对社会危害程度的总和。且不说将犯罪的事实、犯罪的性质、犯罪情节和对社会的危害程度这几种概念并列规定在逻辑上是否合理，就其实质看，犯罪的性质、犯罪的事实

① 参见喻伟主编：《刑法学专题研究》，316 页，武汉，武汉大学出版社，1992。

（定罪事实部分）在定罪时已对法定刑幅度的确定发生了作用，在量刑时再予以考虑显然违反了禁止重复评价原则。我们认为，在对某一刑事案件依定罪事实确定了法定刑幅度的前提下，量刑时应考虑的因素只能是量刑情节。在此意义上也可以说，量刑情节是量刑的唯一根据。这样《刑法》第 61 条的规定便有予以修改的必要。这点一些外国立法例值得我们借鉴。如德国刑法典第 46 条第 2 款规定，“法院于量刑时应权衡一切对犯罪人有利及不利之情况”，并对尤其应注意的事项进行了列举。其所列举的事项均属量刑情节之范畴。不仅如此，该条第 3 款还明确规定：“属于法定犯罪构成事实要素之情况，毋庸再加斟酌。”

3. 酌定情节的规定失之模糊

酌定情节虽然不能说是法律没有规定的量刑情节，但其内容和形式都具有不确定性。这样在司法实践中对于哪些属于酌定情节，司法人员都有各自不同的看法，这造成对酌定情节的认定、取舍和适用具有很大的随意性，这种情况的存在可以说是造成量刑不平衡的重要原因。实际上，虽然酌定情节的具体内容和功能具有不确定形式，但对酌定情节还是大致可以归纳为几种形式的，如我们前面把酌定情节归为七种，根据对司法实践经验的总结，酌定情节的种类是能够从法律上确定下来的。正是从这一角度出发，有人提出了“酌定情节法定化”的主张。[①] 我们认为，这种主张是有一定的意义的。在修改完善刑法时，酌定情节规定之模糊性为明确性所取代，不仅可以改变酌定情节容易被忽视的状况，而且也是完善量刑情节体系所必需的。

4. 法定情节之规定不够全面合理

这也是相对于总则性法定情节的规定而言的。虽然我国刑法规定的总则性法定情节已经较多，但诸如惯犯、再犯、坦白、悔罪等均可以上升为独立的法定情节。

5. 量刑情节对刑罚量影响的规定不明确

我国刑法对量刑情节影响量刑作了从重、从轻、减轻或免除处罚的规定，但

① 参见应懋：《酌定情节法定化之建言》，载《法律学习与研究》，1990（6），14 页。

对量刑增减幅度为多少并无具体规定。如对从重、从轻只要求在法定刑幅度内确定，对减轻只要求在法定刑幅度下限以下判刑，这样必然造成审判人员在适用量刑情节确定刑罚时“估大堆”的现象。如此对量刑情节缺乏定量规定，当然不可能做到完全科学、合理地按量刑情节正确、适当地确定刑罚，只易造成量刑的不平衡。对外国一些刑事立法予以考察，大多对刑之加减程度有明确规定，由此可见我国刑事立法在这方面规定的不足。所以我们应当改变过去只对量刑情节重视定性规定，而应同时注意对其定量规定。

（二）量刑情节的立法完善

以上我们分析了我国刑法对量刑情节规定所存在的一些缺陷，针对上述缺陷，我们认为，有必要对我国现行的量刑情节立法规定作较大的修改，以使之趋于完善。我们认为，对量刑情节的修改完善，主要可以从以下几个方面考虑：

1. 专章对量刑情节予以规定

如前所述，我国刑法总则即有三章对量刑情节内容加以规定，还有单行刑事法律也对总则性量刑情节作了规定。对此可考虑把所有量刑情节统一规定在刑法总则第四章内，并按一定的顺序予以系统排列。如可以先规定量刑情节的地位，明确其是“确定具体刑罚的唯一根据”；再明确量刑情节具有从重、加重、从轻、减轻、免刑的几种功能；然后是把量刑情节区分为法定情节与酌定情节两种，对酌定情节根据司法实践经验概括为几种具体形式，指明量刑时应依酌定情节确定应判处的基本刑罚，对总则性法定情节则分类予以详细列举出来；最后规定法定情节对刑罚量影响的大小。这样使量刑情节在刑法中形成一个较为统一、科学、合理的体系，同时便于司法人员理解和适用。

2. 对酌定情节规定的明确化

虽然我们承认酌定情节具有法定性，但严格说来，从我国现行刑法中却找不到“酌定情节”一词，因而我们修改完善刑法时应对酌定情节明确予以规定，赋予其在量刑情节体系中应有的地位。对酌定情节的明确化不应仅限于对其几种表现形式的概括规定，同时酌定情节的作用也应规定下来，即要明确酌定情节的轻

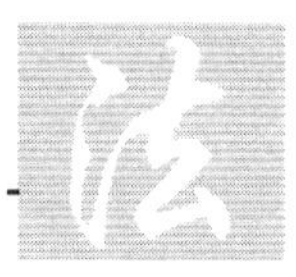

重层次与法定刑幅度的轻重层次相对应，依酌定情节可以确定对案件应判处的刑罚，法定情节的运用应以酌定情节的运用为前提，同时酌定情节同样具有在法定最低刑以下确定刑罚甚至免除处罚的功能。这样，酌定情节在司法人员的观念中就显然不会再是可有可无的东西，而是必须加以考虑的情节了。

3. 法定情节的补充与调整

我国刑法规定了数十种法定情节，为满足司法实践需要，不少人很早就主张应增加规定一些法定情节。如有人认为，坦白从宽作为我国一贯的刑事政策，对打击、分化、瓦解犯罪分子有巨大作用，因而对“坦白从宽”应予法律化，即规定犯罪分子坦白的，可以从轻或者减轻处罚。[①] 还有人认为连续犯在同一或概括故意支配下，在相近时间或地点连续实施数个性质相同的犯罪，其主观恶性或客观危害均比单一犯罪严重得多，在法定刑幅度内从重量刑失之过轻，因此可以加重处罚。[②] 同样，还有人提出惯犯、立功、悔罪、消除犯罪后果（如退赃）等均应规定为法定情节。我们认为，这些主张基本上是可行的。法定情节的调整主要指对其功能进行调整，如前所述，除对惯犯、连续犯可以考虑规定为加重情节外，对累犯也应赋予其加重刑罚的功能。而且可以进一步考虑，法定情节的从重或者减轻、从轻功能都只针对依酌定情节所确定的刑罚而言，而不是把加重、减轻处罚规定为只针对法定刑上下限。当然加重、减轻处罚仍可突破法定刑上下限，而从重、从轻处罚则不能，这样对法定情节的功能便于统一掌握。

4. 法定情节影响量刑幅度的规定

对法定情节从重、从轻、减轻幅度的掌握可以说是审判人员在适用量刑情节量刑时最为棘手的问题，因而刑事立法对此应作出相应的规定。正如前面所说，这是我国现行刑法对量刑情节规定的最大缺陷之一。因而如何对法定情节影响量刑之幅度予以明确化是我国刑事立法极为紧迫的任务。

---

① 参见赵秉志主编：《刑法修改研究综述》，443页，北京，中国人民公安大学出版社，1990。

② 参见侯国云等主编：《刑法的修改与完善》，143页，北京，中国政法大学出版社，1989。

关于减轻限度。我国刑法只规定“应当在法定刑以下判处刑罚”，我国学者认为这实际上是取消了量刑幅度或是把量刑幅度缩小得太多，以致没有或者很少有选择余地，并排斥或者限制了其他情节的适用，故论者提出对减轻应分别不同情况予以规定①：(1) 死刑减轻为无期徒刑或者 15 年以上 20 年以下有期徒刑。(2) 无期徒刑减轻为 17 年以上有期徒刑。(3) 有期徒刑的减轻，将最高刑和最低刑同时减轻 1/2 或 1/3；法定最低刑为 6 个月的减为拘役或者管制。(4) 拘役和管制的减轻不作特别规定，可以在法律规定的范围，即管制在 3 个月以上 2 年以下，拘役在 1 个月以上 6 个月以下酌情决定。我们认为，上述主张对减轻根据不同情况予以规定有其合理之处，但从减轻处罚与加重处罚相对应的角度看，减轻幅度应与加重幅度相一致为宜，即有减轻情节的，可以在其应判刑罚的 1/2 或 1/3 的范围内减轻，但同样应规定一定的限制，如死刑只能减轻为无期徒刑，无期徒刑只能减为 15 年以上 20 年以下的有期徒刑，对具有多个减轻情节的，也可再规定减轻不得超过一定之限度。

关于从重、从轻的限度问题。我国刑法只规定应在法定刑幅度内判处刑罚。我们认为对这一点仍应坚持。即不管如何从重或从轻，均不得突破法定刑上下限。对于如何确定从重、从轻幅度，我们认为可以考虑参照加重、减轻幅度来规定，如可以规定从重幅度相当于加重幅度的1/2，从轻幅度相当于减轻幅度的1/2。当然具体从重、从轻幅度的确定还可以在理论上进一步探讨，并在实践中予以检验。

二、量刑情节的司法完善

（一）量刑情节司法中存在的问题

量刑情节的立法只是为司法中正确适用量刑情节处理案件提供了法律依据，

---

① 参见赵秉志主编：《刑法修改研究综述》，204 页，北京，中国人民公安大学出版社，1990。

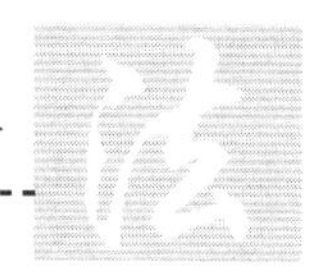

对于某一具体案件应处刑罚的最终确定还有赖于司法裁量。从司法实践看，一些案件量刑不当固然有立法不完善的原因，但司法不健全也不能不说是一个重要的因素。在量刑情节的司法中，主要还存在以下一些问题：

1. 对量刑情节的地位与作用认识不够

由于长期以来，我国司法实践对犯罪偏重于定性而忽视定量，因而对量刑应依据量刑情节这一点认识很不够，通常是认为一个案件只要定性正确，多判少判几年都没关系，而一旦强调从快从严，更是毫不考虑案件具体情况，一味处以重刑，造成量刑偏重畸重现象；有时因强调对某些犯罪（如未成年人犯罪）从宽处罚，则过分从宽，放纵犯罪分子，因此诱发了大量类似案件的发生。这样使量刑缺乏一个较为合理、科学的依据，最终会破坏罪刑相适应的刑法基本原则，使量刑失之公正，刑罚目的也难以实现。为使量刑公正、合理、适当，司法实践中必须改变忽视量刑情节的倾向，从而使量刑建立在一个科学、客观的基础上，从宏观上避免量刑的随意性，防止量刑不平衡。

2. 对量刑情节的认定还存在一些问题

量刑情节的认定是司法实践中对案件量刑时首先遇到的问题，但司法人员在这一问题上往往把握不准。如有的人把犯罪构成基本事实也在量刑时予以考虑，有的把一些定罪情节也作为量刑情节处理，岂不知上述定罪事实已在确定法定刑幅度时运用过了，再加以考虑显然违反了禁止重复评价原则，对犯罪人是不公正的，如挪用特定款物罪，特定款物这一犯罪对象已作为犯罪构成要件之一，便不能再视为量刑情节，如果因这一对象的特殊性再对其从重处罚当然是不妥当的。

3. 在量刑情节中对酌定情节的忽视

在司法实践中，司法人员大多把酌定情节视为可有可无、可适用也可不适用的东西，这样在量刑时便依自己的主观意志任意决定量刑情节的取舍。而实际上，正如前面所说，酌定情节具有极其重要的地位，它能决定案件应处的基本刑罚，法定情节的适用要以酌定情节的适用为前提。因此只重视法定情节而轻视酌定情节的做法是片面的，对此应予纠正。

4. 对量刑情节缺乏定量分析

这是我国传统量刑方法存在的最突出的弊端，这种对量刑情节不予定量分析的估堆儿量刑方法，完全凭审判人员主观上对量刑情节大致估计，从而得出案件大致应判处的刑罚。而每一量刑情节对量刑能产生多大影响，综合分析全部量刑情节对量刑能产生多大影响，对此审判人员并不予以考虑，这样量刑当然难以有很大的精确性。为此，刑法学界许多人提出应以科学的量刑方法取代传统的经验型量刑方法，这实际上就是要对量刑情节进行定量分析。

（二）量刑情节司法完善的建议

量刑是刑事司法活动两个重要组成部分之一，量刑实际上是在定罪基础上适用量刑情节确定刑罚的活动。因此量刑情节的司法完善直接决定着量刑工作质量的好坏。在此，我们粗略提出以下一些完善意见：

1. 加强司法解释，适当颁布一些判例，指导司法实践

量刑情节的应用是一个十分复杂的问题，即使经过立法完善，其规定仍具有一定的抽象性和概括性，这样就有必要对法律进行必要的解释。刑法颁行以来，我国最高司法机关对如何定罪的一些问题作了数量众多的司法解释，对量刑问题的司法解释则少得多，而关于如何适用量刑情节来量刑的司法解释则更是几乎没有（当然有些司法解释间接涉及了量刑情节内容），这显然是不协调的。因为定罪固然重要，而量刑不正确同样使犯罪不能得到正确处理，使刑法的任务难以实现。因此加强对量刑情节的司法解释是很有必要的。实际上，宏观方面诸如量刑情节与量刑的关系、量刑情节影响量刑的幅度与限制、量刑情节竞合的适用、多功能量刑情节功能的选择等，微观方面诸如某一具体犯罪量刑情节的认定与适用等问题，在目前均应作出相应的司法解释，使司法操作具有统一性。

另外，由于法律是抽象的，而司法实践中针对的是具体案件，虽然司法解释较抽象的法律可以具体、明确化，但这种具体、明确化仍是有一定限度的，因而在面对具体案件时，对法律的适用仍然存在困难。正因如此，判例的作用为越来越多的人所认识。由于量刑情节同样存在抽象问题，因而在具体案例中的量刑情

节同样经常难以与抽象的量刑情节相对比，所以审判人员仍然存在如何把抽象的量刑情节适用于具体案件的难题，尤其是酌定情节的适用更是如此。因此，有人建议最高人民法院应选择、确认一些案例编纂成册，发给下级法院，指导下级法院如何运用酌定情节裁量刑罚。① 我们认为，这种主张是有其合理性的。推而广之，对法定情节的运用也可以采取适当颁发判例的形式。我们应摒弃完全否认判例作用的观点，而应把判例作为弥补法律的重要措施。当然这还有待于我国判例制度的建立。

2. 正确认定并全面分析、适用量刑情节

量刑情节是案件事实情况之一，在认定量刑情节时必须把量刑情节与犯罪构成共同要件事实以及定罪情节等定罪事实区别开来；同时也要与犯罪行为社会危害性或犯罪人人身危险性无关的案件事实情况区别开来，如犯罪人服装、容貌等与案件侦破有关，但不能作为量刑情节。在司法实践当中，尤其要正确处理量刑情节与定罪情节的关系。由于先有定罪后有量刑，因而我们应树立定罪情节优先原则，即已作定罪情节适用的事实情况不能在量刑时再作为情节予以考虑。在一些情节犯中这种情况是经常存在的。如侵犯通信自由罪必须是情节严重才构成，对于情节严重一般从犯罪动机、手段、危害后果（如对社会造成的影响）等方面考虑，那么上述在一般犯罪中属于量刑情节予以考虑的因素，在侵犯通信自由罪中则属于定罪情节予以考虑的范围了。实践中还有许多类似的情节，必须予以注意。

全面分析、适用量刑情节主要指对案件所有量刑情节应一并予以考虑。这主要是针对实践中普遍忽视酌定情节而言的。当然这有立法上的原因，但司法上的这种观念也应转变。正如我们前面所说，酌定情节对于案件基本刑罚的确定具有决定性作用，法定情节的适用必须以此为前提。当然我们也不是说要因此强调酌定情节而忽视法定情节，也不是说在具体案件中每一具体的量刑情节对量刑的影

① 参见王晨：《论酌定量刑情节》，载《法律科学》，1992（5），82页。

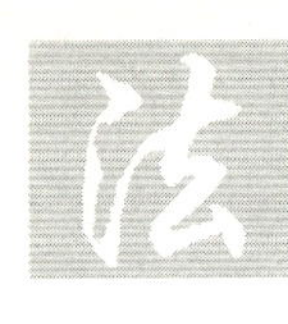

响都是一样的，我们的目的是改变目前适用量刑情节片面性的一些做法，以此使量刑建立在一个客观、公正的基础上，从而达到量刑平衡。

3. 对量刑情节定性与定量分析相结合

我国司法实践长期以来对定性分析还是比较重视的，对量刑情节的司法应用也是如此，因此对量刑情节的定性与定量分析相结合在目前主要是指应注意对量刑情节的定量分析。当然由于量刑情节本身具有抽象性、不特定性的特点，要做好这点是比较困难的。但正如前面所说，这又是必要的，也是可能的。正是基于这一点，我们在前面专门对量刑情节的量化问题进行了一些粗略的探讨。当然对量刑情节的量化不是一朝一夕就能得以完成的，这既有待于立法的努力，也有待于司法的努力，而司法实践中对忽视量刑情节的观念予以更新则无疑具有重要的意义。

4. 在刑事判决书中引用关于量刑情节的法条，并适当说明理由

判决书是重要的司法文书，具有法律效力，是刑事审判工作的最后归宿。援引法条，则是判决书的一项重要内容，是对作出判决的法律根据的说明。过去我们对规定法定情节的法条一般都能引用，但对《刑法》第 61 条、第 62 条、第 63 条等规定的内容则容易忽视。我们认为，牵涉到规定量刑情节的法条在判决书中均应引用。

如果说法条的引用在司法实践中尚属常见，那么在判决书中对于适用量刑情节如何影响量刑的理由予以说明的，则可以说几乎没有，而对定罪的理由任何一个判决书都不会忽略。从这点上也可看出量刑及量刑情节在司法中的地位如何。因此，要提高量刑情节的地位，使量刑情节得到正确应用，不仅应在立法上完善对量刑情节的规定，在司法实践中制作判决书时也应要求对量刑情节依立法原意作出解释、说明，这样才能使审判人员重视量刑情节、研究量刑情节，从而正确适用量刑情节。

第三章

刑事判例

我国法学界一位学者曾经说过：在当今世界上，最原始的大陆法系和英美法系的概念已不复存在。在司法活动中，大陆法系国家在坚守成文法阵地的同时，已允许判例占有一定的地盘；英美法系国家虽然仍恪守“遵循先例”的传统，但同时也越来越表露出对成文法的重视。既适用成文法又采纳判例，已成为世界各国法制发展的共同趋势。[①] 我国作为具有悠久的成文法传统的国家，判例虽然在历史上曾经十分引人注目，但在当代中国的司法实践中却销声匿迹了。于是，人们呼唤判例，期待着在我国建立判例制度，这不仅仅是对世界趋势的呼应，也是对历史的反思。因此，加强对判例问题的研究，为建立我国的判例制度作理论准备，是摆在我们法学工作者面前的一项义不容辞的任务。

判例可以分为刑事判例、民事判例、行政判例、宪法判例等，本章拟就刑事判例的有关问题作一探讨。限于篇幅，也由于我们水平有限，难以对刑事判例的方方面面都作一个全面深入的研究，因而本章拟仅在比较分析古今中外刑事判例

① 参见周振想：《刑罚适用论》，250 页，北京，法律出版社，1990。

的基础上，结合我国当前的司法实际状况，着重探讨一下刑事判例在我国当前创制与适用的一些问题。

第一节　刑事判例概述

一、判例界说

（一）判例概念概览

研究我国的刑事判例，不能不首先探究判例一词的准确含义，因为它是我们整个研究活动的起点和基础。近年来国内法学界一些学者提出了借鉴外国判例法制度，建立我国判例制度的建议，对判例和判例法进行了一定的探讨。但是，综观诸说不难发现，他们对判例的认识还存在着一定的分歧，有的甚至可以说还十分模糊。他们或者对判例的概念避而不谈，或者仅对之作一个定义性的解释，有的将判例直接等同于案例，有的将判例等同于判例法，还有的将判例等同于判决。或许他们认为判例的概念如同不证自明的公理，因而不屑一论。然而，在没有准确界定判例的科学含义的前提下，大谈判例或者判例法的借鉴甚至照搬，其可信度不能不令人怀疑。那么，判例一词究竟指的是什么？应该怎样正确认识和理解这个概念呢？还是让我们先看看我国法学界的有关论述吧！

目前我国法学界关于判例的概念，概括起来，共有以下几种说法：

1. 将判例直接等同于案例。在一些学者的有关著述中，他们避而不谈此二词之间的区别，直接把我国目前存在的案例，尤其是最高人民法院在其机关刊物上公布的案例，当做判例看待，并认为这些案例就是判例。①

2. 判例就是判决。如有的学者将判例解释为审判机关审理刑事案件后作出

① 参见游伟：《我国刑事判例的应用与思考》，载《法学》，1991（11）。

的判决与裁定。[①]

3. 判例就是判决先例或判决范例。如有的学者说，判例就是法院对案件审理终结时所作出的判决的范例。[②] 也有学者说，判例，是成功地运用了法律而具有典型意义并由一定的权威机构加以确认而具有一定法律约束力或说服力的判决先例。[③]

4. 判例就是作为判案依据的判决。传统的法学教材《法学概论》以及《简明法律辞典》、《新编法学辞典》等都持这种观点。[④]

5. 判例就是法院可以援引作为审理同类案件依据的判决。持这种观点的较多，如一些学者以及《法学辞典》等。[⑤]

以上诸说，孰是孰非，难以一言定之，我们不妨从判例本身来看。汉语中的判例一词，在英文中可由两个词来表达，即 case 和 precedents。case 既指判例，又指案件。作判例讲时主要是指对整个案情的叙述或报告，侧重于指法官对法律问题的阐述。按照《牛津法律大辞典》的解释，是指“对一项诉讼的报告，包括作出判决的法官或法官们的意见，在这里判例被看作是对某一问题的法律解释，并有可能作为以后案件的先前判例”[⑥]。precedents 作判例解释时主要指先例，即先前的判例，有的辞书直接将其译为先例。《牛津法律大辞典》则称之为司法判例，意思是指“高等法院先前判决，这些判决被认为包含了一个原则，即在后来的有着相同的或非常相关的法律问题的案件中，这个原则可被看作是规定性或限制性的原则，它至少可以影响法院对该案的判决，甚至就是在遵循先例原则指导下决定案件。先例即在后来的案件中作为法律渊源的先前的司法判决”[⑦]。根据

① 参见《中国刑法词典》，13 页，上海，学林出版社，1988。

② 参见高岩：《我国不宜采用判例法制度》，载《中国法学》，1991 (3)。

③ 参见曾明奇：《对比两大法系看我国确定判例制度的必要性》，载《比较法研究》，1988 (1)。

④ 参见《法学概论》，51 页，北京，法律出版社，1984。

⑤ 参见《法学辞典》，2 版，439 页，上海，上海辞书出版社，1984。

⑥ 《牛津法律大辞典》，140 页，北京，光明日报出版社，1988。

⑦ 《牛津法律大辞典》，708 页，北京，光明日报出版社，1988。

《布莱克法律词典》的解释，判例是指“一项已经判决的案件或者法院的裁决，它被认为是为一个后来发生的相同或类似的案件，或者相似的法律问题，提供了一个范例或权威性的依据。法院试图按照在先前的案件中确立的原则进行审判。这些在事实或者法律原则方面与正在审理的案件相近似的案件称为先例。法院首次为一个特殊类型的案件所确立的，并且后来在处理相似的案件时供参考的一条法律规则”①。

由此可见，在英美法系中，判例一词有两层含义。首先是指一种司法判决，它用于详细说明并处理提交到法院的争议，这是显而易见的，并被公认为在任何国家都具有的作用。不过，作为一种特别被许多学者关注的法律现象，它还有另一层含义：这类法院的判决被作为一种例子，也就是说它为其他法官以后审理类似案件提供了一个可供模仿的榜样。所以汉语中把这些法院判决称为判“例”，是很恰当的。在这里，最突出的是判例的第二层含义，一般认为，判例之所以能起“例子”的作用，是因为它包含了一个原则，这个原则是针对案件事实中所涉及的法律问题所作的法律阐述，它指出了处理该案件应作出的法律说明或者法律判断，并且认为，这种法律判断不仅是合法的，而且是合情合理的，所以才可以为以后审理类似的案件参考、借鉴甚至遵循，也就是说判例才具有说服力或者约束力。

现在来看一看我国法学界关于判例概念的认识。把判例等同于案例显然不妥，因为二者之间有着很大区别，绝不能混同。区别何在，下文有述，这里不赘。判例就是判决的观点，虽然道出了判例的第一层含义，却未能指出判例成其为“例”的实质含义所在。判例就是判决先例或判决范例的说法，虽然突出了判例的先例作用，但未免过于简单，没有具体指明判例何以能起到“例”的作用以及这种作用发挥的条件。至于前文中列举的第四种、第五种说法，虽然比前几种认识有所具体和明确，但是仍然没有揭示出判例成其为判例的一个重要因素是它被认为包含了一个可以为后来处理相似案件参考、借鉴甚至遵循的法律原则。由

① 《布莱克法律词典》，英文版，1059页，纽约，美国西方出版公司，1979。

此，我们认为，判例是指一种法院的判决和裁定，它被认为确立了某种法律原则，这种法律原则可以在以后审理类似案件时加以参考、借鉴甚至遵循。

（二）判例与相近概念的区别

在实行判例制度的国家，或许对判例的概念早已有一致的认识，但在我国，由于对判例的研究还不很深入，在判例的概念上产生分歧在所难免。在界定了判例概念以后，有必要进一步分析它与几个相近概念之间的区别，其实，这也正是理论界在判例概念问题上产生分歧的一个重要原因。

1. 判例与案例

在汉语中，“例”是指“从前有过，后来可以仿效或依据的事情”。判例与案例都具有这种含义，即都是先前存在的一种“例子”，后来处理类似案件时可以仿效或作为一种依据。但是，我们认为，二者的这种共同之处并没有掩盖它们之间的区别。

首先，从字面上讲，判例中的“例”是指一种先前的法院裁判，也就是说，可以供后来仿效或依据的不是别的东西，而是一种法院的判决或裁定。而案例中的“例”则是指先前的案件，即这种起“例”作用的不仅仅是法院关于某个案件裁判的结果，更主要的是指整个案件本身，并侧重于对案情的表述。

其次，在英美法系中，先前的判例可以被认为是法律，在一定条件下，法院以后处理类似案件时必须遵循。但是得到遵循的并不是整个判决的全部，而只是先前判例中的判决理由部分，即判决所依据的法律原则。因此，判例必须具备详细而充分的判决理由。这正是判例的精髓所在。案例来源于法院处理的各种案件，或者说是法院以前的判决或裁定。根据法律的要求，任何判决或裁定的作出都必须有充分确凿的理由，但是从实践来看，我国大多数判决和裁定中的判决理由仅限于法条的简单罗列，显得过于简单和粗疏，缺乏合理性的充分论证，虽然表面上做到了合法性，但其合理性不免令人怀疑。因此，在一般人的观念中，较之于判例来说，案例作用的发挥主要在于案件事实的典型性，而不取决于判决的说理性或判决理由的合理性。

再次，先前判例所确立的法律原则在一定条件下必须为后来的法院判决所遵循，至少也对后来的判决起一定的说服或影响作用。而案例虽可以仿效或作为依据，但从理论上来讲，在任何情况下，它对以后的案件都不具有约束力。

2. 判例与判例法

在英美法系国家的一些作品中，判例与判例法有时是通用的。但我们认为，在我国最好把二者区别开来使用，因为在人们的观念中，判例法是一种法律，而判例不是。这种差别，即使在英美法系国家的一些著述中也可以看到。比如，《牛津法律大辞典》认为，判例法是司法判例中所规定的法律原则和规则的一般用语，是根据以往法院和法庭对具体案件的判决所作的概括。判例法的根本之处不在于对以前判例的汇编，也不在于法官和其他裁判人在此后的案件审理中能够从先前的判例中得到帮助或指导，而是在于它把先前的判例看作一种规范，并且期望从中得到根据惯例应该、并且在某些情况下必须遵循和适用的原则或规则。而且，作出判决和发表法律意见的高级法院在这样做时存有以下的认识，即它们正在确定规则的判决将会并且有时必须为此后的法院在今后所遵循。[①] 因此，我们认为，判例法应该被看成是一种法律、法律制度或法律体系，是创制判例、借鉴以至遵循判例的一整套的法律制度，而判例本身则只表现为一个一个的司法判决。

二、刑事判例的概念

（一）刑事判例的定义

在界定了判例的概念之后，刑事判例的定义也就不言自明了。本章给刑事判例下定义如下：刑事判例是法院的一种刑事判决和裁定，它所确立的法律原则可以在以后审理类似刑事案件时加以参考、借鉴甚至遵循。

---

① 参见《牛津法律大辞典》，140页，北京，光明日报出版社，1988。

刑事判例是判例的一种，此外还有民事判例、行政判例等几类。刑事判例区别于其他类型的判例的重要特征，就是它是刑事司法活动的产物，具体表现为法院所作的刑事判决和裁定，其中所确立的法律原则主要对以后的刑事案件产生影响作用。

在英美法系国家，由于判例是法的主要渊源之一，其中所确立的法律原则本身即是一种法律规范，判例一经作出，不仅对本案当事人产生法律效力，而且在一定条件下，以后的法院也必须像遵守制定法一样，遵循这些判例所确立的法律原则。因此，英美法系国家刑事判例中所确立的法律原则的内容十分广泛，既可以是对有关制定法的创造性解释和适用，也可以是对制定法中没有规定的内容加以确认和规定，从而起到一种直接的法律渊源的作用。在我国以及其他一些成文法国家，由于判例不被认为是法的渊源，因而判例中所确立的法律原则往往只能限于对既成的制定法的解释和适用。

（二）当代中国有无刑事判例之论

在新中国成立后的30年中，我国虽然制定了宪法以及一些成文法性质的单行法规，但一些重要的基本部门法如刑法等并没有制定出来，审判工作基本上依靠党和国家的政策，这就使审判工作和国家的司法控制成为很困难的事。于是，根据毛泽东同志“不仅要制定法律，而且要编选案例”的指示精神，最高人民法院作出规定：运用案例的形式指导审判工作，由最高人民法院和高级人民法院选定案例，经中央政法小组批准，发给地方各级人民法院比照援引。1979年《刑法》颁布以后，编选刑事案例的工作曾经暂停了一个阶段。从1983年起，最高人民法院又开始以各种形式发布案例，截止到1987年年底，最高人民法院正式发布的各种案例共有293个。从1985年《最高人民法院公报》在国内外公开发行以来到1994年的10年间，公报上刊载的刑事案例有69个。诚然，这些案例在司法实践中发挥了重要作用，以发布刑事案例来指导刑事审判工作的形式也得到了实践部门的欢迎。但是，能不能说这些刑事案例就是刑事判例呢？在理论界有许多人对此作了肯定性的回答或默示，有的学者甚至认为这就是有中国特色的

判例制度。但是，我们必须指出，判例与案例作为两个不同的概念，它们之间尽管有一些共同之处，但毕竟还存在着很大区别。因此，公报上公布的那些案例不能看作是判例，也就是说，我国目前并不存在刑事判例，更谈不上有刑事判例制度的存在。

作为刑事判例，不仅仅在于它是已经生效的刑事判决和裁定，更重要的是它确立了一项新的刑事法律原则，这一法律原则可以是原来刑事判例或制定法中没有规定的，也可以是对既有规定的新的解释和适用。总之，从理论上说，在判例制度下，刑事判例可以突破以往判例确立的惯例或制定法的规定，从而创制出一项全新的刑事法律规范或者刑事法律的适用原则。例如在英国刑事法的历史上，刑事判例曾经可以创制出一种全新的罪名及其法定刑。而我国目前存在的刑事案例，不仅不能创制出新的刑法规范，而且就连对既有刑法规范的带有某些创见性的解释和适用的案例也是很少见的，许多案例之所以被作为典型公布出来，重在其社会教育的作用，对于指导各级司法机关准确地适用刑事法律则无太大的意义。

当然，在没有刑事判例的情况下，许多刑事案例的公布对于刑事司法实践也起到了积极作用，有的甚至起到了“判例”的某些作用。从内容上看，有些刑事案例基本上具有了刑事判例的某些特征，在某种意义上说也可以看成是刑事判例。如阿利穆拉多夫·沙米利·哈吉—奥格雷劫持飞机案①、朱佳杰盗窃国家重要机密案②、马晓东侵占他人财产类推案③等，以及其他一些创见性地适用法律的案例，如左成洪等以制造、贩卖有毒酒的危险方法致人伤亡案④等规范了刑法规定的“以其他危险方法致人伤亡”行为定何种罪名的问题，李金城等投机倒把、受贿案⑤则确立了法人投机倒把案件中没有“中饱私囊”的主管责任人员也

① 参见《最高人民法院公报》1986年第2号。
② 参见《最高人民法院公报》1988年第3号。
③ 参见《最高人民法院公报》1990年第1号。
④ 参见《最高人民法院公报》1985年第3号。
⑤ 参见《最高人民法院公报》1986年第1号。

应追究刑事责任的原则。尽管有这样的案例存在，但最高司法机关毕竟还称其为“案例”，而不是“判例”。因此，我们认为，不宜把我国目前的刑事案例直接就看成是刑事判例。

（三）建立刑事判例制度的必要性

我国目前只有刑事案例而没有刑事判例，表明了中国刑事法律体系的一项缺陷和空白。在当代两大法系越来越呈现出互相接近与融合趋势的今天，反观我国的实际不难看出，发挥刑事判例在法律调整中的作用，建立我国的刑事判例制度是十分必要的。

首先，从法制发展史来看，无论是单纯的制定法还是单纯的判例法，都不可避免地存在着某些自身的局限性。因此，出现了互以对方作为补充的趋势：实行判例法的英美等国，出现了越来越多的制定法，而实行制定法的法德等国，也越来越重视判例的作用。两大法系之间的相互借鉴，使得制定法和判例法在同一个法律体系中互相补充，相得益彰，从而使法律体系更趋安全、稳定。在中国，制定法的缺陷是通过什么形式来弥补的呢？实践中，人们常常寄希望于立法解释和司法解释。在法律调整任务日益繁复，法律规定也颇多缺陷的时候，立法解释和司法解释自然在理论上和实践中都备受关注。然而，立法解释和司法解释在协调法律规定与社会需要方面，仍然有很大的局限性。立法解释具有复杂严谨的程序要求，往往不能及时解决司法审判实践中提出的问题。司法解释具有迅速灵活的特点，在指导司法实践方面发挥了重要作用。但是，一般说来，司法解释难以结合具体案件事实去说明某一法律规定的意义，解决问题的针对性不够强，往往不能据此直接决定解决问题的具体方法并推导出判决结果。有些司法解释还需要进一步解释才能更明确具体，直接为审判实践所采用。

建立刑事判例制度，虽然不能取代刑法立法解释和司法解释，但却能在一定程度上弥补二者的不足。一方面，对于某些法律规定比较抽象模糊，实践中难以准确理解执行，而一时又来不及进行解释的问题，可以公布一些判例，从各个角度揭示法律对这些问题所作规定的可能包括的各种含义。这样，难以通过逻辑演

绎来把握法律规范的，便能通过判例的经验归纳来达到。另一方面，判例通过处理特定的案件事实，使抽象的法律文字具体化和清晰化的同时，亦具有了解决问题的极强的针对性，一般说来，同类案件可以从中直接推导出判决结果。

其次，建立刑事判例制度，有助于强化刑法对社会关系调整的力度和范围。马克思主义告诉我们，法律对社会关系的调整是一个动态的调整过程，是法律规范的稳定性与适应性的矛盾统一。法律作为主观意志的产物，其规范性和预测性要求它必须是稳定的，而法律所要调整的社会关系则处于变动不居的状态。因此，任何法律规范都不可能把所要调整的社会关系详尽具体地包罗无遗，更不可能与未来发展的社会关系吻合得天衣无缝。这样，法律体系内部就呈现出一种永恒的、难以彻底解决的冲突倾向：法律规范的稳定性与其对社会关系的适应性之间的矛盾。整个法律调整的任务就是要寻找这一矛盾的调节器。大量立法，及时补充、修改法律，适时地颁布单行法规以及颁布最高司法解释等，都不失为一些好办法，然而实践证明，它们往往都失之烦琐和迟缓。由于判例具有灵活、具体、适时、针对性强等特点，因而成为解决这一矛盾的重要调节器。在刑法规范调整体系内部，刑事判例同样具备这一功能。因此，在刑法规范调整的形式上，我们不应再拘泥于成文法的唯一性，应该承认刑事判例调整这一有效的形式并将其纳入刑法规范调整体系。这样做既可以弥补刑法规范一般调整的缺陷，使之更为充实从而扩充其调整范围，又可以强化其个别调整功能，从而加强其调整力度。刑事判例与刑法规范兼容并行，相得益彰，使刑事法律规范能够最大限度地包容社会关系，最充分地进行法律调整，最大限度地承受社会关系发展变化的冲击，进而能够充分地发挥刑法对社会关系的调整功能。

再次，刑事判例可以为刑法实施提供具体的范例，这将有助于刑法实施的统一。在成文法国家，法不仅存在于立法者制定的法律规范中，也存在于法官对于这些规范的解释之中，因为成文法既然是原则的概括的规定，那么，在它的实施过程中，司法人员自然就具有较大的自由裁量的余地。在这个限度内，究竟怎样具体适用法律，就取决于司法人员对于法律规范的解释了。司法人员的这种自由

裁量权是一种双刃武器。一方面，它可能使法律的实施充分体现立法者的意图，甚至使立法者始料未及的问题也得到尽善的处理。另一方面，它也可能违反立法的初衷，甚至与立法者的原意背道而驰。这就要看司法人员的素质如何了。在我国，当前大多数司法人员的素质尚不很高，保持刑法实施的统一有很大难度。如果确立了刑事判例制度，那么，刑法的统一实施又增添了一种具体的参照。由于这个参照是对复杂纷繁的案件的具体分析和对法律作出的合理的解释和适用，并且是依照法律作出的比较恰当的处理，司法人员便能据此从抽象具体的原则回到具体的案件，直接从判例所示的具体范例中得到启迪。这样，司法人员的自由裁量就由于有了具体的参照尺度而不致相去太远，从而能尽量保证刑法实施的统一。在这个意义上，似乎可以说，在中国确立刑事判例制度，其意义更大于在法德这样的司法人员素质普遍较高的大陆法系国家。

（四）刑事判例的地位

判例在一国法律体系中的地位如何，主要取决于两个因素：其一，判例是否是该国的法律渊源（理论上还是实践上的）；其二，判例对司法实践的实际影响。在英美法系国家，由于法律体系是以法院为中心建立起来的，因而法院创制出的判例也就成了法律的主要的和正式的渊源，这不仅在理论上得到公认，而且在实践中，甚至制定法也需要以判例的形式通过法院的解释和适用才能确立其实际地位，发挥实际的作用。因此，在英美法系国家，判例无论在理论上还是实践中都是占主导地位的法律渊源。

在我国，刑事判例不应该也不可能成为刑事法律的渊源。这是因为，我国的根本制度是人民代表大会制度，国家的一切权力属于人民，人民通过立法机关统一制定刑事法律，并通过司法机关统一适用刑事法律。我国的法律创制体制的基础是立法权和司法权的严格划分，立法机关通过细致并带有预见性的成文立法，构筑了法律的确定性规范。从立法上讲，追求立法权的高度集中，并不欲给法院留下制定判例法、确立新的法律渊源的余地，司法中也不允许法官造法。以事实为根据、以法律为准绳是司法活动的基本准则。

既然刑事判例不应成为我国刑事法律的渊源，因而也就不应该具有普遍的法律约束力。在我国的刑事法律制度中，刑事判例的地位应低于最高司法机关创制的刑法司法解释，它只能居于辅助性的地位。具体地说，(1) 在我国，人民法院审理刑事案件必须以现行的刑事法律为依据，刑事判例作为对刑事法律的解释和适用，其内容和原则不得同现行刑事法律的内容和原则相违背，否则刑事判例无效。(2) 在刑事法律或刑法最高司法解释有某些方面表述不够充分、不够具体或不够完整时，刑事判例通过对具体案件的处理，可以对其详细阐释和说明，具有一定的补漏性，但必须同刑事法律总的精神相一致。由此可见，我国要建立的刑事判例制度同英美法系国家中以判例为主要法律渊源的判例法有着本质的区别，这正是中国刑事判例制度的特色所在。

第二节　中国历史上的刑事判例

一、中国古代的刑事判例

古代中国的法律素以“刑民不分”、“诸法合体”为特征，并且刑法始终是最主要的法律形式。因此，古代中国的判例也主要是刑事判例。

援引成案作为判处新案的根据，从而赋予成案的判决及其原则法律效力，这在我国历史上有着悠久的传统。早在殷商时期的习惯法中，在司法活动中就曾实行“有咎比于罚”的原则，即有了罪过，比照对同类罪过进行处罚的先例来处理。这时就产生过一系列的判例。①

到了西周、春秋时期，刑事判例的创制和适用已具有一定的规模。晋国大夫叔向说过：“议事以制，不为刑辟。”② 这是对那时司法特征的高度概括。意思

① 参见武树臣等：《中国传统法律文化》，168页，北京，北京大学出版社，1994。

② 《左传·昭公六年》。

是，参酌引用既有的判例来定罪量刑，不预先制定包括什么行为是犯罪又当处以何刑的成文法典。这里的“事”就是判例；“议”是选择、评判、研讨之义，亦即“比叙其事而赏罚”之义。[①] 在世卿世禄的贵族政体下，政治权力连同从事政治法律活动的知识、习惯、常规、技能、艺术、方法等一齐按照“嫡长继承制”的链条传递下去。前车后辙，上行下效，前事不忘，后事之师，祖辈的行为、言论、典章、旧例对后辈具有巨大的影响，而“议事以制”所强调的对先例的遵循正是“敬天法祖”、“帅型先考”的时代风尚在司法领域中的体现。[②]

统一的封建国家建立以后，随着封建法典化的发展，刑事判例也经历了不断发展的历史过程，尤其是在秦汉、宋元和明清时期，形成了相当发达的局面。

秦代的判例称为“廷行事”或“行事”，这在《睡虎地秦墓竹简》中有广泛的记载。《睡虎地秦墓竹简》作为可靠的秦代法律历史资料，记载了当时不仅制定了相当完备的成文法，而且在司法实践中广泛地实行援用判案成例作为依据的制度。例如，“求盗追捕罪人，罪人挌（格）杀求盗，问杀人者为贼杀人，且斲（斫）杀？斲（斫）杀人，廷行事为贼”[③]。这段话意思是，求盗追捕人犯，罪犯击杀求盗，问杀人者应作为贼杀人论处，还是作为斗杀人论处？系斗杀人，但判例以贼杀人论处。再如，“‘毋敢履锦履’。‘履锦履’之状可（何）如？律所谓者，以丝杂织履，履有文，乃为锦履，以锦缦履不为，然而行事比焉”[④]。意思是，法律规定不准穿锦履。何为“履锦履”？法律上的“锦履”是指用不同色彩的丝织成的，且有花纹，仅用锦作鞋帮，不算锦履，然而判例却同样论处。

“行事比”是秦汉之际流行的法律概念。所谓“行事”，《睡虎地秦墓竹简》中注引王念孙《读书杂志》四之十二《行事》谓：“行事者言已行之事，旧例成法也。汉世人作文言‘行事’‘成事’者，意皆同。”所谓“比”，或谓“比照”、“比附”、“比拟”。从法律的规范意义上说，比照类似条款可解为类推，如秦简中

① 参见《周礼·地官司徒·遂师》。

② 参见武树臣等：《中国传统法律文化》，216～217页，北京，北京大学出版社，1994。

③④ 《睡虎地秦墓竹简·法律答问》。

之“殴大父母（按：祖父母），黥为城旦舂。今殴高大父母（按：曾祖父母），可（何）论？比大父母”①。但是，比照同类案件则应解为援用判例。因此，《礼记·王制》郑玄注称“已行故事曰比”，《汉书·刑法志》颜师古注谓“比，以例相比况也”。“行事比”的含义所指，当为后者。

汉代决事比的发展，明显是因袭历史的产物，是“汉承秦制”的结果，但其发展却远远超过了秦代。到了武帝年间，律令已达359章，其中大辟409条，1 882事，可死罪决事比就已发展到13 472事，由此可见其规模之宏大。其中比较著名的是“春秋决事比”，即由“春秋决狱”活动积累起来的判例。汉代的春秋决狱活动从汉武帝时起即由著名大儒公孙弘、董仲舒等人提倡，他们以春秋经义比附刑律，创制出众多的判例即“决事比”，在司法实践中起了重大作用。董仲舒写的《春秋折狱》16篇232例，在当时已由审判实践广泛引用。据《汉书·食货志》记载，董仲舒晚年虽“老病致仕”，汉武帝仍“数遣其廷尉张汤亲至陋巷，问其得失”，还命董仲舒的弟子吕步舒“持斧钺治淮南狱，以春秋谊颛于外”②。汉昭帝时，发生了一起伪称卫太子案，京兆尹隽不疑根据《春秋》之义定为罪人，下之诏狱，得到了汉昭帝的赞赏，说：“公卿大臣，当用经术，明于大谊。”③

决事比是汉代判例的典型形式，但不是唯一的形式。1981年9月，甘肃武威县汉墓出土的篇题为《王杖诏书令》木简26枚，记载了西汉成帝年间实行尊老、养老，高年援王授王杖（鸠杖）的诏令。规定对王杖主“非首杀伤人，毋告劾，它毋所坐”，“吏毋得擅征召，狱讼毋得”，“吏民有敢骂殴詈辱者，逆不道”，等等，对汉律及此前的诏令作了补充修改。值得注意的是，这个诏令中同时收录了相当数量有关侵犯王杖主的判例。例如，庶民汝南郡王世安、陇西张汤“坐桀黠，殴击王杖主，折伤王杖，弃市”；地方官吏南郡亭长司马护“坐擅召鸠杖主

① 《睡虎地秦墓竹简·法律答问》。
② 《汉书·食货志》。
③ 《汉书·隽不疑传》。

击留弃市”；“长安东乡啬夫田宣坐击鸠杖主，男子金里告之，弃市”；“亭长二人、乡啬二人，白衣民三人，皆作殴辱王杖功，弃市”，等等。这些判例均作为《王杖诏书令》的组成部分收存其中。这个材料说明，汉代的判例除比或决事比外，令或诏令有时在某种程度上也具有了判例的特点。

宋代出现的“断例”及其编纂，是我国古代判例发展的新形式。宋代的断例，就是断狱的成例，也就是判例。宋代在强化中央集权的封建专制主义过程中，皇帝不断颁布敕令，并且经常汇编，以使敕令具有常行法的性质，出现了“以敕代律”的情况。同时“以例破法”也很普遍，把一定时期皇帝和法司所审断的案件，通过编纂程序加以确认，使之具有普遍性、经常性法律效力，从而进一步提高了判例的地位。这种断例的汇编，见于现存历史文献记载的，在北宋时期有《熙宁法寺断例》、《元丰断例》、《熙宁绍圣断例》、《元符刑名断例》、《崇宁断例》等。南宋以后，因“断例散逸”，所以在高宗建炎年间，不得不依靠“人吏省记”，而在司法中加以援用。以后陆续出现了《绍兴刑名疑难断例》、《乾道新编特旨断例》、《开禧刑名断例》等。断例在宋代法律制度中是普遍实行以例断案的基本依据；即使是在奏谳的案件中，也采用附具成案的方式，称为“贴例取旨”[①]。

元代的判例亦称断例，但在编例形式上有别于宋代，即采用诏制、条格、断例混合编制的形式。元仁宗即位之初，“命右丞相阿散、平章政事商议中书省事刘正等，择开国以来法律事例，汇集折衷，以示所司。其大纲有三：一曰诏制，二曰条格，三曰断例，经纬于格例之间，非内外职守所急者，亦附载之，名曰别敕”[②]。制定于元英宗至治三年（1323 年）的《大元通制》共 2 539 条，其中除诏制、条格、令类外，有断例 717 条。元顺帝至正五年（1345 年）又以“朝廷读降诏令，法司续议格例”编成并颁行《至正条格》，其中“诏制百有五十，条格

---

① 《宋史・刑法志》。

② 《新元史・刑法志》。

千有七百，断例千五十有九"①。由于元代没有完备的法典，而以诏制、条格、断例杂而为法，因而可以说，在元代，判例就是法律。据元人郑介夫《上太平策》一文记载："今天下所奉以行者，有例可援，无法可守"，"内而省部、外而郡守，抄写格例至数十册，民间杂采敕旨条刊成帙日断例条章、曰仕民要览，家置一本，以为准绳"，"审囚决狱，官每临郡邑，惟具成案，行故事"②。可见元代判例地位之重要。

明清两代判例的发展比较复杂，以往的研究也众说不一，问题的核心是"例"的性质。据沈家本考证，"律外有例，明初已然持未纂为一书。弘治初，李鐩始有删定之请，十三年成书。其后嘉靖中两次修改。万历十三年，舒化又重修之……其初问刑条例，律外单行，舒化始修附于各律之后"③。明代自洪武创制，律例并行；弘治、嘉靖年间，以问刑条例为标志，出现编例；万历时，以例附律，开创了明清以后三百年间律例合编的法律形式。例是律的补充和辅助，但有时却可以变通律文。例的来源有二：其一是皇帝的诏令；其二是刑部就具体案件所作出的、并经皇帝批准的判决。其中后一种更为普遍。因此，把明清的例全然说成是判决例，或者完全否认其判例性质，都是不全面的。从明清的律例、条例、则例、会典等所载例的内容和形式考察，例可以表现为条令或细则，也可表现为判例，其中多数是案件判决的规范化，有的仍保留判例的"原貌"。因此，美国著名汉学家 D. 布迪和 C. 莫里斯在其合著的《中华帝国的法律》一书中认为，明清的例具有"判例"的意义。由于它多数不是判例的全文实录，而主要是判例中关于审判原则的阐述，因此带有明显的法律规范的性质。上述二位学者甚至直接就把"例"看成是"法律规范的一种"，是对基本法律规范——"律"的补充。④ 关于律和例的适用，在清代，普遍遵循这样一条原则：对于某一案件可

① 《四库全书总目》卷八十四。

② 《历代名臣奏议》卷六十七。

③ 《沈寄簃先生遗书甲编·刑法考·律令九》。

④ 参见［美］D. 布迪、C. 莫里斯：《中华帝国的法律》，60 页，南京，江苏人民出版社，1993。

以同时适用律和例时，通常以例为依据进行判决，而不是以律为依据；在例与律内容不相吻合，甚至互相冲突时，仍适用例，而不适用律。[①] 因此出现所谓“以例代律”甚至“以例破律”的局面。

在清代，除律例之外，在司法实践中还有更多的“成案”用以援引比附。成案，就是案例，从其实际效用上看，可以说就是判例。虽然清律有明确规定：“凡断罪皆须具引《律例》，违者笞三十。”[②] 从清代刑档中也可看到，徒流死罪的结案，特别是斩绞，无一例外地都引用一定的律例条文，遵循“断罪引律令”的原则，已成为固定的格式，谁也不会因此疏忽而招致处分。但是在司法实践中，定罪量刑却大量地依靠“成案”。关于成案，法律并不禁止，只是加以限制，应当上奏皇帝批准“通行”。乾隆三年（1738 年）规定：“除正律正例而外，凡属成案，未经通行著为定例，一概严禁，毋庸混行牵引，致罪有出入。如督抚办理案件，果有与旧案相可援为例者，许于本内声明，刑部详加查核，附请著为定例。”[③]

成案在司法实践中的作用如何？汪辉祖说：“成案如程墨。”[④] 何为“程墨”？就是科举时代的应试之文，专门卖与求售心切的士子，有了程墨便可丢开经书，程墨是科举应试的捷径。把成案比作程墨非常恰当。清代幕吏治刑名之学，办理狱讼离不开成案，随意比附援引，律例反倒不顾。断罪求诸成案，比附的结果可能又会被编为新的条例，即所谓的“因案生例”。《大清律例·贼盗·发冢》有“指称旱魃刨坟毁尸”条，看来肯定是很奇特的一种犯罪，据薛允升考订为嘉庆九年（1804 年）仲二等“捏称李宪德尸成旱魃，纠众刨毁”一案，奉旨纂为条例的。[⑤] 有关此案的详情是这样的：嘉庆九年（1804 年）山东省高密县久旱不

① 参见［美］D. 布迪、C. 莫里斯：《中华帝国的法律》，62 页，南京，江苏人民出版社，1993。

② 《大清律例·断狱·断罪引律令》律文。

③ 《大清律例·断狱·断罪引律令》乾隆三年定例。

④ 《佐治药言》。

⑤ 参见《读例存疑》卷三十一。

雨，有人发现城郊村民李宪德（年初病故）的坟土潮润，纷纷传说李的尸体变成了“旱魃”。各村民众集合要刨打旱魃，为首的仲二高喊：“不能顾他一家，害及阖邑百姓!”众人齐声附和，不顾李家阻拦，刨坟开棺，李的尸体竟没有腐烂，众人说实系旱魃，共相击打烧毁了尸体。① 不管今天看来仲二等人的举动是多么愚昧可笑，但在当时掘坟开棺鞭尸却是严重的犯罪行为，此案更令审判官员头疼，该怎么处理呢？清律载：发冢开棺见尸者绞（监候，入情实），但发冢的目的一般不是图财就是挟仇，仲二等是因“祈雨打旱魃”，例无治罪名文，只好求助成案了。知县“援引远年成案”，比照“冢未埋先穿陷开棺见尸律”拟仲二杂犯绞罪（准徒五年）。但是巡抚认为太轻纵了，仲二应照本律绞候，上请减一等为流。山东巡抚为此奏请皇帝裁夺，嘉庆朱批“刑部核拟具奏”。刑部原则上同意了巡抚的意见，仲二应照“发冢开棺见尸律”拟绞监候，如查无别情，秋审入于缓决，比本律入于情实稍轻。这个案子实在太罕见了，以致比照都无从比起，为了今后再出现这类案件好有所遵循，特奉旨纂入条例，于是《律例》又多了“指称旱魃刨坟毁尸”一条。这就是因案生例的典型例证。

成案的法律地位如何？成案应是应用《律例》条款的范例，它的法律地位与律、例相一致。成案之所以具有法律效力，在于它应当是奏准“通行著为定例”的，也就是说要得到皇帝批准。是否清代所有的成案都是奏准以后才“通行”的呢？显然不是。从理论上讲，凡是已结的斩绞案件，秋审已毕的实、缓审件，都是经皇帝本人御批的，都是“正确”的，所以如果有引用，谁也不能、不敢说不对。成案，不管是“通行”的，还是漫无可考的“远年旧案”，或是新结而尚未奏准“通行”的，都保持着法律效力。在司法实践中，成案起着补充《律例》之所不足的作用，并比《律例》更灵活，“《律例》为有定之案，而成案为无定之《律例》”②。

---

① 参见《朱批奏折》法律类，监狱解护 7 号。

② 许植、熊壁臣：《刑部比照加减成案》，熊序。

另外，驳案也是一种特别的成案，各省审结案件或秋审核拟的案件定罪量刑不当，被刑部奏准皇帝驳回，就是驳案。驳案从反面提供了例证，法司下次再审理此类案件时，当然会引以为戒，不致再遭驳斥。

在清代的司法实践中，如何使案件的审理既符合既定的《律例》条文，又能灵活参考各种成案？如何协调“法”与“情”？清朝统治者认为，还是应由法司——司法官吏来“衡情准法，随案详求”，依靠法官对法律的理解，而总体把握律例界限的是皇帝自己。统观清代的司法实践，虽然每案都引用了律例条文，但案情叙述、罪名核拟都在比照各种成案，尽量规避各种驳案，结果是移情就案，牵强附会，千案一样，甚至想驳都无从驳起。光绪九年（1883年）刑部奏称：“臣部核复各省案件，每年不下数千起，而情节相似者比比皆是，不特参观一省之案而与后如出一辙，即合校各省之案彼与此亦多雷同，其所叙内只寥寥数语，驳之无隙，实皆移情就案，悉属故套。”① 从立法技术上讲，法律以定期修订、补充的条例来制裁各种违法犯罪，但是终因“法条有限而情伪无穷”，致使各种奏准通行的、未通告的成案泛滥成灾。②

二、中国近现代的刑事判例

鸦片战争后，随着西方政治法律思想和政治法律制度（特别是大陆法系）不断传入我国，封建法制的一统天下终于陷于崩坍。中华民国建立后，吸收了清末修律的成果，并模仿资本主义国家进行了大量的立法活动，制定了诸如宪法、刑法、民法、诉讼法、商法、行政法等新式的成文法典、法规。但是，中华民国时期的法律形式虽以成文法为主，但判例仍起重要作用，尤其是刑事判例，作用比之于封建社会并不逊色多少。北洋政府时期，由于条件限制未能进行大规模的成

① 《刑部案卷》91号。

② 本节中关于清朝“成案”问题的叙述，主要参阅了郑秦：《清代司法审判制度研究》，长沙，湖南教育出版社，1985。

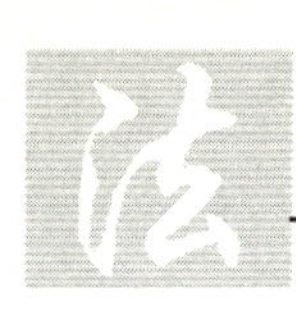

文立法，又不能完全沿用清末立法，因此在审判中由大理院创制出了大量的判例，供各级法院遵循。据不完全统计，自1912年至1927年间，大理院汇编的判例就有三千九百多件，公布的解释例也有两千多件。根据当时的《法院编制法》第45条规定，凡大理院所作之判词，都具有法律效力，下级法院不得争论。北洋政府的法律实践可以说是对中国历代判例制度的一次回顾。

国民党政府统治时期，虽然制定出了大量的成文法典、法规，在刑事法律方面有1928年制定的《中华民国刑法》(1935年重新修订公布)，另有众多的单行刑事法规，如1928年公布施行的《暂行反革命治罪法》、1931年公布的《危害民国紧急治罪法》、1936年公布施行的《惩治盗匪暂行办法》等十余件，但是，在审判实践中仍然大量适用司法部和最高法院的判例、解释例，甚至援引北洋政府大理院的判例。同时，此间还进行了许多判例、解释例的汇编，如《大理院判例全书》、《大理院解释例全文》、《最高法院判例汇编》、《最高法院刑事判例汇编》、《最高法院判例要旨》、《司法院解释最高法院判例分类汇编》等，蔚为大观。乃至国民党政府司法院长居正称：中华民国十八年（1929年）民法颁布之前，支配人民生活的，几乎全赖判例。其实，不仅民事判例如此，刑事判例更是国民党政府迫害广大群众和共产党人的极好的借口。

三、刑事判例的地位及作用

在漫长的中国历史上，勤劳而智慧的中国人民创造出了举世瞩目的灿烂文化，发达的传统法律文化就是其中的一个重要组成部分。传统法律文化的发达当然首先以历史悠久、体系完备的成文法或法典为标志，但也应客观地承认，判例，尤其是刑事判例在中国法律发展史上所占据的重要地位以及它所起的重要作用。

法律作为人类的特殊行为规范，起初总是通过局部的个别的审判活动来体现的，因而判例也就表现为带有很大偶然性的司法实例。这大体上主要存在于殷商甚至其以前的时期。到了西周、春秋时期，司法组织如司寇逐渐地独立出来，司

法活动也逐步趋于经常化，而当时尚处于成文法的萌芽阶段，成文的立法十分少见并且极为粗陋，因而在司法活动中非常注意参考和比照前人的成案或判例。同时，在司法过程中也不断地创制判例，以便在未来加以援引。如《师旅鼎》文末有“告中史书”一语，即让史官将此案判决记录下来；《倂匜铭》记载，司法官伯杨父在结案后，让两个官吏将判决结果登记在计簿上。在长期的司法实践中，曾经形成了一些重要的司法原则，如“仿上而动”、遵循先例的原则；“无从非彝”、“上下比罪”的原则；“广谋众咨”、“集人来定”的原则；“纂修其绪，修其训典”的原则；“非礼勿籍”，无害后世的原则；“作事应时”、“大事不法”的原则[①]，等等。有人因此认为西周、春秋时代是“判例法”的鼎盛时代。我们认为，这种观点有一定道理，但由于历史资料的匮乏，仅靠后世点滴的文字记载来推测当时的司法状况，难免有主观臆断之嫌。不过，西周、春秋时期，由于成文法的不发达，“赋事行刑，必问于遗训，而咨于故实”[②]，导致对以往司法实例的重视，因而判例在当时的司法实践中所具有的重要性也是可以想见的。

战国以降，随着生产关系的变革和地主阶级登上政治舞台，“法治”思想逐渐取代了“礼治”而占据主导地位，萌芽于春秋时期的成文法也不断发展、完善，经魏李悝著《法经》到《秦律》的出现，成文法逐渐成为司法活动最主要的法律依据。统一六国后的秦朝统治者极端重视法律建设，使“天下事无大小皆决于法”。但在法律实践中，秦的法律除法、律、令以外还应包括“事”，即行事或廷行事，也就是判例。秦之“事”有以下功用：其一，律无明文，事以论之；其二，虽有律文，事以更之；其三，律令之外，事以立之。[③] 可见，判例仍居于一种法律渊源的地位。

秦汉以后，历代封建王朝都非常重视制定以刑为主、诸法合体的综合法典。但是，由于成文法典不可能包罗无遗，又难于朝令夕改，而社会生活的节奏日益

---

① 参见武树臣等：《中国传统法律文化》，217～218页，北京，北京大学出版社，1994。

② 《国语·周语》。

③ 参见武树臣等：《中国传统法律文化》，327～328页，北京，北京大学出版社，1994。

加快，故常常出现法典与社会现实生活脱节的现象。为此，封建王朝除随时颁布大量法令之外，还不断创制和适用判例。西汉的“春秋决狱”可以说是儒家思想支配司法的开端，但也折射出判例对司法活动的实际支配作用。以后，历朝的决事比、故事、法例、断例、例以及成案等，都标志着判例一脉相承、经久不衰的独特地位。由于判例是在法无明文规定或法条明显不宜适用的条件下创制和适用的，又一般经过皇帝的亲批，因而，在特殊历史条件下，判例一般具有比成文法更为有效的作用。封建朝廷在无条件立法和修订法典的情况下，也自觉地创制和适用判例来弥补成文法典之不足。在整个封建时代的审判活动中，始终贯穿着这样的原则：“法所载者，任法；法不载者，任以人”；“法所不载，然后用例”[①]。这就实践了荀子的名言：“有法者以法行，无法者以类（判例及法律意识）举。”[②] 综而述之，当成文法典比较完备宜于社会实际时，封建王朝往往推崇成文法而严格限制甚至排斥判例的创制与适用，如唐代；当成文法典尚未出现或现行法典明显不宜于社会生活时，则创制和适用判例，以指导全国的司法活动。判例积累到一定程度，经过一定程序又上升为法条。[③] 这种情形在我国封建社会的大部分时期都非常普遍。

在清末修律活动中，虽然沈家本等人对中国历史上创制并适用判例的传统进行了一定的批判，并把罪刑法定原则明确地写进了刑法典，但是，并未能阻止随后建立起来的全国最高审判机关——大理院创制判例。北洋政府统治时期，基本援用了清末公布的法律，刑事法律方面仅将《大清新刑律》中与共和国体相抵触的一些章节删修后，改名为《暂行新刑律》，照准施行。根据 1915 年《法院编制法》所赋予的权力，大理院开始不断创制各种判例。1918 年 8 月 7 日，大理院颁布的《大理院编辑规则》规定，中华民国八年（1919 年）首次出版《判例要旨汇览》一册，之后均按月编辑，半年度汇为一册。据不完全统计，从 1912 年到 1927 年，大理院汇编判例约有三千九百多件。这些文件都具有普遍约束力，实

---

① 丘濬：《大学衍义补・定律令之制》。

② 《荀子・君道》。

③ 参见武树臣等：《中国传统法律文化》，74～75 页，北京，北京大学出版社，1994。

际上成了另一种形式的法律。不仅各级司法审判机关将它作为处理案件的依据，“一般国人，亦视若法规，遵行已久”①。

从大理院公布的诸条判例要旨可以看出，其主要内容和作用表现在以下几个方面：其一，填补法典之空白；其二，弥补法条之缺欠；其三，注释法条之所谓；其四，划清法律行为之界线；其五，提出定罪量刑之具体标准；其六，明确诉讼之程序。② 由此可见，北洋政府时期的司法实践中，判例或者刑事判例都是成文法典的重要补充。

北洋政府的司法实践对以后国民党政府的法制产生了巨大影响。北洋政府大理院的判例经常被参考和援引。需说明的是，在国民党政府统治时期，不论是法典，还是法规都没有明文规定判例的效力，判例作为成文法的辅助形式，一般仅为下级法院之参考性依据。③但是，在司法实践中，判例又起着重要的作用。这主要表现为：一是判例一经公布，非经一定的法律程序不能变更。在该判例变更之前，任何与之不相符合或相悖之判决都不能成立。二是最高法院在三级三审制度中有最终的审判权，它有权废弃下级法院的裁判，自为判决或发回原法院重审。这就决定了下级法院在审判时，必须顾及最高法院能否通过此判决，而最高法院所持标准又是成文法及所公布的判例。三是由于存在严格的司法人员考核制度，若某一法官的判决常被驳回，必定要影响他的升迁，所以下级法院的法官为自身计，一般都不拒绝已成判例，而是以它为定罪量刑之标准。由此可见，国民党政府时期，判例虽然没有与成文法相同效力的明文法律规定，但在司法实践中却具有相当大的权威。

第三节　英美法系的刑事判例

判例是英美法系中的一个基本概念，从历史上看，它构成了整个英美法系的

① 武树臣等：《中国传统法律文化》，634 页，北京，北京大学出版社，1994。

②③ 参见武树臣等：《中国传统法律文化》，634 页，北京，北京大学出版社，1994。

基础，在此基础上形成的以遵循先例原则为核心的判例法是英美法系区别于大陆法系的一个重要特征。为了研究的深入，有必要首先了解判例以及判例法的历史。

一、英美法系判例制度的起源

通常认为，判例是英美法系的首要渊源，勒内·达维德甚至认为英美法系从起源上就是判例法。[①] 但在英美法系的源头——英国普通法的早期，判例并没有被认为是法的渊源，法官们也没有遵循先例的义务。

英国普通法发源于英格兰，一般认为，是在 1066 年诺曼底征服后才逐渐形成的。少数的诺曼底人为了维护对大多数的盎格鲁—撒克逊人的统治，建立了金字塔般的封建土地分封制和中央集权制度，包括设立了集立法、行政、司法职能于一体的御前会议（Curia Regis，有人译作“国王法庭”）。后来由御前会议中产生了皇家司法机关。为了缓和同被征服者的矛盾，征服者威廉一世一再宣布原有的地方习惯依然有效，由各地方法院继续适用。到中世纪后期，设在威斯敏斯特的皇家法院逐渐削弱并剥夺了地方法院的审判管辖权。不过在这一过程的初期，皇家法院还只是偶然地被人们选择作为解决争端的机构，并且诉讼还要根据以国王名义由大法官签发的令状来提起和进行，因而英国普遍法一开始就显示出了个案审理的特点。每个王室令状都是针对各个具体案件而颁发的，因此那时的“判例”还只是一麻袋琐碎的东西，不可能引起多少重视。严格地说，那时的判决还不可能称为“判例”，只能叫作“案例”。在那时仅有的几部著作中，很少有发现引用案例的情况。12 世纪末格兰维尔（Glanvill）所写的关于普通法的第一部著作《论英国法律和习惯》中仅仅引用了一个判决。生活在 13 世纪末的王室法官弗莱塔（Flata）和亨海姆（Hengham）几乎没有引用过一个判决。当然，这并

① 参见［法］勒内·达维德：《当代主要法律体系》，344 页，上海，上海译文出版社，1984。

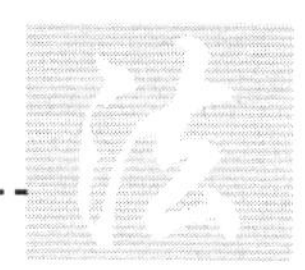

不是说当时的法官对早先的判决完全漠视。在 12 世纪时也确曾有法官引用过较早的案例，而且，他们在作出判决时亦受到前例的影响。在 1179 年前后理查德·费兹·尼格尔（Richard Fitz Nigel）说："有些案例、事件的原因和判决的理由都含混不清，但仍足以引为先例。"① 只是，在先例的记载既不可靠又极稀少的情况下，引用先例的做法不可能是普遍的和经常的。

随着封建制度在英格兰的发展，诺曼王朝的统治越来越稳固，皇家法院的管辖权也越来越扩大了，人们更经常地把争议诉诸皇家法院。这就逐渐产生了一种客观上的需要：对案件的处理要前后一致化和系统化，因为如果对案件的处理无一定之规，对相同或相似的案情采取完全不同的态度，那便违反了公平、正义的起码准则。公正的观念产生了对相同案件同样对待的原则。为使每一个判决符合这一原则，变得可预见，后来的法官就要了解他们的先辈是怎样判决的，必要时还要引证以前的判决来支持自己的意见。当然，他们考虑以前的判决可能还是出于寻找处理眼前案件的办法的愿望，正如勒内·达维德教授所说的："人们曾经关心过保证判例的结构严密，并且越来越经常地考虑以前的判决以求找到一项现有争端的解决办法。"②

14 世纪上半叶以后，法官处理案件时考虑先前判决的倾向显著增强。一位皇家法官曾说过："我认为，你在同样的案例中要同其他人保持一致，否则，我们就不知道法律是什么。"③ 一个多世纪后，高等民事法庭首席法官普利斯特（Prisot）不顾同僚们的反对，告诫人们，法院漠视早期的判决将造成怎样的不便。④ 虽然那时还未出现判决汇编，但所有案件的诉状和判决都记录在诉讼案卷中，而法官和为数更少的卓有成就的律师是有机会看到这些案卷的。尽管如此，

---

① R. W. M. Dias, "Jurisprudence", London, 1979, p. 163. 转引自梁治平：《英国判例法》，载《法律科学》，1991 (1)。

② [法] 勒内·达维德：《当代主要法律体系》，355 页，上海，上海译文出版社，1984。

③ 梁治平：《英国判例法》，载《法律科学》，1991 (1)。

④ 参见 [英] G. J. 汉德、G. J. 本特利：《英国的判例法和制定法》，载《法学译丛》，1992 (2)。

在登载判决的“法律报告”获得普遍的标准以前，严格的“遵循先例”还是没有的。大约在13世纪晚期出现了年鉴（year books），它是用诺曼底法语写成的关于法官和律师阐述案件争议的辩论记录，但它还不是判决报告，与后来的汇编很少有共同之处。“从现代意义上说，中世纪后期印行的《年鉴》并不是判例汇编，因为这类年鉴涉及作出的判决较少，而涉及法庭上口头辩诉的过程较多。通过这种过程，对要解决的问题作系统的阐述，但是，我们从《年鉴》中可以看到，引证判例已是很普遍的事了。对这类引证，一部分以那些已在《年鉴》上登载的案例为基础，一部分是根据记忆和专业传统。”[①] 但是在当时，认为先前的判决对法院具有约束力的意见，还是没有的。而且，即使随着在16世纪和17世纪中“年鉴”停刊后英国印行的一种多少有点现代类型的案例汇编出现，关于有约束力的判例学说的发展也是非常缓慢的。例如，1668年～1674年任职的英国普通法庭首席法官约翰·沃恩在指出了将对作出判决是必不可少的在法庭上的论证部分与仅仅是法官在审判中发表的附带意见部分区别开来是必要的之后，还继续说明，即使是必不可少的法庭上的论证，也可能被驳回，如果该项论证与基本原则相抵触的话。其后，在18世纪，曼斯菲尔德爵士认为，尽管判例可以用来说明原则，然而，法律所依据的原则不可能从个别案例中找出。

与此相适应，认为法院判例是一种法律渊源的观点在理论上也未得到认可。17世纪英国著名法学家马修·黑尔（Matthew Hale）爵士说：“法院判决……确切地说，并不能成为法律（因为只有国王和议会能立法）。”[②] 威廉·布莱克斯通（Willian Blackstone）这位著名的法律和法学家也说过：“他（指法官——引者注）发誓摒除一己之见，按照已知的国家法律和习惯来判决；他不是宣布新的法律，而是拥护和解释旧的法律。”[③] 正是在这种情况下，埃德加·博登海默指出：“这一观点在根本上是与那种主张先例构成法律渊源的观点相悖的，除非法律渊

① ［英］G.J.汉德、G.J.本特利：《英国的判例法和制定法》，载《法学译丛》，1992（2）。

② ［美］E.博登海默：《法理学——法哲学及其方法》，415页，北京，华夏出版社，1987。

③ 梁治平：《英国判例法》，载《法律科学》，1991（1）。

源这一术语是在不严格的非专门的意义上使用的。”[1]

进入19世纪，判例的发展进入了一个新的阶段，遵循先例的倾向越来越明确，并且逐步使遵循先例的原则走向绝对化。以前否认判例是法的渊源的观点成了众矢之的。例如，约翰·奥斯丁效法杰里米·边沁对否认判例是法的渊源的观点提出了严厉批评，他把此种观点称为“我国法官们所运用的幼稚的虚构，即审判法或普通法不是他们制定的，而是一种非人制定的超自然的东西，我猜想，它的存在是永恒的，而法官们只不过是在不时地陈述它而已”[2]。约翰·萨尔蒙德(John Salmond)爵士也坚持主张说，法官制定法律乃是毋庸置疑的，而且人们应该承认“法官们被赋予了明确无误的立法权，并且是在公开地合法地行使着这一权力”[3]。约翰·奇普曼·格雷坚持认为，“法官通常都制定追溯既往的法律，而且他们在判决中规定的规则不仅是法律渊源，而且就是法律本身”[4]。当然，对于严格的遵循先例原则的确立，起初是有争议的，这主要集中在法院是否要受自己先前判例的约束的问题上。在上议院，在1852年的布赖特诉赫顿案中，大法官圣·利奥纳德(St. Leonards)爵士同坎普贝尔(Carnpbell)爵士意见相左。圣·利奥纳德强调，“虽然上议院也像其他法院一样受自己判决的约束，从而不得在特别的案件中推翻自己的判决，但它并不受可能制定的任何一条法律规则的约束，如果在后来的场合，它应该找到理由背离这条规则的话；上议院也像任何一个法院一样，拥有改正它可能陷入其中的错误的固有权力”[5]。坎普贝尔倾向于另一种观点。他说：“根据我的印象，这个高级法院关于法律问题的判决，对于上议院本身和所有的下级法院都具有排他的效力。我认为，这是一种宣示法律的宪法方式，在这样的判决宣布以后，只有立法法案才可能对之加以改变。”[6]一般认为，直到1898年的伦敦有轨电车股份有限公司一案时，绝对的遵循先例原则才为上议院所接受。上议院认为：“上议院就法律问题所作的判

①②③④　[美]E. 博登海默：《法理学——法哲学及其方法》，417页，北京，华夏出版社，1987。
⑤⑥　梁治平：《英国判例法》，载《法律科学》，1991(1)。

决是决定性的……如果上议院的判决被认为是错误的话，只有国会的立法才能更改。”[①] 在上诉法院，确立先例拘束力原则也经历了差不多同样曲折的过程，这一过程一直持续到20世纪40年代。

二、先例的遵循与区别

遵循先例原则是判例法的核心，只有通过这一原则才能把一个个具体的千差万别的判例前后一致地贯穿起来，并形成一种“法”或法律制度。“法律必须稳定，但又不能静止不变。”[②] 任何一个法律体系都必然是确定性和适应性的统一。确定性是法律本身的可预见性的需要，适应性则是它服务于不断变化的社会的需要。那么，英美法系的判例法是如何体现确定性与适应性的统一的呢？这主要表现在先例的遵循与区别上。

先例有两种，有约束力的和有说服力的。先例是否具有约束力或说服力，不受个别法官意见左右，而是根据法院等级和一定规则确定的。遵循先例中所指的“先例”，是指有约束力的先例。这一原则的含义是：“法官在对他审理的案件作出判决时，不仅要考虑先例，即其他法官在已决案件中对与此相同或密切相关的问题作出的判决中所适用的原则，而且在一定条件下，他要受到已有判决的约束，接受并遵循特定先例所确定的原则，不管他个人是否赞同该原则。”[③]

先例的遵循依赖于具有等级制的法院系统。在英国，就拥有刑事管辖权的法院而言，它表现为下述几个由高到低的等级：上议院、上诉法院（刑事上诉庭）、高等法院王座庭、刑事法院以及治安法院。通行的规则是，受理上诉的法院或审判法官所作的判决对于其下级法院具有约束力，而且除了特殊情况外，这种判决也应该为其他同级法院所遵循。就英国的刑事判例而言，先例的遵循具体表现为

---

① 钟建华：《普通法遵循先例原则的形式与发展》，载《比较法研究》，1989（1）。

② ［美］罗斯科·庞德：《法律史解释》，1页，北京，华夏出版社，1989。

③ 《牛津法律大辞典》，850页，北京，光明日报出版社，1988。

以下几个方面：

1. 上议院创制的判例，对所有下级法院都有严格的约束力，并且一般情况下它也约束上议院自身。一个受到先例约束的法官可以不赞成先前有关的判例，但在适用法律时，他却必须遵循该项先例，这就意味着他必须作出他认为是错误的判决。1915 年巴克利大法官在一个案件中明白地表达了这种矛盾立场。他说："我不能够举出任何理由来证明我将要宣告的判决是正确的。恰好相反，假如我是自由地按照我自己的意见，按照我自己本来的理解能力去做，我就要说这（判决）是错误的。但是我必须接受权威的约束——当然，我的责任就是追随它——并且追随权威，我觉得我必须宣告我不得不作出的判决。"①

这里我们说"一般情况下上议院的判例也约束它自身"，意思是指，1966 年以前上议院的判例对自身也有严格的约束力，只是在 1966 年 7 月 26 日上议院的一项常规声明中，才明确宣布它将不受自身判决的约束。大法官加纳德在这项声明中这样说："上议员们把先例的使用看作不可缺少的基础，以它为基础决定法律是什么和法律对个别案件的适用。它至少可以提供某种稳定性，此种稳定性是个人处理其事务时可以信赖的基础，也是有条不紊地发展法律规则的基础。但是，上议员们认识到，过于机械地恪守先例可能导致特定案件的不公正和过分地限制法律的适当发展。所以，他们建议修改现行做法，本院虽将自己先前的判决视为具有一般的拘束力，但如他们认为合适，可以脱离自己先前的判决。在这一点上，他们不会忘记以下危险：回溯既往地动摇契约、财产协议和财政安排赖以存在和履行的基础，也不会忘记刑法对于稳定性的特别需要。本声明无意影响本院以外别的地方对先例的使用。"②

需要指出的是，尽管这一声明对于英国法的发展具有重大意义，但这并不意

① ［英］克里夫·施米托夫：《英国"依循判例"理论与实践的新发展》，载《法学译丛》，1983（3）。

② ［德］康拉德·茨威格特、海茵·克茨：《普通法与大陆法中发现法律的方法和诉讼程序》，载《法学译丛》，1991（2）。

味着经常不遵循先例是正确的。上议院在行使这一权力时是谨小慎微的。为了刑法内容确定性的需要，它必须在确信有充足的理由时，才可以否定自己以前所作的某个刑事判决所确立的原则。一般情况下，它不会轻易否定自己以前的判决，如果有许多定罪量刑都是根据该判决作出的时候就更是如此，这表明“它在判决的连贯性与公正审判二者之间更重视前者”①。

2. 上诉法院（刑事上诉庭）对自己及其前身刑事上诉法院所作的判例原则上都必须遵循，但有几种例外情况。

其一，1944 年，在“杨诉布里斯托尔飞机股份有限公司”一案中，由格林为首的六名法官组成的上诉法院全体会议明确地宣告了三项例外规则：“（1）法院有权并且有义务决定在它自己的两个互相冲突的判决中将依循哪一个判决。（2）如果根据法院的意见，认为它自己的一项判决同贵族院的一项判决不一致，即使没有予以否定，该法院仍有义务拒绝依循它自己的判决。（3）如果法院认为自己以前的判决是由于粗心大意所作成的，该法院就没有义务依循该判决。”②

其二，当作为“合议庭”（即由多于通常的法官组成的法庭）开庭时，上诉法院（刑事上诉庭）有权以滥用或误解了法律为理由否定以前的判决。对这一原则，首席法官戈达德爵士在 R 诉泰罗一案中作了如下阐述：“无论如何，刑事上诉法院必须处理涉及臣民自由的问题，并且，在判决复审期间，如能依据法院全体会议的见解证实其自身某一先例误用或者曲解了法律，而且依该先例被告已被判处和监禁，那么，重新审议该先例以检查对其人的判决是否恰当就成为该法院义不容辞的职责。”③

上述例外规则是非常重要的，从理论上说，它给了上诉法院一定的自由裁量权，使它可以在处理上诉案件时采用某种更为灵活的态度。

---

① ［英］克罗斯·琼斯：《英国刑法导论》，10 页，北京，中国人民大学出版社，1991。

② ［英］克里夫·施米托夫：《英国“依循判例”理论与实践的新发展》，载《法学译丛》，1983（3）。

③ ［英］R. J. 沃克：《英国法渊源》，177 页，重庆，西南政法学院，1984 年印行。

3. 高等法院王座庭的判例的约束力与上诉法院（刑事上诉庭）极为相似，其判例除约束下级法院外，原则上还约束其自身，例外情况与上诉法院相同，在此不赘。另外，在独任审判时，一个法官的判决对后来的另一个法官没有约束力，但实际上，“一个高等法院法官为表示礼让起见，便会在决定‘不遵循’其同行的判决之前慎思再三”[①]。不过，如果他认为前者的判决错误，可以自由地决定不予遵循。需要说明一点的是，由于每年载入《法律报告》（The Law Reports）中的高等法院判决只约占其全部判决的1/10，因而，这些判决的重要性是十分有限的。

4. 对于刑事法院和治安法院这些最低级法院来说，由于其判决不被收入《法律报告》之中，相互之间也不受对方判决约束，因而，其法官在审理案件时，只能遵循其上级法院所创制的判例。其自身所作出的判决，都不能形成判例。不过，当出现上诉或进一步上诉时，如上诉到高等法院，那么该院的判决就可构成有拘束力的先例。

对于有约束力的先例的适用，必须明白一点，即并非先例中的任何一部分都具有约束力。上诉法院法官杰西尔（Jessel）说：“在一个法官的判决中，作为权威拘束后来法官的唯一部分，是案件据以判决的原则。”[②] 这个原则就是所谓的“判决理由”（ratio decidendi），它指的是决定判决的法律原则，是法官关于法律问题所作陈述的一部分，其余的部分称为“附带意见”（obiter dietum）。但是，法官在判决中并不明确宣示哪些是判决理由，哪些是附带意见，二者的区分是后来法官要做的事。因此，对于要适用判例的法官而言，这种区别就显得十分必要，但往往又是很困难的。正如美国法学家阿伦·法恩斯沃思所言：“使用判例的技巧与其说是科学不如说是技艺。通过阅读有关判例学说的讨论来获得这种技巧并不比通过钻研机械教科书去学骑自行车更容易些。”[③] 不过，这种区别不是

① ［英］R. J. 沃克：《英国法渊源》，178页，重庆，西南政法学院，1984年印行。

② 梁治平：《英国判例法》，载《法律科学》，1991（1）。

③ ［美］E. 阿伦·法恩斯沃思：《美国的判例法》，载《法学译丛》，1985（6）。

不可能的。事实上，在长期的司法实践中，英美法系的法官们一方面创制出大量的判例，同时又建立了一套复杂的区别先例的技术，这种区别实际上是促进判例法的发展和对社会的适应性的重要手段。

由于后来的案件不可能所有的基本事实方面同先例都完全一致，因而，在必要的时候，法官就可以通过两案中犯罪事实的差别而置先例于不顾。由于对判例中所表述的法律原则的解释没有具体统一的标准，因而法官可以在字面意思所能允许的范围内对判决理由部分作狭义的解释，使其仅限于特定的事实从而宣布它不适用于当前的案件。有时还可以把判例中的判决理由降低到附带意见的地位，或者反过来把原来认为是附带意见的部分说成是判决理由而加以适用，甚至在先例中没有说出判决理由的情况下，后来的法院也可能从中找出判决理由来。总之，这些都是保持判例法灵活性的技术手段，使后来的法官避免机械地适用先例，以避免某些“合法不合理”现象，从而推动判例法的发展。

从以上可以看出，判例法就是这样，一方面依靠先例的遵循，保证着法律的稳定性和连续性，同时又通过适用先例的各种技巧不断地改变着法律，使之适应社会生活的变化。正如英国著名法学家梅因所说的：“我们在英国惯常看到有一种机构，在扩大、变更和改进法律。但在理论上这种机构原是不能改变法律一丝一毫的。这种用以完成实际立法工作的过程，并非是不可感知的，只是不被承认而已……被绝对地认为当然的，是在某些地方，必然会有这样一条法律能够包括现在诉诸法律以求解决的事实。如果不能发现这样一条法律，那只是由于缺乏必要的耐性、知识或智力把它发现而已。但当一判决被宣告并列入记录以后，我们就不自觉地、不公开地潜入到一种新的言语和一串新的思想中。到这时，我们不得不承认新的判决已经改变了法律。”①

① ［英］梅因：《古代法》，18～19页，北京，商务印书馆，1984。

三、刑事判例的地位及作用

探讨英美法系中刑事判例的地位和作用，不能不谈到英美法系制定法的发展。在当今的英美法系国家中，尽管判例法依然没有丧失其法律渊源地位，但是随着制定法的增多并由于制定法自身的优点，制定法的地位正在日益上升，在许多领域内大有超出判例法的趋势。在英国法的历史上，制定法曾经是仅次于普通法和衡平法的第三个重要的法律渊源，但如今，它已成为法律改革的主导力量，并且随着法典编纂趋势的日益上升，制定法正在成为英国法的最主要的渊源。"不仅如此，有关现代法院组织和管辖权及其诉讼程序的一切规则，实际上莫不出自制定法。普通法和衡平法是英国法基本原理的历史来源而制定法则是其具体体现，这种说法是一种准确的描述。"① 在刑事法律方面，制定法的地位尤其显得突出和重要。在英国，当代大多数犯罪是由制定法加以规定和调整的，这是因为制定法可以创制出全新的罪名来，而现代的判例已失去了这种功能。那么，刑事判例在制定法的冲击下是否销声匿迹了呢？我们最好还是先分析一下英美法系制定法的情况。

就英国而言，刑事制定法主要有以下一些特征：

1. 刑事制定法主要是对某一类刑事判例的整理、汇编、补充和完善。正如勒内·达维德教授所说的，按照英国法的经典理论，"法律只是给判例法构成的英国法主体提出一系列勘误表与补遗"②。布莱克斯通也曾指出："成文法也是普通法的说明，或者是普通法中某些不足之处的修补。"③ 因此，刑事制定法主要表现为一些单行的刑事法规，如《杀人罪法》、《盗窃罪法》、《伪造罪法》等。在其他一些非刑事法律中，像我国的有些非刑事法律一样，也规定了有关的刑事犯

---

① ［英］R. J. 沃克：《英国法渊源》，71 页，重庆，西南政法学院，1984 年印行。

② ［法］勒内·达维德：《当代主要法律体系》，359 页，上海，上海译文出版社，1984。

③ ［英］J. W. 塞西尔·特纳：《肯尼刑法原理》，6 页，北京，华夏出版社，1989。

罪，并创制出了一些罪名。如1914年《破产法》规定，被宣告破产的人，或法院已对之发出财产接管令的人，如果不顾他没有公开身份的情况而在产生债务或其他义务的过程中通过欺骗获得了信贷，或意图欺骗其债权人而处理或隐匿了他的任何财产，便构成了轻罪，应处二年监禁。

2. 当代绝大多数罪名都是由制定法创制的。尽管历史上对犯罪与刑罚的规定主要体现在刑事判例中，但从制定法兴起后，由于制定法创制罪名的方便及可超前性，使得制定法创制出了大量的原来普通法中没有的罪名。由于社会的发展，新的犯罪形式也越来越多，议会立法创制的新罪名也不断增多。从数量上看，其占绝大多数，并且自从1972年上议院在"克努勒股份有限公司诉检察长"一案中作出否决以后，"法院在创制新罪名或扩大现有罪名以致把那些迄今还不受处罚的行为规定为应受处罚的犯罪行为方面所残留的权力"① 彻底地被剥夺了。因此法院以后不可能再通过刑事判例创制出新罪名，这就使制定法完全垄断了新罪名的创制权。

3. 制定法的效力原则上高于判例法。这主要是因为制定法产生于立法机关，判例法产生于司法机关即法院，而按照三权分立原则，议会享有制定法律的至高无上的地位，"它制定的法律即使不明智，法院在理论上也必须实施"②，"法律是代表国家的、具有最高权力的议会制定的，应该受到全面的尊重，法官应该按照字面予以实施"③。在刑法领域，如果制定法规定了判例法中不曾有的某一新罪名，并且也规定了对其适用刑罚或某种惩治措施的程序，通常是不再适用普通法上经起诉方式的诉讼程序，而按照制定法的规定予以定罪和处罚。

4. 由于许多制定法不过是对过去法规或者判例的汇编，因而内容琐细，也往往缺乏合理的结构和规则之间的内在逻辑性。另外，在许多地方过多地"堆砌"了有意义和无意义的辞藻，以至于德国法学家康拉德·茨威格特和海茵·克

---

① [英]克罗斯·琼斯：《英国刑法导论》，11页，北京，中国人民大学出版社，1991。

② [美]格伦顿·戈登·奥萨魁：《比较法律传统》，161页，北京，中国政法大学出版社，1993。

③ [法]勒内·达维德：《当代主要法律体系》，359页，上海，上海译文出版社，1984。

茨评价说，在大陆法系国家的制定法使用一个词语的场合，英国的制定法可能使用五个没有增加任何意义的同义词。[①]

尽管在刑法领域是制定法的一统天下（主要是在创制新罪方面），判例法也并不是可有可无、无所作为的。实际上，刑事判例在英美法系的刑法领域中仍居于不可替代的独特地位，这可以从以下几个方面看到。

1. 刑事判例是对制定法的重要补充。主要表现在以下几点：

（1）关于刑事责任的一般原则至今仍是由刑事判例表述出来的。例如，把精神错乱作为一种辩护理由的姆纳坦规则就是在姆纳坦一案中提出的。确认胁迫可以作为辩护理由的原则，也是上议院在“北爱尔兰检察长诉林奇”一案中确立的。

（2）尽管制定法创制出了当代绝大多数的罪名，但至今“仍然有一些只存在于普通法中的犯罪。这就是说，这些犯罪的定义不能从议会制定的法令中去找，而必须从法官的判决中去找”[②]。例如，谋杀是英国普通法中最古老的犯罪之一，也在1957年杀人罪法、1965年谋杀罪（废除死刑）法等制定法中作了规定，但任何制定法都没有明确规定谋杀罪的定义，虽然规定了谋杀罪的刑事责任，但该罪的概念、特征及构成要素等只能在有关的刑事判例中找到具体的阐述。

（3）如果对一种普通法上的犯罪的刑罚没有由制定法加以规定，那么法官就有权自行斟酌决定判处被告人一定期限的监禁或一定数目的罚金或者两者并处。这一规则是刑事上诉法院（1970年通过司法法后与上诉法院合并）在“莫里斯”一案中确立的。从理论上讲，遵循该判例可能会导致一些很不正常的后果，因为在制定法对普通法上的某些轻罪没有规定最高刑罚而对某些更为严重的制定法上的轻罪却规定了刑罚的情况下，法院就可能对前类罪判处比后类罪更重的刑罚，造成罪与刑的不协调。不过，“刑罚不应该过于严厉是当今压倒一切的要求”，因

① 参见高鸿钧：《英国法的主要特征》，载《比较法研究》，1991（4）。

② ［英］克罗斯·琼斯：《英国刑法导论》，7页，北京，中国人民大学出版社，1991。

此没有理由认为莫里斯一案的判决会导致实践中的不公正。[①]

2. 刑事制定法的适用依赖于通过刑事判例所作的解释。由于英美法系国家有长期的判例法传统，尤其是英国，制定法往往不被看作是法的正常表现形式。制定法被当做英国法体系的“外来部分”。虽然法官必须适用制定法，但制定法中所包含的规范只有法院实施与解释后，并按照其实施与解释的形式与限度，才最终被接纳，完全成为英国法的一部分。换句话说，一旦可能，法官们将引用实施这一法律的判例而不是法律条文。对于英国法学家和法官来说，只有在这些判例面前才真正懂得制定法要说的是什么，因为只有这时他才在他所熟悉的形式——判例规范的形式中看到法律规范。[②] 在刑事法领域，具体的情况是，在制定法把普通法已经认为是犯罪并规定了惩治措施的某种行为又规定为犯罪的场合，普通法按照起诉程序的措施就有可能作为该制定法所规定的诉讼程序的一种替代措施而继续存在。换言之，制定法可以改变普通法，但是如果制定法没有明示或默示规定更改普通法，则普通法就继续有效。[③]

美国的情况大体上也是如此，并且最高法院的司法审查权的存在使得这种状况表现得更加突出：一个州的法律在未经该法院通过解释明确其真正意义以前，最高法院拒绝审查该项法律是否符合美国宪法。联邦各法院有实施各州法的义务，但一个州的法律如未先经该州的法院解释，联邦法院在实施该法律上同样曾表现踌躇。[④]

前文已经表明，制定法不过是对判例法经验的总结，因而对于一些普通法上原有的犯罪，制定法往往只规定罪名，这些犯罪的构成要件和具体内容只能由法院根据以往的判例来确定和解释，并且，对于制定法中的其他用语，只要未明确规定不得采用普通法的解释，都要根据普通法进行解释和适用。根据遵循先例原

① 参见［英］克罗斯·琼斯：《英国刑法导论》，8页，北京，中国人民大学出版社，1991。
② 参见［法］勒内·达维德：《当代主要法律体系》，360页，上海，上海译文出版社，1984。
③ 参见［英］克罗斯·琼斯：《英国刑法导论》，15页，北京，中国人民大学出版社，1991。
④ 参见［法］勒内·达维德：《当代主要法律体系》，416页，上海，上海译文出版社，1984。

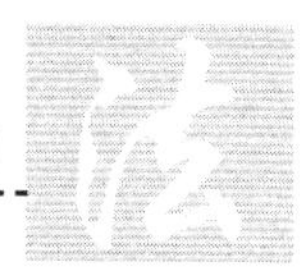

则，当确定了对某一问题解释的判例以后，这种解释就被作为先例得到遵循，以后的同类问题有可能直接引用该先例。对制定法的解释首先要遵循字面解释规则，即只能从文字的一般的固有的含义中弄清立法机关的意图，如果对这些文字进行字面解释可能出现歧义，则不能适用这一规则。因此，遇有模棱两可的情形则必须停止适用字面解释。但若文字只有一种字面意义，即使这一意义未必可靠或者是荒谬可笑的，仍需适用这一意义。不过，现代审判的趋势似乎是当坚持字面解释规则可能导致荒谬的判决时则改取立意解释。但这种解释必须是尽可能根据法律文字固有的、通用的和语法的意义对法律进行解释，但以不引起明显荒唐的结果为限。① 对于刑事法规来说，如果有模棱两可或不确定之处，则应作有利于被告人的立意解释。但在司法实践中，法官们对刑事法规作扩大解释有时也是难免的，甚至有时会违背有利于被告的原则。

为什么英美国家如此注重对刑事法规的严格解释呢？这与他们注重实际的经验主义和从案件到案件循序渐进的传统习惯有很大关系。他们认为，通过制定适用于全部生活领域的一般制定法预先规定类似案件的结果，是危险的和不自然的，因而主张所谓“船到桥头自然直”。法官们把制定法视为一种也许是不可避免之害，无疑，它搅扰了普通法那种美好的和谐，所以法官设计了制定法的解释规则，这恰如波洛克所观察到的那样，这显然系基于一种确信，即议会往往会把法律变得更糟，而法官的任务是把它干预的害处尽可能限制在最小的范围内。更具体地讲，这样一种思想致使：每个偏离普通法的制定法，必定是一种例外情况，所以必须加以狭义解释，并且准确地将其适用于它的言辞毫无疑问地涉及的那些情况；倘该制定法经过这样解释后不适用于当前的案件，那么这个案件则应根据普通法的一般原则裁决。②

3. 刑事判例是刑事制定法的材料来源，制定法只是刑事判例中的法律原则

① 参见［英］R.J. 沃克：《英国法渊源》，125～133页，重庆，西南政法学院，1984年印行。

② 参见［德］K. 茨威格特、H. 克茨：《英美法的司法技术——与大陆法系的比较》，载《法学译丛》，1992（2）。

的条文化和规范化。如果说普通法是积累起来的集体经验的“仓库”，是人们关于法律关系的共同语言的“辞典”①，那么，制定法只不过是比较条理化、系统化、简明化的“仓库”或“简明辞典”，最多也只能是“精品仓库”或“辞典的精华本”。制定法内容的琐细、缺乏逻辑性和词语的“堆砌”，这正是判例法重大影响的结果，也正是由于在判例法和制定法并存的情况下，刑事判例在司法实践中的不可替代的特殊性决定了它的特殊地位和重大作用，使得在制定法的解释和适用过程中不断积累新的事实材料和法律素材，为刑事制定法的创制奠定基础并提供契机，从而促进整个刑事法律的社会适应性的增强，进而带动整个刑事法律体系的完善。

4. 长期的重视实践和经验的思想以及传统的司法风格，极大地影响着法官们的具体司法行为，因此看重刑事判例也就是很自然的事了。罗斯科·庞德曾对英国法律界的这种思想方法作过精彩的分析，他说：“在普通法法律家们富有特性的学说、思想和技术的背后，有一种重要的心态。这种心态是：习惯于具体地而不是抽象地观察事物，相信的是经验而不是抽象概念；宁可在经验的基础上按照每个案件中的正义要求从一个案件到下一个案件谨慎地行进，而不是遇事回头求助于假设的一般概念；不指望从被一般公式化了的命题中演绎出面前案件的判决……这种心态根源于那种根深蒂固的盎格鲁——撒克逊的习惯，即当情况发生时才处理，而不是用抽象的具有普遍性的公式去预想情况。”② 库珀勋爵作为一位既熟悉普通法又通晓大陆法的著名苏格兰法官，也曾有过相似的表述，他说：“大陆法制度不同于普通法的制度，犹如理性主义不同于经验主义，或演绎推理不同于归纳推理一样。大陆法法律家的推理自然地从原则到个案，普通法法律家则从个案到原则，大陆法法律家坚信三段论法，普通法法律家则信奉先例；在每个问题出现时，前者暗自思量：‘这次我们该怎么办？’而后者在同样的情况下则

① 黑尔（Hall）爵士之语。高鸿钧：《英国法的主要特征》，载《比较法研究》，1991（4）。

② ［德］K. 茨威格特、H. 克茨：《比较法总论》，458页，贵阳，贵州人民出版社，1992。

大声询问：‘上次我们是怎么办的？’……大陆法法律家的本能是从事系统化，普通法法律家的运作规则是在活动中解决。”①

第四节　大陆法系的刑事判例

一、概述

在当今世界两大著名法系中，英美法系以判例法而著称，大陆法系以成文法而闻名，这似乎掩盖了一些人的耳目，以至于一提到判例，谈的往往是英美法系的判例。近年来兴起的借鉴外国判例制度的讨论中，很多人也不自觉地认为，要借鉴的当然是英美法系中的判例制度。诚然，判例法是从英美法系中发端的，长期的发展使之具有了可与成文法相匹敌的某些优点，确有值得借鉴之处，但是，殊不知，大陆法系也并非没有判例，甚至可以说还有某些领域的“判例法”存在，这已是人所共知的事实。虽然大陆法系国家长期恪守查士丁尼“审判不依判例而依法律”的名言，但社会发展到今天，已远远超出了法典制定者们智慧所及的范围。在郑重、烦琐的立法程序决定了新的大规模立法十分缓慢的情况下，处于法律与社会结合部的法官们不动声色地创制着一个又一个判例，下级法院的法官们基于各种各样的原因，也总是“悄悄地”在遵循着这些判例。有些国家甚至在法律上规定了判例（或判决）的法律效力。

在一些国家，尤其是西班牙语系国家的宪法或法律规定：一系列的对同一法律问题有一致认定的判决就具有判例约束力。例如，墨西哥最高法院就宪法和其他联邦问题的五个相同的判决就具有这种效力。西班牙虽然没有在数量上规定应该有几个相同的判决才能成为有拘束力的判例，但在有关“法律原则”的条款

① ［德］K. 茨威格特、H. 克茨：《比较法总论》，458 页，贵阳，贵州人民出版社，1992。

中，也规定了类似的规则。

在巴西，上诉案件判决书上的提要被收入叫作“提要汇编”的集子中，然后便具有了“事实上的约束力”。

在德国和意大利，以及其他一些设有独立的宪法法院的大陆法系国家，都规定该法院的某些判决应具有法律的约束力。

大多数大陆法系国家都承认“习惯法”并将之视为辅助性法律渊源，作为成文法典的补充。这种辅助性法律渊源的实际作用一般有所限制，但在特定情况下可以认为最高法院的一系列特殊判决已经产生了一条“习惯法”规范。显然，某些司法判决通过变成“习惯法”而具有了法律效力，即判例约束力的法律地位。①

另外，在大陆法系很多国家，由于行政法院的历史较短，行政法没有像民法和刑法那样完备的法典，因此，行政法院在实践中必须更多地依靠判例。事实上，行政法主要是通过行政法院的判例而发展起来的。②

较为奇特的一种情况是，大陆法系国家的判例在本国不具有约束力，但却可能在向外移植的过程中具有了约束力。例如，在波多黎各岛，岛上立法机关在制定民法典时，不仅几乎照搬西班牙民法典条文，而且引用西班牙最高法院的司法解释。当波多黎各岛处在西班牙的殖民统治时期，西班牙过去的判决对该岛不具有约束力，然而到了美国统治时期，这些判决却成为对该岛具有约束力的判例。③

需要指出的是，上述事实主要存在于宪法和行政法领域，在刑法领域，刑事判例则没能取得上述的法律地位。在理论上，刑事判例不是法的渊源，刑事审判仍然要依照法律而不能依据判例，下级审判也没有遵循上级法院判例的法律义务，但在司法实践中，刑事判例的作用并不比宪法判例或行政法判例逊色，从某种意义上说，甚至可以与英美法系的刑事判例相媲美。那么，刑事判例在大陆法

---

①③ 参见［美］R. B. 施莱辛格：《大陆法系的司法判例》，载《法学译丛》，1991（6）。

② 参见沈宗灵：《比较法总论》，145页，北京，北京大学出版社，1987。

系中到底占有什么样的地位呢？在这里不妨借助法国比较法学家 R. 达维的分析方法。他主张对这一问题最好从两个方面来看：其一，法院能否创制对未来案件适用的法律规则，或者用普通法的术语来说，是否承认遵循先例的原则。其二，如果对上述问题的回答是否定的话，那么就应问，法院判例在未来案件中有多大说服作用？换句话说，对上述问题，一个是从理论上来回答，另一个是从实际情况来回答。下面分别从这两个方面简要地加以分析。

二、理论上的刑事判例

在大陆法系国家，由于有比较完备系统的刑法典作为定罪量刑的依据，又有罪刑法定原则的严格约束，因而在理论上或者法律上，一般都否认刑事判例是法的渊源，也不承认遵循先例的原则。美国著名法学家约翰·亨利·梅里曼曾经指出："司法判例不是大陆法系的法律渊源。如果判例对其后法院判决案件有拘束力，就必然违反禁止法官立法的原则。因此，大陆法系的传统观念是，任何法院都不受其他法院判决的约束，至少从理论上说是这样要求的。即使是最高法院已对同类案件所涉及的问题表示了意见，它的下级法院仍然可以作出与之不同的判决。"① 法哲学家 E. 博登海默也认为："在罗马法国家中占支配地位的理论认为，司法先例不应被视为法律的正式渊源……查士丁尼的命令——'案件应当根据法律而不应当根据先例来审判'——作为一个一般命题，在当今仍被视为占有支配地位的观点。如果一位低级法院的法官认为高级法院在一个早期案例中曲解了成文法规定，那么就是他也可以不遵循高级法院的判决，除非某一特定国家的法律就赋予高级法院某些种类的判决以权威性效力作了特别规定。然而，应当注意的是，法官对待早期判例的这种自由更多地只能从理论上得到，而不是从实践中

① ［美］约翰·亨利·梅里曼：《大陆法系》，52 页，北京，知识出版社，1984。

得到。”①

关于遵循先例原则，大陆法系的理论上至今没有承认，因而，司法判例对后来的案件并无约束力，法官在法律上也没有遵循先例的义务，并且，对于一项判决来讲，说其中某一观点已被某个判例所证实，某项法规或习惯已由某个判例作出解释，都不足以证明其正当性，即使这个判例和解释是由最高法院作出的。

三、实践中的刑事判例

当我们从理论上或法律上看到，刑事判例在大陆法系并没有成为法律渊源，也不存在遵循先例的时候，我们还不能不注意到司法实践中对待刑事判例的另一种态度。事实上，刑事判例在司法实践中及在法律发展中具有重大的说服作用，即对后来的刑事判决具有重大的影响力。

首先，尽管在理论上或法律上否认法官有权创制法律和遵循先例原则，但法院强烈地倾向于遵循判例，特别是上级法院的判例。关于法国的情况，达维和德·弗勒斯在《法国法律制度》一书中曾指出：“尽管没有遵循先例的原则，法国法院仍像其他国家法院一样，具有一种遵循先例的强烈倾向，尤其是对高级法院的判决……当然，法国最高法院总是可以推翻自己先前判决的。但同样真实的是，在没有充足理由时，它不会这样做……下级法院对待法国最高法院判决的态度，实质上颇类似于普通法管辖权中下级法院对待上级法院判决的态度。甚至由最高法院确立的单个先例一般也被遵循，尽管它不能作为一项判决的唯一的基础加以引证。”②

德国的情况与法国的基本相同，康拉德·茨威格特和海茵·克茨对德国的描述，看起来与上述达维和德·弗勒斯对法国的描述如出一辙。他们这样写道：

---

① ［美］E. 博登海默：《法理学——法哲学及其方法》，419～420页，北京，华夏出版社，1987。

② ［德］康拉德·茨威格特、海茵·克茨：《普通法与大陆法中发现法律的方法和诉讼程序》，载《法学译丛》，1991（2）。

“在现今的实践中，法国最高法院和德国联邦最高法院的一项判决，可望像英国和美国上诉法院的判决那样得到下级法院的遵循。这不仅包括那些遵循相似判决路线的高级法院判决，在实践中，甚至德国联邦最高法院的单个判决也极受下级法院的尊重，法官公开地背离这种判决，则是少见的并且不具有代表性。”两位德国学者由此得出结论：“说普通法中遵循先例的原则和欧洲大陆法院的实际做法常常导致相同的结果，几乎并非夸张之辞：‘实际差异……是微小的’。实际上，当法官可以在一个或数个最高法院判决中找到似乎与他面前的案件判决有关的规则时，他将遵循该规则，这在德国、英国和法国都一样。”①

由此可见，大陆法系法官可以背离早期判例的自由更多只是理论上的，而不是从实践中得到的。在司法实践中，法院的刑事判例，尤其是终审法院创制出的刑事判例，事实上具有很大的权威性，也具有很高的效力，而且这些判例的权威性会随着重申和重新肯定这些判例中所阐述的法律原则的判例数量的增多而增加。一系列含有对法律见解作出相同陈述的判例，其效力几乎等同于英美法院的判例。德国最高法院甚至认为，如果一位律师无视法院官方报告中所发表的判决，那么他本人便应当就所产生的后果对其当事人负责。②

正是基于此，美国法学家施莱辛格才说：“‘判决不产生法律’这一传统的大陆法系原则在实践中已经被突破。”③ 那么，是什么原因导致大陆法系国家的法官具有如此强烈的遵循先例的倾向呢？毫无疑问，原因是众多而复杂的。不过，其中一些因素我们可以确定：

(1) 有人认为，“图省事的原则，导致法官们宁愿遵从前辈的意见，不肯摆脱权威的束缚，发展自己的观点”④。约翰·亨利·梅里曼认为，这是由于“法

① ［德］康拉德·茨威格特、海茵·克茨：《普通法与大陆法中发现法律的方法和诉讼程序》，载《法学译丛》，1991 (2)。

② 参见［美］E. 博登海默：《法理学——法哲学及其方法》，420页，北京，华夏出版社，1987。

③④ ［美］R. B. 施莱辛格：《大陆法系的司法判例》，载《法学译丛》，1991 (6)。

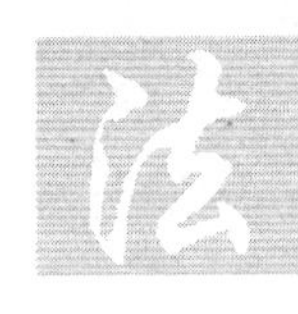

官深受先前法院判例的权威的影响，并且法官懒于独立思考问题”[①]。

（2）贯彻公平适用法律的原则。

（3）刑罚的确定性和可预见性原则的要求。判例的具体性、直观性和可比拟性使得判例成为活的、具体的刑罚法规的体现，同时也体现了刑罚的确定性和可预见性。通过遵循先前的刑事判例，保持刑事判决前后的一致性，符合社会及个人根据刑事判例而产生的对刑罚确定性和可预见性的期待。

（4）由于上诉制度的存在，一般法院在判决时也不能不考虑到上级法院对类似案件的态度。其实，下级法院服从上级法院的判决的原因很简单，法官们都不喜欢自己的判决被推翻，这似乎是世界范围的现象。而且，在大陆法系国家，法官又具有文官的属性，他们总是害怕自己判决被推翻的心理就更明显，因为如果他的判决过多地被推翻，那么他的提升就会受到明显的影响。同时在大陆法系国家，上级法院常常会对下级法院执行判例施加压力，这种压力在某些时候可能与“遵循先例原则”对普通法系中更具独立性的初审法官的影响一样强烈。[②]

前面的论述表明，在大陆法系国家，刑事判例具有很大的说服力，事实上常常得到后来法院的遵循。但如果就此认为大陆法系的刑事判例仅仅具有事实上的某种说服力，则未必完全妥当，在下述场合，很难说它仅仅是说服性的，或者至少可以说是上述情况的例外。

（1）维护刑事判例一致性的程序。

在许多大陆法系国家，为了增加法律的稳定性，法律要求必须维护法院判例的一致性。如果法官试图背离最高法院以前的判例需要经过一个特别程序：案件必须提交到一个特别法庭或者法院会议。显然，法院试图背离刑事判例也须如此。

这种做法首先源于奥地利，1822 年奥地利通过的一项法令要求最高法院院

① ［美］约翰·亨利·梅里曼：《大陆法系》，53 页，北京，知识出版社，1984。

② 参见［美］R.B. 施莱辛格：《大陆法系的司法判例》，载《法学译丛》，1991（6）。

长监督各庭审判活动，如果发现一个庭的判决与先前的判决有矛盾，他必须宣布推迟审判，把案件提交到法院全体会议。1872 年 7 月 8 日的一项法令再次规定，如果法官打算背离某个经全体法官讨论通过的判决，案件要提交到一个由 15 名成员组成的评议机构，它的决定将约束最高法院的一切审判活动，并且只有再经过一个由 21 人组成的评议机构决定，才能弃之不用。

德国 1855 年的一项法律规定，如果法官试图背离最高法院另一个分庭的判决，需向刑民庭联合会议提出申请；如果民庭试图背离刑庭的判例，或者刑庭试图背离民庭的判例，均需召集法院全体会议。目前，在德国，维护判例一致性的任务是由大法庭和联合大法庭来承担的。

德国的实践已在意大利、法国、瑞士、希腊等国得到了不同程度和不同形式的遵循。

在墨西哥，如果最高法院各分庭的判决在对法律的解释上出现矛盾或者不一致，经最高法院一个分庭、首席检察长或者当事人提出申请，有争议的案件可移送到最高法院全体会议，由它宣布法律应当如何解释。这个解释对以后的案件有约束力，而且这里只需一个单独的判决就足够了。

通过法律规定要求背离先前的判例须进行严格的审查，从一个侧面表明，法律也要求法官遵循先前的判例，包括刑事判例。

（2）违宪审查制度。

第二次世界大战以后，许多大陆法系国家建立了违宪审查制度，或称司法审查制度，这项制度可以说是对三权分立模式和传统法律理论的某种突破，因此从一开始，宣告法律合宪或违宪的判决就具有法律约束力。从理论上说，如果出现了有关刑事法律合宪或违宪的判决，虽然它属于宪法性判例，但毕竟还可能涉及刑事内容，因此，从一个侧面或可说明刑事判例的效力。

违宪审查制度在不同的国家之间有一定的差别。一些国家建立了专门的宪法法院，作为司法系统的一部分，如奥地利、德国、意大利等。有些国家没有宪法法院，而是将违宪审查权赋予普通法院系统中的最高法院。法国 1958 年设立行

使这项权力的“宪法委员会”，但它基本上属于行政机构，很难等同于司法机关。

在德国和意大利，在民事、刑事、行政或其他法院提起的诉讼中，当事人可以就对某个案件具有效力的法律要求进行是否合宪的审查；当问题提出后，原来正在进行的诉讼中止，由宪法法院对所提出的问题进行审理；判决一旦作出，原来的诉讼程序宣告恢复，并按照宪法法院所作的裁决审理案件。如果宪法法院认为这个法律是合宪的，则在原来的诉讼中仍旧适用该项法律；反之，如果宪法法院认为这个法规违宪，那么，该项法律就丧失法律效力，因而不能适用于原来的诉讼。由于宪法法院的这项判决具有普遍的法律约束力，因而，被一次宣布违宪的法律也不适于其他任何诉讼。

在瑞士，当联邦法院宣布一项州法律违宪之后，各州法院均受其约束。

在墨西哥，法律明确规定，当法院宣布某一法规违宪或者某一规章违法之后，这一判决即具有先例的权威性。

第五节　刑事判例的创制

一、刑事判例的创制权

（一）刑事判例创制权的含义

刑事判例的创制权，顾名思义，就是指创制刑事判例的权限。这是研究、建立我国刑事判例制度首先要解决的一个重要问题，不能不引起足够的重视。

在英美法系国家，由于判例是一种正式的法律渊源，法律“乃是由法院以权威性的方式在其判决中加以规定的规则组成的”①，因而，判例的创制实际上就是一种法的创制，判例的创制权也就属于法的创制权的一部分。按照我国法理学

① ［美］E. 博登海默：《法理学——法哲学及其方法》，394 页，北京，华夏出版社，1987。

界的观点，所谓法的创制，是指有关国家机关在其法定的职权范围内，依照法定的程序，制定、修改和废止规范性法律文件以及认可法律规范的活动。法的创制可以分为法的制定和法的认可两种形式。[①] 作为法的创制的一部分，英美法系判例的创制虽然只是一种法的认可活动，但它必然具有法的创制的一个重要特征，就是创制出的判例等同于“法”，在一定条件下具有强制性的法律约束力。这一点与大陆法系国家刑事判例的创制有明显差别。在大陆法系国家，由于刑事判例不被认为是法的渊源，刑事判例的创制也就不是一种法的创制活动，刑事判例的创制权与法的创制权相比，也就缺乏了法的创制权的那种权威性和强制性。

刑事判例的创制权从其内容上来看，主要包括作为创制刑事判例基础的刑事判决和裁定的制作权和从大量的刑事判决和裁定中筛选出刑事判例的编选权、认可权以及公布权。刑事判例的创制过程，实际上就是刑事判例的创制主体在各个阶段上充分行使刑事判例的制作权、编选权、认可权以及公布权的过程。刑事判决和裁定的制作，是整个刑事判例创制过程的前提和基础，它直接关系着刑事判例的形式和质量。重视刑事判例的制作权，要求各级人民法院在刑事审判活动尤其是刑事判决书和裁定书的制作过程中，要充分注意其合法性和合理性，即不仅要做到于法有据，而且还要以理服人。刑事判例编选权的充分发挥，是刑事判例创制的关键，它直接决定着刑事判例的质量。重视刑事判例的编选权，要求各级编选机构和编选人员在编选过程中必须严格遵循刑事判例的创制原则，认真进行编选，保证编选出的刑事判例不仅合乎规范要求，而且内容合理、正确，并对其他法院或法官具有一定的参考、借鉴意义。刑事判例的认可权的行使，是保证刑事判例权威性的重要手段。刑事判例公布权的发挥又是刑事判例发挥实际效用的必经途径。总之，在刑事判例创制过程中，制作权、编选权、认可权和公布权都必不可缺，并且又是紧密相连的，它们的充分发挥是行使刑事判例的创制权的重要内容，是保证创制出的刑事判例的质量的重要手段。

---

① 参见孙国华主编：《法理学教程》，327 页，北京，中国人民大学出版社，1994。

在我国，刑事判例不应成为法的渊源，因而刑事判例的创制与法的创制不能同日而语。但由于刑事判例在司法实践中应该具有重要的作用，因而合理、科学地界定刑事判例的创制权限还是十分必要的。

（二）刑事判例创制权的归属

刑事判例创制权的归属问题，具体是指哪些机关可以成为刑事判例的创制主体的问题，或者说哪一级法院拥有刑事判例的创制权问题。

我国的法院分为基层人民法院、中级人民法院、高级人民法院和最高人民法院四级。根据《人民法院组织法》的规定，各级人民法院都有权审理刑事案件并作出相应的刑事判决和裁定，因此从理论上讲，各级人民法院作出的刑事判决和裁定都有可能被编选为刑事判例。但是，并非所有的刑事判决和裁定都可以成为刑事判例。一般认为，只有那些适用法律正确、定罪量刑适当、审判程序合法，并经一定机关和程序选定、公布的刑事判决和裁定，才能成为供他人参考、借鉴的刑事判例。在这一点上，学界基本上都无异议，但是具体到哪一级法院应该拥有刑事判例的创制权，却存在着分歧。主要有两种意见：一种认为创制刑事判例的主体应该只限于最高人民法院，另一种意见则认为，各级人民法院都有权创制刑事判例。我们同意后一种意见，主要是基于以下几点考虑：

1. 刑事判例作为一种刑事判决和裁定，是各级人民法院解释、适用刑事法律的结果，既然各级人民法院都有权解释和适用刑事法律并作出相应的刑事判决和裁定，那么，刑事判例的创制权理应归各级人民法院共同拥有。刑事判例的创制包括制作、编选、认可和公布等几个环节，首要的就是刑事判例的制作。刑事判例是否合乎规范要求，能否起到应有的作用，最基本的在于制作的技术及过程。由于刑事判例直接来源于各级人民法院的刑事判决和裁定，所以刑事判决书和裁定书的制作直接关系刑事判例的质量。从我国的法院体系来看，就普通法院（除军事、铁路、海事等专门法院以外）来说，我国共有三千多个基层人民法院和数百个中级人民法院，而只有三十个高级人民法院和一个最高人民法院，可以说绝大部分刑事案件是由基层人民法院和中级人民法院审理的，因此，绝大多数

刑事判决和裁定是由基层人民法院和中级人民法院作出的，这些是刑事判例最直接的来源和最基本的依据，并且，各种刑事判例作用的发挥，也主要依赖于基层人民法院和中级人民法院在司法实践中具体地参考和借鉴。因此，我们认为，基层人民法院和中级人民法院应该拥有刑事判例的创制权。当然，作为其上级司法机关的各高级人民法院和最高人民法院负有监督下级法院的职责，更应担负起创制刑事判例的责任。

2. 建立我国刑事判例制度的重要目的之一就是要维护刑法适用的统一性。我们认为，维护刑法适用的统一不应是单一的，而应是多层次的。具体说就是不仅要维护各级法院自身适用刑法的前后一致，而且还要在此基础上实现纵向的统一，即各级法院可以通过刑事判例在其监督管辖的各个下级法院之间维护刑法适用的纵向统一，最后通过最高人民法院创制的刑事判例达到刑法适用的全国范围内的大体统一。众所周知，我国面积广大，经济文化水平发展又有很大差距，加上各级各地司法人员素质普遍不高又参差不齐，对刑法的理解、适用难以做到整齐划一。同一种犯罪，在一审和二审之间用刑相差甚远，犯罪事实、性质、情节和社会危害性均相类似的犯罪，在不同的法院处刑轻重不一的情况屡有发生。如大家比较熟悉的孙明亮故意伤害案，检察院以故意杀人罪起诉，一审法院以故意伤害罪判处被告人有期徒刑 15 年，接着，检察院以定罪不准、量刑失轻为由提出抗诉，上级检察院则认为抗诉不当而撤回抗诉，二审法院再审以故意伤害罪改判被告人有期徒刑 3 年，缓刑 3 年。[①] 各级各地司法人员的认识差异之大由此可见一斑。鉴于此，最高人民法院正在通过多种途径加强对各级法院的审判监督，包括发布具有普遍约束力的最高司法解释以及具有一定参考借鉴意义的案例。但是，我们认为，维护刑法适用的统一，仅靠最高人民法院的努力还是不够的，各级法院都应该在各自的司法实践中主动地自觉去做。首先，各级法院自身通过参考、借鉴自己和上级法院创制的刑事判例，尽量做到对刑法的准确理解和正确适

① 参见《最高人民法院公报》1985 年第 2 号。

用，从而实现本法院自身范围内刑法适用的统一。其次，在此基础上，中级人民法院还要努力实现在其所辖的若干基层人民法院的范围内刑法适用的统一，高级人民法院要保证实现全省（市）范围内刑法适用的统一。由于各地必然具有各自的特殊性，在此地具有典型意义的刑事判决和裁定可以作为刑事判例而在其他地方可能不认为具有作为刑事判例的条件而不选定为刑事判例。因而，为最后实现全国范围内刑法适用的统一，通过先实现一定范围内刑法适用的统一，而逐步由小范围的统一到大范围的统一，最后达到全国的统一这一途径是有意义的。为此，赋予各级法院刑事判例的创制权必然具有建设性意义。

需要说明一点，一般说来，法院的级别越高，其审判人员的素质也越高，高一级法院创制的刑事判例的实际影响力也会比下级法院的大，当法院遇到自身所创制的刑事判例与上级法院所创制的刑事判例在定罪量刑或解释法律等问题上不一致时，法院通常都会遵从上级的意见，这样就可消除相互差别甚至冲突的判例带来的适用中的困难。

3. 主张刑事判例的创制权应仅限于最高人民法院的学者认为，刑事判例创制权的分散不利于法律的统一适用，与创制刑事判例的目的相违背。这种认识是片面的。诚然，如果仅仅由最高人民法院拥有刑事判例的创制权，在一定意义上容易做到在刑事判例效力所及的领域中刑法适用的全国统一，但是，我们认为，单靠最高人民法院一家创制刑事判例来实现自上而下的刑法适用的单向统一是很困难的，适当的途径应该是，在最高人民法院的刑事判例自上而下的指导下，通过各级法院创制的刑事判例，自下而上逐步地分层次地实现统一最后达到刑法适用的全国范围内的统一。还应该指出的是，如果仅由最高人民法院一家创制刑事判例，那么，刑事判例的数量不可能很多，这将难以适应司法实践中大量的对刑法具体化的要求。由于我国刑法过于粗疏，原则性、概括性过强，加上立法技术的限制，致使许多条文的含义不甚明确、具体，带有一定程度的模糊性，给司法实践带来很大不便。另外，广大司法人员素质不高，理解适用刑法过程中往往与立法原意有较大出入。这种状况客观上要求最高人民法院对各下级法院的审判工

作给予更多的指导和帮助，这也就带来了最高人民法院对于刑法适用的解释工作的巨大工作量，使其陷于无穷无尽的解答、批复等工作之中，虽然新中国成立后最高人民法院开庭审理的刑事案件极为少见，但是仍然难以完全满足各下级法院的要求，司法实践中刑法适用不一的情况仍大量存在。建立刑事判例制度，通过刑事判例指导司法实践，如果仅有最高人民法院能够创制刑事判例，无疑会更加增大其工作量，创制出的刑事判例不可能很多，更难以适应司法实践的要求，刑法适用的统一性也难以更大程度地实现。如果赋予各级法院刑事判例的创制权，就会增强各下级法院审判活动的主动性、创造性和责任心，减少对上级法院以至最高人民法院的依赖性，从而减轻最高人民法院编选刑事判例的负担，有利于提高刑事判例的质量，同时，也有利于逐级实现刑法适用全国范围内的统一。

二、刑事判例的创制原则

刑事判例的创制原则，是指在刑事判例的创制过程中必须遵循的基本准则，它贯穿于刑事判例创制的全过程。刑事判例创制原则的科学确立及正确遵循，对于刑事判例的创制及适用具有重要意义。我们认为，我国刑事判例的创制必须遵循以下原则：

（一）合法性原则

刑事判例创制的合法原则，应有两层基本含义：其一，作为刑事判例基础的刑事判决和裁定的合法性；其二，刑事判例创制程序的合法性。前者是合法性原则的基础，后者是合法性原则的保证。

合法，是法治社会中对人们行为的基本要求。在司法活动中，合法性更有着特殊的意义，司法违法比一般的违法往往会造成更严重的危害。因此，坚持刑事判例创制的合法性，无疑是十分必要的。

坚持刑事判例创制的合法性原则，首先必须坚持作为刑事判例基础的刑事判决和裁定的合法性，即可供选择作为刑事判例的刑事判决和裁定必须是合法的刑

事判决和裁定。它包括：（1）刑事判决和裁定的内容必须符合现行刑法的规定。刑事判决，是指法院经过法庭审理，根据已经查明的事实、证据和有关的法律规定，就被告人是否犯罪、犯了什么罪、应否处以刑罚和处以何种刑罚等问题所作的一种处理决定。刑事判决分为有罪判决和无罪判决两种。有罪判决内容的合法性主要是指：1）根据已经查明的事实和确实充分的证据，认定被告人触犯了刑法明文规定的某一种犯罪或某几种犯罪。2）对被告人应判处刑罚的，必须在刑法规定的法定刑的范围内，结合犯罪的各种具体事实、情节等，确定适当的刑种及刑度；对被告人应当作出免予刑事处罚判决的，必须是“犯罪情节显著轻微不需要判处刑罚的”情况。无罪判决内容的合法性主要是指：1）被告人被控的犯罪事实根本没有发生，或者 2）不能证明被告人有罪，或者 3）被告人的行为根本不构成犯罪。（2）作出刑事判决和裁定的各种审判程序的合法性，这要求从审判程序的开始到审判程序的终结——终审的刑事判决和裁定的作出都必须按刑事诉讼法规定的既定程序来进行，只有坚持审判程序的合法性，才能保证刑事判决和裁定内容的合法性。

坚持刑事判例创制的合法性原则，还必须坚持刑事判例创制程序的合法性。程序是实体的保证，不经过合法程序，便没有合法的刑事判例。鉴于我国目前尚没有建立起刑事判例制度，因此，目前还谈不上什么刑事判例创制程序的合法性问题。但是，既然本章提出了建立我国刑事判例制度的设想，在这一制度建立的过程中，必然会由有关法律、法规或者规范性文件明确规定判例的创制程序，因而本章在这里提出这一问题是必要的。

（二）合理性原则

刑事判例创制的合理性原则，是指刑事判例的创制要合乎公平、正义的要求，并且一般不能与通行的法学理论相矛盾。

刑事判例是对刑事法律的解释和适用，其创制不仅要有充分的法律依据，而且还要合理。其合理性的标准应坚持两点：

第一，符合公平、正义。公平、正义也称公正，是刑法追求的基本价值之

一。刑法的公正性有立法公正、审判公正和行刑公正之分。在这三者之中，立法公正是基础，没有立法公正就谈不上其他的刑法公正性。审判公正，首先需要有公正的法官。马克思认为，法律是普遍的，应当根据法律来确定的案件是单一的，要把单一的现象归结为普遍的现象就需要判断；判断还不是最后肯定，要运用法律就需要法官，如果法律可以自动运用，那么法官就是多余的。这就是说，在法的适用的领域，存在着普遍与个别的矛盾，而解决这一矛盾，使个别案件的审理符合立法普遍精神的契机或中介，便是运用法律进行具体判断。因此，要把法律所体现的自由理性精神具体融解和贯彻落实到个别案件的公正审理之中，就需要公正不阿、精通法律、维护法治尊严的法官。表现在刑法领域，为了实现社会公正原则，保证公正处刑，必须考虑犯罪行为的客观特征与主观特征以及违法者的个人情况这三个因素，必须在分析审判质量和关于刑罚效果的各种数据的基础上，就某些类型的案件提出适合于社会各种典型情况的统一政策，以确保公正地进行审判活动。① 作为对刑法的解释和适用，刑事判例的创制只有从公平、正义的要求出发，才能体现法律中的“自由理性精神”，实现社会的公正原则。

第二，符合通行的法学理论。在适用法律的过程中，必然伴随着对法律的解释，但如何解释？解释的目的和范围是什么？这在不同的国家、同一国家的不同时期甚至同一时期也往往没有统一的观点和固定不变的做法。在我国当前的理论界，关于刑法解释的问题亦无一致的看法，较为通行的观点认为刑法解释必须以立法原意为标准。因而我们认为，在刑事判例的创制过程中，对刑法的解释一般应以通行的法学理论为依据，从而界定其含义范围。但是我们也不能绝对否认在一些特殊场合坚持少数人观点进行解释的合理性，只要其理由正当并且充分，这就足以使刑事判例产生说服力。

（三）可操作性原则

刑事判例的可操作性原则，是指创制出的刑事判例必须具有直接的可操作

---

① 参见陈兴良：《刑法哲学》，5～6页，北京，中国政法大学出版社，1992。

性。这一原则主要是鉴于我国目前刑法最高司法解释中存在的某种不可操作性而提出的。

为了加强法律解释工作，维护法律适用的统一性，“两高”做了大量的努力，其中一个重要的形式是颁布有法律约束力的最高司法解释文件。不可否认，许多最高司法解释比法律本身具体得多、明确得多，易于理解和执行，但是并不能说没有问题。正像许多学者指出的那样，有些司法解释本身还不十分明确、具体，仍具有很大的抽象性和模糊性，有待于进一步具体化才能直接为司法实际工作者适用。也就是说，司法解释本身仍需进一步解释，这样就必然产生司法解释适用与其目的不一致的矛盾。创制判例的必要性也正在于此。判例是审理具体案件的产物，它所提供的主要是一些问题的解决方法，其内容、性质等都是具体的、明确的，可比性强，易于把握和实际操作。同时，由于判例数量的丰富，可以对法律规定比较模糊、实践中难以准确理解执行的问题，从各个角度揭示这些规定的可能包括的各种含义，为法官提供翔实可鉴的范例，从而有效地指导司法实践。

判例的这种功能并非天然，它在于判例创制的质量，在于判例创制的可操作性原则的贯彻。坚持刑事判例创制的可操作性原则，其要求是具体的，内容也十分丰富。其中最重要的一点就是，刑事判例必须具有合法、合理和充分的判决理由，它是刑事判例具有可操作性的关键。从理论上讲，任何一个判决的作出，都有一定的判决理由，否则判决不可能形成，法律上也是这样要求的。但是从我国目前的司法实践来看，可以说大多数刑事判决没有充分的判决理由，或者说没有在判决书中写明充分的判决理由。许多判决书理由都写得比较简单，往往只限于法条的简单罗列，缺乏必要的说服力，使人难以从判决书中发现其判决的合理性和公正性。为此，我们认为，刑事判例的创制必须坚持写明详尽的判决理由，从某种意义上说，刑事判例的创制就是判决理由的创制。刑事判例之所以具有为刑法最高司法解释所不及的针对性、可比性和可操作性，正是基于其判决理由的合法、合理和充分。

（四）及时与慎重相结合的原则

“法律从一制定出来就已经过时了”，这句名言不是说成文法律的无用，而是揭示了法律的相对稳定性与法律所调整的社会关系不断发展之间的矛盾。但法律又不能朝令夕改。那么，怎样使“过时”的法律去适应不断发展变化着并且已经变化了的社会形势呢？答案是明确的，必须靠法官，必须靠法官对社会情势的正确体察，靠法官对人们行为社会意义的准确把握，靠法官对立法意图的恰当审度，靠法官去探索未变的法律如何适应已经变化了的社会形势。为此，必须发挥法官的主观能动性，如果法官们的主观能动性不能得以充分发挥，立法者企盼的社会效果也不可能最终实现。我们认为，刑事判例制度的建立，对于充分发挥法官的主观能动性，协调法律的稳定性与适应性之间的矛盾具有重要意义。“春江水暖鸭先知”，处于法律和社会结合部的法官们往往是最先体会到社会关系对法律的影响，在司法实践中，个别法院或个别法官在刑法的解释和适用中作出了较好的刑事判决和裁定，并具有典型意义，可以为他人所借鉴甚至仿照，那么，将这样的刑事判决和裁决及时地编选成刑事判例公布出来，就可以迅速地由点到面加以推广，收到刑法适用统一之效果，并且，越是及时，效果也就会越好。及时地肯定个别法院或个别法官的经验，必然会给法官主观能动性的发挥带来促进作用。同时，正因为刑事判例创制出来是为了提供仿照的先例，起示范作用，所以必须慎重，切不可盲目轻率，单纯追求数量或指标。总之，慎重，是保证刑事判例质量的要求，及时，是发挥刑事判例最大效用的手段。二者必须相结合，才能使创制出的刑事判例发挥最佳的效果。

三、刑事判例的创制程序

在英美法系里，程序问题具有特别重要的意义。在判例法的源头——英国普通法里，程序法在相当长的时期内居于压倒实体法的地位，实体法规则“隐藏于程序法的缝隙中”，没有独立的地位。经过19世纪的法律改革，英国彻底废除了

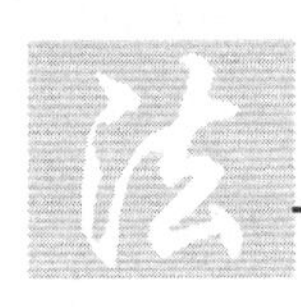

以令状制为特征的充满形式主义的诉讼程序，以后又对程序法进行了不断的改革，实体法的地位有所提高。但是，无论在英国还是美国，重程序的传统思想仍是根深蒂固的，正如梅特兰所言，“我们已埋葬了诉讼形式，但它们仍从坟墓中统治着我们”①。英美法重程序的特征，使其非常重视判例创制和适用的程序问题。借鉴外国判例制度的长处，建立我国的刑事判例制度，使我们必须注重刑事判例的创制程序的设计，一套完整科学的创制程序，是刑事判例质量和效用的重要保证。我们认为，我国刑事判例的创制应遵循下列程序：

（一）刑事判例的编选

刑事判例的创制活动以刑事判决和裁定的制作为基础，但其创制过程从严格的意义上来说则不应包括刑事判决和裁定的制作这一环节，而应从编选工作开始。刑事判例的编选就是从大量的刑事判决和裁定中编选出刑事判例来。由于刑事判例在司法实践中起着重要作用，一旦选定公布，便会直接对刑事审判工作产生影响，因而，编选工作做得如何，直接关系着刑事判例的质量，也关系到刑事判例作用能否充分发挥，甚至关系到刑事审判工作以至法制建设的状况。为此，我们认为，刑事判例的编选最好由专门机构负责，在目前尚无专门机构的情况下，可由各级人民法院的研究室负责。具体地说，进行编选工作，除了应坚持刑事判例创制的原则以外，还应做到以下几点：

（1）必须从已经发生法律效力的刑事判决和裁定中进行编选。已经发生法律效力的刑事判决和裁定主要包括：已过法定期限没有上诉、抗诉的判决和裁定；终审的判决和裁定；最高人民法院核准的死刑判决和高级人民法院核准的死缓判决。此外，人民法院关于行刑中的罪犯的减刑和假释的裁定，一旦作出便发生法律效力。实际上，作为一个刑事判例，往往同时包括一审判决、二审判决或上级人民法院的维持原判的裁定等。需要指出的是，对于已经发生法律效力的刑事判决和裁定，如果提起了审判监督程序而进行再审，则只有再审的刑事判决和裁定

① 高鸿钧：《英国法的主要特征》，载《比较法研究》，1991（4）。

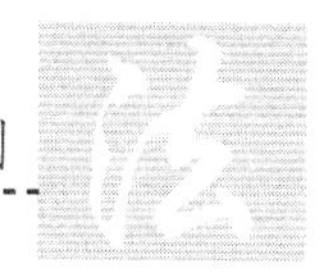

发生法律效力后才可以编选为刑事判例。

(2) 必须从对刑事法律的解释和适用有某种创见性的刑事判决和裁定中进行编选。刑事判例指导司法实践的作用，主要在于其对法律的创见性解释和适用，如果法律本身规定得十分具体、明确，法官面临的案件事实又比较简单，一般不会出现对法律的误解和误用，定罪量刑一般也不会出现较大的出入，那么，这样的刑事判决和裁定对其他法官就没有很大的参考、借鉴价值，故不应作为刑事判例。只有当法律无明文具体规定，以及实践中出现一些新情况，在解释和适用法律上难以把握，实践中又很不统一的情况下，把那些有创见性的刑事判决和裁定及时地作为刑事判例编选出来，才会产生重大的参考、借鉴作用。

当然，我们认为，这种创见并非必须是重大的，哪怕是一些较小的创见，只要它能对以后的司法实践起一定的指导作用，并且以前没有这种判例，那么就可以把它编选为刑事判例。实际上，刑事判例的创见性还在于它的“首创性”，即第一次对刑法作如此创见性的并且是合理的解释和适用，以后对于类似的案件再作出的类似判决可以看成是对该判例的适用，而不应该再编选为判例。

(3) 必须从合法、合理、正确、适当的刑事判决和裁定中进行编选，即要做到使编选出的刑事判例适用法律正确，定罪量刑适当，审判程序合法，文书制作符合要求，否则，刑事判例不仅不会起到应有的作用，反而会将审判工作引向歧途。

（二）刑事判例的认可

为保证刑事判例的权威性，在编选工作完成后应当报送各级人民法院的审判委员会进行讨论审核。根据人民法院组织法和刑事诉讼法的有关规定，审判委员会的任务是总结审判经验，讨论重大的或者疑难的案件和其他有关审判工作的问题。所谓“重大的或者疑难的案件”，实践中一般指：案情重大复杂、影响范围较广的案件；需要判处长期徒刑以上的案件；对案件性质的认定或者适用法律上存在疑难的案件；合议庭对案件的处理有原则分歧的案件；人民检察院提出抗诉的案件；宣告无罪的案件；院长、庭长认为合议庭的裁判确有错误的案件；涉及外国人犯罪的案件，等等。凡属重大的或者疑难的案件，在合议庭评议后，院长认为需要提交审判委员会讨论的，由院长提交审判委员会讨论决定。我们认为，各级人民法院的审判委员会在判例的创制中应负有重要责任，凡属经编选为刑事判例的刑事判决和裁定，必须报送审判委员会讨论。审判委员会经过认真充分的讨论以后，经表决通过，就可以认可某个刑事判例。

（三）刑事判例的公布

刑事判例编选出来并经审判委员会认可以后，就应及时予以公布，以便使广大司法人员尽快了解，并在刑事审判实践中予以参考、借鉴。目前，最高人民法院创制的刑事判例主要应在其公报上向国内外公布，下级人民法院创制的刑事判例可以公布在自己创办的刊物上，也可以其他形式向社会公布。随着创制刑事判例经验的积累和数量的增加，今后应创立专门的“判例汇编”或“判例报告”之类的刊物，专门刊登刑事判例，公开发行。为保证刑事判例创制的严肃性和权威性，最后都应以各级人民法院的名义公布。

各级人民法院创制的刑事判例只能在本法院所辖范围内适用。凡认为自己创制的刑事判例在更大的范围内也具有典型意义的，应逐级上报给上级人民法院。上级人民法院如果认为下级人民法院报送的刑事判例在本辖区范围内具有典型意义，可以经过本院刑事判例的创制程序，作为自己创制的刑事判例予以公布。下级人民法院选送的刑事判例一经上级人民法院选定为它的刑事判例，该下级人民法院就不应再将该判例作为自己创制的刑事判例予以公布。上级人民法院对下级人民法院报送的刑事判例进行审查后，如果认为该刑事判例违背了创制原则或者创制程序，或者不应作为刑事判例的，应通知下级人民法院予以撤销或变更。最高人民法院对地方各级人民法院创制的刑事判例，如果认为违背了创制原则或创制程序，或者不应作为刑事判例的，应当通知各地方人民法院予以撤销或变更。人民检察院作为我国的法律监督机关，有权对刑事判例的创制活动实施法律监督。同级人民检察院监督同级人民法院刑事判例的创制活动，如果认为同级人民法院的创制活动违背了刑事判例的创制原则或创制程序，应当建议其变更或者撤

销，人民法院应认真对待人民检察院提出的意见，经审判委员会讨论后作出采纳与否的决定。最高人民检察院监督各级人民法院、上级人民检察院监督下级人民法院刑事判例的创制活动，如果认为其违背了创制原则或创制程序，应向同级人民法院提出变更或撤销其判例的建议，同级人民法院应当由审判委员会讨论决定是否采纳。

四、刑事判例的形式

辩证唯物主义认为，任何事物都是内容和形式的统一，内容决定形式，形式又对内容具有巨大的反作用。因此，创制刑事判例不仅要重视其内容，而且还要讲究其形式。适当的形式不仅是刑事判例质量的保证，而且还直接关系到对其的理解和适用。我们知道，判例指导作用的发挥，以审判人员遵从或参照具体判例所揭示的法律适用原则为前提，如果审判人员无法领悟其适用法律解决所面临问题的方法，或者理解发生歧义，则难以发挥判例的应用作用。为此，从我国的实际情况出发，在刑事判例的创制过程中，就更应该注重刑事判例的形式，采用更为细致的制作技术，尽可能地统一可能出现的不同认识。为此，应注意以下问题：

（一）刑事判例应采用统一的名称

统一的名称，不仅有利于刑事判例的归类、整理、汇编，而且便于查询和引证，也有利于揭示刑事判例与其他类型的判例以及案例相区别的特征。另外，每一个刑事判例都应确定相应的编号，以便查询和引证。因为不同法院创制出的刑事判例的权威性是不同的，因而在刑事判例的名称中标明其创制法院意在突出其权威性，显示其在实际效用上的差别。

（二）刑事判例应采用统一的结构形式

充分的内容要有合理的结构来组织。我们认为，我国的刑事判例一般应包括案件事实简述、诉辩要点、判决理由、裁判结论以及判例发布机关的附注意见等

五个部分，下面分别予以简要说明。

1. 案件事实简述

案件事实是刑事判决和裁定得以作出的前提和基础，也是刑事判例应具备的基本内容之一。没有一定量的案件事实，刑事判决和裁定便不可能作出，也就没有刑事判例的产生。因而必须首先注意对案件事实的叙述。判例中的案件事实完全来自于刑事判决和裁定中所认定了的案件事实，但可对其进行一定的简化，不必像判决书那样叙述得详细而具体。至于简化到什么样的程度，应视具体情况而定。一般地说，判例作用的发挥主要不在于它所述的案件事实，案件事实在判例中只应起“提出问题”的作用。这里的“问题”是指判例所要解决的法律问题，即对法律或者有关的刑法最高司法解释应如何理解和适用的问题。与此无关或者关系不大的案件事实可以略去。

2. 诉辩要点

主要是指起诉方和辩护方关于法律问题的不同认识。在司法实践中，起诉方和辩护方不仅可能在法律问题上有不同的认识，而且对案件事实的认识也可能有分歧，但对于刑事判例来说，重要的是对法律问题的阐述，而不在于对事实的认定。对案件事实的认定虽然可能影响最后的判决结果，但是对于参考借鉴这些判例的法官来说并无很大的意义，他们所关心的主要是诉辩双方对法律的不同理解。即使是新的犯罪形式，判例中所要解决的主要是刑法对此有无规定、如何规定以及如何理解这些规定的问题。所以说，在刑事判例的这一部分内容中主要应罗列出诉辩双方关于法律问题的理解和认识。

3. 判决理由

判决理由是判例中最为重要的一部分。在英美法系国家，判例中有法律约束力的部分正是其判决理由。在大陆法系国家中，刑事判例的判决理由对后来的其他案件虽不具有约束力，但它也被看作是判例存在并发挥作用的基础。在我国初创刑事判例制度的过程中，针对司法实践中不注重判决理由的状况，我们认为，作为刑事判例必须具有充分而具体的判决理由。当然，判决理由不能在刑事判决

和裁定作出后由判例编选、审核人员事后增加进去，在这个问题上，必须忠实地记载判决书和裁定书中判决理由的观点而不宜妄加改动。

判决理由的形成是说理和论证的过程，由于案件事实的不同以及司法人员对法律理解的差别，不可能有固定的统一格式和标准，不过，它首先应该说服当事人，至少也应是作出判决的法官确信的支持其判决的必要和充分的根据，绝不只是简单地罗列几个法条就可以了事的。在英美法系国家，法官审理案件首先不是问法律原则是什么，而是问摆在面前的问题是什么。在美国，法院作出判决理由往往并不满足于一两个成文法的条款，而是要将问题分析得尽可能透彻。法庭要查阅资料的范围也依在特定问题上的法律规定的明确程度不同而有繁简。如果在某个问题上法律规定已经十分明确和具体，而可借鉴的判例已经在足够多的场合描述过相关的法律规则，这样法庭就可能将那些判例中的说理引入手头的判决中来。但是，如果某一个问题在该法庭还是最初遇到，这个法庭就要借助一般法律原则、法律发展的一般趋势、立法背景所能提示的立法意图、其他法院在相同问题上判决的理由、学者们对这一问题的一般看法、非利害关系人对同一问题可能持有的看法以及法官个人对法律的公正性的把握等多方面的考虑来形成判决理由，以支持其判决。判决理由不仅要说服当事人，而且还要经得起整个法律界的挑战。一项判决公布后，律师、学者、法官都有机会来了解其判决理由。律师会在以后相类似的诉讼中来批评，学者会写文章来批评，法官也有机会在其他判决理由中加以评论。所有这些评论和意见有可能形成一种普遍的法律社会舆论，从而成为后来审理相同或类似的问题的法庭得以借鉴的依据或不得不考虑的因素。正是这种反复的说理过程将法律规则在实践中明确化、具体化和公正化。① 由此可见，判决理由是判例的核心，是判例法的精髓。如果没有判决理由，没有详尽的说理过程，就不成其为判例，也就难

① 参见陈大刚、魏群：《论判例法方法在我国法制建设中的借鉴作用》，载《比较法研究》，1988(1)。

以与案例相区别。

4. 裁判结论

主要是指对被告人应作出确定的有罪或无罪的结论。有罪判决，必须写明被告人所犯罪名、判处的刑罚或者免除处罚的决定。无罪判决，应当写明被告人无罪。

5. 判例发布机关的附注意见

前文曾经指出，我国刑事判例的创制须经各级人民法院审判委员会的认可才能予以公布，因此，在刑事判例的最后这一部分应写明审判委员会认可刑事判例的理由，也可以是对以后适用该判例而提出的具体要求。

五、刑事判例的效力

刑事判例作为一种刑事判决和裁定，是针对具体案件作出的法律文件，对具体案件无疑具有强制性的约束力，即个案效力，但刑事判例的效力并不仅限于此，它主要指的是刑事判例对其他类似案件的效力。在英美法系国家，判例一经确定，即对下级法院（在一定意义上也对作出该判例的法院自身）产生法律约束力，下级法院原则上必须遵循。那么，我国的刑事判例是否应具有法律约束力呢？

关于这个问题，目前我国法学界主要存在三种观点：（1）肯定说。认为我国的判例也应像英美法系的判例那样，一经产生即具有法律上的约束力，下级法院原则上必须遵循。（2）否定说。认为我国是一个通行制定法的国家，判例不具备创制法的功能，也不是法的渊源，不应具备直接的司法约束力，下级法院在处理类似案件时只应对判例进行必要的参考、借鉴，不必遵照执行。（3）折中说。认为对这个问题不能一概而论，应分别不同的判例而分别对待，有些判例应具有法律约束力，而另一些判例则不必。

我们认为，肯定我国刑事判例具有普遍的法律约束力，赋予刑事判例具有创

制法律规范的功能，这无疑是要把英美法系国家的判例法制度照搬到我国来，这不适合中国的实际情况，因而是不可取的。主要理由是：

（1）我国长期成文法的历史传统难以容纳判例法的存在。著名法学家沈宗灵曾经指出："历史传统在法律发展中可以具有重要作用。如果某个法律规则或具体制度符合本地居民历史传统、习惯或惯例，这一规则就容易实施，否则将较难实施。"[①] 中国在这方面的传统是怎样的呢？众所周知，在漫长的中国法律史上，成文法即"律"是占支配地位的最主要的法律形式。判例虽然曾在某些时期取得过约束力，但总的说来，它只不过是统治者滥用权力的借口，因为但凡承认判例具有法律约束力的朝代，都曾出现"以例破律"、"有例不用律、律即多成空文"的现象。因此，20世纪初清朝的修订法律大臣沈家本在改革中国封建法律制度的工作中并不重视"例"的作用也是可以理解的。这种法律传统不仅表现在法律制度上，而且在人们的法律意识中也有明显的表现。在我国，就是在现在人们的观念中，一提到"法"，常常指的也是成文的法律、法规。因此，如果赋予刑事判例以法律的约束力，作为一种"法"来对待，国人将难以接受，其效果也很令人怀疑。这一点，早已存在判例制度的我国台湾地区的实践就是生动的例证。[②]

（2）从我国当前的刑事法律实践来看，除了有关刑事法律以外，还有具有普遍法律约束力的最高司法解释。就刑法最高司法解释来说，它往往采用条文的形式，从形式上看，它与法律或法规并无什么区别，只是其效力低于法律，但也是各级司法人员必须遵循的，因此有人称之为"准法律"。这一现象是很独特的，完全可以说是中国最高司法机关的独创。在西方的大陆法系国家，最高司法机关也经常进行法律解释，但其制作的司法解释多数是针对具体案件所作的个案解释，仅具有个案效力，对其他案件则不具有普遍的法律约束力，并且通常是结合具体案件以判例的形式体现出来的。因此我们认为，我国目前的最高司法解释在

---

① 沈宗灵：《当代中国的判例》，载《中国法学》，1992（1）。

② 我国台湾地区法学界一般认为，尽管判例在实践中常常得到遵循，但"法律"上和理论上从未承认过判例应具有约束力。请参见姚瑞光：《论判例》，载《辅仁法学》，第7期。

某种程度上已经代替了大陆法系国家最高司法机关颁布的刑事判例的作用，并且较之不具有普遍约束力而言，更带有特殊的强制性。既如此，我们推断，即使大陆法系国家赋予了最高司法机关创制的刑事判例以普遍的法律约束力，只要我国的“准法律”一样的刑法最高司法解释一如目前具有普遍约束力，那么我国的刑事判例再想取得法律约束力将是很困难的，同时也是不必要的。

（3）肯定说认为，当今世界两大法系之间已出现相互接近和融合的趋势，甚至有人认为两大法系之间的传统差别正在消失，正在走向一种既有成文法又有判例法的混合法体系，并因此得出结论，中国应顺应这一趋势，赋予判例以法律约束力，建立起既有成文法又有判例法的法律体系。我们认为，从表面上看，两大法系都在相互借鉴对方法律制度的一些因素，但其目的都不是取代各自的判例法或成文法，而只是借对方之长来加强各自法的适应性，并且双方相互借鉴的程度也有很大差异。英美法系国家的制定法已取得了很大发展，在刑事法律领域已居于主导地位，但其判例法的实践及传统观念并未消失，实践中人们依然看重的是判例。大陆法系国家虽然广泛地植入了判例这一事物，并在司法实践中发挥了很大作用，但除了某些宪法判例和行政法判例在某些国家被赋予了一定的法律约束力而外，刑事判例至今尚未在法律上取得约束力，理论上也普遍对刑事判例的法律约束力持否定态度。因此，如果说英美法系国家正形成一种“混合法体系”还尚可以的话，那么如果放在大陆法系国家，则显得不切实际。既然不承认刑事判例的法律约束力，也否认具有法律渊源地位，那么就谈不上有判例法的存在。顺应两大法系相互接近的趋势，我们提出建立我国的刑事判例制度，但不一定就非把英美法系的判例法搬到我国不可，大陆法系国家对待刑事判例的态度实际上正是值得我们借鉴之处。

（4）对于错误的和违法的刑事判例，当然应予废除，这是毫无疑问的。但在实践中，由于刑法条文本身某些含义的不确定性以及法官之间业务素质的差异，出现错误甚至是违法的刑事判例也不是不可能的。如果赋予刑事判例必须遵循的法律效力，那么即使下级法院认识到了上级法院某些刑事判例是错误的或者违法

的，也不得不遵循，这无疑会扩大其消极影响。而如果刑事判例不具有普遍的法律约束力，则下级法院不必去遵循它认为是错误的或违法的判例，显然，这会有利于限制其消极作用。

现在我们来看一看折中说的观点。这种观点认为，在我国目前最高人民法院公布的刑事案例（判例）中有些案例应有普遍的法律约束力。例如，“关于破坏军人婚姻罪的四个案例”对各级法院具有约束力。其根据是 1985 年 7 月 18 日最高人民法院下发的《关于印发〈关于破坏军人婚姻罪的四个案例〉的通知》，该通知指出，今后在处理这类案件时，凡是明知是现役军人的配偶而与其长期通奸、经教育不改，共同生活如夫妻的；或者与其长期通奸，挑拨、唆使其与军人离婚，造成军人夫妻关系破裂严重后果的，均适用《刑法》（指 1979 年刑法）第 181 条予以判处。在这里，我们且不说理论界对这种把法律规定的“同居”扩大解释为包括“通奸”在内的做法所持的普遍的批评态度，我们仅想问单凭这一通知就能断定这四个案例具有法律约束力吗？答案显然是否定的。我们认为，这个通知下发后，法院所以照此处理类似案件并不是因为通知中所列举的那四个案例具有普遍的约束力，起直接约束力的是这四个案例之外的最高人民法院的“指示”，或者说是这个“通知”本身，因为这个通知作为最高人民法院下发的法律文件对各下级法院来说是必须遵循的。如果这四个案例本身就已经具有普遍的法律约束力，那么最高人民法院为何还以“通知”的形式下发而不直接就公布这四个案例呢？由此可见，折中说主张上述判例应具有法律约束力的观点是没有根据，也是不可取的。

综上所述，肯定说和折中说的观点都是不可取的，我国的刑事判例不论是部分还是全部，都不应具有普遍的约束力。其实，正像大陆法系国家的刑事判例一样，尽管在法律上或理论上都不承认它的约束力，但刑事判例在实践中也会产生重大的约束力，尤其是最高法院的刑事判例，在事实上的约束力会更大。这一点，从我国近年来最高人民法院公布的案例的实际效用中可以清楚地看到。可以预料，如果建立了刑事判例制度，把目前的“案例”变成判例，并以严格的程序创制出来，下级法院实际遵从的程度会更大。为什么会如此呢？有些学者已经指

出，一般说来，各民族都有尊重甚至迷恋本民族传统的倾向，这已为人类文化方面的研究所证实。行为学的研究成果也表明，人们的日常行为中总是具有把先前的事件作为后来事件的范例，或者用先前的事件支配后来事件或证明后来发生的相似情况的倾向。因此，特定社会中的集团或个人在处理问题时往往参照前人的解决办法，这是很自然的。同时，各民族都有尊重崇拜权威的倾向，因而在处理相似情况时下属常常仿效具有某种权威的上司的做法，这也是司空见惯的。这几种倾向在司法活动中，则表现为法官在处理案件时会参考先前的判例，下级法院往往遵循上级法院的判例。① 可以说，在任何一种法律制度里，法官在以前处理案件时所发表的见解对以后处理类似案件的法官都具有一定意义。如果法官认为上级法院以前的判决是恰如其分的，便没有理由设想在环境不发生变化的情况下相似的结果会不适宜。因而，美国法学家卡尔·N·卢埃林认为，只要有法的地方，都可以在不同形式中和不同程度上看到判例法的迹象。②

值得一提的是，由于我国广大司法人员的业务素质普遍不高，加上立法的粗疏和概括，对刑事法律的理解和适用难免面临很多具体的困难，这时如果有现成的类似的刑事判例存在，可以说，司法人员是会加以借鉴甚至遵从的，对于上级法院尤其是最高法院的判例，其遵从的程度可能更大。

第六节　刑事判例的适用

一、概述

在我国，刑事判例的适用主要是指在刑事司法实践中法官对刑事判例中体现

---

① 参见高鸿钧：《英国法的主要特征》，载《比较法研究》，1991 (4)。

② 参见陈大刚、魏群：《论判例法方法在我国法制建设中的借鉴作用》，载《比较法研究》，1988 (1)。

出来的对现行刑法规范所作的创见性解释和适用的参考、借鉴以及在一定意义上的遵循。

刑事判例的创制和适用与法的创制和适用不同。根据法理学的观点，法的创制与适用在法律调整过程中代表了两条相反的路线，执行着两种不同的职能。法的创制是从实际的社会关系上升为法律的过程；而法的适用则是从法律规定转变为实际的社会关系的过程。[①] 在英美等判例法国家，刑事判例的创制与适用往往存在于同一过程，法官针对某一具体刑事案件的审理判决过程也就是刑事判例的创制过程。刑事判例的创制与适用只有在抽象的意义上才能区别开来：刑事判例的创制是法官创造一种新判例，其中所阐述的法律原则成为以后法院对类似案件判决的依据；而刑事判例的适用则是将以前的刑事判例所体现的法律原则适用到以后的案件中。我国的刑事判例虽然在其性质、作用、范围以及效力上不同于判例法国家的刑事判例，但是其创制与适用仍具有一定的同一性。具体地说，法官在处理刑事案件的过程中，一方面可以借鉴、参考甚至遵循以前的判例，另一方面又可能是在创造新的判例。

但是，刑事判例的创制与适用仍是两个必须予以区别的概念，前者强调判例的由无到有，指判例的产生；后者则强调对现有判例的参考、借鉴甚至遵循，其结果不一定必然导致新判例的产生。并且，刑事判例的创制本身并不是目的，只有在司法实践中得到了法官们的参考、借鉴甚至遵循才具有实在的意义，而这是通过刑事判例的适用来完成的。

那么，在刑事判例的适用过程中，法官们对以前的刑事判例应该如何参考、借鉴就成为一个必须着重解决的问题。此外，在这一过程中，如何协调刑事判例与现行刑法以及刑法司法解释的关系、刑事判例对具体的定罪量刑活动的影响以及刑事判例的适用与罪刑法定原则的关系等问题也是必须予以重视并加以解决的。对上述问题的研究就构成了本节的基本内容。

---

① 参见孙国华主编：《法理学教程》，420～421页，北京，中国人民大学出版社，1994。

二、刑事判例的参考与借鉴

在论述这个问题之前必须首先指出，根据社会主义法制“有法可依、有法必依、执法必严、违法必究”的基本要求和“以事实为根据，以法律为准绳”的社会主义法的适用的基本原则，各级人民法院审理刑事案件必须以现行的刑事法律和其他有关的法律为依据，绝不容许没有明确法律依据的判决和裁定。这就决定了法院所作的每一个刑事判决和裁定都只能对本案发生法律效力。无论哪一级法院，都不能以任何形式作出具有普遍法律约束力的判决和裁定。各级法院也没有必须遵循上级法院先前判例的法定义务。各级人民法院创制的刑事判例只能供本法院和下级法院审理刑事案件时参考、借鉴。但如何参考、借鉴，目前尚未有人专门论及，这里拟作如下探讨。

（一）参考、借鉴刑事判例的内容

参考是指利用有关材料帮助了解情况，借鉴是指跟别的人或事相对照，以便取长补短或吸取教训。我们认为，对刑事判例的参考、借鉴主要是指人民法院在审理刑事案件时，查询、了解与目前案件类似的先前的刑事判例，分析其对事实及证据的认定以及对法律的解释和适用，并注意判例创制机关的附注意见，从中找出其解决问题的方法。如果认为判例中认定的案件事实与目前案件相同或类似，那么判例中所体现的对法律的解释和适用就可以为本案所借鉴，从而对本案作出与判例相同或相似的判决或裁定。如果认为判例中认定的案件事实与本案不是相类似的或者认为是错误或违法的，也可以引以为戒，从而避免作出与判例相同或者相似的判决或裁定。由此，我们认为：

1. 刑事判例的每一部分内容对后来的案件都具有参考意义，也就是说，可以把刑事判例的全部内容都纳入供参考的范围。因为对刑事判例的参考，实际上是为解决问题积累材料、占有材料的过程，并且对判例中所认定的案件事实的了解分析，还是确定判例与当前要审理的案件是否相同或相类似的关键，对其他部

分的了解分析，是探寻其处理案件方法的必要手段，也是借鉴刑事判例的必要途径。

2. 经过认真的分析思考与比较，发现判例中所认定的案件事实与本案相同或类似时，判例就会具有很大的借鉴作用。对刑事判例的借鉴，主要是对其判决理由部分的借鉴，因为判例中所体现的对法律的创见性解释和适用主要表现于判决理由部分。只有通过对判决理由的分析，后来的法官才能发现先前法官是怎样把法律规定与案件事实联系起来的，才能看到先前法官对法律规定的解释和运用，也才能从中发现解决当前问题、处理当前案件的方法与态度。如果经过分析后认为判例中对法律的创见性解释和运用是合法的，也是合理正确的，在没有其他先例可循的情况下，便没有理由不去借鉴甚至遵循该判决理由。对判决理由的借鉴甚至遵循，必然导致判决或裁定的内容及其法律依据的一致或相似，判决结果也会相同或相似。这样，对判例的参考、借鉴便起到了维护刑法适用统一的作用。

需要指出的是，判例中如果有完全合乎要求的发布机关附注意见，该判例发布机关还应在附注意见中提出参考、借鉴该判例的一些明确具体的要求，这样，对判例的参考、借鉴就会有更明确具体的标准了。

（二）参考、借鉴刑事判例的形式

事物的形式和内容是相互联系在一起的统一整体，对一个事物内容的参考、借鉴，常常也伴随着对其合理形式的参考和借鉴，这是日常生活中人们通常的行为方式。审理刑事案件的各级法院法官在参考、借鉴刑事判例时，不仅内容会为其所重视，形式也常常会为其所关注。具体到刑事判例的哪些形式可以成为后来法官参考、借鉴的对象，我们认为，不论是判例的结构形式，还是其论证方式，甚至判例中的语言表达方式等都可以成为参考、借鉴的对象。至于如何去参考、借鉴这些判例的形式，这个问题比较具体，也比较复杂，并且与法官个人的文化素质、业务素质以及法律意识甚至个人的喜好等因素都有直接关系，不好作出具体的要求，因而这里也就不再论述了。

（三）关于刑事判例的引证问题

我国法学界曾有人认为，由于我国的刑事判例不具有法律的约束力，因而不应在刑事裁判文书中公开援引。我们认为，这种观点是没有道理的。刑事判例能否在法院裁判中被公开援引，与它是否具有法律约束力并没有必然的联系。对于这个问题，关键是要弄清刑事判例对于刑事判决和裁定所起的作用。当然，如果刑事判例在我国也像英美法系国家那样具有法律约束力，在刑事判决和裁定中公开援引并作为一种法律依据就会无人非议。在这里，“公开援引”并不能与“援引作为一种法律依据”之间画等号，在刑事判决书和裁定书中，尽管不能把刑事判例作为一种法律依据，但仍可以把它作为一种例证来援引。

我们认为，刑事判决书和裁定书作为具有法律强制力的法律文书，必须做到“于法有据”，即必须依据刑法及有关的最高司法解释来作出最后判决，但是，仅仅在案件事实罗列之后，再加上几个法条的引证就能说明裁判的合法性吗？不然。目前我国多数刑事判决书都显得过于简单，一般都是在叙述了案情之后，罗列几条法律条文就得出了判决结论，很少有判决书能写明其判决理由，有的即使有判决理由，也常常非常简单，使人看了不免产生何以这样认定案件事实，又何以引用这些法条的疑问。这样的判决书实在像我国法学界有人说的是“不讲道理的判决书”①。这样的判决书从表面上看是合法的，于法有据，但是于理不通，实在难以服人。因此，我们认为，坚持刑事判决和裁定的合法性，必须以坚持其合理性为基础，必须具有充分而具体的判决理由。判决理由是联系案件事实与法律规定之间的桥梁，这个桥梁的架构不仅需要对事实的分析，还需要对法律规定作出合理的解释。那么，对案件事实何以这样分析？对法律规定为什么只有这样解释才是合适的？对这些问题的分析论证并不只是三言两语就可能简单了事的，有时不仅要进行一定的理论分析，而且还可以引入一定的事实（即先前的判例）作例证。只有把理由说明得十分充分，才能以理服人，使人相信判决结论的正确

① 崔敏：《“判例法”是完备法制的重要途径》，载《法学》，1988（8）。

性与合法性。

综上，我们认为，不仅可以在刑事判决书和裁定书中公开引用有关的刑事判例，而且有时这种引证还是必要的，尤其是当法律没有明文具体地规定，需要法官对有关规定作出创见性解释的场合，参照并引证先前的刑事判例来支持其适用法律的合理性就显得十分必要。其实，在许多大陆法系国家的刑事判决书中，引证法学理论或者不具有约束力的刑事判例的情况也是很普遍的。当然，对有关法学理论或者判例的引证绝不能代替对有关法律条文或者最高司法解释的引证，其作用一般仅限于表明其认定事实或者引证这些法条或有权解释的合理性。

三、刑事判例的适用与定罪量刑

古人云："徒法不足以自行。"要发挥刑事判例在司法实践中的重大指导作用，仅有制度的建设还是不够的，还必须依靠广大司法人员的实际运用和具体操作。这里就简单谈一谈在具体的定罪量刑活动中，如何适用刑事判例的问题。

（一）刑事判例的适用与定罪[①]

在定罪活动中，刑事判例具有重要的参考价值和借鉴意义。无论是在确定行为的罪与非罪、此罪与彼罪、重罪与轻罪、一罪与数罪方面，还是在定罪的其他方面，刑事判例的参考、借鉴作用都是十分明显的。例如，对某种行为，先前的判例曾经作出无罪的结论，后来，如果又遇到相同或相似的情况，参照前一种做法，也很可能会对后一种情况作出无罪的判决。又如，对于某些情况，先前的判决曾经认为是犯罪未遂，如果之后又发生类似情况，参照前一种做法，对后一种情况也很可能就认定为犯罪未遂。

在定罪活动中，刑事判例的适用可以分两种情况来说明，即在司法人员的定罪意见形成之前和定罪意见形成之后。前一种情况大多表现在司法人员对于案件

---

① 这一部分主要参考了王勇著的《定罪导论》中"判例与定罪"一章的有关内容。

的性质尚未把握之前。例如，当一个司法人员受理了某一个案件之后，由于案情比较复杂，在犯罪构成的某个或某些要件上把握不准，因此不能马上认定其性质，在此时，如果该司法人员能够发现曾有与该案案情相同或相似情况的判例，那么，从这个先前的判例中，司法人员或许就能够找到解决摆在他面前的困难的钥匙。后一种情况主要表现在司法人员已经大体上掌握了或初步确定了犯罪行为的性质之后。例如，当一个司法人员在初步确定了某一行为的性质（包括罪与非罪、此罪与彼罪等各方面的性质）之后，还可能会将此初步确定的定罪意见和先前判例中的做法加以对照。对照的结果，可能会起到肯定其定罪意见的作用，也可能相反，会起到否定其定罪意见的作用。

肯定的作用往往会导致实际的定罪结果。例如，嫖客明知妇女是被强迫卖淫的，但仍与之发生性关系，是否构成强奸罪。这是一个司法实践中有争议的问题，如果办案人员遇到这种情况，并且认为这就是强奸罪中的“其他手段”，应当构成强奸罪，加之他又了解到以前有这样的判例，那么，最后定罪结果很可能就是行为人被定以强奸罪。但是，如果情况相反，虽然办案人员提出了要定强奸罪的意见，但是，事实上没有这方面的先例，或者先前的判例认定该行为并不构成强奸罪，那么，这就有可能动摇办案人员原先的定强奸罪的意见。这也就是判例在定罪上所起的否定作用。

刑事判例对定罪的作用是有选择的，并不是任何一个判例对任何定罪都具有影响力。一般说来，一定的判例只能对一定的定罪活动发生影响，因而适用刑事判例的程度在不同的情况中也有差别。

第一，被认定的犯罪事实与先前判例中的犯罪事实基本上相同或相似。在这种情况下，在定罪问题的各个方面，如在罪与非罪、此罪与彼罪、重罪与轻罪等问题上，都可以适用刑事判例来影响定罪活动。

第二，被认定的犯罪事实只有某个或某些事实、情节与先前判例所定之罪行的某个或某些事实、情节相同或相似。如果这个或这些事实、情节与定罪有关，那么这种情况下仍可以借鉴判例来决定定罪活动。例如，国有公司的营业员利用

自己经手财物的方便，侵吞公款，结果被定为贪污罪。后又有一起国有公司的营业员挪用公款进行非法活动的案件。虽然两个案件在性质上并不相同，但在主体问题上却有相同之处，由于法律对两者主体的规定是一样的，因此，既然国有公司的营业员可以成为贪污罪的主体，那也可以成为挪用公款罪的主体，并从而构成挪用公款罪。可见，判例也可对定罪的某一个方面产生影响。

第三，被认定的犯罪事实在某些或某一关键事实或情节上与先前判例所定之罪行中对定罪起关键作用的事实或情节正好相反，那么，在这种情况下，对判例的参考、借鉴就可能从相反的方向对定罪发生影响。举例说，某人以放火烧毁自己财物的手段诈取保险金，由于大火没有给其他人财产的安全造成危害，法院因此对行为人定保险诈骗罪，而未定放火罪。如果后来又有了一个案件：行为人同样以放火烧毁自己财物的手段诈取保险金，但大火殃及公共建筑物，结果给公共财物造成严重损失。那么参照先前的判例，由于大火没有危及公私财产的安全，所以不能定放火罪，这里出现了相反情况，出现了大火危及公私财产安全的情况，因而可以定放火罪。由此，在出现与判例中案件事实相反的情况下，判例的适用仍可以对定罪产生重要影响。

总之，适用先前的判例来作为定罪工作的参考，是能够起到十分重要的积极作用。

（二）刑事判例的适用与量刑

量刑，是审判机关对确定的犯罪人决定是否判处刑罚以及选择刑种和裁量刑度的一种审判活动。在刑事审判活动中，定罪固然重要，正确定罪是正确量刑的前提，然而，有时定罪虽然准确，但量刑不当，畸轻畸重，同样会造成错判。因此，必须重视量刑。

我国是一个成文法国家，目前尚未建立起刑事判例制度，因此，量刑活动必须以现行刑法及有关最高司法解释为法律依据。具体地说，就是要坚持以犯罪事实为依据，以刑法为准绳的量刑一般原则，根据犯罪的事实、情节以及对社会的危害程度，在刑法规定的法定刑幅度内对犯罪人量定刑罚。由于我国采用的是相对确定的法定刑，并且法定刑幅度较大，因此，在审判实践中，面对具体的犯罪人如何确定相应的量刑幅度，以及如何确定具体的刑期等也是比较复杂的问题。在理论上，不少有识之士对量刑方法的科学化、自动化曾进行了许多有益的探索，提出了诸如层次分析法、数学模型法、定量分析法、电脑量刑法等许多新的非经验型的量刑方法，但这些设想在实践中尚难以推广开来，在具体的审判活动中，还主要是采用经验量刑法。下面就针对经验量刑法简单谈一谈刑事判例的适用问题。

根据经验量刑法，量刑活动的第一步骤便是在法律规定的范围内，选择一个相应的量刑幅度。我国刑法分则对各种具体犯罪规定的法定刑，只有一小部分是单一的量刑幅度，大多数是规定数个相互衔接的量刑幅度。在存在数个量刑幅度的情况下，在认定了犯罪的罪质以后，首要的问题就是选择确定相应的量刑幅度。如何选择？当然要依照法律的有关规定，根据犯罪事实来选择。这其中就必然伴随着审判人员对法律规定的解释以及对犯罪事实的把握和考虑。为了保证这种解释和把握的准确性，参考、借鉴先前判例是很自然的事情。在实践中，具体的犯罪虽绝不相同，但同一性质的犯罪在不同的案件之间，在其主要方面，却往往有许多相同或相似的地方，即基本的犯罪事实有可能大体相同。这时，如果审判人员对面前案件的基本事实把握以后而对选择哪一个量刑幅度犹豫不定时，借鉴先前的类似判例就可能使他选择与判例中宣告刑所在的量刑幅度相同的量刑幅度。

在确定了相应的量刑幅度以后，第二步是决定犯罪的基本刑。所谓基本刑，就是暂不考虑从严从宽处罚的各种情节，仅根据犯罪行为本身的社会危害程度，在一定的量刑幅度内判处刑罚。基本刑不是在量刑幅度中间线上判处的刑罚，它可以处在量刑幅度内的任何一点上，上至最高刑，下至最低刑，只要与犯罪行为本身的社会危害程度相当，就是基本刑。基本刑是从重从轻处罚的基准点，不确定基本刑，就无法从重或从轻处罚。基本刑不准，偏高或者偏低，也会造成从重从轻处罚的失当。当然，在任何一个刑事判决中，直接看到的都是宣告刑而不是

这里所说的基本刑。不过，当案件不具有一定的从宽从严情节时，一般说，宣告刑也应该是这里所说的基本刑。即使有从宽从严情节，经过对判例宣告刑及有关情节作用的认真分析，也是可以推测到基本刑的刑度的。这时，刑事判例便可以发挥影响作用了。实践中，由于基本刑的确立主要依据犯罪本身的社会危害程度，而这又是一个综合指标，往往不易把握。这时如果参照相同或类似的刑事判例，就可以为审判人员提供一个直接的、具体的类比样板，从而有助于基本刑的确定。

经验量刑法的最后一步，是综合考虑各种从宽从严情节，确定应给予犯罪人以何种惩罚。犯罪情节是十分复杂的，有法定情节与酌定情节之分，也有从严情节与从宽情节之别，既有“应当”情节，又有“可以”情节。不同的情节对基本刑的调节作用自然不同，即使是同一种情节，它所反映的社会危害程度也会有差异，因而对基本刑的同向调节也会有区别。犯罪情节也是决定犯罪人的人身危险性的重要因素，因而综合考量犯罪情节以决定宣告刑，实际上也是对犯罪的社会危害性与人身危险性的综合考量。在犯罪性质相同、犯罪情节基本相同的情况下，犯罪的社会危害性与人身危险性一般来说也是大体相当的，其宣告刑也具有较大的可比性。因而，借鉴刑事判例从而决定量刑活动，对于维护量刑的统一，最终达到刑法适用的统一，具有重要意义。

四、刑事判例的适用与刑法及司法解释

在我国建立刑事判例制度，充分发挥刑事判例在司法实践中的指导作用，必然面临着如何处理刑事判例与刑法的关系，以及刑事判例与刑法司法解释之间关系的问题。只有处理好它们之间的关系，才能充分发挥刑事判例的作用，真正体现在我国建立刑事判例制度的重要意义，也才能有利于我国的刑事法制建设。

（一）刑事判例的适用与刑法

我国是一个成文法国家，在刑法领域，不论是刑法典，还是单行刑法或者附

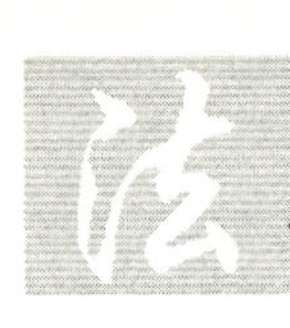

属刑法，都是采用成文法的形式。而成文法与判例法曾被人们认为是两种截然不同的法律制度或法律体系，二者在法的历史传统、法的结构、法的渊源等方面都有各自不同的特点，在司法运作方式上也有很大的差异。但是，随着世界法制的发展，判例法与成文法各自所代表的两大法系之间也正在出现一种相互接近的趋势，判例法与成文法也不再是那种互不相容的对立物，相反的是，彼此借鉴已成为现实。值得注意的是，双方相互借鉴不仅没有改变各自判例法或成文法的统治地位，两大法系仍然保持着各自的传统特色，反而有益于各自的法制发展。鉴于此，我们认为，建立我国的刑事判例制度，不能不考虑到判例与成文法各自特点以及我国法制的传统与现实，处理好刑事判例与刑法的关系。为此，必须注意以下两个方面：

首先，刑事判例的适用以至于整个刑事司法活动必须坚持“以犯罪事实为根据，以刑事法律为准绳”的刑法适用的基本原则。刑事判例作为一种刑事判决和裁定，在我国，它只能是适用法律的结果，而不创造新的法律规范，因而对其他案件也就不具有必须遵循的强制性的约束力。然而，刑事判例并非不能适用，只是适用刑事判例意在加强其裁判的合理性，为裁判提供某种事实上的根据，但这并不能代替法律。在司法实践中，绝不允许出现只依据刑事判例而没有具体明确的法律依据的刑事判决和裁定。依法断案，在刑事司法活动中就表现为依照刑事法律的具体规定来处理案件，不仅在刑事司法活动的过程中要坚持依法进行，而且还要强调指出，在刑事判决书和裁定书上也要载明其裁决的具体法律依据，并要充分说明其判决理由。只有这样，才能保证判决的合法性与合理性，保证刑法适用的正确性，维护法制的尊严。

其次，刑法的适用离不开刑事判例。在刑事司法活动中，我们强调“有法必依”和“依法断案”，这并不意味着排斥刑事判例的适用，相反，我们认为，刑法的适用离不开刑事判例，刑事判例是刑法适用的具体化。这是因为，我国的刑法表现为成文法的形式，必然具有所有成文法共有的抽象性、概括性等特点。刑法的适用过程就是把这种抽象的、概括的一般规定适用于具体案件、具体人的过

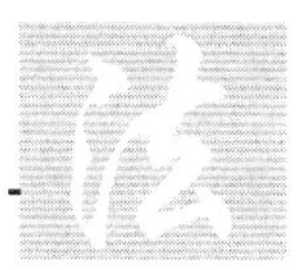

程，因而是一个从一般到个别的具体化过程。这种具体化的结果就主要表现为一个个具体的判决或判例。从刑事判例中，可以看出司法机关对刑法是如何解释和适用的。因此说，刑事判例是刑法适用的产物，是刑事司法经验的结晶，它往往体现了对刑法规范的合理解释和正确适用。与抽象的刑法条文相比，刑事判例具体、生动，具有直接的针对性和现实性，它揭示了刑法规范的意义所在，因此可以说，刑事判例是活的现实的“刑法”。在司法实践中，借鉴刑事判例是正确适用刑法的向导。这一点，在英美法系国家中表现得尤为突出。

在英美法系国家的刑法领域，虽然从法律渊源上看成文法已占居主要地位，但刑事司法实践中仍离不开有约束力的刑事判例，因为刑法的适用往往是通过适用刑事判例才体现出来的。我国不像英美法系国家那样有着非常强烈而悠久的判例法传统，刑事判例也不具有法律约束力，其地位也不能与英美法系国家相提并论，但是由于我国的刑法条文比英美法系国家刑事制定法更为抽象和概括，因而通过刑事判例的适用而使刑法具体化也就显得更为必要。

刑法不能具体罗列出所有犯罪的所有行为方式，这是成文法固有的弊端，因而刑法适用难免因适用者的不同而出现差异，而通过一个个的刑事判例则可以做到这一点。从绝对的意义上说，虽然刑事判例也难以穷其所有，但总可以逐步“归纳”、积累，并随着实践的发展而不断更新。从最终结果上看，它可以尽可能地揭示出每一具体犯罪的所有行为特点，也可以充分阐发刑法规范所应当包括的各种含义。这样，通过刑事判例的适用就可能达到刑法适用的准确与统一的目的。

（二）刑事判例的适用与司法解释

所谓司法解释，是指司法机关在法律适用过程中对有关法律规范的含义所作的理解和阐释。在我国，根据司法解释的效力范围的不同，可将司法解释分为规范性司法解释和个别性司法解释两种。前者是指对于实施法律规范的一切场合、情况、对象都具有普遍约束力的司法解释，后者是指根据具体情况、对象和场合

对有关法律规范所作的仅具有个案约束力的司法解释。[①] 由此可见，最高司法机关所作的司法解释属于规范性司法解释，地方各级司法机关所作的解释属于个别性司法解释。相应地，刑法司法解释是指在刑法的适用过程中，司法机关对刑法规范的含义所作的理解和阐释，它也可以分为刑法规范性司法解释和刑法个别性司法解释。由于解释主体及效力来源的差别，我们这里就把以上两种刑法司法解释分别称为刑法最高司法解释和刑法地方司法解释。

刑法地方司法解释产生于地方各级司法机关适用刑法处理各种具体刑事案件的过程，主要体现在各种刑事判决和裁定中。地方各级司法机关处于司法工作的第一线，直接办理几乎所有的刑事案件，他们面临的现实问题是具体而又丰富的，因而他们对刑法的解释也是最为具体的。由于各地情况不一，各司法人员的素质又有差别，刑法的地方司法解释必然会因地、因人而导致一定的差异，这就会破坏刑法的严肃性和刑法适用的统一。因而把其中对刑法解释合理、准确并具有某种创造性的刑事判决和裁定编选为刑事判例公布出来，将会对司法实践产生重大的指导作用。在刑事司法活动中，刑法地方司法解释的适用与刑事判例的适用在方向和程度上大体是一致的，因此，在这一过程中，刑法适用的分层次统一将随着刑事判例和刑法地方司法解释的从基层逐步扩大的分层次适用而逐步得到实现。

相对于刑法地方司法解释来说，刑法最高司法解释不仅在理论上得到了重视，而且在实际中也有很大的发展。自刑法颁布施行以后，最高司法机关颁发了大量的刑法司法解释，它们在司法实践中也起到了重要的积极作用。但是，毋庸讳言，目前我国的刑法最高司法解释还存在一些问题，如司法解释尚未完全公开化，个别司法解释存在越权现象，某些司法解释之间不够协调，一些解释还不够明确、具体，解释不够及时，解释程序不够规范，等等，这些现象的存在，在一定程度上影响了刑法最高司法解释作用的发挥，因而亟待改进和完善。鉴于此，

① 参见孙国华主编：《法理学教程》，455页，北京，中国人民大学出版社，1994。

一些学者提出了加强判例形式的司法解释的建议，这与我们建立刑事判例制度的设想不谋而合。

当然，在目前状况下，仅仅设想建立刑事判例制度就能解决刑法最高司法解释存在的一切问题，恐怕还是不现实的。不过，或许能够解决其中某些问题。

其一，许多刑法最高司法解释采用条文化的形式，由于欲涵盖较大的范围，不免在许多地方使用带有很大模糊性和概括性的词语，从形式上看，俨然一部“准法律”。这样的司法解释可能比刑法本身具体一些，但是对于司法实际人员来说，有些仍需进一步解释才能适用，这就使得司法解释在某种程度上丧失了其应有的功能。可以这样设想，如果颁布一定数量相关的刑事判例来取代那些有可能需要再解释的刑法最高司法解释，那么，刑法最高司法解释的这种不足不就可以避免了吗？

其二，就目前刑法最高司法解释的形式而言，有决定、意见、通知、批复、答复、解答等，还有的是以电话、电报、信函等形式作出的，其中许多是针对下级司法机关在刑法适用中遇到的一些具体问题而作请示的回答。诚然，最高司法机关对下级司法机关的工作予以指导、帮助本无可非议，但是，我们还应认识到，作为司法机关，其司法活动应当完全按照法律既定的程序来进行。如果下级司法机关遇到问题时不积极主动地研究并作出本应由它们独自作出的解释。而是一味地依赖上级司法机关的“指示”，以图自己的司法意见不被上级机关否定而谋其形式上的办案质量，那么，二审程序的设置就会失去应有的意义。从司法实践来看，这种状况的存在并长期延续导致了下级司法机关对其上级机关严重的依赖性，这样不仅影响下级司法机关积极性、主动性和创造性的发挥，而且还致使最高司法机关经常忙于为下级机关作“答复”、“批复”等而难于做好其法定的工作。应该说，造成这种状况与我国刑法条文以及许多最高司法解释本身的概括性和模糊性有很大关系。因此，如果最高司法机关通过公布刑事判例的形式来指导司法实践，由于刑事判例的具体性、针对性、可操作性和及时性，可以为各级司法机关的办案人员直接适用，那么，上述现象不就会减少甚至消除了吗？

其三，对于许多刑法最高司法解释的不适当甚至错误之处，由于其强制性的法律约束力，下级司法机关即使认识到了这种不妥当或错误之处，也无法不去遵循，无疑这将是对正确的压制并导致危害面的扩大。这种情况，对于不具有法律约束力的刑事判例来说，则不会出现或很少会出现。

当然，我们还应看到，目前在我国，试图用刑事判例来完全取代刑法最高司法解释还是不现实的。刑事判例制度建立以后，不具有普遍的法律约束力的刑事判例与具有普遍约束力的刑法最高司法解释还会在一定时期内并存下去。不过我们相信，随着刑事判例制度的建立和逐步发展完善，刑事判例发挥作用的领域和程度也将逐步扩大和深入。

五、刑事判例的适用与罪刑法定原则

罪刑法定原则，是现代刑法的一项基本原则。法无明文规定不为罪，法无明文规定不处罚，是罪刑法定原则的基本含义。其根本宗旨在于防止和限制国家刑罚权的滥用，以保障个人的权利和自由。罪刑法定的思想一般认为渊源于1215年英王约翰签署的《自由大宪章》，但作为一项法律原则，则是17、18世纪资产阶级启蒙思想家在反对封建专制、司法专横、罪刑擅断的斗争中明确提出来并使之系统化、制度化的。法国资产阶级革命胜利后，在1789年的《人权宣言》中明确作了规定，并在1810年颁布的法国刑法典中使罪刑法定原则进一步刑法化。罪刑法定原则产生和发展的历史过程表明，罪刑法定原则在世界各国走向法治国家的过程中，都无一例外地起到了不可或缺的重要作用，因而，它在世界各国的刑法理论和刑事立法中长期占据支配地位，成为法治文明的重要标志。

判断一个国家是否实行了罪刑法定原则，能否以法律是否有明文规定为唯一标准呢？恐怕不能这样看。我们认为，罪刑法定作为一项法律原则，不在于法律是否有明文规定，关键在于实践中是否贯彻了罪刑法定的思想。众所周知，在实行判例法制度的英美法系国家，罪刑法定原则不像在大陆法系国家那样在法律中

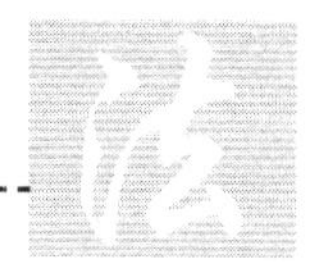

有明确的规定。但是，一般认为，它们也是坚持了罪刑法定原则的，只不过在体现罪刑法定的方式和实现罪刑法定的途径上不同于大陆法系国家而已。具体地说，它们对待罪刑法定的态度主要表现在：

1. 在有限的成文法律中规定罪刑法定原则的某些内容，体现罪刑法定。如美国在宪法中对罪刑法定及一些严重的犯罪如叛国罪、海盗和违反国际公法的犯罪等直接作了规定。

2. 对刑事诉讼程序进行宪法性限制，以实现罪刑法定。如美国宪法中规定的“适当的法定程序”原则。

3. 对罪刑法定的派生原则明确地予以坚持，表现在：（1）禁止追溯既往的法律和判例。英国禁止刑事事后法的观念根深蒂固地存在于普通法之中。美国宪法也明确规定“不得通过追溯既往的法律”。（2）在可否适用类推解释问题上，英国刑法和美国刑法一样，都禁止类推，坚持对刑法应作严格解释。当法院面对一个有害于社会但既没有普通法也没有制定法明文规定为“犯罪”的行为时，类推出“特定犯罪”是不许可的。[①]（3）从对待绝对不定期刑的态度上看，英美都没有采用绝对不定期刑。至于美国采用的相对不定期刑制度，虽然在从19世纪中期到20世纪中期的一个世纪中曾经一度盛行，但是从20世纪70年代中期开始，美国也掀起了一场讨伐相对不定期刑的运动，一些州纷纷废除相对不定期刑，重新回归定期刑。

综上，在实行判例法制度的英美法系国家，也强调罪刑法定，法不溯及既往，对刑法应作严格解释，不应类推定罪等，因而可以说，它们也是贯彻了罪刑法定原则的。

英美法系国家处理刑事判例与罪刑法定原则关系的方式不能不对我们有所启示。我们认为，在建立刑事判例制度以后，在处理刑事判例与罪刑法定原则的关系上，应注意以下几个问题：

---

① 参见储槐植：《美国刑法》，38～39页，北京，北京大学出版社，1987。

1. 罪刑法定原则作为现代刑法的一项基本原则，在我国正逐步走向社会主义市场经济而必然要求大力加强法制建设的今天，必须旗帜鲜明地予以坚持。刑事判例作为对刑法的解释和适用，必须符合罪刑法定原则的要求。根据我国目前刑法适用的状况，主要应注意在刑事判例中对刑法的解释应坚持严格解释原则。虽然我们不同意贝卡里亚“刑事法官根本没有解释刑事法律的权利，因为他们不是立法者”[①] 的说法，但是，由于刑罚是国家对付危害社会利益的个人的最后的也是最严厉的手段，稍有不慎，就有可能直接侵犯个人的人身自由和权利，故而，英美法系国家一般都明确要求对刑法要坚持严格解释，绝不允许随意扩大刑法条文本身的字面含义以至于将某些行为认定犯罪并施以刑罚。在我国，由于传统的在司法实践中占主导地位的重视刑法社会防卫功能的观念，加上部分法官素质不高，因此，强调对刑法应严格解释是十分必要的，尤其是作为典型示范而供其他法官参考借鉴的刑事判例，更应该坚持这一点。

2. 重视刑事判例在贯彻实施罪刑法定原则中的重要作用。我国《刑法》第3条明文规定了罪刑法定原则，在司法实践中，应当严格依照刑法规定处理每一个刑事案件本身就是对罪刑法定原则的坚持和贯彻。然而，由于刑法规定比较概括和抽象，给具体实施往往带来一定的困难，对罪刑法定原则的贯彻也难免出现某些偏差。所以，为了更好地贯彻罪刑法定原则，有必要加强刑事判例的作用。刑事判例对于罪刑法定原则贯彻实施的重要意义，主要体现在刑事判例所发挥的具体作用上。

(1) 解释现行刑法规范。这主要是以判例的形式将某些较为抽象、实践中又难以准确把握的刑法条文通过具体案件而加以具体化，达到解释刑法、准确地适用刑法以实现罪刑法定的目的。

(2) 指导司法实践。首先，从定罪方面看，刑法对有的犯罪行为仅有抽象的“开放型”规定，审判实践中，初次处理这类案件时，不容易把握其性质，定罪

① [意] 贝卡里亚：《论犯罪与刑罚》，12页，北京，中国大百科全书出版社，1993。

和量刑亦难以统一和平衡。其次，从量刑方面看，我国刑法采用的是相对确定的法定刑，这样的法定刑一方面能使刑法适应处罚形形色色的犯罪的需要，并为司法人员在量刑时主观能动性的发挥提供了条件，另一方面也为因时间、地点、审理的法院、法官的不同而导致的同罪不同罚现象的产生提供了可能。从司法实践来看，同一种犯罪在一审二审用刑相差甚远，犯罪事实、性质、情节和社会危害程度均相类似的犯罪，在不同的法院处刑轻重不一的情况屡有发生。在这种情况下，如果对一些常见罪、多发罪乃至各种犯罪选定一些量刑适当的判例予以公布，使各地司法人员在对各种犯罪量刑时，有一个具体的、直接的类比样板，无疑将会逐步达到全国量刑的大体统一，尽量避免同罪异罚现象，更好地贯彻罪刑法定原则。

(3) 为新出现的案件提供范例，弥补立法的不足。为判案提供示范性先例，以供其他法院、法官参照办理，是刑事判例固有的功能之一。

第七节　刑事判例的整理汇编

一、概述

我国刑事判例制度建立以后，成文法以及条文型的刑法最高司法解释虽然仍会在刑法领域占据主导地位，但由于我国刑事判例创制主体的多层次性，刑事判例的数量必将大为增加，客观上难免会出现一些庞杂现象。其实，在所有实行判例制度的国家中，由于判例浩瀚庞杂，以致造成参照、适用上的某些困难甚至混乱，这是司法实践中常见的一种弊害。不过，英美法系的判例法制度是在长期的历史发展过程中自然形成的，在其早期，难以准确预测到以后出现的判例庞杂状况。而我国要建立刑事判例制度，吸取英美法系的历史教训，是可以在一定程度上避免刑事判例适用中可能出现的一些问题的。为此，必须加强对刑事判例的整

理汇编工作，建立一套系统完整的整编规程，定期按类别进行整理汇编，删除相互矛盾或者已有新的立法、最高司法解释作了补充、修改的判例，使整编后的刑事判例更为简洁明了，以利于司法机关的适用和理论研究。

在英美法等判例法国家，判例汇编的发展曾经对判例法制度的形成起着决定性的作用，这主要表现在“判例汇编对作为英国法律制度之基石的先例原则具有根本性的重要意义”①，正如英国著名学者 R. J. 沃克所说的，“先例原则的效力与判例汇编有着密不可分的关系。原则上，任何判决只要在宣布时有出庭律师证实，法院都可以加以援引……因此，并非只有经过汇编的判例才能作为先例被援引。不过，法官或律师的回忆过于短暂和杂乱，不能构成一个切实可行的制度的基础，所以，先例几乎总是包含在判例汇编之中。只有在十九世纪判例汇编制度形成之际，现代先例拘束力原则才得以定型化。这一事实，表明了判例汇编与司法先例之间的密切联系”②。既然如此，在英美法系国家，“法院本应创立一套撰修判例汇编的有章可循的制度。令人诧异的是，这一制度至今尚在乌有之乡”③。这不能不是英美法系的一个重大遗憾。

在我国，刑事判例制度是作为成文刑法的补充而建立的，在成文法占主导地位并有一定数量的具有普遍约束力的刑法最高司法解释存在的情况下，刑事判例不应具有法律约束力，刑事判例汇编的发展也不会像英美法系国家那样导致先例拘束力原则的产生，但是，刑事判例汇编仍具有十分重要的意义。

首先，刑事判例的整理汇编有利于司法人员的适用。创制刑事判例主要就是供广大的司法实际工作人员在具体的刑事司法活动中加以参考、借鉴，而如果没有科学地整理汇编，那么，全国各地逐年积累的刑事判例将堆积如山，浩如烟海且杂乱无章，其中相互重复、彼此冲突的判例肯定存在。司法人员面对如此庞杂的判例如何选择适用将是一个困难的事情。这样，不仅难以充分体现刑事判例的

①② ［英］R. J. 沃克：《英国法渊源》，154 页，重庆，西南政法学院，1984 年印行。
③ ［英］R. J. 沃克：《英国法渊源》，154～155 页，重庆，西南政法学院，1984 年印行。

应有作用，而且可能给一些人钻法律的空子提供机会，因此，必须重视刑事判例的整理汇编工作。对刑事判例及时、科学地进行整理归类，并汇编成册，不仅有利于司法人员的查找和引证，而且也利于上级司法机关的审查。

其次，刑事判例的汇编整理有利于理论研究。理论是实践的向导，没有理论指导的实践是盲目的实践。刑事判例的实践同样也离不开刑法理论的指导。如前所述，如果没有及时、科学地整理汇编，不仅司法实际人员难以适用，而且也会给理论研究带来诸多不便。长期以来，尽管《刑事诉讼法》明文规定了“宣告判决，一律公开进行”的原则，但是，刑事判决书的完全公开尚在推广之中，这样就在一定程度上对刑事判决的研究工作成为无源之水、无本之木。“注释刑法”曾经成为我国刑法理论研究中的一大热门，并在一定程度上妨碍着我国刑法理论研究向纵深的发展，这跟理论研究与实践的脱节有一定关系。我们认为，刑事判例的公开化，使广大刑法理论工作者能有机会接触到这些刑事判例，如果再加以科学地整理汇编，将为理论研究提供更大的方便，从而可以加强对刑事判例以及刑事司法实践的理论研究，更好地指导立法、司法实践。

再次，刑事判例的整理汇编有利于刑事判例制度的建设。刑事判例的整理汇编是刑事判例制度建设的一项应有内容。不进行合理地整编，刑事判例必将浩繁庞杂，其应有作用也将难以充分发挥，反而可能带来一些问题。因此，加强刑事判例的整编工作，必将促进刑事判例制度的发展与完善。

最后，刑事判例的整理汇编也有助于刑事立法的完善。刑事判例作为对刑法的创造性解释和适用，往往是对立法原意较为准确和合理的把握和体现，它使抽象的法律条文具体化，使司法机关对各种犯罪的处理逐步规范化，为准确地适用法律提供可以借鉴的先例，而这些都是单个的判例所难以达到的，实践中，往往需要一系列判例才能达到。因此，对刑事判例进行科学的整理汇编，把从不同角度阐述同一问题的判例汇编在一起，可以帮助人们认识刑法对该问题规定的各个层面的含义，从而有助于全面地理解和适用刑法。同时，也会给立法积累丰富的材料，有助于刑事立法的完善。

二、刑事判例整理汇编的原则要求

刑事判例的整理汇编是一项复杂细致的工作，需要有一整套严密而又具体的制度来保证。在目前建立刑事判例制度的研讨中，要提出一个非常具体又切实可行的实施方案也是不必要的，至少目前是如此，因而这里拟提出以下原则要求，以供参考。

（一）官方汇编

判例汇编有官方汇编与私人汇编之分。官方汇编是指由国家指定或认可的专门机构编制出的判例汇编。私人汇编则是判例汇编者以私人或其他非官方的名义编制、印刷和发行的判例汇编。为了更清楚地了解官方汇编和私人汇编的作用，还是让我们看一看英国判例汇编的一些情况。

在英国判例汇编的历史上，私人汇编曾对英国判例法的发展起到过重大的推动作用。科克作为私人“判例汇编者中最伟大的人物”，其《判例汇编》（Reports）和教科书《英国法提要》被认为是英国法的主要的文书渊源。[①] 这些私人汇编中许多判例不仅仅是判例的简单汇积，更重要的意义在于其中对每一个判决加注了汇编者的评注，这些评注不仅体现了汇编者的水平，而且“至今仍被视为普通法的不朽注释”[②]，这样的汇编者有科克、戴耶、桑德斯以及巴罗等。当然，并非每个汇编者都同科克一样著名，其他一些汇编者如巴纳迪斯顿之类，由于编纂的水平较低，他们汇编的判例很少被人援引。著名法官曼斯菲尔德爵士甚至将有些汇编上的判例视为不可援引的禁例[③]。1865 年成立了英格兰和威尔士判例汇编统一委员会，开始定期发表英格兰和威尔士高等法院较为重要的以及具有法律意义的判例，其汇编称为《判例汇报》（The Law Reports）。这是英国判例汇编

①③ 参见［英］R. J. 沃克：《英国法渊源》，183 页，重庆，西南政法学院，1984 年印行。

② ［英］R. J. 沃克：《英国法渊源》，182 页，重庆，西南政法学院，1984 年印行。

发展的一个重要转折。《判例汇报》出现以后，它逐渐取代了多数私人的判例汇编，并且，援引《判例汇报》中的判例也逐渐形成一种惯例。事实上，"如果律师要援引的判例已收录在《判例汇报》之中，则应援引该汇编中的判例"。在英国现代判例汇编中，除《判例汇报》以外，还有其他许许多多的判例汇编，有官方的（占少数），也有私人的。①

综观英国判例汇编发展的历史与现状，可以看出它有两点缺陷：其一，现代判例汇编制度的主要缺陷是它的非官方性。虽然有许多重要判例不太可能会脱漏判例汇编者精心制作的罗网，但有些未被辑录进去则是无疑的。"法院对未被辑录的判例的援引至今仍感到无所适从。同时，援引仅由《判例汇报》之外的汇编辑录的判例亦极为普遍"。其二，由于许多判例同时被编入了几种不同的判例汇编中和刊载在多种期刊上，因而导致了不必要的重复劳动。20 世纪以后，英国成立了一个审查判例汇编的委员会，该委员会具有决定判例能否适用的权力。在该委员会 1940 年的报告中，曾提出将判例汇编官方化的建议，但是遭到了多数派的否决。因此，判例汇编制度中存在的上述缺陷及问题至今仍难以避免。②

建立我国的刑事判例制度，为避免重蹈英美等国判例汇编的覆辙，我们认为应将判例汇编官方化，由专门机构来统一负责。当然，也不能完全排斥私人汇编等非官方汇编的存在，非官方机构和个人也可以为了某种需要如进行理论研究、进行法制宣传等而进行判例汇编，但是应明确规定，在刑事司法实践中，被司法人员援引的只能限于官方汇编中所载的判例。

（二）分类汇编

分类汇编是任何一种性质的汇编工作的基本要求，刑事判例的汇编当然也不例外。

进行分类汇编工作，首先要考虑的就是如何分类或分类标准问题。分类标准的确立有赖于对欲加分类的事物特点的研究。刑事判例有何特点呢？作为一种刑

①② 参见［英］R. J. 沃克：《英国法渊源》，185 页，重庆，西南政法学院，1984 年印行。

事判决和裁定，各级人民法院都有权作出，因此，对刑事判例首先就可以根据其主体的不同来进行汇编，如汇编成《最高人民法院刑事判例汇编》、《××省高级人民法院刑事判例汇编》、《××市中级人民法院刑事判例汇编》，等等。把刑事判例像这样分地区、分层次地汇编起来，有助于人们对基本情况大致相同的同一地区刑事判例进行研究和适用，有助于刑法适用的逐层次统一的实现。

根据刑事判例所解释和适用的主要是总则条文还是分则条文，可以把刑事判例分为总则性刑事判例和分则性刑事判例。这样就可以根据适用或者研究的需要，把总则性刑事判例和分则性刑事判例分别加以整理汇编，形成总则性刑事判例汇编和分则性刑事判例汇编，甚至可以专门针对某一个问题进行汇编，比如把有关刑法效力问题的刑事判例汇编在一起，有利于理论和实践中对这一问题集中进行研究。

对刑事判例最常见的分类方法可能是按照判例中主要涉及的犯罪性质进行的分类。因此，可以把同一性质的刑事判例汇编在一起，比如，《危害国家安全罪判例汇编》、《危害公共安全罪判例汇编》等。也可以个罪为单位进行汇编，例如《盗窃罪判例汇编》、《贪污罪判例汇编》、《杀人罪判例汇编》等。其实，以类罪或个罪的性质进行刑事判例的汇编是很必要的，它可以使人们对某个罪或类罪的犯罪行为形式有全面的了解；通过判例，也可以使人们对刑法具体规定所能包含的各种含义有一个全面的认识。这样，不仅有利于司法人员的适用和理论工作者的研究，而且对于总结司法实践经验、完善立法等，都有积极意义。

（三）刑事判例的修改与废除

刑事判例的整理汇编，并不只是把旧有的判例收集起来，归类整理，有时还需要进行必要的修改，对于过时的判例还应该及时地废除。

判例汇编过程中对判例的修改并不是任意地改动，一般来说，是要删去一些与判例发挥作用没有直接关系的具体细节。对于判例中所确立的对刑法的创见性解释和适用，也即是判例所确立的法律原则，一般不应作任何改动。在一些国家和地区中，有的判例汇编并不是判例全文的汇编，而仅仅是“判旨”或“判决要

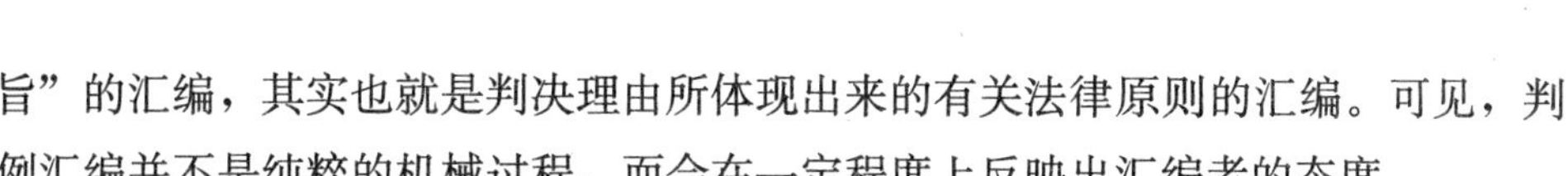

旨”的汇编，其实也就是判决理由所体现出来的有关法律原则的汇编。可见，判例汇编并不是纯粹的机械过程，而会在一定程度上反映出汇编者的态度。

在汇编过程中，对于相互矛盾的刑事判例怎样处理呢？我们认为，如果相互矛盾的刑事判例分别属于不同级别的法院所创制，一般应以上级法院的刑事判例为准而删除下级法院的那个刑事判例；如果是同一级法院所创制的，那么可以根据汇编者个人的判断作出取舍，也可以提请两个法院共同的上一级法院作出决定。当然，上述方式不能作绝对的要求，在实际汇编过程中可以灵活处理。

随着形势的发展和立法的逐步完善，有些刑事判例会出现过时的情况。在判例汇编过程中，如果为了研究法律发展过程的需要，保留那些已过时的刑事判例是必要的。但是我们认为，对刑事判例的整理汇编主要是供广大司法人员适用，具有很强的现实性，因此，不宜再把那些过时的判例汇编进去，发现已经过时的刑事判例，应加以删除或者声明作废。

第四章

刑法解释

“不存在没有解释论的刑法学或刑法解释学，甚至可以说，在一定意义上，解释学或解释论就是刑法学或刑法解释学的本身，至少是重要组成部分。”① 所以，深入研究刑法解释活动的特征和内在规律性，应该被认为是建构刑法科学的基础性工作之一。但遗憾的是，我国刑法理论界长期对这一问题缺乏应有的重视。

近年来，随着大量司法解释的颁布，刑法学界掀起了一股研究刑法解释问题的热潮，一大批相关的论文见诸报刊，还有不少人以此为题撰写了硕士论文甚至博士论文，可谓是硕果累累，成就斐然。这些研究成果的研究视角和研究方法基本上都是相同的，大多是围绕着对最高司法解释的理解、适用、完善而展开。无疑，这些研究工作都是很有意义、不可缺少的，但是，如果停留在这样一个层面上，就不能令人满意了。因为如果不从根本上揭示刑法解释活动的内在规律问题，不揭示刑法解释活动所涉及的因素、原则、规则等一系列问题，就难以对刑

① 甘雨沛、何鹏：《外国刑法学》（上），55页，北京，北京大学出版社，1984。

法解释应该怎样操作以及解释结论是否正确、合理等一系列问题作出圆满的回答。

立法解释、司法解释和学理解释，是依据解释主体和解释结论的外在效果所作的分类，就解释活动的内在运作过程而言，立法解释、司法解释和学理解释都基本上是相同的，都是作为解释主体的人对解释对象即刑法规范的意义进行探究的活动，这就为研究各种解释活动的内在共通性及一般规律提供了可能性。更为重要的是，从理论上研究不同主体——立法的、司法的、学理的——的解释活动的内在一般规律，可以帮助实现不同主体解释结论的协调统一，从而避免不必要的冲突，促进法制的统一和进步。

第一节　刑法解释概说

一、法律解释的概念

（一）观点述评

刑法解释是法律解释的一种，因此，在界定刑法解释的概念之前，有必要对法律解释的概念加以确定。何谓法律解释？目前学术界对这一问题的理解是极不统一的，依我们了解，主要有以下几种观点：

1. 法律解释是对特定法律规定意义的说明。[①]

2. 法律解释是科学地阐明法律规范的含义与内容，确切地理解法律规范中所体现的统治阶级的意志，从而保证法律规范的准确适用。[②]

3. 法律解释是司法机关在将法律规定适用于具体的案件或事项时，对法律

① 参见《中国法学》，1993（6），57页。

② 参见《中国大百科全书·法学》，81页，北京，中国大百科全书出版社，1984。

规范的含义及所使用的概念、术语、定义等所作的说明。①

4. 法律解释其实包括两个方面的内容，首先它是指确定法律规范的内容，探求立法意图，说明法律规范含义的行为和活动过程，这一过程又包括两个阶段，一是解释主体对解释对象的理解，二是解释主体将理解的解释对象通过一定的形式表现出来，加以阐明。其次，指一个国家在法律解释主体、权限、程序、方式、效力等方面的法律制度，即法律解释制度。前者是法律解释的动态方面，后者是法律解释的静态方面。②

上述诸说，对于法律解释的概念、本质、特征作了有益的探索，但都存在着不足。就第一种观点而言，对于解释对象的表述是含混不清的，“法律规定”是指法律的字面表现形式即法律条文还是指体现在法条之中的法律规范？需要说明的“意义”也不明确，是单指法条的字面含义还是也包括隐藏在规范背后的法律意旨？另外对解释的目的也没有说明。就第二种观点而言，明确指明了解释对象是“法律规范”，解释的目的是“保证法律规范的准确适用”，这是其合理之处。但是它没有指明解释的材料，因为法律规范一般并不是直接呈现在我们面前的，离开法律条文这一分析材料我们是无法解释规范的。就第三种观点而言，其主要缺陷是没有指明“规范的含义”是指字面含义还是也包括立法意图？另外，其认为法律解释只是发生在适用法律之时，也是其不足之处，比如立法解释、学理解释就不是发生在适用法律之时，尽管立法解释、学理解释的发生以及结论都同一定的案件事实（具体的案件事实或经过抽象的一般的案件事实）有关，但却不是在适用法律。第四种观点将法律解释的动态和静态两个方面结合起来考察，分析得比较全面，这是其成功的地方。但是它没有说明解释活动同具体案件的关联性，因为法律解释的发生并不是没有原因与目标的，它是为了确定一定案件事实（想象的或实际发生的）的法律效果，所以解释的范围、结论都受到案件事实的

① 参见孙国华主编：《法学基础理论》，288页，北京，法律出版社，1982。

② 参见郭华成：《法律解释比较研究》，117～118页，北京，中国人民大学出版社，1993。

强烈制约。

（二）本书观点

法律解释是解释主体以适用法律为目的，借助对法律条文、概念等规范表现形式以及立法沿革的相关资料的分析，阐明法律规范的含义以及意旨的活动。① 从上述定义中，我们可以剥离出解释活动所涉及的主要方面：

1. 解释主体。在我们的定义中对解释主体未加限制，这表明解释主体可以是一切想要弄清楚法律意义的人和机构。这里涉及的问题是，是否任何的人和机构都拥有解释法律的权利呢？回答是肯定的。关于解释权的问题是一个比较复杂的问题，本章将辟专节讨论，这里只举一个普遍承认的事实以为解释权利普遍性的佐证，那就是法律解释根据其效力的不同可以分为法定解释和学理解释。所谓学理解释即没有获得国家授权的普通社会成员对法律所作的解释，尽管学理解释“在法律上没有约束力，不能作为执行法律的依据”②，但不可否认学理解释也是法律解释。事实上，大量的法定解释正是从学理解释中吸取了营养。

2. 法律解释的对象是法律规范。法律规范是由国家制定或认可，反映统治阶级意志并以国家强制力保障其实施的一种行为规范。③ 法律规范在逻辑结构上可以分为假定、处理、制裁三个部分。④ 假定就是法律规范中指出的适用该规范的条件和情况的那一部分，即条件规范；处理就是法律规范中指出的允许做什么、禁止做什么或者要求做什么的那一部分，这是评价规范，如杀人罪中的“不可杀人”这一指令就是评价规范；制裁就是法律规范中规定的违反该规范时，将要承担什么样的法律后果的那一部分，也就是裁判规范。

① 关于法律解释的静态方面即通常所说的法律解释的体制，我们认为是为法律解释服务的外部机制，而非法律解释本身。尽管法律解释活动和法律解释体制有着密切的联系，但却不宜将法律解释作为法律解释活动和法律解释体制的上位概念。

② 王汉斌于1981年6月5日所作的《关于加强法律解释工作等三个法律的决议、决定（草案）的说明》。

③ 参见孙国华主编：《法学基础理论》，256页，北京，法律出版社，1982。

④ 有人将法律规范的结构分为行为模式（假定、处理）和保证手段（假定行为、法律后果）两部分，参见江必新：《传统法律规范理论刍议》，载《法学研究》，1986（3）。

关于法律解释的对象究竟是什么，法学界的观点是存在分歧的：如有的认为是法律条文[①]；有的认为对象包括两部分，一部分是作为“文本”的成文法律，另一部分就是经过解释主体选择，并与成文法相关的事实，包括事件与行为。[②]关于这些争论，与刑法学界关于刑法解释对象的争论关系密切，所以留待下文关于刑法解释对象部分一并讨论。

3. 解释的目的在于确定法律规定的意义，即法律规范的具体构成，并适用于一定的案件事实。恩格斯指出：“在社会历史领域内进行活动的，是具有意识的、经过思虑或凭激情行动的、追求某种目的的人；任何事情的发生都不是没有自觉的意图，没有预期的目的的。”[③] 人们解释法律，探寻法律的意义，绝不是为解释而解释，其目的是为了弄清楚该法律规范是否能够涵盖有关的法律事实？有关事实究竟应该适用什么样的法律规范？将一定的法律规范适用或不适用于有关案件事实同立法目的是违背还是符合？从这个意义上讲，法律解释是联系抽象法律规范与具体案件事实的桥梁与纽带，向后它受到法律规范的制约，向前它受到案件事实引导。如果不是为了适用法律，法律解释将成为漫无目标的活动，所谓的解释至多也只能是在一些抽象的概念中兜圈子，根本不能说明法律规范的意义。

法律解释在于阐明法律规范的意义，这是目前国内非常通行的说法。我们认为，正如立法的目的不仅仅在于形成严密的规范体系而且还在于规范社会生活一样，法律解释的目的也并不仅仅在于将简明、抽象的法律规定翻译成详明、具体的表述形式。虽然，我们解释的第一步必须形成一定的解释结论，即通常所说的含义，但工作并不到此为止，它是为适用法律服务的。法律解释并不是和法律适用相平行的一个独立概念，它是法律适用的准备和前奏，其最终目标是法律的适用。

① 参见乔伟主编：《新编法学词典》，246页，济南，山东人民出版社，1985。

② 参见陈金钊：《司法解释的对象辨析》，载《法商研究》，1994（4）。

③ 《马克思恩格斯选集》，2版，第4卷，247页，北京，人民出版社，1995。

二、刑法解释的概念

研究刑法解释的活动规律而不明确何谓刑法解释，这在逻辑上是不可想象的。目前，我国由于刑法解释理论的薄弱，关于何谓刑法解释的研究也是很不够的，表现在：一是大多是对法律解释概念的简单套用，没有根据刑法解释活动的特有本质进行科学的概括；二是没有对刑法解释活动的本质属性进行全面的总结，内容十分单薄。

目前我国刑法理论界关于刑法解释概念的理解，主要有以下诸说：

1. 规范含义阐明说。认为刑法的解释就是对刑法规范含义的阐明，该说为目前刑法理论界的通说。①

2. 规范含义的阐明及其适用说。认为刑法解释就是阐明刑法规范的含义及其适用。②

3. 规范内容及其含义、适用原则阐释说。认为刑法解释是对刑法规范的内容、含义及适用原则的阐释。③

4. 刑事法律内容、意义及适用说明说。认为刑法的解释，就是对刑事法律的意义、内容及适用所作的说明。④

5. 规范含义及概念、术语、定义说明说。认为刑法解释就是对刑法规范的含义及所使用的概念、术语、定义等所作的说明。⑤

概念是反映思维对象本质属性的思维形式。属性就是思维对象所具有的各种性质和关系。在思维对象所具有的多种属性中，有的是本质属性，有的是非本质

① 参见高铭暄主编：《中国刑法学》，41页，北京，中国人民大学出版社，1989；何秉松主编：《刑法教程》，14页，北京，法律出版社，1987。

② 参见胡新主编：《新编刑法学·总论部分》，20页，北京，中国政法大学出版社，1990。

③ 参见金凯、章道全主编：《中华人民共和国刑法简明教程》，20页，济南，山东人民出版社，1987。

④ 参见杨春洗等：《刑法总论》，71页，北京，北京大学出版社，1981。

⑤ 参见杨敦先、张文：《刑法简论》，29页，北京，北京大学出版社，1986。

属性。所谓本质属性，就是决定事物之所以成为该事物，并把该事物和其他事物区别开来的属性。[①] 概念应该反映事物即思维对象的本质属性，概念这种东西已经不是事物的现象，不是事物的各个片面，不是它们的外部联系，而是抓住了事物的本质、事物的全体、事物的内部联系了。那么，刑法解释的本质属性是什么？亦即其性质和关系是什么呢？由于性质和关系是由其构成要素、涉及的主要方面决定的，所以，明确刑法解释的概念必先明确刑法解释的内容由哪些方面构成。

刑法解释作为人类实践活动的一个方面，必然由以下几个方面的内容所决定：主体、对象、目的、内容。下面将结合对前述关于刑法解释概念的五种观点分别说明刑法解释这四个方面的内容，并在此基础上得出我们关于刑法解释的概念。

1. 刑法解释的主体。刑法解释必由一定的主体为之，这一点显而易见，毋庸申言。但在关于刑法解释的概念中是否有必要明确主体要件呢？这要看刑法解释的主体是否具有某种不同于其他活动主体的特点。如果刑法解释的主体和其他活动的主体相比，有自己独立的特点，如具有资格方面、范围方面的特点，不加以明确，就无法和其他活动主体区别开来，哪些人可以为刑法解释，哪些人不可以为刑法解释就不清楚，那么就应该在概念构成中指明主体，反之，如果刑法解释的主体并无特殊之处，就没有必要在概念构成中包含这一要件。否则，如果把并无特别之处的方面也纳入概念构成中，就不符合概念是对本质属性的概括这一大前提了。所以，认为既然解释主体是刑法解释的基本前提，就当然应在刑法解释的概念中加以反映的观点[②]是不正确的，在刑法解释的概念中加上“国家权力机关、司法机关或者其他机关、社会组织、人民团体、法律专家、学者、司法工作者或者其他公民个人”[③] 即任何组织和个人这一没有任何特点的主体要件是没

① 参见石子坚等编：《法律专业逻辑学》，17页，成都，四川人民出版社，1985。

② 参见李希慧：《刑法解释论》，41页，北京，中国人民公安大学出版社，1995。

③ 李希慧：《刑法解释论》，49页，北京，中国人民公安大学出版社，1995。

有必要的，甚至是画蛇添足。担心如果不在概念中加上这一没有任何特点的主体要件，则刑法的立法解释、司法解释和学理解释的分类，就给人一种没有根基的感觉[①]是没有必要的。立法解释、司法解释和学理解释的概念中之所以必须有主体要件，那是因为其主体范围是各具特点，不能认为因为在刑法的立法解释、司法解释以及学理解释的概念中有主体要件，那么作为其上位概念的刑法解释中也应该指明主体。事实上，包括前述五种观点的支持者在内的大多数刑法理论工作者主张不对刑法解释的主体加以描述是完全正确的。

2. 刑法解释的对象。法律解释乃是一种获得裁判大前提的法律规范的作业[②]，相应地，刑法解释就是一种获得定罪判刑大前提的刑法规范的作业。由此可知，刑法解释的目的是准确定罪量刑，直接的结果就是获得作为其大前提的刑法规范。[③] 由于整个刑法解释活动都是围绕刑法规范的内容、本质、构成要件之间的关系等方面而展开的，由此可知，刑法解释的对象是刑法规范。这和我国刑法理论界通行的观点是一致的。

目前我国刑法理论界对于刑法解释对象的理解是极不统一的，除通说认为是刑法规范外，主要还有以下几种主张：

其一，认为刑法解释的对象是刑法规范的含义及适用。[④]

其二，认为刑法解释的对象是刑法规范的内容、含义及其适用的原则。[⑤]

其三，认为刑法解释的对象是刑事法律的意义、内容及其适用。[⑥]

其四，认为刑法解释的对象是刑法规范的含义及所使用的概念、术语、定义等。[⑦]

---

① 参见李希慧：《刑法解释论》，40页，北京，中国人民公安大学出版社，1995。

② 参见梁慧星：《论法律解释方法》，载《比较法研究》，1993 (1)。

③ 包括条件规范、评价规范及裁判规范。

④ 参见胡新主编：《新编刑法法·总论部分》，20页，北京，中国政法大学出版社，1990。

⑤ 参见金凯、章道全主编：《中华人民共和国刑法简明教程》，20页，济南，山东人民出版社，1987。

⑥ 参见杨春洗等：《刑法总论》，71页，北京，北京大学出版社，1981。

⑦ 参见杨敦先、张文：《刑法简论》，29页，北京，北京大学出版社，1986。

我们认为，以上四种观点都是值得商榷的。就第一种观点而言，认为刑法解释对象包括刑法规范的适用，将刑法解释和刑法适用混为一谈。诚然，刑法解释和刑法适用之间的关系甚为密切，解释刑法规范的目的是为了适用刑法规范，但它们毕竟分属于两个不同的活动过程，活动的内容和特点都不相同：一方面刑法规范的解释不必然带来对该种解释结论的适用，如学理解释；另一方面刑法规范解释只是对刑法规范含义的阐明，而刑法规范的适用则是将具体刑法规范与具体案件事实相比照，得出是否定罪判刑以及如何定罪判刑的结论，因此其过程比刑法解释复杂得多，不仅要确定刑法规范的内容，而且要认定案件事实，并判断该一案件事实是否涵盖在该一刑法规范的行为类型之中。案件事实的认定以及对案件事实与刑法规范的行为类型之间是否具有涵盖关系的判断显然已经不再属于刑法解释的范畴，所以将刑法规范的适用纳入刑法解释的对象范围之中是不合适的。

就第二种观点而言，认为规范的内容、含义是刑法解释的对象固然不错，但认为刑法解释的对象还包括适用原则却又不妥。由于适用原则的含义并未说明，所以我们只能发挥自己的想象。我们认为，适用原则无外乎这样两种含义，一是作为刑法规范组成部分的对该规范适用条件的某种限制；二是刑法解释后将解释结论运用于具体案件时所应注意的诸方面。如果是第一种含义，由于规范适用条件是规范内容的当然构成部分，解释刑法规范当然包括对刑法规范含义的解释，所以在刑法解释的概念中将适用原则与规范内容、含义相并列，不仅与具有包容关系的概念不能并列使用的语法规则不相符合，而且也有蛇足之嫌。如果所指的是第二种含义，则其不足之处与第一种观点相同。

就第三种观点而言，除具有与第一种观点相同的不足之处以外，还在于将刑法解释对象表述为刑事法律，这一表述显然是不准确的。因为通常所说的刑事法律不仅仅是指刑法，而且还包括刑事诉讼法和刑事执行法。

就第四种观点而言，认为刑法解释的对象包括两方面，一是刑法规范，二是刑法规范所使用的概念、术语、定义。对此有人指出：因为刑法规范和刑法规范所使用的概念、术语、定义之间的关系是整体与构成要素之间的关系，二者处于

不同的层次，是绝对不可以并列的。对刑法规范的解释显然离不开对刑法规范所使用的概念、术语、定义的解释，反之，如果说某一刑法规范得到了解释，自然意味着这一刑法规范所使用的概念、术语、定义得到了解释。所以，将刑法规范和刑法规范所使用的概念、术语、定义并列作为刑法解释的对象，是违背逻辑的。[①]

值得注意的是，最近有人根据法理学界关于法律内容构成的新观点提出，刑法解释的对象应该是刑法规定而非刑法规范[②]，认为刑法规范不能涵盖刑法规定的全部内容，比如刑法中的以下内容虽不是刑法规范，但同样是刑法解释的对象：(1) 关于刑法指导思想、制定根据的规定；(2) 关于刑法任务、立法理由或立法目的的规定；(3) 关于刑法中专门概念和术语的解释性规定。由于这些非规范性规定同样是刑法解释的对象，所以作为刑法解释对象的是包括规范性规定和非规范性规定的刑法规定，而不能局限于刑法规范。

上述观点的提出是有一定根据的，那就是法理学界关于成文法律包括规范性规定和非规范性规定的观点。[③] 但十分遗憾的是，作为其根据的这种观点本身是大可商榷的。主要表现在以下几方面：

第一，将法律规范与作为法律规范表现形式的法条规定等同起来。法律规范必须被整体地了解，以及法律规范不是通过单独之法条孤立地达成其规范任务，早已成为现代法学及实务的共识。换言之，各个法条只有当其取向于一定的价值标准，针对一定之生活类型被组合成一套规定以后，它对生活类型之意义才能被相对地确定下来，也同时才产生其规范功能。[④]

第二，将法律规范仅仅理解为对社会大众具有约束力的行为规范，而忽视了法律规范同样也是对司法机关具有约束力的裁判规范。以刑法规范为例，它严格而具体地规定了定罪判刑的标准，这固然对社会大众具有规范功能，社会大众必

---

① 参见李希慧：《刑法解释论》，48 页，北京，中国人民公安大学出版社，1995。

② 参见李希慧：《刑法解释论》，44～45 页，北京，中国人民公安大学出版社，1995。

③ 参见周旺生：《立法学》，431 页，北京，北京大学出版社，1988。

④ 参见黄茂荣：《法学方法与现代民法》，97 页，台北，台大法学丛书，1982。

须按照其规定为或不为一定的行为；同时另一方面，它也限制了司法机关的活动，司法机关必须依此标准定罪判刑，否则就是违法，所以它同样也具有规范司法机关裁判活动的功能，是裁判规范。明白了这个道理再联系前面论述的第一点，就不难明白诸如时间效力、空间效力等方面的规定同样属于规范性规定。

第三，以为法律规范是中性无色的。法律一经制定并公布施行，则任何人或机构均应一体遵守，没有例外，似乎法律规范是没有偏向的，一视同仁的。其实，立法者对某种行为所持的肯定、否定评价或放任态度，无不受到统治阶级中占统治地位的价值追求的驱动。所以，价值取向乃是一定法律规范的灵魂。某种行为，如果不从行为者的价值取向是否和统治者的价值取向相符合的高度，是无法判明其好坏的。如杀人并不一定都是犯罪，只有当它不符合统治阶级的需要，统治阶级认为有害时才是犯罪。因此，法律中有关法律的指导思想、制定根据、立法目的、立法理由等方面的规定就是规范性规定的重要内容。可以认为，关于行为模式、法律后果只是法律规范的躯壳，而这些体现统治者价值观的规定才是法律规范的灵魂。

3. 刑法解释的目的。目前刑法理论界普遍所持的观点是，刑法解释的目的和任务在于揭示刑法规范的含义。刑法解释活动当然要揭示刑法规范的含义，但我们认为这并非刑法解释的目的，至少不是刑法解释的最终目的。刑法解释的目的在于适用刑法。如果不作这种理解，我们就不能说明刑法解释的社会意义何在，也就不能说明刑法解释的引起及结论都有与具体案件相关联的特征。[①]

4. 刑法解释的内容。关于刑法解释的内容，最值得注意者乃是刑法解释究竟系探寻、阐释刑法规范含义的活动抑或还包括这种活动的结论？有人认为，刑法解释就其内容而言包括两个方面：一是动态的方面，指的是一定主体阐明刑法规定的含义及过程；一是静态的方面，指的是上述活动或过程的一定表现形式的结论。因此，将刑法解释作静态与动态之分，并认为其道理与我们从动静两方面

---

① 参考前文“法律解释目的”的论述及本节第三部分之一“案件关联性”。

界定刑事立法相同。从动态方面，将刑事立法定义为立法机关制定刑事法律的活动；从静态方面，则将刑事立法解释为立法机关所制定的刑事法律本身。[①] 我们认为，刑法解释活动必然会形成一定的结论，这正如同任何一个活动过程都会在一定阶段停顿下来并表现出一定的形态一样。但正由于解释结论只是解释活动过程的一个停顿点，是解释活动过程的结束，因而它是解释活动过程的当然组成部分，不宜将解释结论分离出来作为与解释过程相分离的一个方面。理由主要有二：第一，解释结论在刑法解释论中是全部活动的终结，其性质是在整个解释活动过程中决定的，只是在刑法适用论中，刑法解释的结论才作为裁判依据具有特别的意义。如果在解释论中，我们将解释过程与解释结论等量齐观，不仅可能妨碍人们对解释过程内在机能、规律的研究，而且有越俎代庖之嫌，进入了刑法适用论的领域，妨碍了刑法适用论在理论上的完整性。第二，刑事立法和刑法解释是两个性质不同的活动，不宜简单类比。这种不同表现在两方面，一是刑事立法活动是复杂的、正规的，结果一般都会形成一件刑事法律文件，该法律文件会较长时间地存在并生效，其条文简约、概括，对其内容为何、与其他刑事法律的关系为何大有研究的必要，故有必要将刑事立法的静态方面即刑事法律本身独立出来予以特别的关注。而刑法解释则不然，除立法解释与司法解释外，一般解释活动自由、其解释活动也没有效力，立法解释和司法解释在刑法解释整体中只占少部分，既然没有形成文字的解释文件，自然不必要对解释结论予以特别的关注。二是虽然立法解释和司法解释具有一定文件表现形式的结论，但刑法立法解释属于立法的范畴，司法解释文件也被通称为“准立法”，其具有的性质更多地属于法律而不仅是解释，这从立法解释和司法解释文件也需要解释即可明了。

通过本节对于刑法解释的主体、对象、目的、内容的分析，我们可以对刑法解释的概念作如下描述：

刑法解释是以适用刑法为目的，探寻、说明隐藏在刑法规定中的刑法规范的

① 参见李希慧：《刑法解释论》，49页以下，北京，中国人民公安大学出版社，1995。

内容、意义的活动。

三、刑法解释的特征

（一）案件关联性

刑法解释是一种探寻、说明刑法规范内容、意义的活动，其直接结果是关于刑法规范含义的一种认识。似乎刑法解释是解释主体置身于犯罪事实之外进行的，解释结论是一般性的，没有针对性。其实，刑法解释的过程和结论都是同一定的案件事实（不管是实际发生的或解释者虚构的[①]）联系在一起的。只要我们注意一下刑法解释何以引起以及在解释过程中对刑法规范的意义如何确定即可明了，刑法解释不是无的放矢地进行的。

是什么原因促使一定的主体去解释刑法的呢？就刑法的立法解释和司法解释而言这是甚为明了的：立法解释是由于立法本身的概念、术语含义不明确而需要确定，或者由于社会发展，已有规范的含义需作新的诠释。其在作出说明解释前，必然是根据实践的需要，即处理社会中违法犯罪的实际情况的需要。至于司法解释是由于实践中处理违法犯罪的需要而引起的更是表现得十分明显。因为全部审判都是根据重要事实产生的，法官关注的全都所在是对事实进行法律解释，因此在幕后总是只把罪犯当作一个与某一刑法条文相适应的法律决定的最终落脚点。[②] 问题在于，学理解释是否也是为了用刑法处理案件事实而引起的呢？回答是肯定的。表面上学理解释一般都是法律研究者所作出，并不直接接触刑事案件，许多解释还是用演绎的方法从刑法原理中得出的，似乎纯粹是逻辑操作的结果。但我们不能忘记这样一个事实，即如果解释者没有一个实际发生过的或设想的案例，他怎么能发现该刑法规范是需要解释的？事实上，法律条文对解释者构

① 后文中凡提到“案件事实”或“事实”，除有特别说明外，均包括实际发生的或解释者虚构的事实。

② 参见黄茂荣：《法学方法与现代民法》，259～260页，台北，台大法学丛书，1982。

成疑难时，他是借着解释这一个媒介的活动来了解该条文的意旨；而一个法律条文之疑难则在考虑到它对某一特定法律事实之适用时发生。真正的法律解释问题与其说是由法律条文自身，毋宁说是由应去或拟去处理的案件所引起，换言之，这些问题是在追求着一个对具体案件之既公正也衡平的裁决时才发生。①

解释者如何弄清楚刑法规范的含义呢？除了与一定的案件事实联系在一起外，事实上已经没有别的办法。任何语言或文字，只有将其放在一定的使用背景（即所谓语境）中才有意义。刑事立法是主权者的命令，立法者是在一定的语言背景中赋予每一项规范以意义，这个语言背景就是立法者根据社会上大量存在的违法犯罪现象抽象而得的概括的、典型的犯罪事实，即犯罪类型。刑法解释者为了弄清楚立法者以法条表达的具体内容，就必须把该命令重新放入一定的案件事实中，互相渗入对方，互相比较，互相诠释。

刑法司法的目的也要求在解释刑法时与案件事实相联系。古典学派认为，事实和法律是可以截然分开的，裁判官只需认清事实，法律与事实无关。但现代实证学派否认了这一观点，菲利说："事实是最基本的要素，因为适用刑罚不再是报复，而是为了改造罪犯的恶性。离开事实是无法判断罪犯的恶性的。"

（二）价值取向性

对于凯尔逊所建立的纯粹法学的拥护者们而言，刑法解释活动事实上体现了而且应该体现一定的价值取向的观点，是不能被接受的。他们认为，刑法是主权者的命令，刑法规范的效力并不以其内容与社会公认的价值观念相符为基础，所以，解释没有必要去关注刑法中体现了主权者什么样的价值取向，更不应该在解释过程中对刑法规范附加自己所理解的诸如公平、正义等价值观念。而事实上，在刑法解释的过程中，排除价值评判、价值选择的作用不仅是不合理的，并且是永远不可能发生的。

主权者为什么要制定刑法？显而易见的，是要借助国家机器的强制力量，在

① 参见［意］菲利：《犯罪社会学》，113～114页，北京，中国人民公安大学出版社，1990。

社会中实现自己一定的利益，一定的追求，所以法律绝非是徒具语言形式的东西，它有所意味，有所希望，它追求着实务的目的，体现着要在社会中加以贯彻的利益。解释刑法是为了理解刑法规范，规范生活，强烈的价值取向性正是包括刑法规范在内的一切社会规范的本质特征。如果在解释刑法的过程中抽掉了其中的价值内容，那无疑是对刑法规范的阉割，刑事立法的目的将无法实现。

如果我们进而联想到刑事司法肩负着在社会中实现公平和正义的任务，法官不仅仅是立法者在社会中的"传话人"的话，我们就会得出这样的结论：法官不仅要用立法者体现在刑法中的价值观指导刑法解释，要在解释结论中贯彻立法者的价值观，而且在必要的时候，根据统治阶级的利益和需要，可以对原有的刑法赋予新的价值观，作出新的解释，甚至在明显不利于统治阶级利益和需要的时候，抛弃对这一规范的适用。实际上，僵死的法条正是通过这一途径来适应不断变化的社会生活的。

长期以来，法律实证主义的倾向笼罩着我国整个刑法界，他们不愿甚至是不敢明确承认刑法解释具有价值取向性的特征，唯恐这样就动摇了刑法的权威，法官就会乘机将个人的价值观念塞进刑法之中，导致司法的混乱。应该说这种担忧是有道理的，尤其是面对我国整个司法队伍的素质不高的实际情况，承认司法人员（主要是法官）可以进行价值的衡量和抉择，并可以在刑法解释中贯彻一定的价值取向，实在让人放心不下。但问题是，不承认刑法解释的价值取向性，解释者就真的抛弃价值因素而进行所谓绝对中立的解释（况且即使能够也是不合理的）吗？这是不可能的。现代解释理论认为，解释主体绝不可能跳出自己已有的知识背景进行解释活动，在解释者着手解释、理解任何一部作品或历史事件之前和之时，在解释者背后站着的是一个解释语言所得以发生意义的全部历史文化背景，一部作品只是其中的一部分，作品只有在这个广阔的语言文化传统背景上，才有被解释和被理解的可能性。[①] 因为解释活动与对于自然现象的认识活动是根

① 参见殷鼎：《理解的命运》，33页，北京，三联书店，1988。

本不同的，自然界外在于认识主体，不管你是否需要，不管你是什么态度，它就是它，它的规律就是如此，你改变不了它。但解释活动不同，被解释的“文本”反映了一定的历史文化特征，而有关的历史文化同时也影响着解释者。可以说，解释者预先就有了解释“文本”的抽象而朦胧的认识，即解释理论中常说的理解。这种理解是一般的、混沌的、很不清晰的，它只是解释主体对“文本”意义的先觉、假定，但它先于解释而存在，它为解释结论预设了方向和轮廓，当然，认识、解释过程中也在不断修正着最初的理解。

承认刑法解释的价值取向性的特征，是否会造成“公说公有理，婆说婆有理”的局面呢？应该说这种危险是有的，但可以通过以下两种途径将这种危险降到最低程度：(1) 由于刑法规定一般说来是能够体现了立法者的价值取向的，并且这种价值取向一般而言是清晰的、明确的，况且即使有个别地方不明确，也可以从比刑法高一级别的宪法中寻找立法者的价值取向，所以，只要提高法官队伍的专业素质、法制意识，刑法解释中出现以个人价值观为出发点肢解、歪曲刑法的可能性是不大的；(2) 即使由于社会变动、当初立法者的价值取向显已不合适等原因而需要解释者独立作出价值判断，但由于上诉以及审判监督等程序的存在，解释过程中标准混乱的状况是不会发生的，即使发生了也有机会得到纠正。

（三）解释循环性

根据解释学者的考证，是康德首先使用了解释循环一词，但它的理论成熟是在德国古典解释学中，最后由狄尔泰最明确完整地表达出来：整体只有通过理解它的部分才能够得到理解，而对部分的理解又只能通过对整体的理解。[①] 解释循环包括相互依赖的三种关系：一是文本自身作为整体与它的各个部分如章节、词句等之间的关系；二是单个文本与产生它的整个历史文化背景之间的关系；三是文本所反映的思想与作者整个精神世界之间的关系。在每一种关系中，未知的部分都是通过放入没有也不可能全知的作为背景的整体之中而获得意义的。对整体

① 参见殷鼎：《理解的命运》，145 页，北京，三联书店，1988。

的理解由于是作为人的精神世界的一部分，所以，任何人在接触到解释文本之前，必有关于该文本内容的前理解，如即使是一个没有学习过法律的人，在拿到一件刑法文件时，根据其已有的知识背景，也会有关于什么是刑法、该文件的主要内容、价值取向、社会目的等方面内容的理解。无疑，对解释文本的前理解是模糊的、笼统的，甚至是错误的，但前理解是分析、理解文本各部分内容的前提和基础，它规定了对文本进行理解的大致方向。当然，伴随着对文本具体内容的分析、解释、理解，会不断修正已形成的前理解，形成一个新的作为整体的精神世界。这个新的作为整体的精神世界又作为新的前理解，指导下一步的理解、解释活动，如此循环往复，而每循环一次均获得对文本更新的认识和更深的理解。

刑法以文字固定下来，是立法者用以表达对人们的行为方式的希望或禁止的言语。文字通常具有多义性的特点，其所表达的意义域通常是发散的、流动的，通过单独的文字往往不能传达确定的信息，为了把握一定文字的含义，就必须把它放入到一定的语言环境之中。语言环境包括句法结构、上下文联系、语言背景等方面，在具体的语言背景中多义词通常只有一个义项被表达出来。例如，“要”在现代汉语中是一个常用的多义词，其义项有：(1) 希望得到；(2) 希望保留；(3) 重要；(4) 将要；(5) 应该，等等。若说“我要这本书”，“要”显示义项 (1)；若说“这捆资料我还要呢”，“要”显示义项 (2)；若说“摘要记录今天会议的精神”，“要”显示义项 (3)；若说“天要下雨了”，“要”显示义项 (4)；若说“路很滑，大家要小心”，则“要”显示义项 (5)。由此可知相同的词语在不同的语境中可以显示不同的意义。[①] 对于刑法的理解与对一般文字作品的理解具有相同的特征，其每一个用语、条文或规定都必须放入整个刑法体系中理解，而对整个刑法体系的理解又必须考虑到它所包含的个别用语、条文或规定。要不然，通常是多义的词语，将会被断章取义，人们也就无法准确理解刑法规定的完整、确定的意义。这种全体与部分间的关系，亦即它们内部的关联符合作者与要

① 参见西慎光主编：《语境研究论文集》，203 页，北京，北京语言学院出版社，1992。

了解作品的人共同的精神需要，从而我们可以推想，解释循环是会为人们所理解并接受的，法律解释包括刑法的解释有解释循环性。[①]

刑法解释中的循环性，可以刑法关于犯罪未遂的规定来说明。《刑法》第23条规定："已经着手实行犯罪，由于犯罪分子意志以外的原因而未得逞的，是犯罪未遂。"已经着手实行犯罪是成立犯罪未遂的一个前提条件，是区分犯罪未遂和犯罪预备的标志。着手实行是指开始实行具体犯罪构成的客观方面的行为，已经超出了为实行犯罪准备工具、制造条件的阶段。行为人实行犯罪的意志已经通过客观实际行为的开始充分表现出来，而不同于在此之前准备实行犯罪的意志。[②] 可见，对犯罪未遂的理解和认定必须结合《刑法》第22条关于犯罪预备的规定。反过来，对犯罪预备的理解和认定又必须结合刑法对于犯罪未遂的规定。

（四）社会目的性

对法典至上主义者来说，法官仅是操纵法典这部复杂机械的操作工，其作用简单而机械，法官无须深究立法者的立法目的，更不应将现实社会的需要渗入到法律解释过程中，因此，如果存在法律解释的话，那也不过是字面上的翻译而已，社会目的的考虑是绝对应该排除的。这种主张的合理性必须建立在以下基础之上：（1）立法是十分缜密、毫无疏漏的；（2）立法是逻辑自足、既无漏洞也无冲突的；（3）立法文字是绝对明确、毫无歧义的。法典至上主义者是自信而且乐观的，他们相信立法者凭借理性是可以实现这三个条件的，规范体系可以为法院可能会面临的所有一切法律问题提供答案。但事实证明，立法的完满自足只不过是一种幻想，立法的不完满、不协调、不明确是不可避免的，理性万能的神话被无情地摧毁了。首先是耶林目的法学的创立，他认为法律乃是人类意志的产物，有一定的目的，故应受"目的律"的支配，与自然法则系以"因果律"为基础，有其必然的因果联系，截然有异。故解释法律，必先了解法律究竟欲实现何种目

① 参见黄茂荣：《法学方法与现代民法》，270页，台北，台大法学丛书，1982。

② 参见赵秉志：《犯罪未遂的理论与实践》，73页，北京，中国人民大学出版社，1987。

的，以此为出发点，加以解释。指导未来法学之“引导之星”，必然是法之目的，其地位犹若北极星之于航海者然。唯此，法律解释必须配合实际的社会生活，不能偏离目的。[①] 在耶林目的法学的影响下，在19、20世纪形成了声势浩大的自由法运动。如埃利希认为，法律发展的重心自远古以来就不在国家的活动，而在于社会本身，现在也必须在社会中寻找[②]，法官仅仅依靠国家制定的成文法规则是不够的。每一种制定出来的规则，从本性上说是不完整的，一旦它被制定出来，就已过时了，它既难管现在，更不用说管将来。负责适用法律的人是本民族和本时代的人，他将根据本民族和本时代的精神，而不是根据“立法者的意图”，依以往世纪的精神来适用法律。[③]

对自由法运动的功过成败我们且不评说，但他们主张对法律的理解和适用应该符合社会发展状况，体现社会目的性的观点却是十分中肯的。立法者制定刑法的目的在于维护和建立有利于统治阶级的社会关系的社会秩序，这种要求固然受到统治阶级利益的决定或制约，同是也受到社会发展客观规律的决定或制约。换言之，刑事立法的目的在一定意义上说亦即社会的内在要求，是社会目的。适用刑法并非为适用刑法而适用刑法，而在于通过对刑法的适用，体现社会对于秩序性的要求。刑事立法可能很好地体现了统治者的社会目的，但也可能体现得并不完满，并且即使刑事立法在最初可能很好地体现了社会目的，但随着社会政治、经济形势的变化，刑法的原有规定也很可能不再完满地体现社会目的甚至和社会目的完全相反。在此种情况下，法官是固守刑法形式上的规定呢？还是在社会目的的指导下，对文字意义作必要的更改？传统的立法至上主义者选择前者，如英国的伊谢尔勋爵就说：“只要法律文字清楚明确，你就必须遵循，而不管它们是否会导致某种明显的荒谬。至于立法机关是否造成荒谬，法院无权问津。”[④] 但

① 参见杨仁寿：《法学方法论》，78页，台北，三民书局，1987。

② 参见沈宗灵：《现代西方法理学》，272页，北京，北京大学出版社，1992。

③ 参见沈宗灵：《现代西方法理学》，276～277页，北京，北京大学出版社，1992。

④ ［英］鲁珀特·克罗斯：《法律解释》，40页，重庆，西南政法学院，1986年印行。

是法律适用中的机械主义观点现在已经被人们所抛弃，法律适用中的目的选择、利益衡量已经成为普遍的做法。英国前首席大法官丹宁勋爵精辟地指出：“法官应当问自己这样一个问题：假使立法者们发现了法律质地上的这一皱褶，他们会如何清除它？然后，他们必须像立法者们会做的那样去做。一个法官绝不可变更法律的编织材料，但却可以而且应当烫平其折痕。”①

我国司法机关一贯十分重视刑法的社会目的性。例如，家长、监护人送交犯罪人到司法机关的，被送交的犯罪人一般并不具备投案的自动性，但“两高”和公安部在 1984 年 4 月 16 日联合印发的《关于当前处理自首和有关问题具体应用法律的解答》第 4 条中规定：“无论是公安机关通知犯罪分子的家长，或者家长、监护人主动报案后，犯罪分子被送去归案的，只要能如实地交代罪行，并接受司法机关的审查和裁判，都应按投案自首对待。”这主要是考虑到这样做能够收到有利司法机关工作，增加犯罪人家长、亲人对公安机关的理解和配合，以及减少犯罪人抵触情绪，有利对犯罪人的改造等社会效果。又如偷窃自己家里和近亲属财物的行为，依据刑法的字面含义，只要是数额较大的，也应按盗窃罪处理，这显然没有考虑到我国传统的家族观念对人们盗窃观念的影响。对偷窃自己家里和近亲属的行为如果与在社会上作案同样看待，并不能收到很好的社会效果。不以犯罪论处和盗窃罪的立法目的是否相符？很难确定，但不能收到预期的社会效果却是肯定的，所以“两高”在 1984 年 11 月 2 日发布的《关于当前办理盗窃案件中具体运用法律的若干问题的解答》中规定，“要把偷窃自己家里或近亲属的，同在社会上作案加以区别”，最高人民检察院在以后更进一步指出：“对此类案件，一般可不按犯罪处理；对确有追究刑事责任必要的，在处理时也应同在社会上作案的有所区别。”②

① ［英］鲁珀特·克罗斯：《法律解释》，45 页，重庆，西南政法学院，1986 年印行。

② 梁国庆主编：《新中国司法解释大全》，204～205 页，北京，中国检察出版社，1990。

第二节　刑法解释的目标

刑法解释之所以必要，在于刑法规范的意义、内容不明确，需要通过解释活动发掘出来并说明清楚；或者对相同的事实类型出现了相冲突的规定，需要通过解释活动加以协调；或者对有关的内容应该规定而没有规定，需通过解释活动予以填补；或者对有关事实类型虽有明确规定，但显然是荒谬、不合理的（可能自始就是如此，也可能是由于社会的发展而变得如此），需要通过解释活动消除其荒谬性、不合理性。凡此种种，都涉及正确性的标准问题，即怎么知道解释结论是正确的?

刑法解释的目标无疑是解释结论的正确性，但正确的标准是什么？在理论上有主观说和客观说的争论。

一、主观解释理论

主观解释理论认为，法律解释目标在于探求立法者于制定法律当时事实上的意思，解释结论正确与否的标准就在于是否准确地表达了立法者当时的意思。法律的字面含义是重要的，因为要根据字面含义来推测立法者的意思，并且在一般情况下都应该推定，字面含义正是立法者意图的表达。但字面含义并没有决定性的意义，这不仅在于立法文字要根据立法者当时的意图确定其含义，而且在于，如果有证据表明文字的通常含义同立法者在立法时意图表达的含义不一致的，就应该采用其次要的但与立法意图相一致的含义，哪怕这样解释显得牵强附会，但由于是必须的，因而是合理的、正确的。由于这种解释理论以立法者当时的意思为认识目标，企图达到立法者当时的主观心理状况，所以这种理论被称为主观的解释理论，又被称为立法者意思说。

（一）主观解释理论的社会背景

主观解释理论在整个19世纪和20世纪初期占据着西方法律解释理论的支配地位，是有其深刻的经济、政治、文化背景的。

19世纪是资本主义生产方式形成和发展的时期，这种生产方式必然会在法律上提出自己的要求。在专制国家里，法律不过是君主的意志，它没有意识地和无规律地给人以打击，这是猛烈发作的暴风雨，它破坏和毁灭它所遇到的一切。① 这种缺乏安全性的法律和资本主义经济的发展是格格不入的，资本主义无法在这样的法律基础上运行，它所需要的是像机器一样靠得住的法律。② 因为资本主义企业的特征和先决条件是企业家占有生产手段、市场的自由、合理的技术、合理的法律、自由劳动和经济生活的商业化。所谓合理的法律，就是可预测行为后果的法律，换言之，是能带来安全感的法律。③ 为了保证法律的安全性，法律就必须具有确定性。但文字出现歧义是很难避免的，文字的意义范围也是会变化发展的，如何能够保障法律的确定性呢？其办法只能是限制法官的自由裁量权，将所有法官对法律的理解都集中到一个既存的、不变的标准上去，这个标准就是立法者的意思内容，尽管有必要通过解释法律条文的宽阔的自由度来缓和法律的死板性，但法官仍必须依然做法律的奴仆。④

解释论上的主观主义取向，也是当时盛行的严格区分立法权和司法权的理论的产物。在欧洲封建社会，司法极为黑暗。法官的职位可以买卖、继承，孟德斯鸠就继承上这样一个职位，并且在任职10年后卖给了别人。诉讼是纠问式的，神明裁判、司法决斗是裁判是非的合法手段。刑讯逼供和通过司法途径的宗教迫害盛行。法院导致的混乱和不公正使得司法界成了这个王国的最腐败的部分，遂

① 参见［法］罗伯斯庇尔：《革命法制和审判》，4～5页，北京，商务印书馆，1965。

② 参见［德］M·维贝尔：《世界经济通史》，291页，上海，上海译文出版社，1981。

③ 参见徐国栋：《民法基本原则解释》，154页，北京，中国政法大学出版社，1992。

④ 参见［法］布律尔：《法律社会学》，77页，上海，上海人民出版社，1987。

成为革命所要摧毁的对象。[①] 而且，孟德斯鸠所在的法国，法官们正在仿效英国法官的工作方式而脱离大陆法系的司法模式，他们作为特权阶层的一部分，以维护腐朽的封建制度为目的，站在与新法对抗的立场上，创造性地解释地方习惯，以地方习惯改造、对抗国王为统一王土、实行开明和进步所进行的立法改革。这一切造成了人们对法官的不信任甚至仇恨心理，限制法官权力，将他们置于立法者“喉舌”的地位成为那个时代的共识。洛克认为：“执行权是负责执行已被立法机关制定的继续生效的那些法律的权力……执行机关是‘受立法机关的统属并对立法机关负责的’。”[②] 孟德斯鸠说：“如果司法权同立法权合二为一，则将会对公民的生命和自由施加专断的权力，因为法官就是立法者。”[③] 各国在资产阶级革命胜利后，纷纷建立了三权分离的政治体制，不仅立法者、社会公众认为法官应该忠实执行立法者的意图，连法官自身也是这么认为的。西蒙勋爵说：“解释国会立法以便实现其意图，这是法院的职责。”[④] 布莱克斯通说：“要解释立法者的意图，最佳的和最合理的方式是探究其在制定法律时的意图。”[⑤]

自文艺复兴以来发展起来的“人是一切事物的主人”的人文主义情绪和极度的理性主义是主观主义解释理论的思想文化根源。自文艺复兴至19世纪，人类征服自然的能力得到了充分的证明，新大陆的发现，殖民地的开拓，贸易、商业的充分发展，财富的成倍增长，使得资产阶级在它不到一百年的阶级统治中创造的，比过去一切时代所创造的全部还要多、还要大。与生产力的巨大发展相比，在科学技术领域取得的成就更加令人瞩目，物理学、天体演化学、生物学、化学、地质学、数学都取得了划时代的成就，牛顿、莱布尼茨、笛卡儿、开普勒等大批科学与思想巨人崛起。这一切使人们相信，他们可以通过理性的力量认识并

---

① 参见［英］埃尔曼：《比较法律文化》，52页，北京，三联书店，1990。

② 马啸原：《近代西方政治思想》，125页，昆明，云南人民出版社，1987。

③ 王哲：《西方政治法律学说史》，274页，北京，北京大学出版社，1988。

④ ［英］鲁伯特·克罗斯：《法律解释》，45页，重庆，西南政法学院，1986年印行。

⑤ ［英］鲁伯特·克罗斯：《法律解释》，24页，重庆，西南政法学院，1986年印行。

解决一切问题。这种狂热的理性主义与对于封建司法擅断的强烈憎恨，使人们相信，完全剥夺法官在法律解释中的能动性不仅是十分必要的，而且是可能的，其办法就是制定出既无所不包又简明平易的法典。19 世纪狂热的理性主义对法国的法典编纂产生了重要影响[①]，并由此掀起了一场强大的立法运动，因为立法者们相信，仅用理性的力量，人们能够发现一个理想的法律体系。所以很自然，他们都力图系统地规划出各种各样的自然法的规则和原则，并将它们全部纳入一部法典之中。[②] 这种法典乃是一种全面的、详尽的、在逻辑上一致的规范体系，而且该规范体系为法院可能会面临的所有一切法律问题都提供了答案。[③] 在这种情况下，任何法律解释，如果不是有意地曲解法律的话，都只不过是对立法者在立法当时的意思的表达，亦即对立法原意的转述。

（二）对主观解释理论的评价

主观主义解释理论的特征在于它认为法律解释的目标在于探求并准确地表述立法者事实上的意思，亦即立法者历史上的看法、企图和价值观。其立论的依据在于：

1. 立法活动是一种立法者的意思行为，立法者通过立法活动表达自己对于公平、正义、秩序、效率的理解，通过在一定行为模式和一定法律后果之间建立确定的因果关系来追求一定的社会目的。准确地解释法律是为了准确地适用法律，既然法律是立法者制定的，就应该承认只要是立法者们所决议的，便具有拘束力，而立法者所要的是什么，只有立法者自己知道得最清楚。因此，法律解释应该以立法者的意思内容为依据。

2. 贯彻以立法者的主观意思为解释之目标可以提高法的安定性。立法和司法有一个共同的目的，那就是在社会中实现秩序和正义，寻求社会有序性和人性高扬之间的最佳结合点。社会无疑是需要秩序的，没有必要的秩序，不仅每一个

---

① 参见［美］约翰·亨利·梅里曼：《大陆法系》，28 页，北京，法律出版社，2004。

② 参见［美］E. 博登海默：《法理学——法哲学及其方法》，67 页，北京，华夏出版社，1987。

③ 参见［美］E. 博登海默：《法理学——法哲学及其方法》，421 页，北京，华夏出版社，1987。

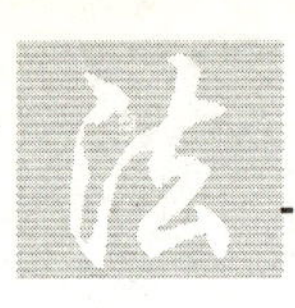

人的自我实现成为不可能，而且会使人类已经创造的文明被摧毁。但秩序的需要绝对不能成为独裁者实行专制的借口，不能为了秩序而牺牲了自由，妨碍了人的基本价值的实现。可见，法律之所以成为必要，一个重要的理由就是要为统治者和被统治者提供一个共同的行为规范。这种规范要具有实际的作用，就应该是明确的、稳定的，社会大众应该可以清楚地了解一定行为模式同一定法律后果之间的因果关系，能够在违法和守法之间自主地作出选择。为了保证行为后果的可预测性，从而提高行为的自觉性，就必须要有法的安定性。法律的安定性当然首先要求立法的确定性，因为如果将模糊的、极为弹性的、过于广泛的和不准确的规定引入法律制度（特别是政治、刑法领域）中，这意味着放弃法律。这种状况必然会使人产生危险感和不安全感。① 但仅有立法的确定性，而在解释时不以立法之时的意思为准，则人民的安全和自由同样是没有保障的，每个人都必须意识到统治者瞬时即变的怪念头，并力图使自己的行为适应于统治者的怪念头。在这种政权结构中的国民的通常精神状况，肯定是忧虑不安的。②

3. 主观主义的拥护者认为，法律解释以探求立法者的意思为目标，符合现代法制社会权力区分原则的要求。由于人类的天生弱点，拥有过大权力的某个固定集团都会沾染傲慢、骄傲和专制的作风。③ 因此有必要在立法、司法和行政三种权力之间建立起一种相互制衡的机制以防止权力被滥用，如果由同一个人或是由重要人物、贵族或贫民组成的同一个机关行使这三种权力，即制定法律权、执行公共决议权和裁判私人犯罪或争讼权，则一切便都完了。④ 历史证明，限制法官的自由裁量权，让法官对法律的解释服从于一个既定的统一的标准是必须的。既然法官执行的是法律，而法律文件是立法者反映其利益、需要、价值观的媒介，那么这个辨别法律解释正确与否的标准当然就只能是反映立法者利益、需要、价值观的意思内容。

---

①② 参见［美］E. 博登海默：《法理学——法哲学及其方法》，223页，北京，华夏出版社，1987。

③ 参见［法］罗伯斯庇尔：《革命法制和审判》，24页，北京，商务印务馆，1965。

④ 参见［法］孟德斯鸠：《论法的精神》（上册），156页，北京，商务印书馆，1961。

主观主义解释理论的提出在当时无疑具有革命的意义，它是对封建司法专横的反动，是对人类理性能力的赞美，是保护人权的希望之星。但是这种理论无疑也带有对人类理性能力的盲目乐观，对法官性善品格的过度悲观。既要按立法原意解释法律，又要同时满足法律适用的公正合理，则反映立法者原意的立法必须符合以下条件：（1）能够完全预料到正在和将会在社会中发生的一切行为类型；（2）文字的意义是始终保持不变的，以致法官不会在完全没有意识到的情况下改变文字的最初意义；（3）社会中的价值观、利益观不会发生变化，以致立法者当初在一定行为类型和法律后果之间所建立的因果关系在适用法律时仍然是妥适的；（4）法律体系在逻辑上是完满自足的，没有漏洞，没有冲突，立法者的原意是单一的、和谐的；（5）立法原意的发现是容易的。显然，这五个方面的条件根本不可能得到满足，相应地，主观主义解释论者的美好愿望也就难于实现。制定法律并用以规范社会行为，这并不是目的，它只是立法者在社会中维护和建立有利于自己的社会关系和社会秩序的手段。在立法中对行为模式的规划是建立在立法者当时具体社会环境和认识能力基础上对理想社会秩序的设想，换言之，其当时的立法意图只是其整体社会目标的一个发展环节，随着社会政治、经济形势的变化，随着社会中占统治地位的文化价值观念的转变，立法者实现自己在社会中的利益、理想的方式会相应地作出或大或小的调整，会改变自己对一定行为方式的社会政治意义的评价。如果不着眼于立法者通过立法文件或其他形式所体现出来的整体的、长远的社会目的，而囿于立法者在当时时空条件下的有限认识，其实质是在忠实原义的掩护下对立法者的嘲弄和背叛。同时，其操作可能性也颇值得怀疑。立法者原意，是一个心理学上的概念，但主体到底是谁却很难确定，到底谁是他们所称的立法者，即使在宪法国家也不是一个容易回答的问题。人民、国会、国会内之法案审查委员会，甚或政府机关内之起草单位都曾经被拿来作答案。[①] 一件法案从提案到起草到修改到表决通过，参加者甚众，并且其中有的参

① 参见黄茂荣：《法学方法与现代民法》，274页，台北，台大法学丛书，1982。

加者还不一定赞成法案中的某些内容甚至对整个法案都持否定态度，如表决时不一定人人都赞成，因此，到底谁的原意能代表法律原意是很难自圆其说的。即便主张立法原意是所有立法参加者的团体意愿，但团体意愿的内容为何也是颇难确定的，因为有限的立法资料所记载的往往是不同参加者各自的意见，其冲突是经常发生的。

总之，主观主义的法律解释理论对于保障法的稳定性、确定性是有一定意义的，因为毕竟在许多情况下通过对立法文件的历史考察是可以探明立法的意旨的，但它也还存在明显的不足，这不仅在于立法意旨的求得往往不可能，更在于它无视社会的发展，为保障法的安定性而牺牲了法的发展性，牺牲了具体案件中的衡平性，因而也常常牺牲了具体的公平和正义。

二、客观解释理论

客观解释理论认为，法律一经制定，即与立法者相分离而成为一种客观的存在，具有了一种独立的意义。这种独立的意义是通过将具有一定意义域的文字，运用一定人群在长期历史发展中形成和发展起来的语法规则加以排列组合而形成的。立法者于立法时主观上希望赋予法律的意义、观念及期待，并不具有拘束力，具有法律上拘束力的，是作为独立存在的法律内部的合理意义。故此，法律解释的目标不在于探求历史上的立法者事实上的意思，而在于探究和阐明内在于法律的意义和目的。这种探究、阐明法律内部合理意义和目的的活动并不是一劳永逸的，随着社会的变迁，法律内部的合理意义和目的也会发生变化，法律解释的任务就是在法律条文语义上可能的若干种解释中，选择现在最合目的之解释。客观解释论者强调，法律解释总是关于现在的解释，而且与目的论的解释相结合。同时，客观解释论者认为，法律漏洞是不可避免的，法官解释法律有规划创造规范、弥补法律漏洞的功能。由于这种解释理论认为法律解释的目标是解释当

时法律文本中客观存在的意思，所以被称为解释理论中的客观主义。[①]

（一）客观解释理论的社会背景

在整个19世纪，解释理论中占支配地位的是主观主义。19世纪末，客观解释论开始抬头，并在20世纪初逐渐占据上风。直到今天，尽管利益法学家在修正旧主观说后所形成的新主观说也是有力的主张，但总的说来，客观说仍占据通说的地位。客观解释理论在19世纪末的兴起并在后来逐渐发展成为通说，是有其深刻的社会背景的。

在19世纪末，欧美主要资本主义国家的经济都有了进一步的发展，在不同程度上建立了自己的近代工业部门。就法国而言，大革命扫除了封建障碍，造成了革命以后到19世纪70年代以前资本主义工业的大发展，工业革命基本完成。在19世纪的最后30年中，法国的工业又增长了94%，其中重工业的增长尤其迅速，煤铁产量都增长了一倍多，钢产量则增长了15倍。[②] 就德国而言，虽然在19世纪中叶以前其经济发展水平远远落后于英法等先进的资本主义国家，但经过19世纪后半期的迅速发展，其工业水平先后赶上并超过了法国和英国。工业革命带来了城市化、高度危险来源出现以及公司和垄断等一系列问题。就城市化而言，1815年法国每100人中只有14人居住在人口超过5 000的市镇，直到1870年，每100人中还只有21人居住在人口超过1万的市镇[③]，但在1926年，法国工业人口已经超过了农业人口。[④] 如果拿破仑法典是为一个农民的国家制定的，那么100年后，它却面临着一个城市人口的国家。[⑤] 工业革命所带来的物质结果之一是电气工业在19世纪末20世纪初成为资本主义的一个工业部门，推动了轮船、汽车、火车、飞机的出现和发展，这些现代工业及高速运输工具的运行

---

① 参见梁慧星：《法解释方法论基本问题》，载《中外法学》，1993（1）。

② 参见樊元等：《各主要资本主义国家经济简史》，208～209页，北京，人民出版社，1973。

③ 参见［德］汉斯·豪斯赫尔：《近代经济史》，349～350页，北京，商务印书馆，1987。

④ 参见樊元等：《各主要资本主义国家经济简史》，220页，北京，人民出版社，1973。

⑤ 参见徐国栋：《民法基本原则解释》，235页，北京，中国政法大学出版社，1992。

具有天生的不可克服的危险性。工业革命带来了高度的发展，也带来了高度的竞争，公司化和组建垄断组织便作为强化竞争力的手段应运而生了。从19世纪70年代开始，自由竞争的资本主义逐渐过渡到垄断的资本主义。到19世纪末20世纪初，各主要资本主义国家进入了帝国主义阶段。[①] 经济在迅速地发展，社会在剧烈地变动，而已有的立法又不可能在短时间内进行全面的修改，况且社会发展如此之快，每一种制定出来的规则，从本性上说是不完整的，一当它被制定出来，就已过时了，它既难说管现在，更不用说管将来。[②] 实践迫切要求解释理论在衡平法的安定性和妥当性、在调和法的稳定性和社会的发展性方面有所作为。显然，固守制定法在历史上的原意是满足不了这一要求的，必须立足于现实对制定法作出合目的性的解释。

绝对三权分立的政治体制的动摇是客观主义解释理论的政策依据。自20世纪以来，三权分立的理论受到了来自各方面的尖锐攻击。其实，早在18、19世纪就有人对权力分立的作用和效果表示怀疑，认为它是纯粹理论的空想的游戏，是政治学的三位一体的神秘化，边沁就认为，行政权应受立法权的控制，立法机关应总揽一切权力[③]，并质问："如果为了善而行使权力，那有什么理由要分割这个权力呢？如果为了恶而行使权力，那么还要保持这个权力吗？"[④] 进入20世纪以后，来自各方面的怀疑和批判更是此起彼伏。如凯尔逊把法律规范看成是一个体系，认为在这个等级体系中，基本规范只创立法律，而不实施法律；处于另一端的个别规范，只对具体案例执行法律制裁，是纯粹的法律实施，并不创立任何新的规范。除了基本规范和最终的个别规范之外，所有的法律规范都既是实施法律又是创立法律。如宪法本身是根据基本规范来运用的一个规范，但又在创立法律；议会法是根据宪法实施的法律，但它又对行政和司法创立法律；行政或司

① 参见鲁友章等：《经济学说史》（下），173页，北京，人民出版社，1983。

② 参见沈宗灵：《现代西方法理学》，276页，北京，北京大学出版社，1992。

③ 参见吕世伦等编：《西方政治法律思想史》（下），94～95页，沈阳，辽宁人民出版社，1987。

④ 徐国栋：《民法基本原则解释》，238页，北京，中国政法大学出版社，1992。

法机构实施成文法，但又创立行政的或司法的规范，使一般规范适用于具体的情形。于是，较高级的规范，就可以创立若干专门的“框架”，使适用法律的机构享有自由裁量。因而立法者与法官并无质的差别，只有量的不同。较高级的规范对于法官来说，也只是在他可以行动范围内的一个“框架”。这样一来，执法机关同时也是立法机关，这就取消了创立法律与执行法律之间的严格界限。[①] E. V. 希比尔则说：“司‘法’权不是司‘法律’权，‘司法律权，意味着（法院）将成为立法机关（不受任何法律约束的机关）的一种执行机关了。这样地掌握司法权，是同法的观念相反的。’就是说，法官不受法律约束，亦即不受立法机关的约束，他只服从‘道义即真正的法’。”[②] 在政治的实际运作上，自资本主义进入垄断阶段以后，以前建立在自由竞争基础上的自由、放任被纪律、秩序的需要所代替，政府一改过去的超脱形象，积极介入社会生活的各个领域，行政权力不断膨胀。由于：(1) 议会议事时间不足以应付巨数之法案；(2) 议事主题过于专门技术化；(3) 不可预测的偶发事件；(4) 立法机关的弹性问题；(5) 立法机关欠缺试行的经验造成困难；(6) 有关紧急权问题，须赋予行政机关紧急立法权，行政机关以委任立法的方式进入了立法权领域[③]，三权分立的体制动摇了，立法权同司法权严格区分的信条也不再具有往日的神圣性。很显然，上述六点也完全可以作为司法机关进入立法权领域的理由。立法机关之立法权的性质，由过去之专属的立法权转变为当今之优先的立法权，从而使得司法机关取得对立法机关所立之法律的补充权，亦即使司法机关取得在法律补充意义下之候补的“立法权”，即在必要的时候，针对其正处理的个案，拟出或制定出一个立法机关所未立的规范。只不过这种“法律补充权”具有“候补的”和“针对个案的”特征。[④] “通说的见解，似乎倾向于在‘有利’于，或至少不‘不利’于人民之情形下，允许

---

① 参见张宏生主编：《西方法律思想史》，435 页，北京，北京大学出版社，1983。

② 吕世伦等：《西方政治法律思想史》(下)，267 页，沈阳，辽宁人民出版社，1987。

③ 参见吕海荣：《从批判的可能性看法律的客观性》，74 页，北京，法律出版社，1987。

④ 参见黄茂荣：《法学方法与现代民法》，380 页，台北，台大法学丛书，1982。

司法机关为法律的补充。”①

理性主义的破灭是解释理论从主观主义转向客观主义的思想根源。19世纪是西方哲学发展中的一个转折点，传统的西方哲学或者称为科学主义，为具体的实证的理性主义形态所代替，或者为非理性主义的人本主义所代替。从笛卡儿到黑格尔的理性主义者把人的认识能力和道德实践能力都提高到至高无上的地位，以为通过人的理性能力，实现对外部世界的绝对认识和绝对控制是完全可能的。这种思想反映到法学上便是概念主义和形式主义，认为法律制度是无缺陷的，通过适当的逻辑分析，便能够从现在的实在法制度中得出正确的结论，因此法律解释是不必要的甚至是有害的，即使有解释的话也只能局限在文义解释的范围内，立法目的、社会价值、利益衡平等都是应当加以排除的“邪念”。因为“我们的知识和我们的观点是相互联系的，知识愈是复杂，观点的差距也愈大。每个人都有自己的观点，在不同的时间里，会从不同的角度看待事物。因而，法律的精神可能会取决于一个法官的逻辑推理是否良好，对法律的领会如何；取决于他感情的冲动；取决于被告的软弱程度；取决于法官与被害者间的关系；取决于一切足以使事物的面目在人们波动的心中改变的、细微的因素。不幸者的生活和自由成了荒谬推理的牺牲品，或者成了某个法官情绪冲动的牺牲品。因为法官把从自己头脑中一系列混杂概念中得出的谬误结论奉为合法的解释”②。但是进入19世纪下半期以后，理性主义发生了深刻的危机，科学主义和非理性主义成了时代精神的主流。科学主义思潮的开创者、实证主义的创始人孔德认为理性的能力并不是无限的，只有在经验、现象的范围内才是有用的，根本的特点正是认为人的理性必然不能说明一切高不可攀的玄妙奇迹。③ 现代非理性主义者竭力地突出人作为主体的个别性和不可重复性，把人的心理因素中的非理性成分，如意志、情绪、直觉、本能等提到首位，并强调非理性的心理因素对人

① 黄茂荣：《法学方法与现代民法》，379页，台北，台大法学丛书，1982。

② ［意］贝卡里亚：《论犯罪与刑罚》，13页，北京，中国大百科全书出版社，1993。

③ 参见洪谦主编：《西方现代资产阶级哲学论著选辑》，26页，北京，商务印书馆，1964。

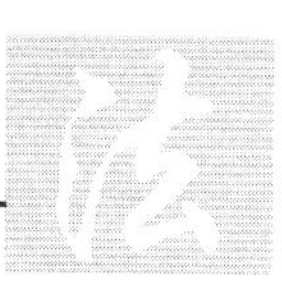

的认识活动和行为的决定作用。[①] 伴随着理性主义的破灭，传统哲学中占主导地位的绝对性、必然性、普遍性、抽象性、本质性和确定性也瓦解了，而代之以相对性、或然性、具体性、概率性和特殊性，认识的能力和任务不再是事物、对象本身，提到首位的是事物之间的关系、对象的意义和价值。[②] 这种观念在法解释学的表现就是不再致力于法条本来的意义，而认为解释的目标在于探究并阐明法条对解释者的意义，对于待处理的案件类型的意义，认为完全准确地复印出立法者于立法时的心理学上的意义不仅是不可能的，也是不必要的，法条的意义是现在的、具体的。

（二）对客观解释理论的评价

解释目标上的客观主义理念在19世纪末20世纪初兴起并迅速成为西方主要国家解释理论上的通说，这是当时经济、政治、文化的产物，换言之，它是历史发展必然逻辑的产物。它作为西方整个文化背景上的一部分，其兴起和发展是符合法律文化发展的必然性的，因而是具有合理性的。

如果我们再考察一下客观论者的立论依据，或许可以从解释活动内部发现客观解释理论的得与失。客观解释理论的立论依据主要有：

（1）一个具有意思能力的立法者并不存在。法律从草拟到颁行，经历了许多机关和个人，而且他们的真实意思并不是完全统一的，如草案是许多人共同完成的，各人的出发点、目标肯定不是完全相同的，甚至对他人所草拟的部分还持批评态度。又如在表决机关表决通过时，全票通过的可能性很小，即使是全票通过，各人的动机也不会完全一样，故此，要确定谁的原意代表了立法的原意是殊为不易的。

（2）法律与立法者的意思并非一体。法律是统治者意思和利益的权威表现形式，这说明法律和统治者的意思的关系甚为密切，因为从法律发生的角度看，立

① 参见徐国栋：《民法基本原则解释》，242页，北京，中国政法大学出版社，1992。

② 参见郑杭生主编：《现代西方哲学主要流派》，26页，北京，中国人民大学出版社，1988。

法者即统治者的意思是法律发生的直接原因，也是法条意思的直接来源，因此我们常说法律是统治者的权威命令。但这只是对法律发生的描述，而不是法律效力的说明。“因为一方面，立法者的意见从来不曾一致；另一方面，当今在立法上所需之基本知识，也非任何一个立法者可能完全具备。从而在立法过程中，难免有相当多数的立法者，只是在对法案仅有极肤浅的了解下，甚至根本不了解的情况下，跟着团体的决定表决。”① 以这样的立法者的意思作为法律效力的来源简直是不可思议的。

(3) 一般人所信赖并据以作为行动指南的是存在于法律文本中的合理意思，而非立法者的主观意思。法律文本一经形成特别是自颁布之时起，便成了一种与立法者相脱离的客观存在，隐藏在法律文本中的法律规范的意思也在此时确定下来并成为一种独立的客观的存在。一般人对于法律规范意思内容的了解都是从法律文本中得到的。如果不在法律文本内部探究作为客观精神而存在的文本意思，而到法律文本外部的立法背景、历史沿革等材料中去发掘立法者的主观意思作为处理待处理案件的法律依据，这不仅和立法资料并非法律的观念相冲突，而且也不便于一般人了解和遵守法律，从而法律的安定性和合理性也就无从谈起。

(4) 法律漏洞是不可避免的，持客观说，就为补充和创造法律提供了可能，而主观说则使法律的解释和适用受制于“古老的意思”，不能适应社会发展的需要。客观说主张法律解释的目标是存在于法律文本中的客观意思。所谓客观意思，即一般人在其中可能发现的以及实际发现的意思。由于语言的发展性，因而这种客观意思是相对的、流动的，法律解释不是一劳永逸的，它总是要结合观念、经济、政治的发展得出新的解释结论，其创造性是显而易见的，这就为发展法律提供了可能。

从客观解释理论的思想内容以及形成背景、立论依据可以看出，它是一种

---

① 黄茂荣：《法学方法与现代民法》，276 页，台北，台大法学丛书，1982。

目的论的、实用主义的解释理论。“客观”与其说是法律文本意思内容的客观，毋宁说是社会现实需要的客观，因为存在于法律文本之中的所谓客观意思在被阐释出来以前是外在于解释者的，其内容究竟为何是不清楚的，虽然由于文义的相对确定性，我们不能认为文本的意思是不存在的，但至少是不明确的，只是在来自社会中的解释者带着由于社会影响而形成的全部主观世界同文本进行“对话”以后，其意思内容才相对于解释者而言被确定了下来。解释者是社会中有着现实需要的人，解释结论既然是“对话”，其现实需要就不能不在解释结论中表现出来。

强调社会现实需要对法律解释的作用和意义，这正是客观解释理论的贡献之所在。其一，否认需要对解释的影响是不切实际的。目的是因需要而引发的，是主体满足需要的内容。立法者制定法律并用以调剂社会生活，乃是出于对社会生活秩序性的需要，或者是发展性的需要。秩序和发展、纪律和自由，这既是立法者的需要，也是社会的需要。司法系统作为国家机构的一部分，和作为国家机构另一部分的立法系统，一方面共同作为国家专政机关，另一方面因其共同的社会背景，它们对于社会秩序和发展的需要是相同的。如果说这种秩序和发展的需要在立法阶段会对立法者的立法活动产生影响并在相当大的程度上决定立法的内容的话，那么，在法律的适用阶段，这种秩序和发展的需要则会对解释者产生影响，并在相当大的程度上决定解释的结论。其二，否认需要对解释的影响是不合时宜的。法治的实现有赖法律功能的实现，则法律的一个最重要的功能是规范功能，即规范人们社会生活的功能。社会生活总是现在的、发展的，而法律文本一经颁布即成为一种固定的内容，是过去的、凝固的，其中的矛盾显而易见。立法和司法的目的既然都在于实现统治者以及社会大众对于秩序和发展的需要，而不在于已立之法（对于主观解释论者而言是指立法者的内心意思即主观之法）在社会上被机械地不折不扣地执行，那么，协调法律文本的历史性、凝固性与社会生活的现在性、发展性的矛盾便成为法官在解释法律时的一项重要任务。完成该任务的途径便是从需要出发，在文义所许可的范围内选择、阐发符合需要的含义，

并将其作为法律解释的结论。如果抛弃现实社会的需要，一味地对法律文本进行考据学上的研究，通过“心理转换”的方式得到立法者过去的原意（假设这样做是可能的）的话，这无异于是在削足适履。其三，根据现实社会需要对法律进行创造性解释，这在各国的法律解释实践中是被一贯奉行的。在外国刑事司法实践中，通过解释途径创造和发展刑法规范的情形也是很多的，其中一个著名的例子就是期待可能性理论的形成和发展。期待可能性的思想，发轫于1987年3月23日德意志帝国法院第四刑事部所作的“马车绕缰案”或称“癖马案”。本案事实为，被告系以驾马车为生者，自1895年以来，一直受雇于以马车为营业的甲，被告所驾的是双辔马车，其中的一匹马有以马尾绕缰并用力以马尾压低缰绳之癖。被告和某甲都深知此马的上述缺点。1896年7月19日，当被告驾车到达一个街口时，该马癖性突发，将尾绕缰并用力下压，被告虽极力拉缰企图制服均无效果，反而使马受惊奔驰，被告于是失去对马的驾驶力。该马在奔驰中将路人某乙撞倒，致其骨折。事件发生后，检察官以过失伤害罪提起上诉，但原审法院宣告被告无罪。检察官以原审判决不当为理由，提起上诉，案件被送到德意志帝国法院审理。帝国法院审理后，认为上诉并无理由，予以驳回。其理由谓：“肯定基于违反义务之过失责任（即不注意之责任），如仅凭被告曾认识驾驶有恶癖之马或将伤及行人一点者，则不能谓为得当；更应以被告当时是否得以基于认识而向雇主提出拒绝驾驶此有恶癖之马一点为必要条件。然而，吾人果能期望被告不顾自己职位之得失，而违反雇主之命令拒绝驾驶该有恶癖之劣马乎？此种期待，恐事实上不可能也。因此本案被告不应负过失之责任。”① 德意志帝国法院以不能期待被告人不顾自己职位之得失而向雇主提出拒绝驾驶此劣马一点，否定被告的责任，这就在传统的也是刑法明定的责任要件，即责任能力、责任条件（故意和过失）之外，增加了第三要件即“期待可能性”或“附随状况之正常性”，填补了立法上忽略“期待可能性”的漏洞。后来，立法机关承认了这一漏洞的存在，并在

① 蔡敦铭主编：《刑法总则论文选辑》（上），474～475页，台北，五南图书出版公司，1984年印行。

1925 年及 1927 年之德国刑法草案的有关条文中，明白使用“期待”的字样。[①]

三、合理意义

解释目标中的主观主义和客观主义尽管存在着分歧，但却有一个共同点，即承认有一个外在于解释者的意义存在，只不过前者认为存在于立法者立法时的意识之中，后者认为存在于法律文本之中。他们都认为，意义是一个既定的事实，解释的目标就是要清楚地揭示这一事实。尽管人们的解释常会发生冲突并且都声称自己正确，但这并不妨碍正确标准的唯一性、客观性，尽管人们永远不能最后确定有关法律文本的意义究竟为何，但这只是解释方法的无能，既存意义作为解释活动的目标是确定不移的，作为检验解释结论是否正确的标准是不可改变的。在解释学发展史上，施奈尔马赫、耿尔泰属于主观解释论者，主张通过情景转换，使解释者进入创作者（法律领域是立法者）的环境和心理状态之中，获得与创作者相同的心理感受，将创作者的意图作为自己的意图，到此时，也就完全理解了作品即文本。后来的贝蒂、赫施则属客观解释论者，认为文本的意义是文本表现出来的精神或意旨。文本的意旨和文本的文字含义是不同的，意旨的获得是通过解释者的概括和抽象，而文字含义的获得主要是通过语法的和逻辑的方法。

我国刑法学界也普遍承认，刑法解释是有确定的目标的，有的认为是原意；有的认为是原义；有的认为是宗旨；有的认为是意图；有的认为是内容和含义。各式各样，见仁见智。但概括起来无外乎两类：一类观点认为刑法解释的目标是表现于刑法条文之中的立法者的意图；另一类观点认为刑法解释的目标是刑法条文所客观表现出来的意图。分别相当于外国法解释理论之中的主观主义和客观主义。但主观主义似乎更是我国刑法学界的主流，这从最高司法解释频频招致的批

① 参见蔡敦铭主编：《刑法总则论文选辑》（上），474～475 页，台北，五南图书出版公司，1984 年印行。

评其越权解释的现象中可以得到证明。

刑法解释应该具有目标、标准，刑法解释应该使意义内容与目标相一致，这必须被作为一种信仰确定下来，否则刑法解释的统一性就没有有力的保障，区分解释正确与否就没有确定的标准，难免导致刑法解释上的相对主义。[①] 如果刑法解释的目的只是为了将刑法立法者的命令变为现实，而立法者的意图又是可以把握的话，主观主义是一种最好的选择。但我们认为，刑法解释的目的是为了给社会行为以符合社会需要的刑法评价，从而维护或建立有利于统治阶级的社会关系和社会秩序，而统治者所需要的社会关系和社会秩序并不是凝固不变的，固守立法者立法时的原意（假设是可以把握的）并不符合立法者的根本利益，不能实现刑事司法的根本价值。但我们也并不完全同意客观主义的解释目标，因为客观主义认为随时代的变化可以在文本中附加新的含义而无限制，只要这种附加符合立法的意旨即精神。这就很容易导致刑罚权的扩张，损害刑法的人权保障机能，因为立法意旨由于其抽象性具有不确定的特征，具体内容全赖法官把握。

（一）论原意说之非[②]

原意说是对认为刑法解释的目标或任务在于揭示刑事立法者原始意图的各种观点的总称。这种主张在我国目前刑法学界似乎占据着通说的地位，并往往以此为出发点对一些解释包括最高司法解释提出批评。但这种主张却是大可商榷的。首先，坚持原意是否必要？其次，把握原意是否可能？

---

① 相信文本有确定的不可改变的意义，这是早期解释学的主张，施奈尔马赫、狄尔泰、赫施、贝蒂等相信文本有不以解释者意志为转移的意义，或者是创作者的原意，或者是文本的意旨。但进入 20 世纪以来，这种观点发生了严重的危机，海德格尔、维特根斯坦否认文本意义的存在，是解释产生意义，而不是意义决定解释。

② 需要说明的是，我国刑法界对“原意”的理解是不同的，有的认为是立法者于立法时的目的和意图；有的认为是刑法规定所体现的刑法的目的和意图；有的则对这两种含义不作区分。如赵秉志教授与王勇博士在《论我国刑法的最高司法解释》中认为“立法原意就是立法者以法律条文所表达的意图”，但在《论对刑事立法原意的把握》中却又认为，“刑事立法原意，就是表现于具体刑法条文之中的立法者的意图”。其实，立法者的意图和立法的意图之间的区别是客观存在的。本章所批评的是以立法者的意图作为解释目标的观点。

1. 法的安定性要求无须通过强调原意来实现。强调在解释中必须坚持原意的人，其一个重要的理由就是要以原意统一各种解释，以原意作为解释的目标，保障法的统一性、稳定性。赫施认为，解释的基本对象，也就是解释性理解的本质目标是作者的意向，不承认文本的意义就是作者的意向，解释的正确性就没有客观的标准，解释的客观性也就不可能了，因为：（1）除非意义本身是不变的，否则就没有解释的客观性；（2）意义是意识的事，不是词语的事。[①] 我国刑法学界也有人认为，如果刑法解释正确性的标准不是立法者意旨的含义而是法官理解的含义的话，那么，有一个法官就有一个法律条文。这样，解释者取代了作者，法官取代了立法者。于是我们失去了判断哪个解释正确的标准。[②] 但是，法的安定性没有必要通过强调一个历史上的并且很难认识的原意来保障。实现法的安定性只需有一个现实的可以把握的标准就成为可能，这完全可以借助于文字含义、社会需要、统治者利益等方面的标准达到。

2. 把握立法者原意是非常困难的。[③] 在解释学发展史上，施奈尔马赫、狄尔泰都相信文本创作者的意图是可以把握的。其理由是，创作者和解释者都是人，具有共通的人性，这决定了人与人之间具有交流思想的可能。只要解释者使自己进入到创作者的心理状态中，就可以体会到与创作者当时相同的思想和意图，并且由于解释者是带着目的有意识地去体会的，解释者能够比创作者更好地领会到创作者的意图，即使是创作者于创作时并没有意识到的内容，如潜意识方面的意图，解释者也是可以清楚地体会到的。所以，这些解释理论家十分重视对历史材料（称为证据）的运用，因为只有掌握了完全的历史材料，才可以使自己进入一个真实的历史环境中，解释者的心理转换才能够成功。这一论证过程看上去是

① 参见张汝伦：《意义的探究——当代西方释义学》，99～100 页，沈阳，辽宁人民出版社，1986。

② 参见王平：《论刑法解释的有效性》，载《法律科学》，1994（2）。

③ 立法者的意图和立法的意图不同，前者是指立法者心理上的意图，后者是指立法文件所实际表现出来的意图；前者是主观的，以之为解释目标的是主观主义，后者是客观的，以之为认识目标的是客观主义。此处所谓立法者原意是指立法者心理意义上的意图。为区别，本章将立法的意图称为意旨。

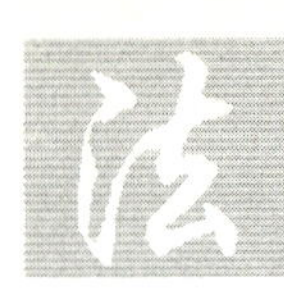

合情合理的，但却存在重大缺陷。这就在于消除解释者和创作者之间的心理距离有赖于情景转换没有瑕疵，而这又有赖于历史材料的完全掌握，但没有瑕疵的情景转换和历史材料的完全掌握都是不可能的。解释者虽然由于也是人而与创作者具有共通性的一面，但他毕竟是不同的人，不可能具有完全相同的内心世界。情景转换只不过是解释者对创作者当时情景的想象，是心灵的构思，因此不能不被深深地打上主体性的烙印。我们至多只能认为其想象的情景同当时的情景具有某种相似性，而绝对不会认为二者是完全相同的。就历史材料而言，它永远是残缺的、不充分的。以刑法的历史材料为例，我们可以掌握当时的社会背景、法学界讨论的情况、立法理由等材料，但我们无论如何无法了解到持各种观点者的内心动机、该立法同社会背景的相关程度有多大等方面的内容，所以情景转换也不会是没有缺陷的，或者情景是模糊的，或者是以想象的东西填补到情景中去。

后来的一些解释理论家认识到了原意说的上述缺陷，转而将观点修正为原意的确定性并非明确性，赫施在其所著的《解释的有效性》中就认为原意只能是相对确定的，具有一定的模糊性，但他认为这只是历史材料的限制和解释方法的缺陷使然，并不能否认在解释者之外有一个独立的原意。我国刑法学界也有人认为，作者一旦给予了作品某种含义，这种含义就不再变化，它作为解释的有效性的常规标准而客观地存在，变化的只是解释者自身对作品的感受。最终决定刑法条文含义的唯一正确标准只能是立法者意旨的含义……但应明确认识只能是相对的而不是绝对的。[①] 但是你又怎么知道解释结论是和原意相似的呢？除非你知道原意本来是什么，但这是不可能的，因为原意正是解释的目标。所以，原意只不过是一个永远也既不能得到证实，也不能得到证伪的信仰，对于保证解释的正确性是没有意义的，坚持存在原意的目的即克服解释上的相对主义和怀疑论也永远得不到实现，反倒有导致独断论的危险，因为他相信自己的解释是符合原意的就

① 参见王平：《论我国刑法解释的有效性》，载《法律科学》，1994（2）。

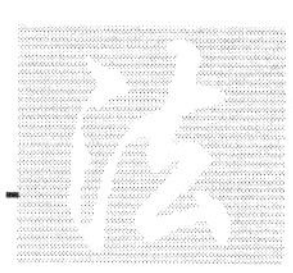

会拒绝他人的批评，拒绝对解释的修正、发展。

我国刑法学界中持原意说的人，对于为什么可以把握刑法原意均无说明，显然是将刑法原意是存在的并且是可以认识的作为不言而喻的、无须说明的事实，但有文章论述了如何把握原意的方法。如前文所述，刑法原意的存在及其可认知性并非不言而喻，这里只简单论述一下方法的缺陷。这些学者所提供的方法主要有扩张的方法、限缩的方法、演绎的方法和类比的方法。[①] 我们发现，这些作者所实际论述的内容是这几种方法是如何能够体现立法原意而不是如何通过这几种方法得到立法原意，换言之，其实际是对原意的运用而不是对原意的探究。以限缩解释为例，根据原意说的观点，是在条文的字面含义范围溢出了立法原意时，对含义范围加以限制使之和立法原意相符合的解释方法，其前提条件是原意是明确的、确定的，但事实上，所谓的原意只不过是解释者的法律意识或对社会需要的认识而已。所以，他们实际作为分析问题的出发点的并不是立法者当时的主观意图，而是现在的客观需要。这就从立法上背叛了自己的观点。

（二）合理意义

前文已经讲过，刑法解释必须具有一个确定的目标，并且以这个目标之实现程度作为衡量解释正确与否的标准。这个目标不仅应该是单一的，而且应该是能够认识的。如果把立法者当作一个群体的话，也不能否认其有一个共同的意图，这个共同意图是他们共同利益的表现。原意说正是认识到了法律解释需要单一的标准而立法者又有一个共同的意图，于是主张将立法原意作为刑法解释的目标。遗憾的是，该说只看到刑法解释的标准应该具有单一性，而忽略了这个标准还必须是客观的、合理的。因为只有是客观的，一般的社会成员才有认识的可能，才能据此安排自己的行为，也就是说，一般国民对于自己的行为在刑法上的意义才有预测的可能性，这正是罪刑法定主义的核心思想之一。[②] 只有强调标准的客观

① 参见赵秉志等：《论对刑事立法原意的把握》，载《政法论坛》，1990（3）。

② 参见苏惠渔、［日］西原春夫等：《中日刑事法若干问题》，16页，上海，上海人民出版社，1992。

性，才能引申出刑法条文意义内容的发展性，因为立法者立法时主观的意图是历史上的，发生过了就不可以改变。与此不同的是刑法条文的含义却是发展的（当然也具有相对的稳定性），因为语言是发展的，解释者只能运用他所理解的语言即现实中活生生的语言去解释刑法条文，于是写于过去的刑法条文具有了现在的意义。

刑法解释的目标仅仅具有单一性、客观性还是不够的。刑法的功能不仅在于为一般国民提供可预测的行为标准，为法官提供确定的处罚标准，而且主要还在于它使纪律和自由、秩序和人权同时在社会中得到实现。刑法的解释当然应该服从并服务于这一目标。我们将统一于单一性、客观性、合功能性这三个方面的特征的刑法规范的意义称为合理意义。

合理意义首先是符合刑法的整体目的的意义。这就要求该意义必须同时具有功利上、伦理上的妥当性；其次，合理还要求该意义具有客观性、单一性，这就必须以刑法条文的客观意义为基础。刑法条文的客观意义应该以刑法条文的立法目的为出发点去探究并且以刑法条文的立法目的作为归宿。

1. 合理意义是符合刑法条文现在的客观含义的意义。

刑法是用以调整社会关系的，其功能的实现有赖于其意义的明确。无论是法官还是一般国民，都是生活在现在而不是生活在过去，作为其理解刑法条文的前提的思想背景都是受现在社会中经济、政治、文化的影响而形成的。刑法条文是以文字写成的，是一种语言符号，解释者是通过语言来思维的。语言是将刑法条文和解释者联系起来的必不可少的媒介，真正在文本和解释者、传统和现在之间起桥梁和中介作用的，不是什么心理学的移情，而恰恰是语言。文本和解释者，过去和现在，都只是一个正在进行的语言过程的要素。[①] 但语言绝对不是一种外在于人的纯粹客观的表达形式或手段，其生命存在于人的运用中，语言只有当它不仅仅是作为语言的存在，而变成展现存在的过程，语言才肯定了它自身的存

① 参见张汝伦：《意义的探究——当代西方释义学》，204页，沈阳，辽宁人民出版社，1986。

在。[1] 这就说明，语言的含义是变化的、发展的。语言的含义是在其变化、发展的过程中展现给人们的，人们所理解的永远只能是语言现在的含义。人在理解和解释文本之前，其心灵并不如洛克所说是一块白板。正如海德格尔所说，任何理解的先决条件都是由三个方面的存在状况开始的：一是“先有”，人存在于历史和文化之中，人自己就是历史和文化的载体，这使我们有可能理解历史和文化；二是“先见”，即人们思考任何问题时所要利用的语言、观念及语言的方式，这些东西会带给人们先入的理解；三是“先知”，即人们在理解前已经具有的观念、前提和假设。[2]这些作为理解前提条件的人的存在状态，也就是理解的“前理解”状态，将客观存在的文本的意义和解释者主观的内心精神世界融为一体，这一方面使理解和解释成为可能，另一方面也使得文本的客观含义被印上了主体性的烙印。

承认刑法条文含义的发展性，并不会带来对其含义稳定性的否定。一方面，文本含义的改变从根本上讲起因于构成文本的文字符号的使用规则的改变，但使用规则的改变是受到整个社会的经济、政治、文化，尤其是人们思维方式的历史性的制约的，它不能超越过去而存在，是在过去的基础上发展起来，并且这基础既然是历史的，那就是不可改变的；另一方面，刑法解释要受到刑法科学内在的、特有的思维模式的制约，要受到固有的刑法范畴的制约，刑法学领域中的一系列独有范畴及其关系模式正是刑法学的内在生命，受过刑法学训练的人也必然会受其影响，以此为出发点进行解释。“人”在我国刑法制定之初单指自然人，但是现在，则有可能还包括法人了，这就是其含义的变动性。但是，除非有特别的说明，“人”还是单指自然人而不包括法人，因为整个刑法典都是以自然人为犯罪主体而制定的，其对犯罪行为的描述、对刑事责任种类及负担方式的规定使我们相信，现行刑法典中的犯罪主体是自然人而非法人。观念发展的渐进性和历史连续性是保证刑法解释稳定性的思想基础。

---

[1][2]　参见殷鼎：《理解的命运》，180页，北京，三联书店，1988。

强调刑法条文含义的客观性并不会带来刑法解释上的相对主义。主观主义的解释论者担心，如果不以一个既定的意义即立法者当时的主观意义，而以客观存在的文字现在的客观意义为准的话，难免会由于解释目标的变动性、主观性（从需要解释者的解释才得以明晰的意义上讲的）而使解释结论的正确与否失去确定的标准，从而有陷于相对主义的危险。其实并不尽然，不以立法者的主观意义为标准并不意味着就没有标准，这个标准就是社会上的一般人对于有关条文的理解（专业用语应该依其专门的意义理解自不待言）。主观主义的解释论者认为，人固然有禀性、品质的差异，也可能为时空所分隔，但是因为人都有一般的人性，所以人们可以互相交流和理解。[①] 具体办法就是通过情景转换和心理转换，也就是所谓“同化”的过程。在此过程中，解释者就可以完全体会到创作者的创作过程，进入到创作者当时的时代环境和思想状态中，从而完全把握创作者希望赋予文本的含义，实现解释的有效性。主观主义解释论者的失误就在于忽视了历史材料的有限性和人性的现在性。一方面，有关创作者当时具体情况的历史知识总是破碎的、残缺的，解释者只能获得一些关于创作行为的支离破碎的有限概念，必须通过解释者的创造性活动加以填补；另一方面，现在的解释者与历史的创作者在人性上固然也有其相通之处，但毕竟是两个不同的主体，其精神世界的差异是巨大的，更何况，他们之间还有时空上的距离，在现在的人和过去的人之间，其人性上的相通只是相对的，而其隔阂却是绝对的。所以，主观主义的解释理论即原意说并不能真正解决解释的有效性问题。实现解释的确定性、有效性的真正可靠的办法是将解释文本（在刑法解释中是刑法条文）当作独立于创作者之外的独立存在，探究文本现在的客观意义。文字的一个最重要的特征就是它的社会性。一定使用方法与一定意义之间的联系是使用该文字的人群在共同的社会生活中约定俗成的，是任何单个的人或者少数人所无力改变的，换言之，文本（按照一定方式组合起来的文字）的含义是普遍的、客观的。伽达默尔有一个经典性的表

① 参见张汝伦：《意义的探究——当代西方释义学》，24页，沈阳，辽宁人民出版社，1986。

述："进行对话就像在做游戏，决定游戏的不是游戏者的意识，而是游戏本身。游戏是一种有其自身动力的运动，它包含了游戏者和游戏的内容，游戏者在游戏时必然会被游戏本身的规律带着走，而失去自我意识……支配对话的不是任何一个对话者的意识，而是话题本身的规律。"① 所谓话题本身的规律主要的是对于文字的使用规律，具体指文字、标点的不同搭配方式同一定意义内容之间的对应关系。这种游戏规则的社会性、客观性，使得不同社会主体利用文字进行思想交流成为可能，因为说话、理解都是以这一共同的游戏规则为基础的。但这一游戏规则显然不具有传递说话者内心真实意图的功能，如果说话者的话语的表面含义与真实意图不相一致（可能是由于说话者表达能力的缺陷造成的，也可能是说话者故意利用游戏规则仅具有社会性而不具有个人性所造成的，如说谎），听话者所理解的也仅限于表面的含义而已。刑法是立法者的命令，是文本而不是话语，但和话语有共同的语言规律。如果说差别的话，那就是立法者和解释者之间在时间上和空间上的距离，这使得解释者得知立法者的真实意图更为困难，因为解释者了解立法者的真实意图的唯一途径便是阅读文本，最多还能借助一些残缺不全的历史资料，如立法过程中的讨论、立法背景、立法说明书等，来证实或修正自己的推理。解释者只能推定自己推导得到的意义就是立法者真实意图的反映，他不能像在面对面的对话中那样通过观察对方的表情、姿势、询问对方的真实想法等途径得知对方的真实意图。

强调以刑法条文现在的客观含义为基础探究刑法规范的意义，具有十分重要的意义。首先，它有利于保障刑法解释的确定性。运用语言的游戏规则在特定人群中具有客观性、一致性，因此使用相同的文字，运用相同的语法规则，就具有相同的社会含义，这是说话者和解释者都无法改变的。刑法是立法者运用本国语言写成的，所表达的规范内容只能是文字意义规律及语法规则所实际传递的内容。以此为解释的目标，就可以克服解释上的相对主义和独断论。其

① 张汝伦：《意义的探究——现代西方释义学》，221页，沈阳，辽宁人民出版社，1986。

次，符合刑法正义性的要求。什么样的犯罪科以何种程度的刑罚，这对于一般国民来说，必须是可以加以预测的。解释必须限定在一般国民可能预测的范围内。[①] 罪刑上的这种明确性是罪刑法定主义的基本要求，很显然，如果刑法规范不以刑法条文现在的客观含义为基础，罪刑上的明确性是没有保障的。再次，刑法解释以条文现在的客观意义为基础，可以在一定程度上克服刑法条文的凝固性与社会发展性之间的矛盾。语言是发展的，相同文字及其组合过去的含义和解释时的存在差距是十分自然的。现在社会上一般人既然在阅读刑法条文时都是以语言现在的游戏规则解释刑法条文，那么法官在解释时为什么不可以利用语言的发展性来最大限度地克服刑法落后于现实的缺陷呢？更何况这不仅不违背而且还符合正义的要求。

2. 合理意义是符合现实社会需要的意义。

刑法立法和刑法司法有着共同的社会目的，那就是建立和维护有利于统治阶级的社会关系和社会秩序。刑法立法是根据刑法传统、过去和当时的犯罪状况以及对未来的犯罪状况的预测而制定的。我国刑法则是以马克思列宁主义、毛泽东思想为指针，以宪法为依据，依照惩办与宽大相结合的政策，结合我国各族人民实行无产阶级领导的、工农联盟为基础的人民民主专政即无产阶级专政和进行社会主义革命、社会主义建设的具体经验及实际情况制定的。它所反映的主要是国家对于犯罪状况的预测和对社会秩序的一种希望。根据犯罪状况实现国家在具体历史条件下对于具体社会秩序的要求，同时满足社会在秩序和发展、纪律和自由等各方面的需要，这是刑法司法的任务，因此，按现实社会的实际状况和需要解释并适用刑法，是刑法司法的题中应有之义。

如何使刑法解释符合现实社会的需要呢？根据社会现实需要，使用目的论的解释方法，在刑法条文可能具有的多种意义中挑选最符合现实需要的意义无疑是一种最为重要的方法。一般说来，刑法立法反映了统治者最根本的利益需要，但

① 参见苏惠渔、［日］西原春夫等：《中日刑事法若干问题》，17页，上海，上海人民出版社，1992。

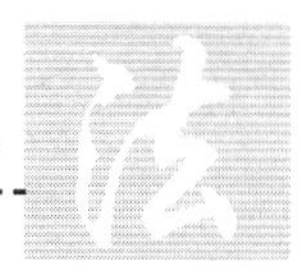

它囿于刑法条文简洁性的要求，对统治者利益需要的反映无疑是不全面、不具体的，统治者利益和需要的充分实现有赖于司法机关根据具体的社会环境、具体案件情况，对刑法进行创造性的解释和适用。这就要求司法机关在解释刑法时，不要在文字考据、逻辑分析的基础上停步不前，而要从刑法立法的目的和宗旨出发，探究立法者在一定案件类型中的价值取向如何。例如，我国刑法中规定有刑讯逼供罪，指的是国家工作人员对人犯使用肉刑或变相肉刑逼取口供的行为。在实践中，对人犯进行刑讯逼供的动机是多种多样的，如急于结案、性格暴躁、挟嫌报复，等等，既有善的，也有恶的。但立法者对此不作区分，一律认为性质相同，这就表明了立法者在法秩序（刑讯逼供往往能够迅速取得证据，从快打击罪犯）和公民人权之间的一种价值选择，认为执法不得以侵害公民人身权利的方式进行。据此，我们可以得出这样的结论：刑讯逼供的动机不影响定罪，只是在量刑时可以作为情节予以适当考虑。

为了使解释符合社会需要，就必须树立发展的观点。法律只有在能够适应新的社会需要的情况下才能保持活力，才能实现法律本身应具有的功能，因此，对于法律的解释必须同解释时的社会需要相一致。刑法虽然制定于过去，但其目的却不在于对过去的理念和经验进行总结，而在于运用过去的理念和经验处理将会发生的犯罪。刑法解释者尽管必须分析、了解立法者反映在刑法文本中的理念和经验，但不应该就此停步不前。刑法解释者应该清楚地认识到自己并不是一个刑法立法方面的考据家和收藏家，而是一项活生生的伟大的社会工程——建立有利于统治阶级的社会关系和社会秩序——的建设者，刑法司法者不是刑法立法者的仆人，机械地、死板地执行刑法立法者的命令并不是刑法司法者的任务，刑法立法者和刑法司法者是共同操纵国家刑罚权这一部庞大机器的协作者。创造性地解释和适用刑法，使实际生活中发挥作用的刑法正是社会所需要的刑法，将形式上的正义和实质上的正义、秩序和自由的要求同时实现在现实的社会中，这是刑法司法者的责任。因此，刑法司法者在解释刑法时不仅应该忠实于已有的刑法，更应该忠实于现实社会的需要，把解释刑法的活动看成极富艺术性的创造活动而不

是呆板的考据和复印活动。曾任法国最高法院院长的巴洛·博普雷在1904年庆祝民法典颁布100周年的演讲中指出："法官不应该一味地试图寻找一百年前法典的制定者们在起草这一条或那一款时的意图。他应该向自己提出这样的问题：面对一个世纪以来的法国思想、习俗、政治结构、社会和经济方面发生的一切变化，面对正义和理智要求法律条文自由地适应现代生活的现实，那么原立法者应有怎样的意图。"① 刑法的解释又何尝不是如此?

为了使对刑法的解释符合社会需要，还要求法官从立法的宗旨和目的出发，对法条中涉及的各种利益关系进行全面的权衡，保护在现实条件下最需要保护的利益。一般说来，刑事立法是准确反映社会中各种利益之间的应然关系和统治者的根本利益的，简单地运用逻辑推理的方法即可得出既符合社会规律又符合统治者利益需要的解释结论。但也并非全然如此，刑法条文对统治者的价值取向反映得不明确或虽然清楚明确但却显然不合理的情形是常常发生的，这是因为立法者的认识能力和立法技术总是不圆满的和社会总是变化发展的这两方面的原因。法官必须透过刑法条文弄清立法者通过某条特定的法律规则所要保护的利益，对于立法者疏未虑及之处，仍应运用其智慧，自动审查有关各种利益，以谋平衡。亦即应就现存的实证法详加研究，以获窥"立法者所重视之利益"为何，加以衡量判断。② 当然，法官对各种利益的审查和衡量不是随意的，法官必须仔细考察占支配地位的道德情感，探究当时当地的社会经济条件，法官应该力图在符合社会一般目的的范围内最大可能地满足当事人的意愿。应该认识所涉及的利益，评价这些利益各自的分量，在正义的天平上对它们进行衡量，以便根据某种社会标准去确保最重要利益的优先地位，最后达到最符合需要的平衡。③ 因此，在我国的刑法解释实践中，应当立足历史的、发展的观点，结合具体社会条件中占支配的利益需要对刑法进行创造性解释。

① ［法］布律尔：《法律社会学》，73页，上海，上海人民出版社，1987。

② 参见杨仁寿：《法学方法论》，81～82页，台北，三民书局，1987。

③ 参见［美］E. 博登海默：《法理学——法哲学及其方法》，138页，北京，华夏出版社，1987。

3. 合理意义是符合现实社会伦理要求的意义。

刑罚既然是司法机关代表国家对犯罪分子的责难，是在政治法律上的否定评价，相应地，如果这种责难和否定评价是正义的、公正的，那么，责难和否定评价的依据即解释刑法后的结论本身也必须是正义的、公正的。从应然的角度讲，立法具有道德上的应然性，应该同在社会中实际起作用的道德要求保持最大限度的一致，否则就是非正义的，就只是暴力而非法律。[①] 并且从实际起作用的法律来看，其中的绝大部分都确实是具备道德应然性的。这是因为在民主、文明的国家里，法律所反映的是社会上绝大多数人的利益，是为实现公平、正义等道德要求服务的，是同社会发展客观规律相一致的，它必然会反映并力争符合社会上占统治地位的伦理观念和利益需要。即使是在专制的国家里，统治者为了使自己所制定的法律为一般国民所理解和接受，也都不得不向社会的伦理观念和整体利益让步，至少也要披上公平、正义的外衣。但是，由于立法技术的局限、社会伦理观念的变迁等方面的原因，立法的文字含义不符合解释时伦理要求的情况是难免会发生的。在发生了这种情况后，司法机关应该如何解释法律呢？是奴仆般的服从、复印机一样的重复，还是从法秩序的现实需要出发对立法进行创造性解释甚至“篡改”立法呢？一个负责任的执法者应该选择后者。

刑法解释应该体现伦理性的要求，这是由刑法司法的目的和任务所决定的。刑法司法的目的和任务是和刑法立法者一起开动国家刑罚权这部机器，通过对实施了具有严重社会危害性行为的人施加刑罚，建立和维护有利于统治阶级的社会关系和社会秩序。在开动刑罚权这部机器的时候，立法机关和司法机关是有分工的，立法机关的任务主要是制定刑罚规范，司法机关的主要任务是解释和适用刑罚规范。但是不应当将这种分工理解为分离，它们既不是各自运行在两条平行的轨道上而互不相干，也不是一个只负责上货而一个只负责将有关货品抛在沿线车站而已，它们开动的是同一部列车，一个负责瞭望，而另一个在具体地操纵，所

---

① 参见［美］戈尔丁：《法律哲学》，69页，北京，三联书店，1987。

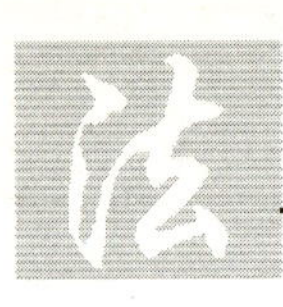

以它们虽然有分工，但更应该协作、配合，以便圆满地达到目标、完成任务。立法机关规定刑罚规范，如同列车上的瞭望员，其指令是根据其所见、所想发出的；司法机关实施刑罚规范，如同列车上的司机，列车司机在一般情况下只需凭瞭望员的报告驾驶就可以了，因为各自的分工不同、责任不同。但是，在明知瞭望员的瞭望有误或表达不准确时，他还应机械服从吗？由于立法机关其认识能力和表达能力的局限，刑罚规范完全有可能不符合伦理的要求，是“恶法”，况且即使制定之初是“良法”，随着情势的变更也很可能变成“恶法”。在出现了这种情况之后，司法机关有责任创造性地解释刑法，使解释结论符合社会中占统治地位的伦理规范，从而真正完成通过发动刑罚权建立有利于统治阶级的社会关系和社会秩序的任务。因为，在社会上占统治地位的伦理规范必然是统治阶级的伦理规范即符合统治阶级利益和需要的伦理规范。

使解释结论符合社会伦理的要求，这在中外刑法解释论中都是被奉行了的。在大陆法国家，这一任务主要是通过违法性判断来完成的。大塚仁认为，社会的伦理规范起着在刑法背后支撑刑法的作用，所谓违法性就是违反国家社会的伦理规范，因此在判断具体行为是否违法的时候，要在考虑现实社会的过去和将来的同时，以现在时点上占支配地位的伦理规范进行确实的判断。① 在英美法国家，使刑法解释符合社会伦理规范的要求主要是通过黄金规则来实现的。黄金规则的中心内容是：法官可以根据立法意图改变法律用词的字面含义，或者加入一些可以认为是立法意图中必须暗含的意义，或者省略字面含义的某些内容，以免出现荒谬的结果。② 例如，英国 1933 年儿童和青年法第 38 条第 1 款准许未成年的小孩在刑事案件中不经发誓而提供证言，而其但书又规定：“假如依本条可采纳的证言是代表控方提出的，则被告不负刑事责任，除非这种证言得到其他实质性证据的证实，从而证明被告有罪。”这一但书如果依字面解释，无疑会得出这样的

---

① 参见［日］大塚仁：《犯罪论的基本问题》，116 页，北京，中国政法大学出版社，1993。

② 参见郭华成：《法律解释比较研究》，71 页，北京，中国人民大学出版社，1993。

结论：如果控方曾传一小孩对某一次要问题提出了未经证实的没有宣誓的证言，那么，即使有很多成年人都提出了不利于被告的压倒性证据，也不得不撤销对被告的判罪。这显然是荒谬的。所以，贵族院认为，必须对该但书作限制解释，在“刑事责任”之前加入“由于这种证言的缘故”，因为该但书的目的在于防止仅仅依据小孩未发誓的证言而定罪。①

总之，刑法解释的目标应该是规范的合理意义，合理与否的基本标准是是否符合刑法条文现在的客观意义，这是实现刑罚预测可能性的必要条件。但不应机械地固守文字的通常的客观意义，还必须同时考虑现实社会的需要和伦理规范。现实社会的需要和伦理规范是社会中绝大多数人所认识的或奉行的，因而是符合罪刑法定主义所要求的刑罚预测可能性的、是正义的。当然，文字的客观意义、社会的现实需要、占支配地位的伦理规范都是变化的、流动的，因此合理意义也是发展的、相对的。在具体案件中全凭法官的认识，这似乎有导致解释上的不一致、不稳定的危险。这种危险确实是存在的，但一方面，不一致、不稳定不一定就是坏事，因为刑法解释理应根据不同时间、不同地点的不同情况，具体问题具体分析；而且另一方面，这种危险也不一定就必然会变成现实，因为在某个时点、某个社会，对某个法律问题所应该作出的适当判决理应只有一个，在这个意义上，被作为判断标准的价值观具有绝对性。② 有了这个具有绝对性的标准，法官对刑法解释合理与否的判断以及社会一般国民对有关解释合理与否的判断就有了共同的标准。

第三节 刑法解释的原则

刑法是国家的基本法，它一方面关系到国家的整体利益，另一方面又关系到

① 参见［英］鲁伯特·克罗斯：《法律解释》，79～80页，重庆，西南政法学院，1986年印行。

② 参见［日］大塚仁：《犯罪论的基本问题》，117页，北京，中国政法大学出版社，1993。

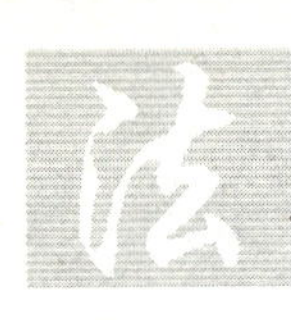

千百万人的自由、财产甚至生命，因此对刑法的解释不能不确立一定的原则。没有原则的制约，解释中的随意现象是不可避免的，具有了确定的原则，就为解释活动提供了准则，规定了方向，同时也为解释方法的选择规定了基本的标准。实践表明，不以一定的原则作为方法论前提，就没有刑法解释的科学方法，而没有科学的解释方法，即使解释者有良好的愿望，也往往不能取得良好的效果。

刑法解释的原则既然是解释者在解释刑法时必须遵循的基本准则，是人们用以判断某项解释文件是否合理或者应否最终取得适用效力的重要标准。那么，确立科学的解释原则就具有十分重大的意义。我们认为，由于解释原则在于确保解释方法以及结论的科学性，而解释的方法和结论是否科学，关键就在于是否完满地实现了刑法解释的目的，所以，刑法解释的原则应该从刑法解释的目的中引申出来。解释作为联系刑法和具体案件之间的纽带，其目的就在于平衡、克服刑法概括性与案件具体性、刑法稳定性与社会发展性以及立法者认识能力的有限性和社会的无限多样性、发展性之间的矛盾，并最终实现保持法秩序和保障人权的双重需要。据此，刑法解释既要体现罪刑法定的原则，保障刑法的确定性、可预见性，又要体现刑法适用的社会性原则，以刑事立法的内在价值为指导，适应社会发展的需要。具体言之，刑法解释应该贯彻以下四项基本原则，即：文义性原则、目的性原则、社会性原则、谦抑性原则。

一、文义性原则

法律所被了解之文义是该用语或词在一般的语言习惯上被了解的意义。① 之所以应对法律文义作如此理解，是建立在这样一个推定基础之上的：法律是用以规范社会成员的行为的，因此其用语的含义应该是一般社会成员能准确理解的，以不符合一般语言习惯的方式使用词语，则其含义是一般人所不能了解的，那就

① 参见黄茂荣：《法学方法与现代民法》，286 页，台北，台大法学丛书，1982。

不仅起不到规范社会行为的目的，而且据此处罚行为人也是不公平的。

刑事立法以文字的形式表现出来，犯罪构成和刑事责任都附属在文字中，因此解释刑法的最基本和最重要的方法便是了解有关用语在日常生活中的含义。例如我国刑法规定的重婚罪的罪状是“有配偶而重婚的，或者明知他人有配偶而与之结婚的”，理解本罪状的关键是把握“配偶”和“结婚”两个词的含义，根据一般的语言习惯，配偶是指已婚男子或女子的妻子或丈夫，“未婚妻”、“未婚夫”、“情人”、“姘夫”、“姘妇”都不是配偶。结婚是指婚姻关系的建立，包括骗取合法的婚姻登记手续而结婚和虽未履行婚姻登记手续而公开以夫妻关系同财共居的事实婚姻两种形式，除此以外的其他形式，如缔结婚约、建立朋友关系、情人关系、秘密通奸或一男一女为各自生活上的方便而居住在一起，但没有夫妻生活之实的，等等，都不能算是结婚。

解释刑法固得以有关词语的日常含义为基础，但假如该用语或词在法律圈有被认定之特别的其他意义时，那么便以后者为它们的意义。[①] 这是因为刑法不同于一般的文字作品，它有自己的特征和规律性，更有自己习惯的表达方式，许多现象、含义是一般的词语所不能准确表达的，为此必须创立刑法上特有的词语以表达特有意义或者对日常用语赋以新的刑法上的特殊意义。例如“杀人”通常是指以刀砍棍击、斧劈绳勒等积极作为的方式致被害人于死，但刑法上所用的“杀人”却不仅于此，而且还包括以不作为方式致被害人于死的情况。

文义解释是全部刑法解释活动的基础，在文义所及的范围内，并且主要是在文义的核心部分即通常含义下使用有关词语，这是保证法的稳定性、安全性、公正性的需要。语言是在一个民族长期的历史发展过程中形成、积淀下来的，一定的文字结合、一定的语法结构表达一定的意义，具有相对的确定性、共通性。只有这种符合习惯的用法才是人们所能理解的，而那些专门的法律用语（即所谓法言法语），如“累犯”、“缓刑”、“假释”、“监外执行”等，则只有拥有法律知识

---

① 参见黄茂荣：《法学方法与现代民法》，286页，台北，台大法学丛书，1982。

的人甚至法律专家才能够准确地理解。如果一般人对于一定的法律规定都不能理解，不能将一定的法律事实和一定的法律后果稳定、准确地联系起来，那么根据这样的法律对被告人定罪判刑，就不能说是公正的，符合罪刑法定主义的要求的。因为罪刑法定主义的两个基本要求，一是刑法的法定化、实定化，一是条文规定明确化。前者要求刑法中的犯罪与刑罚，必须用条文规定，必须作实体的规定；后者要求条文的规定，必须意思确切，文字清晰，不容稍有混淆。① 为了实现罪刑法定主义的要求，不仅要求在立法中使用平易朴实、清晰准确的用语，而且在解释中也要根据文字的通常意义而为之。

刑法解释应以文义解释为基础，尽量在文义范围内适用刑法，这无论是在大陆法系还是在英美法系都一直是最基本的原则。尽管在现代西方出现了贬低制定法权威性的主张，并也确实给司法实践带来了一定的影响，但即便是主张法的自由发现的人也都同意刑法（指制定法）是重要的法律渊源，如自由法运动的创始人之一埃利希就认为："活法知识来源有两个：第一，现代法律性文件；第二，对生活、商业、惯例、所有联合的直接观察。"② 刑事古典学派主张严格按字面含义解释刑法，更是周知的事实，如贝卡里亚就说，法律的精神需要探寻，再没有比这更危险的公理了。采纳这一公理，就等于放弃了堤坝，让位给汹涌的歧见。严格遵守刑法文字所遇到的麻烦，不能与解释刑法所造成的混乱相提并论。这种暂时的麻烦促使立法者对引起疑惑的词句作必要的修改，力求准确，并且阻止人们进行致命的自由解释，当一部法典业已厘定，就应逐字遵守，法官唯一的使命就是判定公民的行为是否符合成文法律。③ 刑事实证学派的人一般都主张给法官以较大的自由裁量权，对刑法作比较自由的解释，如菲利认为，在刑法中，将法令适用到具体案件中去不是也不应当像在民法中那样，仅仅是一个法律的和抽象的逻辑问题。它必须从心理学角度把某个抽象的条例适用于活生生的人。因

① 参见甘雨沛、何鹏：《外国刑法学》（上），216页，北京，北京大学出版社，1984。

② 沈宗灵：《现代西方法理学》，275～276页，北京，北京大学出版社，1992。

③ 参见［意］贝卡里亚：《论犯罪与刑罚》，12页，北京，中国大百科全书出版社，1993。

为刑事法官不能将自己与环境和社会生活割裂开来，成为一个在一定程度上有些机械性质的法律工具。① 但他并不否认刑法应该是定罪判刑的基础，因为“法官关注的全部所在是对事实进行法律解释，因此在幕后总是把罪犯当作一个与某一刑法条文相适应的法律决定的最终落脚点，除非这一条款为法官不了解的、与犯罪和罪犯无关的成千上万个偶然事件所左右”②。对立法的解释应该首先适用文字所具有的本来的、规范的、常见的、一般的、公认的、普遍的和通用的含义，在英美法系中同样具有悠久的传统。美国最高法院首席法官马歇尔曾经指出：“无须隐瞒其意图者总是采用那些最直接和最恰当地表达其思想的文字……必须在其所用文字的本义上理解他们，文字的本义就是他们的意图。”③ 英国首席法官廷德尔说：“如果法规的文字本身是明确不误的，则仅仅只需在固有的和通常的含义上来解释这些法律文字。在此情形下，仅仅这些文字本身就能最好地表明国会意图。”④ 法官帕克也说：“在法律解释中，坚持法律用语的通常含义和语法结构，这是一个极为实用的规则，除非从法律本身推断出这一含义同立法机关的意图会发生分歧，或者会导致任何明显的荒唐或矛盾时，这一用语才可以被变更或修改，以避免上述不便，但仅此而已。”⑤

在我国建设社会主义市场经济的伟大实践中，广大民众强烈要求刑法的安定性和明确性，以便在一定的行为和一定的刑法效果之间建立起稳定的因果联系，从而自觉主动、放心大胆地安排自己的行为，因此，以文义为基础解释刑法，在文义范围内运用刑法更具有十分重大的意义。而且，我国司法队伍的政治思想、道德觉悟、专业修养参差不齐是一个客观事实，并且在短时期内不可能从根本上得到改善，若允许甚至提倡离开文义这个基础解释刑法，那将会使我国原本并不

① 参见［意］菲利：《犯罪社会学》，120页，北京，中国人民公安大学出版社，1990。
② ［意］菲利：《犯罪社会学》，113～114页，北京，中国人民公安大学出版社，1990。
③ ［美］詹姆斯·安修：《美国宪法解释与判例》，5页，北京，中国政法大学出版社，1994。
④ ［英］鲁伯特·克罗斯：《法律解释》，17页，重庆，西南政法学院，1986年印行。
⑤ ［英］鲁伯特·克罗斯：《法律解释》，20页，重庆，西南政法学院，1986年印行。

令人满意的法制水平更加雪上加霜。

二、目的性原则

目的是所有法律的创造者，自从耶林在他那本叫作《法律中的目的》一书指出这一事实以来，在法律解释中应当体现目的性原则已是老生常谈了。[①] 目的性原则在刑法解释中具有重要意义。刑法解释应该体现目的性原则，用目的性原则来规定解释活动的方向，排除文字中可能具有的不合目的的含义，排除立法冲突，弥补立法漏洞，这在大陆法系和英美法系都是长期被遵循的。大陆法系各国承认，刑法解释的终极目的就是合乎价值构成论，合乎“法秩序”的法的整体价值，具有正义性、安定性、妥当性、合理性的目的构成论的最高价值。[②] 当然，由于大陆法系一贯主张刑法的严格解释，而在目的解释中法官却具有较大的自由，所以他们对目的在解释论中的作用重视得并不够，甚至并不明确承认在刑法解释中可以而且应该贯彻目的性原则。但他们事实上是体现了目的性原则的，否则凭什么对立法的意义范围作出限缩或者扩张？凭什么对法条或规范所没有规定的事项在一定条件下可以作出当然解释？显然，目的因素在其中发挥了重要作用。

在英美法系的司法实践中，根据立法目的确定制定法的含义甚至改变制定法的含义，远不像在大陆法系的国家中那样遮遮掩掩。麦卡金农大法官坦率地说：“当制定法的目的是清楚的时候，对法律中因疏忽而发生的以及其通常含义会背离立法目的的文字作牵强附会的解释常常是合法的，因为这是必须的。甚至取代与立法目的不适的单词与文字也是必须的，因而是合法的。”[③] 在巴纳德诉戈尔曼一案中对

---

① 参见黄茂荣：《法学方法与现代民法》，294 页，台北，台大法学丛书，1982。

② 参见甘雨沛、何鹏：《外国刑法学》（上），35 页，北京，北京大学出版社，1984。

③ ［英］鲁伯特·克罗斯：《法律解释》，116～117 页，重庆，西南政法学院，1986 年印行。

“罪犯”一词的解释可以很好地说明英美法官对目的的重视。[①] 英国 1876 年关税合并法第 186 条规定：“凡有意不向陛下缴纳关税而隐匿任何……未缴纳关税的商品者，对其每一次的违法，由关税委员会选择处以关税价格三倍的罚金（包括关税在内），或者处以 100 镑的罚金；罪犯或者给予拘留，或者以传票予以起诉。”戈尔曼是一艘英国船上的乘务员，因被怀疑有意不向陛下缴税而故意隐匿了未缴关税的商品而被捕，但在起诉后却被宣告无罪。戈尔曼于是以自己非罪犯而受逮捕为由请求赔偿损失。但贵族院认为“罪犯”一词不仅指真正的罪犯，而且包括被合理地怀疑为罪犯的人。罗默勋爵说：“必须承认，‘罪犯’一词的通常含义是事实上的犯罪者，但在上下文中可能会发现，并且经常是这样，一个词也许明显到足以表明它具有除通常含义外的其他含义。而且，就我看来，在本案中就发现了这样的下文……如果在此处赋予‘罪犯’一词的通常含义势必是荒谬的。因为如果这样一来便表明，在发出传票前，地方法官就必须决定罪犯在事实上已经犯了罪。”显然，罗默勋爵是从立法目的在于逮捕貌似犯罪者而否认了“罪犯”一词的通常含义，因为立法者不会有使自己处于荒谬地位、使制定法成为废物的目的，据此就可以排除那些使立法处于荒谬地位、使制定法成为废物的解释，转而采用即使有点牵强但符合立法者目的的解释。正如丹宁勋爵在一个类似案例中所说：“警官必须根据现场的事实立即采取行动，其行动的合法性必须以现场发生的事实而不能以任何事后情形分析为根据……如果每个宣告无罪的……都随意向警官请求损害赔偿，我想警察会马上放弃逮捕任何人的努力，这对我们大家是十分可怕的。”

当然，目的性原则在刑法解释中的应用不是没有危险的。这一方面在于人们对立法目的是指立法者的目的还是立法所反映的目的有不同的认识，另一方面在于立法目的一般并没有在法律文件中明确表达出来，因此在运用时很可能会有见仁见智的情形发生。但我们绝不可以因此放弃对任一刑法规范立法目的的探索，因为人们如果因而失去耐心，并放弃或嘲笑这方面的努力，那么大家充其量将只

① 参见［英］鲁伯特·克罗斯：《法律解释》，104～105 页，重庆，西南政法学院，1986 年印行。

能在“价值中立”的概念中拼凑，或在“感情法学”的笼罩下去听那“人治远胜于法治”的滔滔大辩。①

那么如何正确认识刑法规范的目的呢？除了加强法学研究外，在司法中关键是要切实实行司法民主，加强司法监督。通过司法民主，使各种意见互相碰撞，从而不断接近真实。通过司法监督保证刑法解释的统一性，避免因各法院认识分歧而造成刑事司法的混乱。这样一来，即使未必绝对正确，也至少可以达到最大可能的正确度，并使刑事判决具有伦理上的说服力。

三、社会性原则

刑法的解释究竟是一个逻辑分析过程抑或是一个经验分析过程，这在法制史上是有不同认识的。欧洲在18世纪以后，由于理性主义和国家主义思想的兴起，立法者和法学家们满怀信心地认为，凭借理性的力量制定出精确、完整、无须解释的刑法是可能的。拿破仑认为：“将法律化成简单的几何公式是完全可能的，因此，任何一个能识字的并能将两个思想联结在一起的人，就能作出法律上的裁决。”② 这种思想的一个最大成就就是推动了欧洲的法典编纂，使统治者和被统治者、政府机关和个人之间的关系被纳入了法治的轨道，公法开始进入法学家们的研究领域，尤其是在刑法方面更是得到了巨大的发展。但是，这种理性万能而促成的法典万能思想与三权分立思想相结合后，却结出了机械法学的果实。孟德斯鸠、贝卡里亚等具有古典自然法思想的人都认为，法律自动适用是完全可能的，法官只是法律之口，法官对法律机械适用，任何根据社会状况、正义观念进行的解释都是多余的，并且是不允许的，因为立法已经准确地毫不含糊地表达了社会中的经济、文化、伦理等一切需要。但是进入19世纪后期以后，不顾社会

---

① 参见黄茂荣：《法学方法与现代民法》，298页，台北，台大法学丛书，1982。

② 沈宗灵：《现代西方法理学》，329页，北京，北京大学出版社，1992。

事实的机械的刑法解释方法受到了强烈的冲击。刑事实证学派相信刑罚绝对不是报复和威慑，而是使犯人重归社会的手段，因此刑法的解释和适用不能再单纯进行理论分析，而必须与事实联系起来，进行实证的分析。在刑事司法中，事实是基本要素。它不仅对承认和确定某一细节是必要的，而且人们还必须从个人和社会两方面研究其原因和结果。[①] 后来，社会法学家们更进一步提出了刑法解释中的“利益衡量”、“价值判断”的主张，反对刑法解释中的纯概念演绎，甚至认为法官可以按照合理性、合目的性自由地作出断决。如埃利希就认为，法官仅仅依靠国家制定的成文法规则是不够的，法官应该根据本民族和本时代的精神，而不是“立法者的意图”，依以往的精神来适用法律。他还对两种判决方法作了对比，第一种是传统的技术主义的判决方法，即严格按照成文法规则的判决的方法。这是他所反对的方法，因为根据这种方法，法官被绑住了手脚，必须服从预先决定所有事情的一条规则。另一种方法才是他所支持的判决方法即自由的判决方法，法官不是根据成文法规则而是根据自由发现的法律。[②] 这样一来，刑法所规定的犯罪构成不仅没有什么积极的意义，而且成为达成正确、合理判决的绊脚石，于是，罪刑法定原则也就被他完全抛弃了。

刑法解释中的不顾案件现实、不顾社会实际的纯概念的演绎和不顾刑法规定的自由创造，寻找所谓“治法”的做法都是片面的、有害的。当然，刑法解释的基本方法应该是文字的、逻辑的、体系的解释方法，遵循刑法的内在规定。只有这样，刑法的解释才具有安定性、统一性、客观性，刑法的制定才具有实际的意义。人类似乎有一种本能的愿望，希望根据某种规则生活……如果缺乏这些规则，人们就会产生不安全感，特别是对于政府权力的行使问题。[③] 如果允许法官离开刑法规定随意解释有关行为在刑法上的意义，那么，公民对有关判决就是不

---

① 参见［意］菲利：《犯罪社会学》，130 页，北京，中国人民公安大学出版社，1990。

② 参见沈宗灵：《现代西方法理学》，276～277 页，北京，北京大学出版社，1992。

③ 参见［英］彼得·斯坦等：《西方社会的法律价值》，42 页，北京，中国人民公安大学出版社，1990。

能预料的，对于自己所处的地位就是很不明确的，这必将摧毁公民的安全感。然而，这并不意味着法律的结构可以不受安排并改变社会生活结构的社会力量作用的影响。较为仔细地来看，法律无法避免该社会的道德与社会意识变化的影响。那种毫不考虑伦理和实际后果就试图证明一个法律后果的必然性的法律教条主义，往往是自拆台脚、靠不住的。刑法解释同社会伦理、社会意识紧密联系，关注社会效果的特征，即与社会现实相联系的特征，就是刑法解释的社会性。社会性既是科学的刑法解释方法的一个特征，也是刑法解释实践中必须坚持的一项基本原则。

从根本上讲，社会性原则是由刑法解释的实践性所决定的。刑法的解释不是为解释而解释的盲目的、无目的的活动，也不是为了求证具体原理、原则的合理性，而是要通过解释，将制定于过去的概括的刑法规定同现在的具体的社会实际联系起来，通过对特定的刑事被告人定罪或不定罪、处罚或不处罚的活动来建立、维护或改造一定的社会关系。当然，在刑事立法阶段，立法者是根据自己的社会物质生活条件、社会目的制定有关的刑法规范的，因此，单纯的逻辑分析、文字考据一般也能体现刑法解释的实践性，但是这必须是在社会发展缓慢、刑法颁布时间不长、社会关系变化不大的情况下才是如此。在刑法颁布时间较长或者社会状况急速变化的情况下，如果一味满足于对刑法条文的文字的、逻辑的分析，其实质是以过时的规则剪裁现实的生活，既不符合伦理价值的要求，也不符合刑事政策的目的。当然，在刑法落后于社会实际的情况下，根本的解决办法还是通过立法程序进行废除、修改或者补充，但是，在法律还没有废、立、改以前，司法工作者显然不能坐等，放弃自己通过刑罚权合理调整社会关系的责任。况且，刑法作为国家的基本法律之一，也不可能只要出现了同社会不相符的情况就予以修改，因为刑法的权威性必须通过一定的稳定性来维持。在这种情况下，司法工作者可以而且也应该发挥刑法在解释论上的作用，尽可能地平衡立法和现实的矛盾。

刑罚权的发动具有两方面的价值，一是伦理的价值，二是功利的价值。刑法的解释必须服从和服务于这两个方面的价值。

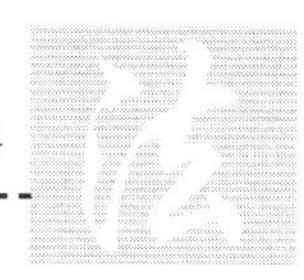

对一定的行为定罪判刑，表明的是国家对该行为在政治法律上的否定评价，表明的是国家认为该种行为同社会中占支配地位的伦理观念相冲突的态度。否定刑法规范中的评价因素是不现实的，也是有害的。评价因素的内容构成是复杂的、多变的，其中最重要的、也是最基本的乃是存在于社会之中的伦理价值观念。伦理价值观念固然有历史的、文化的因素，但起决定作用的却是现实社会的物质生活条件。为了使刑法的解释和适用不仅合法，而且合理，使刑法解释结论具有伦理说服力，就要求法官于解释刑法之时，密切关注刑法规范之中的评价因素尤其是伦理价值因素在解释时的具体社会内容。

对一定的行为发动或不发动刑罚权，除了伦理、道德上的考虑而外，功利是一个重要的因素。尤其是自 19 世纪后期以来，刑罚目的论上单纯报复的思想已经过时了，目的刑论、教育刑论取得了支配的地位，刑事政策成为刑法解释和适用中最具有决定意义的因素。刑法解释如何体现社会目的呢？首先必须了解现实社会的政治、经济、文化、伦理的现状和趋势，使刑法的解释符合其内在规律的要求。我国一贯重视政策在刑法解释中的重要意义，认为政策是刑法的灵魂，舍弃这种主张中对刑法独立性的忽视的方面，应该说这一命题基本上是合理的。刑法的解释不是，至少不主要是一个纯理论的活动，它深具实践性，为了使刑法解释结论体现刑法的整体目的，即建立有利于统治阶级的社会关系和社会秩序的目的，就必须对具体案件中所反映出来的各种矛盾及其与社会整体秩序的关系予以整体的把握，将刑法规范置于现实的社会环境中予以具体的分析。

刑法解释的社会性原则除了要求在解释刑法时要体现社会在宏观上的伦理性和功利性，同时还要求体现具体案件的特点并权衡各种解释可能造成的后果，在条文文义所允许的范围内作出既公平合理又有利社会安定的结论。

刑法解释是否应该体现具体案件事实的特点，不同的人是有不同认识的。刑事古典学派认为，刑法既然是主权者的命令，则只需机械遵循即为已足，刑法的解释应该和事实的认定区别开来，以免在刑法的解释中掺入法官的个人爱好。例

如贝卡里亚认为，“法律只是社会契约的复仇者，而不是行为内在恶意的复仇者”[①]。因此，在刑法解释中不应该考虑具体案件事实如社会影响、犯罪人格，等等。但是，刑事实证学派及其近代的刑法学家们不这样认为，他们确信，“在刑法中，将法令适用到具体案件中去不是也不应当像在民法中那样，仅仅是一个法律的和抽象的逻辑问题。每一个刑事判决对人的灵活鉴定都取决于行为、行为人和对其起作用的社会情况等，而不取决于成文法”，“承认事实可以与法律相分离，逻辑和经验也已证明这种说法是错误的”[②]。确实，刑法解释作为联结抽象刑法规定和具体案件事实的纽带，它一方面要使法律的规定在具体案件中得到实现，另一方面又必须使法律的规定体现、反映具体案件中的正义、秩序的要求。在一般情况下，这两方面的要求是容易同时满足的，因为刑法具有概括性、抽象性，具有较大的包容量，能够涵盖社会在一定时期的犯罪状况并反映社会在一定时期的政治法律观念。但即使如此，对刑法进行机械演算、抽象推理也不能说是正确的，因为刑法不论多么具体、多么超前，但相对于现实的、具体的案件情况而言，它总是历史的、抽象的。刑法规定和案件事实之间的差距是客观存在的，刑法解释者必须一面向后看即忠实刑法的文字规定，同时又立足现实，面向未来，给刑法条文赋予符合现实社会需要、符合具体案件特征的规范意义。

刑法解释的社会性原则，不仅是由刑法解释的目的所决定的，而且也是由刑事立法的特点所决定的。刑法的制定固然受到刑法理论、刑法思想史、政治法律制度等因素的制约，但由于刑事立法本身的功利目的所决定，它强烈地受到社会现实发展水平、犯罪的现状和趋势、统治者对秩序的需要等客观社会状况的制约。刑法的解释不仅需要运用文义的、沿革的等解释方法以确保刑法解释的客观性、统一性，同时还需要运用目的的、社会学的等解释方法以实现刑法解释的具体公正性、社会功利性。刑法所使用的概念，固然有许多属于理论性的，其理解、解释需要理论

① ［意］贝卡里亚：《论犯罪与刑罚》，62页，北京，中国大百科全书出版社，1993。

② ［意］菲利：《犯罪社会学》，120、129页，北京，中国人民公安大学出版社，1990。

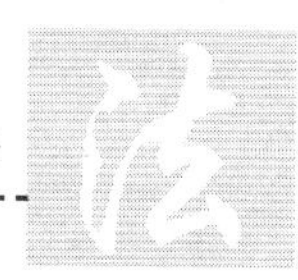

的、逻辑的解释方法而与案件状况、社会现实关系不大，如故意、过失，等等。但刑法中大量的概念、(规定却是经验性的，如果离开对案件事实的了解，则无从判断有关）规定的具体的、确实的内涵和外延，如主犯、从犯、胁从犯，“必要限度”、“确有悔改”、“确实不致再危害社会”等就完全是经验性的命题。

社会性原则在刑法解释中的意义，现在几乎已经被所有国家的刑法理论与司法实践所承认。但是，为了确保刑法的安定性，贯彻罪刑法定原则，对社会性原则的运用必须慎重，绝对不能以这种原则否认刑法解释以文义为基础的原则。在刑法条文所用文字只有单一的解释可能时，社会性原则不会具有太大的意义，只是在涉及两种以上可能的解释，而法律中又没有明确或隐含地指明应取哪种结论时，社会性原则才具有重要的意义。例如，我国刑法规定，不满 14 周岁的人犯罪不负刑事责任，含义至为清楚，毫无斟酌余地，因此，就不能以被告人主观恶性大、后果严重、影响恶劣，或者现在青少年普遍早熟、青少年犯罪严重等社会学上的理由而对不满 14 周岁的人定罪判刑。但是，在技术秘密是否属于盗窃罪的犯罪对象的问题上，刑法的规定是不明确的，存在是或否两种可能的结论，此时就应该全面考察承认或否认技术秘密为盗窃罪犯罪对象可能产生的种种社会后果，根据合目的性的原则作出合理的解释。

总之，刑法解释的实践性要求我们将刑法规范置入现实的社会情景之中予以解释，关门办案，不接触社会生活、不了解案件情况的纯理论分析是不符合刑法解释的目的和特征的。舍弃刑法解释的运用性，关起门来进行学究式的研究，是十分有害的。同时，我们也不能忽视刑法解释中形式上的公平的重要性，不能放弃对刑法解释的统一性、稳定性、客观性的追求。将刑法伦理化和实用主义化的倾向都必将最终破坏法制本身，因而都是我们必须防止的。

四、谦抑性原则

德国法学家耶林有言：“刑罚如两刃之剑，用之不得其当，则国家与个人两

受其害。”[①] 因此，国家刑罚权的发动不能不十分慎重。近年来，强调刑法应当体现谦抑性原则的人越来越多，非犯罪化、非刑罚化或者轻刑化的呼声日渐高涨，有的学者甚至将谦抑作为刑法的一项基本价值目标确定下来。这些学者追求刑法谦抑的孜孜努力无疑会对提高我国刑法的民主性、科学性水平产生有益的影响，但遗憾的是，他们目前的注意力所及似乎主要是刑法立法的谦抑原则，对刑法解释中应否体现以及如何体现谦抑原则的问题则注意不够。

谦抑即缩减或压缩。谦抑性是指刑法的经济性或节俭性。在立法阶段，刑法的谦抑性是指立法者应当力求以最小的支出——少用甚至不用刑罚（而用其他刑罚替代措施）——有效地预防和控制犯罪。[②] 在解释阶段，就是在定罪、适用刑罚的解释中，要采取“紧缩”的态度，关键性的问题是在“界际线”上如何解决问题。可定罪、可不定罪的界际中，一般不定罪；可轻可重的界际中，一般轻判；无期与死刑的界际中，一般判无期；在诸多复杂的犯罪情况和情节中，在有利被告与不利被告的交叉情况和情节中，一般是抵消或采取有利方面。[③] 刑法解释论中的谦抑性原则即有利被告原则。

在刑法解释中坚持谦抑性原则，是罪刑法定原则的必然要求。18 世纪刑法思想家们提出罪刑法定原则的根本目的在于使人民能够预料各种行为在刑法上的意义，从而自主地、自由地安排自己的社会行为却不必担心来自国家的意外打击，为了实现这一初衷，他们强烈要求法无明文规定不为罪、法无明文规定不处罚。资产阶级革命胜利后，他们将这一原则写进了刑法甚至宪法，以贯彻个人中心论、人权至上论的社会哲学，保障自由竞争的资本主义经济。现在，罪刑法定原则已经得到了全世界所有民主国家的承认，其原因也在于，人们知道，在国家和个人这并不平衡的两极之间，必须设立一道坚强的障碍，以免个人权利遭受来自国家方面的恣意侵害。刑法所调整的不是平等主体之间的法律关系，而是调整

---

① 林山田：《刑罚学》，127 页，台北，台湾商务印书馆，1985。

② 参见陈兴良：《刑法哲学》，6 页，北京，中国政法大学出版社，1992。

③ 参见甘雨沛、何鹏：《外国刑法学》（上），24 页，北京，北京大学出版社，1984。

在力量上极不平衡、在地位上极不平等的国家和个人之间的关系。国家高高在上、力量强大，个人处于被统治的地位并且势力单薄。为了在刑事被告人和国家之间的对抗关系中求得基本的力量平衡，就必须交给刑事被告人一个强有力的、行之有效的自卫武器，以限制国家凭借其在地位、力量上的优势随意扩大自身权利、侵害人民权利的可能性，这个武器就是罪刑法定原则。可见，罪刑法定原则及根据这一原则制定的刑法规范，其作用并不在于、至少是主要并不在于实现报复、惩罚犯罪人或者实现一般预防、特殊预防等目的，而在于保护人权。确实，为了迅速有效地惩罚、报复犯罪人，为了使国家在建立和维护有利于自己生存的社会关系和社会秩序的活动中得心应手，那么，赋予国家在预防犯罪、惩罚犯罪活动中无限制的权力也许是最好的。正是出于对国家善意行使刑罚权的不信任，出于对国家可能为了整体利益甚至独裁者的利益而随意发动刑罚权的恐惧，现代社会的人们才强烈要求罪刑法定。罪刑法定原则的基本精神在于限制国家刑罚权的发动，在刑法解释中体现罪刑法定原则的途径就是贯彻谦抑性原则，尽量使刑事被告人免受刑罚权的打击。如果放弃刑法解释中的谦抑性原则，那么刑法的明文规定也只不过是一纸空文，罪刑法定原则也就根本不可能真正实现甚至演变成为国家随意发动刑罚权的正当化理由，因为正如中国的古话所说，“欲加之罪，何患无辞”。

在刑法解释中坚持谦抑性原则，是实现刑法经济性原则的必然要求。所谓经济性原则乃是力求以最小的成本支出换取最大的收入，追求投入产出的最大比率的原则。所谓刑法的经济性原则，乃是力图不发动或尽量少发动国家刑罚权而实现有利于统治阶级的社会关系和社会秩序的有效建立或维护的目标。这是因为刑罚权的发动不仅涉及国家法庭、监狱、警察等国家机器的运转，需要庞大的成本，而且还有因错判而侵犯人权的巨大的风险成本，所以，刑罚乃是成本最高的法律手段，民事的、行政的手段和措施都不能与其相比。这就要求国家在调整社会关系的实践中尽量采用非刑罚的方法，因此，以下三种情况都是不符合刑法的经济性原则的：（1）无效果。即使将某种行为归入刑罚规范的调整范围内，予以

定罪判刑，却也不能达到预防和抗制效果的，即是无效果。(2) 可替代。不运用刑罚手段，而运用其他的社会的或者法律的手段，如道德教育，民事的或行政的制裁，也足以预防和抗制该种危害行为的，即为可替代。(3) 太昂贵。若发动刑罚权所产生的社会效益小于其所产生的消极作用，可谓太昂贵。[①] “刑罚，并不像古典派犯罪学者和立法者的主张影响之下而产生的公众舆论所想象的那样，是简单的犯罪万灵药。它对犯罪的威慑作用是很有限的。”[②] 在刑罚权的发动不符合经济性原则的情况下，就应当果断地放弃对刑罚的运用。在刑事立法阶段，刑法的经济性原则主要通过非犯罪化、轻刑化、非刑罚化得到实现，在刑法适用阶段，则主要通过贯彻刑法解释的谦抑性原则来实现。根据我国刑法理论界的通说，犯罪有三个基本特征，即严重的社会危害、刑事违法性和应受刑罚惩罚性。判断是否具备应受刑罚惩罚性以及应受怎样的刑罚惩罚，除了应该考察行为的社会危害性及行为人的主观恶性而外，一个重要的标准就是刑罚的运用是否符合经济性的要求。

在刑法解释中坚持谦抑性原则，也是人道主义的必然要求。贝卡里亚有感于欧洲封建社会刑罚的专横和野蛮，提出了近代刑法三大原则之一的刑罚人道主义。人道主义就其本义而言就是要尊重人、爱护人，在有关对人的态度和做法中表现出善良和仁爱，反对以非人的方式对待人。人是世界的中心，人是万物的尺度，评价任何事物和现象的好或坏、有用或无用、有价值或无价值，都应该以人的本性为出发点，以实现人的最大幸福、最大解放为唯一的、最后的目的和归宿。价值和评价标准的合理性，应该首先和主要地理解为符合主体的必然性和规律性。[③] 刑法中的人道主义就是指刑法的制定和适用都应当与人的本性相符合，与人的必然性和内在规律性相符合，以尊重、维护人的最高尊敬、最大自由、最大幸福为目的。惩罚本身不是一件好事，只是根据有可能带来的好结果（减少犯

---

① 参见陈兴良：《刑法哲学》，7 页，北京，中国政法大学出版社，1992。

② ［意］菲利：《犯罪社会学》，79 页，北京，中国人民公安大学出版社，1990。

③ 参见李德顺：《价值论》，326 页，北京，中国人民大学出版社，1987。

罪）而具有正当性的。遭受痛苦的唯一正当理由是，若非如此就会有更多的痛苦或更少的快乐。[1] 这就在刑法解释论上引申出两个命题，一是对被告人定罪判刑必须是绝对必要的，二是对被告人的定罪判刑必须是绝对应该的。关于第一个命题在前文已有涉及，不再赘述。关于第二个命题，其实就是对可处罚可不处罚的边际型案件如何处理的问题。由于语言本身的局限性，其外延的边际线并不是十分清楚的，总会有那么一些案件会在是否可以归属于某一刑法规范调整范围的问题上难下定论。在这种情况下，如果从威慑论的角度看，予以处罚或许是正当的，因为这样可以强化该刑法规范的核心意义。但是，这种以人作为实现社会目的（通过威慑以减少犯罪）的手段由于是否必要尚不清楚（可以推定，如果立法者认为是十分必要的，那么立法者就会使之明确化），这就失去了定罪判刑的正当性理由，失去了人道主义这一重要的伦理基础。尊重人的自我实现，保障人的自由和幸福，乃是人道主义的重要内容。因此，在刑事法庭上，只要对刑法的干涉范围究竟如何存在一丝疑问，人们就会要求法庭将个人自由价值观放在第一位。任何行为，只要对社会构成危害，刑法就可以予以禁止。但是，刑法必须对此加以精确的规定，这一点是至关重要的。[2] 如果以该种行为确实具有严重的社会危害性为由对该种行为定罪判刑，而置该种行为在刑法上是否可以包容的疑问于不顾，这实际上是以人民的生命和自由来弥补统治者在立法上的疏漏，是对人民生命和自由的没有充分正当理由的剥夺，和刑罚的人道性是背道而驰的。

一方面，谦抑性原则是刑法解释中必须遵循的一项基本原则，它要求对刑法的解释以尊重人的自由为出发点，在边际型案件上作有利于被告的解释，不能将刑法规范的意义范围随意地扩大。同时另一方面，对谦抑性原则的运用也必须是谨慎的，不能作任意的扩大解释。首先，不能将谦抑性原则理解为凡在解释上出现分歧就一概采用有利于被告的解释。对刑法规范的解释出现分歧，有多种可能

---

① 参见［美］戈尔丁：《法律哲学》，141、146 页，北京，三联书店，1987。

② 参见［英］彼得·斯坦等：《西方社会的法律价值》，177 页，北京，中国人民公安大学出版社，1990。

的原因，或者是由于立法本身的缺陷，或者是由于认识问题的角度不同、认识问题的水平有别，或者是由于问题本身的复杂性和有利有弊难于评说。对由于认识水平、认识角度导致的解释上的分歧，应该通过发挥司法民主的方式，允许多种意见充分表达、互较短长，力图达到统一的、正确的解释，而不能简单地看哪种解释对被告有利就采用哪种解释。其次，不能片面强调谦抑性原则而否认文义性原则、目的性原则、社会性原则。刑法不仅是犯罪人的大宪章，也是一般公民的大宪章，它不仅要维护被告人的权利，同时也要保障整个社会的最大幸福，因此，刑法解释应该兼顾这四个原则，力求最大限度地实现刑法在各个方面的功能。

总之，文义性原则、目的性原则、社会性原则和谦抑性原则，是刑法解释中必须同时贯彻的四项原则。虽然，这四项原则之间存在着交叉，甚至还有一定的冲突，它们各自强调的是刑法解释中一个方面的价值追求，但不能因此在任何一次刑法解释中片面强调一个或几个原则而忽视其他原则。这一方面在于这几项原则有一个共同的目标，即追求刑法解释中正义和效率、伦理和功利的最佳结合；另一方面还在于原则不同于规则，规则是在全部或者没有的形式下使用的，也就是说规则或者有效或者无效，而原则比较有伸缩性，尽管大部分情况下有效，但也可能存在例外。在几个原则发生冲突时，人们可以权衡冲突时几个原则的分量，主要采用一个或几个原则。[①] 平衡文义性原则、目的性原则、社会性原则和谦抑性原则，寻求它们之间的最佳结合点，乃是刑法解释的中心任务。

第四节　刑法解释权

“一个典型的法典中，几乎没有一条法规不需要作司法解释”[②]，这种说法在今天已经没多少人会表示疑义了。确实，由于语言本身的多义性、发展性及表达

① 参见沈宗灵：《现代西方法理学》，130页，北京，北京大学出版社，1992。

② ［美］约翰·亨利·梅里曼：《大陆法系》，43页，北京，法律出版社，2004。

功能的有限性，刑法中不需要加以解释就清楚明白的唯一例外也许只是数字而已。人们常说法条本身的含义是清楚的，无须解释。其实，当他说法条含义是清楚的并将其表达出来的时候，他已经对法条解释过了。更何况是不是清楚是一个主观感受的问题。自己清楚别人未必觉得清楚，其对法条含义所作的说明他人也未必表示赞同。

凡是立法都需要解释，因为立法者不能使立法完整、清晰而且逻辑严密，所以，所谓刑法解释权不是在人们是否可以对刑法作出解释的意义上讲的。尽管历史上确曾有过不希望人们解释立法的统治者，如腓特烈大帝禁止法官对普鲁士民法典作出任何解释，如果作出解释，便将招致严厉的惩罚。又如拿破仑也不希望人们对他的民法典作出任何评注，当他得知第一本评注出版时，神态异常地惊叫："我的法典完了。"但正如事实所表明的那样，他们对法典不要进行解释的希望从来就没有实现。因为法典无论多么具体，总是抽象的，而待处理的案件却是具体的；法典无论多么详尽，却都是有限的，而待处理的案件是无限多样的。统治者必须给予人们对立法进行解释的权利，但一个无可否认的事实是，解释结果固然同解释对象有关，但同时也同解释者的价值观、学识、经验甚至情绪、爱好、性格有关，如果对解释不作限制的话，最终必将破坏立法本身，破坏法制的统一和完整。真正的问题在于：谁有权对立法文件作出权威性的具有拘束力的解释？解释权限究竟有多大？是仅限于文字的注疏、逻辑的推演还是也包括文义的修正、矛盾的消除甚至漏洞的补充？本章所谓的刑法解释权，正是在这个意义上使用的。

一、解释权的归属

刑法解释权的归属问题，即什么机关或个人有权对刑法作出具有拘束力的解释的问题。一般国民，包括法学家，对刑法的解释不具有法律上的拘束力是显而易见的，无须赘述。解释权归属问题的核心是应该归属于立法系统还是司法系统？是仅限于最高司法机关还是也包括各级司法机关？在英美法系国家，对制定法的解释权属法院系统，并且各级法院都有解释制定法的权力，这是自古皆然的，没有争议。故本节的讨论以大陆法国家和我国为标本。

（一）大陆法国家的刑法解释权归属问题

1. 否定法官刑法解释权的思想

大陆法国家的司法传统源自罗马。在共和时期，法律活动中最具有决定作用的是最高裁判官，法官并不是重要的人物。虽然直接处理争讼的是法官，但他们既不谙熟法律，权力也很受限制，只不过是根据裁判官所提供的程式主持解决争讼的法律门外汉而已。进入帝政时期以后，解决争讼的权力又逐渐落入执政官的手中，执政官任命并监督法官的活动。作为法律渊源的是公元130年法学家萨尔维乌斯·犹里安根据哈德良皇帝的委托而编纂的简明法典，该法典只是对继续有效的最高裁判官告示的汇编，但经哈德良批准后成为永久性的敕令并作为帝国法律的基础，只有皇帝才具有对它进行补充的权力。法官的地位是低微的，其主要的作用仅仅在于执行皇帝的旨意而已。直到中世纪，这种状况也没有什么变化。立法至上，立法和司法严格分立成为大陆法国家司法工作的模式和根深蒂固的观念。

18世纪在欧洲兴起了一场影响深远的思想解放运动，那就是肇始于法国的资产阶级的启蒙运动。正是从这场思想革命中，我们找到了大陆法系公法的主要历史渊源。① 自然法思想是启蒙运动的主要成果之一，它声称：人是生而平等的，人们对于财产自由和生命生而具有不可剥夺的自然权利，政府的职责仅仅在于承认和保障这些权利。因而政府的权力不是无限的，必须对政府的权力加以限制。由于封建司法的黑暗及罪刑擅断所带来的无穷灾难，这一思想武器首先就指向了司法机关。孟德斯鸠认为，法律应该为保证人的自由平等服务，但这又只有在立法权、司法权、行政权各自分立的情况下才能做到。

---

① 参见［美］约翰·亨利·梅里曼：《大陆法系》，14页，北京，法律出版社，2004。

国家主权和三权分立的思想必然否定法官解释刑法的权力，因为解释的创造性是客观存在的，所以，18世纪的法学家们大多否定法官解释刑法的权力。贝卡里亚说："刑事法官根本没有解释刑事法律的权利，因为他们不是立法者。"① 又说："当一部法典业已厘定，就应逐字遵守，法官惟一的使命就是判定公民的行为是否符合成文法律。"② 孟德斯鸠说："在共和国里，政治的性质要求法官以法律的文字为依据；否则，在一个有关公民的财产、荣誉或生命的案件中，就有可能对法律作有害于公民的解释了。"③ 罗伯斯庇尔也坚决认为，法官只有认定事实的权力，而无解释刑法的权力，他说："法律可以追究刑事犯罪行为，因为这种行为表现在确凿的事实上，而这种事实是可以依照固定的和不变的规则来明白确定和判明的。"④ 又说："法律的解释权属于创制法律者……如果不是立法者的权力才能解释法律，那么别种权力最终会改变法律，并将自己的意志置于立法者的意志之上。"⑤

自然法学家否定法官解释刑法的权力，其原因自然是多方面的。封建司法的黑暗及罪刑擅断的灾难造成了人们对司法的极端不信任是最直接的原因，但这似乎只是他们对司法发起进攻的口实而已，因为司法的黑暗和擅断并非必须以立法和司法的彻底分离来消除。事实上，权力分离的思想来自于大陆法系国家法官不应有权这一根深蒂固的观念。当时人们对它的指责之一，就是法官正在脱离传统的大陆法系司法工作的模式而仿效英国法官的活动。⑥ 而且剥夺法官解释法律的权力也是符合当时新兴的资产阶级的需要的，因为在革命前，法官们创造性地解释法律并创建地方习惯，甚至发展了他们自己的服从先例原则，以此来同中央政府的法律相对抗，使得国王为统一王土，实行开明和进步的立法屡屡受挫，这种

① ［意］贝卡里亚：《论犯罪与刑罚》，12页，北京，中国大百科全书出版社，1993。

② ［意］贝卡里亚：《论犯罪与刑罚》，13页，北京，中国大百科全书出版社，1993。

③ 《西方法律思想史资料选编》，248页，北京，北京大学出版社，1983。

④ 《西方法律思想史资料选编》，339页，北京，北京大学出版社，1983。

⑤ 《西方法律思想史资料选编》，336页，北京，北京大学出版社，1983。

⑥ 参见［美］约翰·亨利·梅里曼：《大陆法系》，36页，北京，法律出版社，2004。

状况如果继续发展下去，对于新兴资产阶级的革命和变革显然是不利的。孟德斯鸠的三权分立学说正是传统心理和现实需要的产物。

否定法官解释法律的权力，必须首先在立法上保证法典是完整、清晰、逻辑严密的，理性万能的思想使立法者和法学家都相信，要做到这一点并非难事。美国学者博登海默指出：“自然法的倡导者们认为，仅用理性的力量，人们能够发现一个理想的法律体系。因此很自然，他们都力图系统地规划出各种各样的自然法的规则和原则，并将它们全部纳入一部法典之中。”① 于是从18世纪中叶开始，在欧洲兴起了一场声势浩大的立法运动。法典往往庞大而琐细，如普鲁士法典多达一万九千多条。他们希望，无论法官遇到什么样的案件，都能从现存的法律规范中找到可以直接适用的规定。不仅如此，立法的用语还必须是平易的、通俗的，因而是不需要任何技巧就可以把握的。法律无须解释，也不容许解释，所以，法官的作用是不大的，地位自然也是低微的。温斯坦莱说：“他所以是法官，并不是因为审判站在他面前的违法者的行为是他自己的意志和愿望，而是因为他是宣读法律的喉舌，法律才是真正的法官。”②

建立在理性万能基础上的法典万能主义、法典无缺陷的思想在18世纪的革命时代主要是为证实国家实证主义的合理性，为新兴资产阶级无障碍地推行自己的革命措施而提出的。在资产阶级革命胜利后，对司法机关进行了彻底改革，加上法学家们也都否认法官的法律解释权，于是，法官只是立法者所设计的法律机器的机械操作手，法官只是宣读法律的法律之口的理念不仅作为一种观念而且作为一种制度事实传入了19世纪。

2. 实践中对法官刑法解释权的逐步承认③

分权理论与国家主权的极端化，导致了对法官法律解释权力的否定，认为只

---

① ［美］E. 博登海默：《法理学——法哲学及其方法》，67页，北京，华夏出版社，1987。

② 《西方法律思想史资料选编》，216页，北京，北京大学出版社，1983。

③ 这一部分内容主要参考梅里曼所著《大陆法系》第七章“法律解释”以及郭华成所著《法律解释比较研究》第一章第二节“现代大陆法系法律解释的发展”。

有立法者对立法所作的权威性解释才是可以允许的解释。在运用法律时所遇到的一切疑难，法官都无权自己解决，必须提交立法机关解决。为了在实际上剥夺法官的法律解释权，立法者一是努力制定极为冗长的法典，二是组建不具有司法性质的法律解释机关。

1794年，普鲁士法典颁布，这部法典长达一万九千多条，哪怕是极为琐细的事情，立法者都作出详细的规定。立法者企图通过提供这样一个“完整”的办案依据，使法官遇到任何案件都可以在法典中对号入座，而无须任何理解和解释。但实践表明，这部庞大的法典仍然不完整，没能涵盖现实中正在发生和将会发生的一切，解释的需要仍然存在。于是当权者设立了“法规委员会”来专门解释法官在适用法律时遇到的各种需要解释的问题。但正如德国法学家所指出的，“法规委员会”从未起到腓特烈所期望的作用，法官在日常工作中对法典规定的解释从来没有间断过。

法国大革命以后的立法者们虽然同样有着对理性能力的无限乐观和对司法机关的极度不信任，但是他们再也没有腓特烈大帝那么狂热了，因为他们看到了腓特烈沉湎于法典编纂以及剥夺法官解释权所导致的惨重失败。拿破仑法典虽然是革命的产物，代表的是理性的胜利，但是在立法思想上却开始避免激进的理性主义而带有现实主义的色彩。更为重要的是，立法机关已经发现自己被那些常常看起来平凡，而实际上却困难重重的法律解释的要求缠住了身，完全由自己来满足这些解释要求是十分困难的。立法机关希望找到一种在不允许法院自作解释的同时又能避免从各个法院像潮水般涌来的法律解释要求的方法，于是上诉制便应运而生了。

上诉制的内容就是，由立法机关设立一个上诉法庭，负责废除法院所作出的错误解释。上诉法庭虽然在组织构成和活动方式上都同一般的法院非常相似，但它却是立法机关为保护立法权不受司法机关的侵犯而设立的一个类似于立法性质的机构，不属于司法系统的一部分。这样，法律解释工作就既不由法官进行，也不必由立法者事必躬亲了。本来，上诉法庭由于其非司法机关的性质所决定只具

有撤销普通法院根据错误的法律解释而作出的司法判决的权力，但是，在经过一个逐步的然而也是必然的发展过程之后，“上诉法庭”逐渐演变成了具有司法机关性质的机构。它不仅可以撤销各普通法院根据错误法律解释所作出的判决，而且可以指出正确的解释。这样，立法者用以防止法律解释权落入法官之手的机构最终变成了司法机构的一部分，即原先最高民事法院和最高刑事法院的上级法院。其名称也变了，叫上诉法院或最高上诉法院。

起源于法国后来又发展到意大利等国的上诉法院只具有两种职能，一是撤销下级法院根据错误法律解释所作的判决，二是指明正确的解释，但不具有对上诉案件直接作出判决的权力。但这种上诉制的缺陷是明显的，一方面将案件发回下级法院重新审理并判决往往是一种纯粹的时间浪费，另一方面下级法院往往既不能也不愿意理解和服从上诉法院所作出的法律解释。到俾斯麦统一德国的时候，上诉制的这些缺陷已经明朗化，同时人们在观念上认识到了法官的法律解释权是必不可少的，于是，德国人创设了复审制。复审制的内容就是设立最高法院，它具有审查下级法院判决、撤销错误判决、指出正确解释以及对错判案件进行复审即直接作出判决的权力。

从普鲁士人的法规委员会到法国人的上诉制再到德国人的复审制，反映的是一个对法院法律解释权从彻底否定到不得不承认的过程。自此以后，尽管还不断有人对法院可能滥用解释权而深感不安，但否认法院有法律解释权的观点却不再有市场了。

（二）我国的刑法解释权归属问题

前文已经说过，刑法解释权的归属问题乃是指谁对于刑法的解释具有法律上的拘束力的问题，而非谁可以对刑法进行解释的问题。如同并非任何组织或个人对刑法的解释都具有法律上的拘束力一样明显的是，任何组织或个人都有权利对刑法作出自己的解释。如果不是这样，那么全部的刑法学者、刑事律师就是每天都在违法，因为他们每天都在对刑法进行解释，而做法律上没有权利做的事就是违法。这显然是十分荒谬的。也许会有人认为，这是不言自明的，特别指明并无

重要的意义。其实不然。它反映了这样一个事实：任何组织或个人，只要他在和刑法打交道，他就必然要解释刑法，因为他必须理解刑法。任何组织或个人企图垄断对刑法的解释都是不可能的。

在我国目前关于刑法解释权归属问题的讨论中，可谓是众说纷纭，莫衷一是。主要有这么几种观点：（1）应包括最高人民法院、最高人民检察院、司法部；（2）应该只包括最高人民法院和最高人民检察院；（3）应包括最高人民法院、最高人民检察院、地方高级人民法院和专门人民法院及其同级人民检察院，即两级司法解释制；（4）应当包括各级各类司法机关及其个人；（5）应仅限于各级人民法院；（6）应该由最高人民法院一家单独行使刑法解释权。对于这众多的观点，我们不准备一一评价，而只是指出这样两点：（1）如前文所述，任何一家或几家企图垄断对刑法的解释都是徒劳的。（2）各家解释刑法，不会破坏刑法解释的严肃性、统一性和权威性。刑法解释是否具有严肃性、统一性，不在于社会上出现了多少种解释，而在于作为定罪判刑依据的解释是否具有科学性、安定性，某种解释是否具有权威性，不在于它是中央机关还是地方机关、干部还是群众所作出，而在于它是否对定罪和判刑具有最终的决定意义。只要并且只有是由法院所作出的终审判决中的解释才具有权威性，只要法院系统中的刑法解释保证了严肃性、统一性，也就实现了刑法解释的严肃性、统一性，在法院系统之外，哪怕有千种万种解释，也不管是以文件的形式下发还是以个人意见的形式发表（前者如最高人民检察院单独所发的解释，后者如学者的解释），由于它们都不对定罪判刑产生直接的影响，所以同刑法解释的严肃性、统一性和权威性是不相干的。

只有法院的解释才对刑事被告具有拘束力，因为检察机关、公安机关以及其他任何机关或个人都不能根据自己的解释认定被告有罪。当然，检察机关、公安机关会按照自己对刑法的解释和理解执行对刑事案件的侦查、拘留、预审、批捕、起诉等职权，这是没法改变的，因为理解和解释是没法代替、没法强求的。解释混乱的可能性只能通过改进司法程序来消除，而不能使他们不解释刑法。

刑法解释权归属问题的真正核心问题是是否承认地方各级法院具有刑法解释

权。由于法院定罪判刑活动是通过法官实现的，所以这一问题也可以置换为，一般法官是否具有刑法解释权。

1. 地方各级法院应该具有刑法解释权①

第五届全国人大常委会《关于加强法律解释工作的决定》第 2 条规定："凡属于法院审判工作中具体应用法律、法令的问题，由最高人民法院进行解释。"《人民法院组织法》第 33 条规定："最高人民法院对于在审判工作中如何具体应用法律、法令的问题，进行解释。"这两个法律的规定显然是排除了地方各级人民法院行使刑法解释权。但我们认为，这种规定是很不合理的，应该废除。理由主要有：

（1）适用刑法的前提是理解刑法。审理案件的人民法院如果不知道刑法规范的内容究竟是什么，这是不可想象的（事实上是不可能的）。不管是正确的理解还是错误的理解，人民法院肯定是按照自己对刑法规范内容的理解适用刑法的，而理解离不开解释。最高人民法院企图通过制发统一的刑法司法解释文件代替地方各级人民法院对刑法的解释是不可能达到目的的，这是因为：1）对刑法司法文件如何具体在刑事案件中适用仍然离不开解释和理解。例如，1992 年 12 月 11 日"两高"《关于办理盗窃案件具体运用法律的若干问题的解答》第 8 条第 1 款第 2 项后段规定"买赃自用，情节严重的，也应按销赃罪定罪处罚"，其中的每句话都需要解释。何谓"赃"？盗窃、诈骗、抢劫所得为"赃"，贪污、受贿所得是否为"赃"？何谓"自用"？是仅指自己亲自独立使用还是也包括与他人共用、转卖、租借、出租与他人使用？何谓"情节严重"？是指买赃次数多还是通过买赃赚得多？（几次、多大数量为"多"？）还是指社会影响恶劣、给财物主人造成损失大、给司法机关的侦破造成困难或是其他原因？按销赃罪如何定罪处罚？是否判刑？判多重刑？如何执行？赃物如何处理？所有这一切，离开具体办案法官自己对刑法的理解和解释都是没法解决的。2）尽管最高人民法院已经制发了大

① 本章此处以及后文提到"地方各级法院"时，除特别指明外，均包括各专门人民法院。

量的刑法司法解释并且肯定还会制发，但它无法对刑法适用中的所有问题都作出解释（即使对刑法逐条作出解释也还有前一点所讲的问题），因为实际案件是千姿百态的，而刑法解释的一个重要特点就是同案件的关联性。法官必须联系具体案件的时间、地点、犯罪对象、目的、动机、悔罪表现以及社会犯罪状况、国家政策、刑罚目的等极为复杂的因素对刑法规范进行创造性的解释，否则无法实现刑事司法的公正、合理。综合前述两点理由，我们完全可以肯定，排除地方各级人民法院刑法解释权的规定从来就没有实际生效过，也没法实际生效。

（2）最高人民法院制作统一的司法解释文件并强令地方各级遵守的做法违背了人民法院独立行使审判权的原则。《宪法》第 126 条规定："人民法院依照法律规定独立行使审判权，不受行政机关、社会团体和个人的干涉。"第 127 条规定："最高人民法院监督地方各级人民法院和专门人民法院的审判工作，上级人民法院监督下级人民法院的审判工作。"《人民法院组织法》第 2 条规定："中华人民共和国的审判权由下列人民法院行使：（一）地方各级人民法院；（二）军事法院等专门人民法院；（三）最高人民法院。地方各级人民法院分为：基层人民法院、中级人民法院、高级人民法院。"这些规定清楚地告诉我们：最高人民法院和地方各级人民法院独立行使审判权，最高人民法院只有监督地方各级人民法院审判工作的权力而无干涉或代替地方各级人民法院审判工作的权力。刑事审判工作即将刑法规范适用于具体刑事案件的活动，包括刑法解释、案件事实认定、定罪判刑或宣告无罪、定罪不判刑几个紧密联系、不可分割的环节。最高人民法院制发统一解释并强令地方各级人民法院遵守的做法剥夺（至少是部分剥夺）了地方各级人民法院的刑法解释权，从而使地方各级人民法院的由宪法赋予的独立审判权变得不独立、不完整。地方各级人民法院只剩下认定事实的权力，然后就是将事实套入已有的解释结论之中。如果真正只由最高人民法院一家行使刑法解释权的话（幸好这没有变为现实），将会出现以下结果：1）上诉没有意义，因为办案法官对刑法的解释是其上级法院所作的解释，除非确实是事实认定上的错误，那么处理结果不会有变化；2）某一类犯罪，如杀人罪，尽管具体情况千差万别，但处理结果却是相同的，因此，不再有具体问题具体分析，刑罚个别化、个案中的公平和正义将化为泡影；3）法官不再有钻研业务知识的动力，不再需要发挥能动性、创造性，他只需将有关案件事实机械地装入早已为他准备好的套子（作为裁判大前提的刑法规范）中去就可以了，而别的既不需要他做，他也没权力做。这些结果显然是我们所不希望看到的。

（3）由最高人民法院一家独立行使刑法解释权，必然要求解释结论具有普遍的效力，这就侵入了立法权的领域。刑法立法和刑法解释的区别不在于一个是概括的、一个是具体的，法律的本质特点在于它是一种国家意志，具体表现为其效力的普遍性、强制性，至于其具体内容和形式是什么却是无关紧要的。我国目前的最高司法解释完全具有和法律相同的效力，难怪人们将其称为“准立法”了。司法机关只具有在具体案件中解释和运用法律的权力，而不具有发布概括性的、具有普遍强制力的、要求所有国民一体遵守的行为规范的权力，因为这些特点只有法律才具备，而制定法律是立法机关的权力。

（4）由最高人民法院一家独立行使刑法解释权会使对刑法的不合理解释在全国得到贯彻，严重影响刑法的严肃性和刑事司法的科学性、伦理符合性。最高人民法院尽管具有比一般法院更高的认识能力、政策水平和专业技能（从道理上讲应该如此），其对刑法的解释一般都是科学的、合理的，但要完全避免不科学、不合理却是不可能的。况且即使制发之初是科学的、合理的，但随着形势的变化，也完全有可能变得不再科学、不再合理。但按照现在的做法，尽管地方人民法院已经发现最高人民法院的解释不科学、不合理、同刑法的有关规定是有出入的，却仍然必须执行。

（5）最高人民法院正在蜕变为一个非审判性质的机构。由于最高人民法院独自承担了对各种刑法问题进行解释的重任（还有民法、经济法等各种法律的解释），而其人力、物力都是有限的，所以，最高人民法院不得不将其主要的精力都用在处理如潮水一般汹涌而至的刑法解释要求上。这副担子实在是太沉重了，尽管它已经付出了最大的努力，但人们对它工作的效果还是颇多微词。单是本系

统的行政管理工作和那些永远也处理不完的法律解释要求就已经使它不堪重负了，哪里还有精力来直接处理案件呢？身为法院却不审判案件，这在世界上恐怕也是绝无仅有的。法院和其他任何机构的根本区别就在于前者行使审判权，后者无审判权。现在，最高人民法院将宪法和法院组织法所规定的行使国家审判权的义务（同时也是权利）抛在一边，却以主要精力干起了本属立法机关负责的制定规范的工作，这不禁令人想起了18世纪普鲁士人的法规委员会。法规委员会是专门负责解释法律的非司法机关。

虽然我们不厌其烦地希望表明这样一个思想，即否定地方各级法院刑法解释权是不合理的，也是难于切实实行的，但是我们也深知，任何事情都是一分为二的。目前的刑法解释体制也确实带来了一些积极的效果，如帮助地方法官准确地理解和适用刑法；赋予刑法规定以符合时代需要的含义从而发展刑法规范；使地方法官有了判案的直接依据，既减轻了地方法官思索考量之劳，也提高了办案效率，等等。当然最重要的还是起到了统一刑法解释的作用，在一定程度上克服了由于解释上的不统一而带来的定罪量刑上的过分悬殊，基本上维护了刑法适用形式上的平等。我们无意否定目前刑法解释体制上的这些积极方面，这也是没法否定的，但是我们又不能不提出这样一个问题，难道就真的没有既能实现目前这种解释体制上的积极效果同时又没有目前刑法解释上的各种弊端的方法吗？有的，并且不难实现。最简单的办法就是否定最高司法解释在法律上的约束力，使其成为地方法院法官在解释刑法时具有重要参考价值的权威材料，但最好的办法应该是最高人民法院不再颁布专门的司法解释文件（“解答”、“批复”、“指示”等直接破坏地方法院审判权独立性的事更不能做），而推行挑选和颁发不具有法律拘束力的刑事判例的刑法解释格局。

2. 否定最高刑法司法解释的法律约束力是可行的

在否定最高司法机关已经颁发的刑法司法解释的法律约束力以后，无须消灭这些解释文件，并且最高司法机关在以后也还可以颁发类似的司法解释文件。这些司法解释文件虽然不具法律约束力，但仍然是有意义的：（1）最高司法机关由

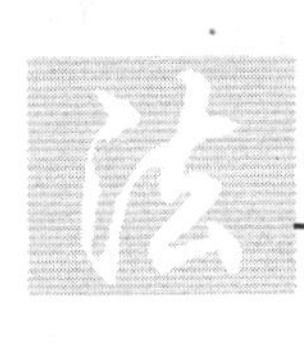

于其地位、人才、资料上的优势，其对刑法的理解一般说来都比地方法院更全面、更科学、更合理，换言之，相对说来最高司法解释比各地方法院的解释都具有更多的真理性（当然并不总是如此）。真理总是具有力量的，地方法院的法官以及刑事案件的当事人都会以为最高司法解释是最具说服力的解释，地方法院法官在针对具体案件对有关刑法作出解释时，不会不把最高司法解释作为最具有权威性因而最需要予以重视的参考资料。（2）由于上下级法院监督与被监督的关系，下级法院为了避免自己所作出判决被推翻的命运，也不会不十分重视最高司法解释并力图作出相同的解释，除非它确信采用最高司法解释是不合理的。（3）地方法院法官为免除自己在解释刑法时的思索之劳，一般说来也是会直接采用最高司法解释的。

当然，最高司法解释若不再具有法律约束力，地方法院法官各自解释刑法，刑法解释上的统一性有被破坏的危险，甚至有一部分人可能会玩弄权力、曲解刑法。况且即使他们努力正确、合理地解释刑法，由于学识、眼界等方面的限制，也难保解释上的正确、合理。但是我们认为，(1) 由于上文所述的三点理由，地方法院的法官一般都会直接采用最高刑法司法解释，刑法解释和适用上的混乱不一定会变为现实。(2) 虽然有一部分人不会采用最高刑法司法解释，但也不一定都是坏事，因为由于案件的特殊性，可能在某案件中采用最高刑法司法解释确实就是不合理的，甚至有的最高刑法司法解释从根本上讲就是不合理的，当然不应该采用。(3) 确实会有一部分人由于无知或恶意曲解刑法，但是也并非就没法纠正，因为上级法院有监督下级法院审判活动之权，如果判决是不公正、不合理或者根本上是错误的，被告人和自诉人可以上诉、公诉机关可以抗诉，况且上级法院还可以抽查下级法院的判决情况，本法院也可以定期或不定期抽查过去的审判情况，刑事自诉人、被告人、公诉人也还可以提出申诉。只要完善上诉、抗诉、申诉等程序，做好二审、再审、死刑复审等上级法院对下级法院的监督工作，由于曲解刑法而导致的刑法适用上的不公正、不合理或胡乱执法的现象必定会最大限度上得到避免。(4) 不可回避的一个事实是，要做到使司法实践中所发生的每一个案件中对刑法的解释都是非常科学、合理、毫无瑕疵的，那是不可能的。即使是赋予最高刑法司法解释以法律上普遍遵循的效力，也未必真的就得到了普遍的遵循。刑法司法中的差错是不可避免的，尤其是那些当事人不上诉、不申诉、公诉机关不抗诉、有关机关的抽查也没有发现的不适当适用刑法的案件，更是连纠正的机会也没有，但是这是采用任何刑法解释方法都无能为力的，只能通过不断提高法官素质和完善刑事诉讼程序的办法来逐步改善。

值得一提的是，赋予最高司法解释以法律上普遍的拘束力，在法理上是难于自圆其说的。法是由一定物质生活条件所决定的统治阶级意志的体现，它是由国家制定或认可并由国家强制力保证实施的规范体系，它通过对人们权利与义务的规定，确认、保护和发展有利于统治阶级的社会关系和社会秩序。[①] 这是我国法学界根据马克思主义关于法的一般理论，吸收了国内外最新研究成果，提出的一个相当完善的关于法的定义。[②] 其中，由一定物质生活条件决定的统治阶级意志是法的社会政治渊源，由国家制定或认可并由国家强制力保证实施的规范体系是法的社会政治内容，确认保护和发展有利于统治阶级的社会关系和社会秩序是法的社会政治功能。由法的内容可以概括出法的基本特征有三：(1) 规范性。法的规范性最明显的标志是在其逻辑结构中包括行为模式和法律后果。(2) 普遍性。有两方面的意思，一是它对制定主体管辖范围内的人一概适用；二是它可以反复适用，是一般的、概括的规则，而不仅是对具体的人和事适用（如判决）。(3) 国家意志性。有两方面的意思，一是以国家的名义创制，而不是以特定个人或社会集团的名义创制；二是以国家强制力保障其实施。法的特征是法的本质的外化，是法区别于其他事物和现象的征象和标志所在。[③] 所以，判断某一事物或现象是否属于法就是看它是否具有法的这几个基本特征。很明显，我国目前的最高司法解释完全具备法的这几个基本特征：首

---

① 参见孙国华主编：《法学基础理论》，59页，北京，法律出版社，1982。

② 参见张文显：《法学基本范畴研究》，35页，北京，中国政法大学出版社，1993。

③ 参见徐显明主编：《法理学教程》，16页，北京，中国政法大学出版社，1994。

先，它具有规范性，即全体国民都必须依照它的规定指导自己的社会行为，法官必须以它作为定罪判刑的依据；其次，它具有普遍性，任何人都必须受它的拘束而不仅是对特定的人和事有效；再次，它具有强制性，若不遵守将以国家强制力保证其实施。所以，最高司法解释在目前就是法，制发这样的司法解释其实就是在立法。这显然是和司法机关不行使立法权的原则相矛盾的。我们不得不遗憾地说，法学界在众口一词地说最高司法解释具有通行全国的普遍司法效力时出现了一个严重的疏忽，即这是事实上在承认最高司法机关的立法权。也许这些主张最高司法解释有普遍司法效力的人还会举出以下两点理由来证明这种观点的合理性：(1) 有法律依据，即 1981 年 6 月五届人大常委会第十九次会议通过的《关于加强法律解释工作的决议》，1979 年颁行并于 1983 年、2006 年修订的《人民法院组织法》第 33 条的规定；(2) 最高司法机关只不过是在对刑法的规定进行解释，是对刑法规范的说明和具体化，并未订立新的刑法规范，所以不能说是立法。但我们认为，对第一种理由而言，它只能说明赋予最高司法解释以普遍法律效力是合法的，对说明合理性却没有帮助。对于不合理的法律规定应该进行极为严格的解释，限制其效力。对第二种理由而言，它认为判断是否为立法的标准是是否超出了已有立法的规定，这是不正确的。何况在最高司法机关所作的刑法司法解释中还有许多规定确实是超出了刑法的规定的。

综合本节的观点，我们认为，各司法机关都有刑法解释权，但由于公安、检察机关一般不能最终决定刑事被告有罪或无罪，所以它们对刑法的解释事实上受到法院系统对刑法解释的限制。法院系统中，由最高法院垄断刑法解释是不合理的，在实际上也是办不到的。较好的办法是由最高法院定期或不定期公布一些典型、成功的判例，用以指导地方法院的刑法解释和适用。在目前情况下，由于判例制作水平以及其他条件的限制，最高司法解释还可以制发，但不应赋予其法律的效力，而应只作为一种指导地方法院解释刑法的材料。刑法解释和适用质量的提高应通过完善刑事诉讼程序和提高法官素质的办法来实现。

二、解释权的限度

由于理论和实践都表明，解释活动绝对不仅仅是一种信息的传送活动，其中包含着解释主体的创造性，解释结论在一定程度上偏离、改造解释对象是不可避免的，这是由认识的本质所决定的。但是，人的认识毕竟有一个正确与否的问题，刑法解释也有一个正确、合理的问题，因此，研究刑法解释可以在多大程度上发挥创造性就成为一个至关重要的问题。

关于刑法的解释，历史上一直有严格解释和自由解释的争论，对此前文已有论述。在这里，我们主要论述怎样保障刑法解释在权限范围内进行的问题，试图对实践中经常发生的关于某些刑法解释是否越权的争论提供一个共同的理论基础。

（一）从严格解释到自由解释的历史发展

在中国封建历史上的刑事司法实践中，法官（主要是地方行政长官，但在中央有刑部）对刑法的解释一直是比较自由的，这大概是出于两方面的原因：一是儒家和法家思想的长期共存而儒学占据支配的地位。封建统治者虽然以法家思想编织了严密的法网，但其目标却是以儒家思想治天下，所以“引经决狱”等解释方法不仅是可以的，也是必须的。二是中国历史上法律制度的重心不在于制定行为规范，而在于当为人们所公认的错误行为发生后对该行为者确定合适的刑罚这一传统。所以一般说来，中国人对于在法律没有规定情况下通过司法程序确定犯罪或确定刑罚的做法，并不十分反感。[①] 可以说，中国封建时代对于刑法的解释一直是自由解释。清朝法制改革后，西方罪刑法定等思想进入，不仅“不当为罪”这种十分概括的规定被抛弃，类推被废止，而且解释上也实行严格解释。新中国成立后，虽然一直重视政策对立法和司法的指导意义，但

① 参见［美］布迪·莫里斯：《中华帝国的法律》，411页，南京，江苏人民出版社，1933。

理论上却一直对这种现象表示不满，批评有关刑法解释“越权”的指责不绝于耳。在我国目前的社会背景中，究竟应该实行严格解释还是自由解释？如果不对理论和现实作全面的了解是很难得出令人信服的结论的。

1. 刑事古典学派的严格解释论

欧洲自古罗马至中世纪的漫长历史时期里，是神权、君权统治的时期，人民毫无权利可言。在法律领域中，君言即法，何为犯罪、何为刑罚，很少有法律的明文规定，法官只是忠诚地按照封建君主的意志办事而已，刑罚权的发动和适用基本上没有客观的、明确的标准，人民的生命、财产、自由没有保障，这就是刑法史上封建专横、罪刑擅断的时期。但是进入 17 世纪以后，随着资本主义经济的不断发展，新兴资产阶级的力量日益强大，他们强烈要求推翻封建专制统治，建立资产阶级专政的政权，于是，一场为资产阶级革命准备理论基础的思想启蒙运动首先在法国开始了，后来又影响到整个欧洲。在这场启蒙运动中，一大批资产阶级的思想家以理性主义、天赋人权、三权分立等思想武器向天主教愚昧主义、封建专制主义发起了全面的讨伐。

古典学派的刑法思想，是以启蒙时期的古典自然法思想作为直接的思想渊源的。贝卡里亚自己说：“不朽的孟德斯鸠院长曾迅速地论及过这一问题（指残酷的刑罚和不规范的刑事诉讼程序——引者注），那不可分割的真理促使我循着这位伟人的光辉足迹前进。”① 启蒙时期的古典自然法学家们深感罪刑擅断的恶害，强烈要求定罪和判刑都以法律的明文规定为依据，并以三权分立和理性主义证明其合理性与可行性。认为，为了防止权力的专横和腐败以确保人权，必须实行权力的分离与制衡，司法机关只有以法律判案的权力，而无立法的权力。并且，由于理性万能，立法者完全有可能制定出内容完整、逻辑严密的刑法典，司法者只需在认定案件事实后，到刑法典中寻找相应的法律后果即为已足。所以，完全排除司法者在刑法解释和适用中的创造性不仅是必要的，

① ［意］贝卡里亚：《论犯罪与刑罚》，6 页，北京，中国大百科全书出版社，1993。

而且是可行的。正是从这种思想基础出发，刑事古典学派的思想家们强烈要求在刑法解释中实行严格解释，刑法解释只能就刑法条文进行解释，不能进行法律规范解释，更不能进行规范意义、内容的解释。① 也就是说，法官只有机械地按字面规定适用刑法的权力，至于刑法规范是否包含了某种价值选择、利益取向，是否合理等问题的探究与考量则不在法官的权力范围之内。当一部法典业已厘定，就应逐字遵守，法官唯一的使命就是判定公民的行为是否符合成文法律。② 法律中规定了什么法官就宣告什么，法官不过是法律之口，是将刑法所规定的刑罚同一定案件事实联系起来的工具，被选举出来宣读法律的人才叫作法官，因为他是法律的“喉舌”……他之所以是法官，并不是因为审判站在他面前的违法者的行为是他自己的意志和愿望，而是因为他是宣读法律的“喉舌”，法律才是真正的法官。③

刑事古典学派在刑法解释上的严格主义取向，对于保障人权确实是很有帮助的，但其失误也是很明显的，表现在：(1) 将法律解释和事实认定完全分割开来。法院的活动仅仅归结为确定犯罪和具体犯罪人的存在，至于法院在审判前后评定犯罪的其他全部工作，都已由立法者完成了。④ 这必然导致刑法适用和社会现实的脱节，不仅不能保证刑法适用上的公平和正义，而且不利于保障和建立有利于统治阶级的社会关系和社会秩序。(2) 将法院的刑法解释权限制在文义解释的范围内，将刑法适用的过程简单化为以刑法规定为大前提，以案件事实为小前提的机械的三段论推理过程。这只能保证刑法适用在形式上的正确却不能保证在实质上的正确，更不能保障刑法适用合理性的要求。这是因为大前提若不与具体事实相联系，其合理与否是不清楚的，更何况刑法的适用并不是一个简单的三段论推理过程。(3) 片面强调个人权利的保障，以个人主义为中心，忽视社会的整

① 参见甘雨沛、何鹏：《外国刑法学》(上)，232～233 页，北京，北京大学出版社，1984。

② 参见［意］贝卡里亚：《论犯罪与刑罚》，13 页，北京，中国大百科全书出版社，1993。

③ 参见《西方法律思想史资料选编》，216 页，北京，北京大学出版社，1983。

④ 参见［苏］特拉依宁：《犯罪构成的一般学说》，19 页，北京，中国人民大学出版社，1958。

体利益，并不能真正实现保障人权的目标。由于刑事古典学派所提倡的严格解释刑法的主张存在着这些缺陷，出现反对的观点是必然的。

从19世纪后半叶开始，刑法解释上的严格主义受到了来自各个方面的强烈冲击。首先，随着产业革命向纵深发展，资本主义经济迅速走向成熟，资本主义的生产方式从工场手工业过渡到机器大工业。急速的城市化和工业化，社会生活条件激变，失业者泛滥，累犯、少年犯罪等与日俱增。传统的同社会现实隔离开来的不关注刑法的社会目的只局限于条文文字的刑法解释方法越来越不适应时代的需要了。其次，随着资本主义从自由竞争阶段过渡到垄断阶段，国家越来越多地干预社会生活，传统的个人本位思想开始让位于个人与社会兼顾的思想了，并且随着国家干预社会生活的权力的扩张，国家行政权不断膨胀，已经侵入了立法和司法的领域，严格的三权分立学说也只是历史陈迹了。再次，刑事古典学派的理论基础是理性主义，狂热的理性主义使他们相信制定完全符合社会需要、完全符合社会伦理要求的刑法是可能的。这种思想对于近代的法典编纂确实起到了重要的作用，正如法国当代著名比较法学家勒内·达维德所说："自18世纪以来，他们终于以不同的成绩——在刑法方面是可观的……修建了一座与传统的私法遥遥相对、足以媲美的丰碑。"① 但是进入19世纪后半叶以后，理性主义受到了来自科学主义和非理性主义的强烈冲击。科学主义导致了实证主义的研究方法，法典万能的神话被打破，实证派的刑法学家们反复强调："法律总是具有一定程度的粗糙和不足，因为它必须在基于过去的同时着眼未来，否则就不可能预见未来可能发生的全部情况。现代社会变化之疾之大使刑法即使经常修改也赶不上它的速度。"② 于是刑事政策日渐显示其重要性。非理性主义导致了人们对法官刑法解释中情绪、道德、兴趣等非理性主义的重新重视。严格解释论从现实意义到理论基础都出现了危机。

---

① ［法］勒内·达维德：《当代主要法律体系》，59页，上海，上海译文出版社，1984。

② ［意］菲利：《犯罪社会学》，125页，北京，中国人民公安大学出版社，1990。

2. 刑事实证学派的自由解释论

刑事古典学派认为人都是理性的主体，理性是将人和动物区分开来的根本标志，凭着理性的力量，人完全能够认识世界、征服世界，因而人的意志是完全自由的。只要诚心向善，就不会有恶。人在主观方面既然都是完全自由的，因而也是完全平等的，在刑法的解释和适用上也应该是没有区别的。这就证明了将刑法解释和刑法适用分割开来的可能性。立法者应该将法典制定得清晰、明确以使得其意思不需探究就可直接得到，法官只有认定事实并将它和法典所联系的刑事责任联系起来的义务。犯罪构成本身存在于时间、空间和生活范围之外，犯罪构成只是法律方面的东西，而不是现实。① 为了防止法官解释刑法而可能带来的对立法权的侵犯以及罪刑擅断的危险，立法者应该而且可能将法典制定得平易、完整，使法官仅凭文字的表面意义适用即为已足。法官无须解释刑法，只需认定事实和刑法的规定是否相符。孟德斯鸠曾经建议："我们应当只向民众裁判提供一个单纯的客体，一个事实，一个单纯的事实。"② 罗伯斯庇尔也说："法律可以追究刑事犯罪行为，因为这种行为表现在确凿的事实上，而这种事实是可以依照固定的和不变的规则来明确规定和判明的。"③ 所以刑法是无须探究的，照本宣科、机械适用就可以了，因而边沁说："解释者在他的范围内所牵涉的思维活动只是了解、记忆和判断。"④

伴随着理性万能的神话被打破，实证主义的兴起以及个人中心主义的衰落、社会中心主义的勃兴，刑事实证学派在 19 世纪 70 年代产生了。在刑罚目的上，刑事实证学派否认报应主义、威慑主义的合理性，主张目的刑论、教育刑论，决定刑罚种类及轻重的不再是刑法所设定的行为和刑罚之间的固定的对照表，而是要充分考虑犯罪人的性格、人格、动机等反映犯罪人的主观恶性深浅以及改造难

① 参见［苏］特拉伊宁：《犯罪构成的一般学说》，16 页，北京，中国人民大学出版社，1958。

② ［意］菲利：《犯罪社会学》，129 页，北京，中国人民公安大学出版社，1990。

③ 《西方法律思想史资料选编》，339 页，北京，北京大学出版社，1983。

④ 《西方法律思想史资料选编》，479 页，北京，北京大学出版社，1983。

易程度的因素。于是，刑法的解释不再是一个与事实相分离的纯粹的逻辑过程，而是同犯罪事实（包括犯罪人的主观状况、犯罪的方式及后果、社会现实的状况和需要等十分广泛的内容）紧密联系的一个目的性活动。于是，在刑事司法中，事实是最基本的要素。刑事审判不仅重视对事实的直觉，而且尤其注重对事实的评价性再现和心理学估价。[①]

如果法律适用的对象是犯罪而不是罪犯，那么法官的权力应当限制在法律条文规定的应当判处多少年、多少月和多少天监禁的数量范围之内。[②] 法院不仅无权在犯罪构成要件中加入自己的理解而且也不能决定刑罚，法院的权力仅在于找到犯罪事实在刑法所开列的罪刑对应表中的归属，因而法典具有至高无上的权威。但刑事实证学派打破了这样的神话，指出“如果认为，把通常作为这类争论问题（指应该判处怎样的刑罚——引者注）的根源的加重或减轻的情况在法律中一一加以列举，就能成为比法官的法权意识更可靠的审判指南……那就错了”[③]。法官在刑罚的决定上应该具有更大的权力。而且，在决定是否构成犯罪的问题上，也不再仅仅是立法者的事情了，因为刑罚的发动不仅仅是为了报应和威慑，而是为了实现统治阶级的社会价值。刑法对构成要件的记述不是“中性”和“无色”的，它是有着自己的生命和灵魂的，那就是价值论。有了价值论，法官就具有了根据合理性、合目的性，运用刑事政策、行刑政策，甚至超越法律条文自由解释而不受拘束的权力。于是，实证理论大大降低了刑法典的实际意义。

刑事实证学派的思想家们将刑法从概念的天国拉回到了充满矛盾的现实世界，不再相信立法者单凭其理性的力量就能够对现在和将来的社会予以完全的把握，因而也不再认为坚定不移地固守刑法的明白规定是合理的了。他们坚持认

---

① 参见［意］菲利：《犯罪社会学》，130页，北京，中国人民公安大学出版社，1990。

② 参见［意］菲利：《犯罪社会学》，120页，北京，中国人民公安大学出版社，1990。

③ ［苏］特拉伊宁：《犯罪构成的一般学说》，24页，北京，中国人民大学出版社，1958。

为，法律只能是一部分自治。[①] 强烈反对把法律完全同外部社会力量——这些社会力量冲击着法律力图保护其内部结构所依赖的保护服——相隔开来的企图。他们相信，刑法解释的实质原则乃是时代的精神、社会的必要。[②] 为了使刑法的解释和适用符合刑法的社会目的，赋予法官较大的自由裁量权，实行刑法解释上的自由主义是完全必要的，这就将刑事责任的理论基础从道义责任论和法律责任论转变到了社会责任论。应该说，刑事实证学派关于刑法自由解释的思想是有其合理性的，尽管还存在不足，但合理性是主要的，这是因为：（1）刑法的解释和适用应该立足现在，面向将来。如果剥夺法院根据现实需要对刑法进行创造性解释的权力，认为法院只有服从立法者的指令的义务，而无纠正立法上的疏漏的权力，至于立法机关是否造成荒谬，法院无权过问[③]，那就是以原则剪裁生活，强迫客观的生活实际服从立法者主观的命令。尽管为了确保社会的法治，一个有关概念与规则的制度是必要的，但是我们必须永远牢记，创制这些规则与概念乃是为了符合生活的需要，而且必须谨慎，以免毫无必要地、毫无意义地强迫生活受一个过于刻板的法律制度的拘束。我们不能将法律变为一个数学制度或故弄玄虚的逻辑。[④]（2）法律解释上的稳定和统一尽管是十分必要的，但也必须与社会的现实需要，与具体案件的实际情况联系起来考虑才是正当的。和形式上的公平和正义相比较，个别的、具体的公平和正义更具有重要的意义，正如庞德所说："法律必须是稳定的，但不能一成不变。"法律既不可能经常修改但又必须同社会的发展相适应，这就必须发挥法解释论的机能，从法的内在价值和目的出发，创造性地解释和适用法律。（3）自由解释也并不是漫无限制的，这种自由只是解释上的自由，它必须以法条的明文规定为出发点，不能离开文字所蕴涵的立法宗旨而自由创造，必须对于社会中占统治地位的价值、利益需要、正义观念以及案件

---

① 参见［美］E. 博登海默：《法理学——法哲学及其方法》，236页，北京，华夏出版社，1987。

② 参见［日］中山研一：《刑法的基本思想》，19页，北京，国际文化出版公司，1988。

③ 参见［英］鲁伯特·克罗斯：《法律解释》，40页，重庆，西南政法学院，1986年印行。

④ 参见［美］E. 博登海默：《法理学——法哲学及其方法》，236页，北京，华夏出版社，1987。

中所涉及的相冲突的各种价值和利益有全面的把握，然后在立法宗旨所许可的范围内进行衡平，力求最大限度地实现公平和效率。（4）实际上在所有制定法的司法体制中，不顾一切，死抠字眼的做法是令人无法接受的，人们在解释法律时，通常也摒弃这种做法。[①] 且不说限缩解释、扩张解释、沿革解释、社会学解释等超越立法文字通常含义的解释方法如今在各国都普遍存在，即使是在严格解释论占支配地位的年代里，超越文字的解释在实践中也是大量发生的。在19世纪，法规公平解释的残余力量在英国被摧毁了……在疑难案件中，法官给法规补充遗漏要点（除非不作这种补充，该法规就会变得毫无意义）或附加衡平法上的例外，都被认为是越权行为。[②] 但在女王诉瓦齐和拉普列一案中，法院却没有拘泥于立法文字上的疏漏宣布被告无罪。1873年鲑鱼渔业法第13条规定："1861年《故意损害财产法》第32条中涉及为捕杀或毁坏鱼类而在任何水域放毒的规定应扩充适用于鲑鱼水域，就好像将'或在任何鲑鱼水域'的文字，插入上述规定的条款中，在'各地池塘或水域中的有毒品'之后代替'私人的渔业权'的文字。"这条规定是莫名其妙的，因为在"各地池塘或水域中的有毒品"之后并没有"任何私人的渔业权"这样的字句。被告以该条规定莫名其妙，不能确定与鲑鱼水域有关的犯罪为由要求宣告无罪，但法院没有采纳这样的意见，认为立法意图是明确的，非法或故意毁坏鱼类而在任何鲑鱼水域投放毒品为预谋罪。[③] 又如，1920年官员保密法规定："任何人不得在任何禁地附近阻挠任何一员陛下警察……"在艾德勒诉乔治一案中，尽管被告是在一机场（禁地）的里面阻挠了警察，但他还是被宣告有罪。法院认为，"在……附近"（in the vicinity）可以理解为"靠近"或"在……之内"。首席法官帕克勋爵在谈到法院判决的理由时说："将该短语（in the vicinity）理解为'在……之内或在……附近'这并未曲解语义。这一国会立法条款的意图是防止对执行禁地的警戒、看守、巡逻或其他类似职务的人

① 参见［美］布迪·莫里斯：《中华帝国的法律》，408页，南京，江苏人民出版社，1993。

② 参见［美］E. 博登海默：《法理学——法哲学及其方法》，510页，北京，华夏出版社，1987。

③ 参见［英］鲁伯特·克罗斯：《法律解释》，126页，重庆，西南政法学院，1986年印行。

员中的陛下警察进行干扰。假如对发生于机场本身之内的阻挠反而全然不予以追究，那将是耸人听闻的，而且我敢冒昧地说，那是荒唐的。”① 显然，法院所采用的是以立法意图为出发点的自由解释方法。

当然，新派在刑法解释论上的自由主义也不是没有缺陷的。首先，它在批判旧派片面强调人权保障而忽视社会秩序的同时，从一个极端跳到了另一个极端，完全忽视了刑法的保障机能；其次，尽管自由解释论者反复强调自由也不是漫无限制，而应该以“社会必要”为最大限度，但是，何谓“社会必要”这个核心问题并未解决，而且，实际上，在社会必要的名义下，许多案件都可以用超越条文处罚的便宜方式来加以解决。②

刑事古典学派的严格解释论同他们主张法定主义是一致的，刑事实证学派的自由解释论同他们对刑事政策的重视是一致的。如果说严格解释论强调的是刑法解释的伦理、正义价值的话，自由解释论所强调的则是刑法解释的科学、目的方面的价值。刑罚以剥夺人的权利为内容，若漫无限制，以社会现实需要为由而纯粹进行目的论解释，完全有可能不适当地扩大刑罚适用的范围，有将一部分人或犯人的一部分权利作为达到社会目的的手段从而侵犯人的权利和尊严的危险，但是，如果纯粹进行严格解释，忽视刑法解释的解决现实社会问题的责任，则会使刑法解释活动沦为没有目的（如果有什么目的的话，也只是报应或威慑而不是社会功利方面的目的）的盲目的活动，这不仅是不符合国家发动刑罚权的初衷的，而且也不能说是正义的，因为毕竟正义观只是人类社会中好或坏的价值评价的一种，功利因素同样是它的核心内容。故此，单纯的严格解释论或自由解释论都是不合理的，在设定刑法解释的合理权限时必须同时兼顾科学和伦理，换言之，刑事政策和罪刑法定都不可偏废。

（二）自由解释与罪刑法定

法解释论中的自由主义又称目的主义，它和现代西方社会学法学的法的自由

① ［英］鲁伯特·克罗斯：《法律解释》，42页，重庆，西南政法学院，1986年印行。

② 参见［日］中山研一：《刑法的基本思想》，19页，北京，国际文化出版公司，1988。

发现观并不是一回事。但不可否认的是，刑事实证学派所倡导的目的解释论在进入本世纪以后确实受到了社会法学派所倡导的“自由法论”的影响，以至于将刑法解释的权限扩展到不适当的范围，并最终否定罪刑法定主义。如牧野英一认为：“在19世纪，当时为了与人权保障和罪刑法定主义相适应，主张刑法解释的特殊性还有其理由，但在20世纪的今天，不再像以前那样害怕刑政官吏滥用刑罚了，而且对解释的逻辑意义也将进行科学的反省。”所以，应该“冲破成文法的万能主义和形式逻辑的束缚，认识判例研究的重要性，考虑时代的精神和时势的要求”①。故此，单纯强调社会目的的自由解释论是危险的，它有可能为国家滥用刑罚权、恣意侵犯人权打开方便之门。尽管如此，我们还是认为刑法解释应实行自由解释即目的论的解释，只不过要附加必要的限制而已。

1. 自由解释的合理性

刑法解释应该实行自由解释的原因在于：

(1) 国家发动刑罚权的目的

刑罚权是一种重要的国家权力，是国家为了对付来自各个方面的破坏力量的一种自卫权。如同马克思所说：“刑罚不外是社会对付违犯它的生存条件（不管这是些什么样的条件）的行为的一种自卫手段。”② 刑法的解释必须服从和服务于国家发动刑罚权的目的。在由于认识水平、立法技术以及社会变迁等原因使得刑法条文的规定显然不符合社会的现实需要的时候，如果拘泥于刑法的文字而对具有严重社会危害性、已经威胁到国家生存条件的行为不予处理，这既是法院对社会现实需要的忽视（在一般情况下社会需要和国家需要是一致的），也是法院的失职，因为法院的重要职责之一就是通过对罪犯（在本质上讲是对统治秩序具有严重危害性或危险性的人）适用刑法建立和维护有利于统治阶级的社会关系和社会秩序，并且，如果法院不根据社会现实需要创造性地解释刑法，那事实上也

① ［日］中山研一：《刑法的基本思想》，9、18页，北京，国际文化出版公司，1988。

② 《马克思恩格斯全集》，中文1版，第8卷，579页，北京，人民出版社，1961。

是对自己利益的漠视，因为法院是社会的组成部分，不可能是同社会的需要没有关系的。

（2）现时代的法律意识

严格解释论是严格的罪刑法定主义的必然结论，同报应刑论也有着千丝万缕的联系，主张刑法解释必须忠实条文，只能进行字面意义的解释，不允许对刑法进行规范内容意义方面的解释，反对扩张解释、类推解释。但是历史发展到今天，人们的法律意识已经同18世纪有了显著的区别。1）关于犯罪本质的认识的变化。刑事古典学派大都受到启蒙思想家的影响，信奉社会契约论，认为犯罪是社会契约即法律的产物。贝卡里亚的同代人、被誉为“意大利的孟德斯鸠”的思想家菲兰杰里有一个关于犯罪的著名公式，后来被古典学派的刑法学家们奉为犯罪的经典定义，那就是：“犯罪只不过是对契约的违反。”① 既然犯罪只是对契约的违反，那么只有在契约即刑法中明确规定了的行为才能视为犯罪，并且对犯罪人只能适用在契约中即刑法中明确规定的刑罚，否则国家就是违约，就是不正当的。② 但是现在，人们对犯罪本质的认识已经发生了根本的变化，犯罪不再是对契约的违反而是对统治者生存条件的违反，刑罚不再是对违约行为的处罚而是一种保卫社会的手段。既然如此，对于危害或威胁社会整体秩序的行为就应该运用刑法的解释论机能（扩张解释、类推解释）将有关的刑罚加在行为者身上。2）价值观念的变化。在18、19世纪，占支配地位的价值观念是个人本位，认为社会利益只不过是个人利益的集合，个人利益重于社会利益，在个人利益和社会利益发生冲突时应该优先保障个人利益，因而强调的是刑法的保障机能，严格解释的目的就是要尽量限制国家刑罚权的发动。但进入现代社会以

① 黄风：《贝卡里亚及其刑法思想》，66页，北京，中国政法大学出版社，1987。

② 顺便提及的是，社会契约论也完全可能推导出自由解释的结论。例如牧野英一认为，民法的中心问题是债权人和债务人之间的公平对待问题，刑法的中心问题是社会和犯罪人之间的公平处理问题，二者并无本质上的不同，因而在解释方法上也不应存在差别，如果在民法解释上是自由的，但在刑法的解释上却要求严格，那是有失均衡的，也是不合理的。

后，人与人的关系越来越密切、复杂，个人越来越深地融入社会中成为社会的一分子，个体性退居次要地位而社会性越来越突出。人们日益认识到，不仅社会离不开组成它的个体，更重要的是个体完全依附于社会，社会整体利益具有比个人利益更加重要的性质。因此，再片面强调要限制发动刑罚权就是不再合时宜的了。

(3) 现时代的民主制度

古典学派主张严格解释最为直接的原因在于对封建罪刑擅断的恐惧和法官公正执法的怀疑，这在18、19世纪是完全可以理解的。但是在现代，继续对法官持一种极不信任的态度已经没有多少道理了。理由在于：1）法官经过民主思想的洗礼，他们当中的大部分都能够正确认识人权保障的极端重要性，能够自觉地努力在刑法的保护机能和保障机能之间寻求最佳的结合点。顽固坚持国家至上、视人民如草芥的法官即使没有销声匿迹也肯定是微乎其微了。2）法官大都是经过民主程序选举或任命的，其政治觉悟、道德修养、专业技能是可以给予充分的信任的。尽管基层法官的素质确实还参差不齐，但中高级法院的法官的素质一般都是比较高的，故意或过失导致罪刑擅断的可能性应该说是不大的，并且即使发生了也还有通过二审、再审等程序纠正的机会。3）确实还有一部分法官没有民主思想，认识不到人权保障的极端重要性，并且也还有一部分法官道德水平不高，业务技能有限，所以，通过自由解释的办法侵犯人权的可能性是存在的。但是我们认为，这可以通过提高法官素质、完善审判程序、提高审判活动的公开性、民主性等途径最大限度地克服。4）法院通过自由解释对刑法字面含义所作的修正只要是为了实现公平和正义、效率和秩序所必需的，只要是审慎而有节制的，具体言之，只要是符合具体刑法规范的立法精神的，对文义的修改不是重大的，那么，即使授予法院自由修正刑法条文缺陷的解释权，也并不会导致对规范体系的破坏，因为规范也是发展的。如果对刑法文义的修改同规范实际内容在社会中的发展是一致的，那应该被认为是在忠诚于规范，修改的只是文字而已。另外，如果我们同意，即使是在严格限制

法院自由解释权的年代里也并没有达到倡导者们所希望的法律安定程度，我们就能够对将正义、功利等因素引入刑法解释中的自由解释论持更加宽容的态度。

（4）现时代刑事立法的基本特点

一个客观的事实是，刑法规范的用语越具体，就越明确，法官在解释刑法规范中的自由就越小；反之，如果刑法规范的具体性程度较低，则法官在刑法解释中的自由发挥的余地就相应地较大。在18、19世纪，法学家和立法者们受人类在各个方面所取得的巨大成就的鼓舞，相信应该而且可以在刑法典中规定实践中正在和将会发生各种案件的各种细节，并精确地计算出各种情况下应负的刑事责任，所以实行的是严格的罪刑法定主义。进入20世纪以后，理性万能的神话被打破了，现代的立法者比过去时代的立法者现实多了，他们清楚地知道，要完全预料正在和将会在实践中发生的千姿百态、千变万化的犯罪情况是根本不可能的，所以，在刑法规范中留下一定的让法官自由发挥的余地是完全必要的，也是不能不如此的。现代的刑法立法者，为了使刑法具有更强的适应能力，规定刑法规范的用语一般都是概括的。立法者提出的法律规范只是一个核心，只是次要的法律规范在它周围运转的中心。立法者认为自己的任务只是为法划定"范围"与向法官发出"指示"①，刑法规范的具体意义内容则由法官根据不同的案件事实来确定。这就说明，立法者已经认识到，立法和司法两机关之间并无上下高低之分，立法者需要司法者发挥能动性和创造性以济自己能力之穷，立法者和司法者应该在通向公平和秩序这一共同的目标中，互相配合、互相渗透，而不是彼此脱节，各人自扫门前雪。在立法者已经通过概括立法的方式向法院发出了自由解释刑法的要求之后，如果法院仍然固守文字的话，就不能认为是正当的了。

（5）现时代世界各国的实践经验

① ［法］勒内·达维德：《当代主要法律体系》，90～91页，上海，上海译文出版社，1984。

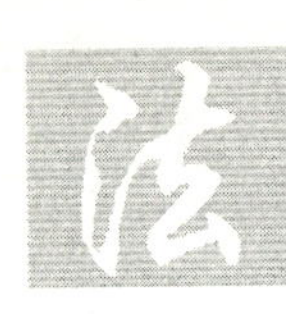

联邦政府诉肯塔基州司法行政长官一案可以作为美国刑法自由解释的例证。[①] 美国国会通过的一项法律规定："任何人故意阻挠或耽延邮件的传递"的，均为犯罪。肯塔基州的司法行政长官逮捕了一名邮件投递员，联邦政府据此指控该州司法行政长官触犯了上述法律构成犯罪。而该司法行政长官之所以逮捕了那位邮递员是因为他涉嫌一项谋杀罪，并且该司法行政长官是根据一项拘捕令实施逮捕行为的。在审理该案的过程中，联邦最高法院认为指控不能成立，被告不应有罪。大法官费尔德在陈述理由时说："对任何法律都应作合理的解释……法律的理性应该优于其文字。"在日本，第二次世界大战后的判例在刑法的解释上比起战前来多少保持了严格解释的倾向。但大部分都是驳回辩护人的主张，承认超过文意范围的解释……可以看到，从条文的宗旨、目的出发而进行的目的论解释是这些判例的基调。[②] 昭和四十二年（1967 年）9 月 19 日刑集 21 卷 7 号的组织卖淫案可以被视为日本刑法实行自由解释的例子。根据日本卖淫防止法第 12 条规定，"使他人居住于自己占有、管理或指定的场所，从事卖淫，并从中渔利者……"，构成组织卖淫罪。被告作为旅馆经营者，雇用称为"副业卖淫"的六名女子，让她们夜间在旅馆的一室集合应召，并从嫖客支付的对价中收取金钱。因此被告以违反上述规定的罪名被起诉。本来，"使……居住"按其通常的含义是指使他人在某特定的场所连续地饮食起居，并且"使"字还带有强迫的成分。但是在该案中，卖淫女子并非在旅馆持续地饮食起居，而只是每天晚上到次日凌晨三时左右在旅馆出勤，并且卖淫女子的出勤也并非强迫而是自愿的，是根据自愿与被告达成的契约到旅馆出勤应召。所以，如果按照严格的罪刑法定主义，被告不应有罪。但最高裁判所却认为判断该罪成立的原判决（第二审判决）是妥当的，并驳回了被告一方的上诉。[③]

目的论的自由解释方法是真正发挥刑法功能所必需的，这也正是世界各国为

---

① 参见［美］布迪·莫里斯：《中华帝国的法律》，408 页，南京，江苏人民出版社，1993。

②③ 参见苏惠渔、［日］西原春夫等：《中日刑事法若干问题》，28 页，上海，上海人民出版社，1992。

什么都不同程度地运用这种解释方法的原因，故此，我们认为，否定目的论的自由解释方法是不合时宜的，也是行不通的。

2. 自由解释的限度

刑法解释应该抛弃传统的严格解释论，这在各国的刑法理论界和司法实践界都是得到普遍赞同的。关于这点，从各国都不否认限缩解释、扩张解释等在一定程度上改变刑法规定文义的解释方法的状况就可以得到证明。同时，刑法是一把双刃剑，运用不好就会侵害人权，因此，解释上的自由必须是有限度的，把刑法变成单纯的社会工具或否认刑法与社会伦理之间的差别的倾向都是不允许的，这也是被各国刑法理论界和司法实践界所普遍承认的。问题在于，自由解释的限度到底是什么?

当然，我们可以用一句话来回答刑法自由解释的限度，那就是符合罪刑法定原则，但这一句笼统的回答是不能令人满意的，因为罪刑法定原则从提出到现在已经发生了巨大的变化，在不同国家所强调的内容也并不完全一致，可以说，罪刑法定原则的内容同样也是不确定的。必须对罪刑法定原则的真正内涵作出明确的说明，并进一步提出区分是否符合罪刑法定原则的切实可行的标准。

（1）罪刑法定原则的基本内涵

罪刑法定原则，乃是指法无明文规定则既不能构成犯罪，亦不得加以处罚。尽管关于罪刑法定原则的起源有种种说法，但不可否认的是，现代意义上的罪刑法定原则确实是近代自由主义思想的产物，是作为罪刑擅判的对立物而被提出来的。在 19 世纪近代国家建立以前，哪种行为是犯罪，应科以何种刑罚，一般都没有法律的明文规定，而是由法官或掌权者根据当时的情势恣意决定。国民的自由行动范围很不明确，往往遭受到来自国家的意外打击。这对 18 世纪的启蒙思想家们来说，是无法忍受的，于是他们以主权在民、个人主义、理性主义等理论为基础，力倡罪刑法定。这种思想经过法国大革命后 1789 年的人权宣言和 1810

年的法国刑法典传播到全世界。[①]

近代的思想家从主权在民的思想出发，认为国家并没有自行决定何为犯罪以及对犯罪科以何种刑罚的权力，国家的刑罚权来自国民，是国民自己为了规制自己的行为而在国民之间达成的各自约束自己行为的一种契约，契约的具体内容由国民通过自己的代表表达出来并交给国家执行。所以，刑法既是自由的产物，又是保障自由的工具。说它是自由的产物，那是因为刑法上对自由施加的各种限制是由国民自己来决定的，不是被迫的，不是外在的强制。刑法尽管是限制国民自由的，但这种限制既然是国民的自主决定，而不是外在强制，那么国民还是保持了自律意义上的自由。这一份份最少量的自由的结晶形成惩罚权。[②] 说它是保障自由的工具，那是因为：一方面，总是有那么一些人，不但试图从中夺回自己的那份自由，还极力想霸占别人的那份自由。这是对契约的违反，对于这部分违反契约的人必须施加契约所规定的责任即刑罚，用以阻止犯罪者再次违反以及其他人违反契约，所以，人们牺牲一部分自由是为了平安无忧地享受剩下的那份自由。[③] 另一方面，只有法律才能为犯罪规定刑罚……任何司法官员（他是社会的一部分）都不能自命公正地对该社会的另一成员科处刑罚……任何一个司法官员都不得以热忱或公共福利为借口，增加对犯罪公民的既定刑罚。[④] 这样，国民就可以防止来自国家方面的意外打击，可以在刑法所规定的情况之外自由地行动而不用担惊受怕。

从近代思想家对罪刑法定原则的合理性、必要性论证过程可以看出，罪刑法定原则的内涵就在于它所反映的国民自律原则和刑罚的可预测原则。[⑤] 我们

---

① 参见［日］西原春夫：《刑法的根基与哲学》，1页，上海，三联书店上海分店，1991。

② 参见［意］贝卡里亚：《论犯罪与刑罚》，9页，北京，中国大百科全书出版社，1993。

③ 参见［意］贝卡里亚：《论犯罪与刑罚》，8、9页，北京，中国大百科全书出版社，1993。

④ 参见［意］贝卡里亚：《论犯罪与刑罚》，11页，北京，中国大百科全书出版社，1993。

⑤ 不过需要指出的是，这只是罪刑法定原则在实体法上的内涵，罪刑法定原则还有程序法上的内涵，那就是正当程序原则。一般说来，大陆法系国家比较注重实体法上的内涵，英美法系国家则重视程序法上的内涵。

通常所说的罪刑法定原则的派生原则，即排斥习惯刑法、否定刑法溯及力、禁止类推适用、反对绝对不定期刑四项原则都不是从正面说明罪刑法定原则的内涵，而是从反面说明罪刑法定原则的外延的。我们今天所理解的罪刑法定原则，较之两百多年前刑事古典学派所倡导的罪刑法定原则已经发生了巨大的变化，我们通常所说的罪刑法定原则四项派生原则事实上都已经不真实了，但为什么人们却仍然坚持认为罪刑法定原则继续存在并且是刑法的一项基本原则呢？其原因就在于罪刑法定原则的基本内涵即国民自律原则和刑罚的可预测原则没有改变。

（2）罪刑法定原则在解释论上的要求

刑法自由解释的限度是罪刑法定原则，罪刑法定原则的基本内涵是自律原则和可预测原则，因此，刑法自由解释的限度就是符合自律原则和可预测原则。凡是符合自律原则和可预测原则的刑法解释就是没有越权的解释；反之，则是越权解释，是不能被接受的。也就是说，刑法上所说的自由解释是相对的，在自律原则和可预测原则的限度内是自由的；反之，则是不自由的。但是，尽管自律原则和可预测原则都是罪刑法定的基本内容，但这两项原则的功能也还是各有侧重的。自律原则在刑事立法领域主要是对立法主体、立法程序的限制，否定司法机关、行政机关或个人制定刑事规范。可预测原则在刑事立法领域主要是对立法技术的要求，要求规定尽可能明确、具体，排斥过于概括、模棱两可的词句。在刑事司法领域，自律原则要求解释结论必须是刑法规定可能涵盖的，反对法官立法；可预测原则要求解释结论对于一般国民而言都不是感到意外的，换言之，必须是一般国民根据一般语言习惯都可能预料到的结论，惟其如此，才能符合罪刑法定原则的避免国民由于国家滥用刑罚权而遭受意外打击的初衷。

究竟如何判断刑法解释结论是否为刑法规定所可能涵盖，是否对于一般国民而言不感到意外？能否提出真正切实有效的标准，这是关系到罪刑法定原则能否真正落到实处的大问题。我国刑法界比较一致的看法是，判断刑法解释是否符合罪刑法定原则的标准是是否符合立法原意（或宗旨、目的、意图）。如认为要受到刑法条文之立法原意的制约，其解释不能超出、违背或者修改、补充立法条文的原意。[①] 又如认为司法解释乃是特定的国家司法机关对法律规范的含义所作的一种直接说明。既然如此，立法者就必然要求这种解释能够最大限度地反映和表达其立法的原有宗旨，而不允许有丝毫的违反和背离。[②] 应该说，这些看法都是正确的，但还不具体，尚不能真正解释刑法解释的合法性问题。这是因为：1）我国的刑事立法一般只在立法文件的开始部分规定某一次立法的总目的，总目的尽管可以帮助理解各具体规定的立法目的，但却显然并不就是各具体规定的立法目的，各具体规定的立法目的为何还要通过概括、抽象才能得知。2）立法目的只具有方向性，而无具体范围的限制，具有开放性，只能决定刑法解释结论的方向，却不能解释刑法解释结论的具体内容。例如，《刑法》第259条第1款关于破坏军婚罪的规定，其立法目的是明确的，那就是保护我国一夫一妻制中现役军人的婚姻关系，它要求对条文的解释必须体现对现役军人婚姻关系的保护，但仅此还不能确定“明知”、“现役军人”、“配偶”、“同居”、“结婚”各词语的内涵和外延，更不能确定对各具体被告人是否判刑以及判多重的刑。3）刑法中某些规定的立法目的为何是不清楚的。如《刑法》第44条规定：“拘役的刑期，从判决执行之日起计算；判决执行以前先行羁押的，羁押一日折抵刑期一日。”其立法目的为何？很不清楚，最多只能笼统地说，该条的立法目的是规定拘役的刑期计算方式，这显然是同义反复。

解决刑法解释的合法性问题，即与罪刑法定原则的相符合问题，切实有效的办法还是应该从刑法条文的文义入手，通过判定解释是否超越文义来判断是否合法。在文义范围之内的为符合罪刑法定原则，是合法的；反之，则是不符合罪刑

① 参见赵秉志等：《中国刑法的运用与完善》，21页，北京，法律出版社，1989。

② 参见杨敦先等：《刑法发展与司法完善》，266页，北京，中国人民公安大学出版社，1989。

法定原则的，是非法的。不过，刑法条文的文义也并不是非常清楚明确、毫无争议的，因为文字的含义一般并不是一个具体的点，而是一个意义域。正如加藤一郎所说："法律规范的事项，如在'框'之中心，最为明确，愈趋四周，愈为模糊，几至分不出框内框外。"[①] 威利姆斯也认为，构成法律条文的许多文字，或多或少总有不明确之处。文字意义域的核心部分，其意义固甚明确，但愈趋边缘则愈为模糊，文字边缘之处的边缘意义（fringe of meaning，fringe meaning）则一片朦胧，极易引起争执，而其究竟是属于有关规范的外延之内还是之外，殊难定夺。[②] 这不是由于立法者的疏忽造成的，而是因为语言本身的特性，是无法避免的。总是存在着一部分边缘案件（fringe case），其究竟是属于法律规范的意义范围之内还是之外，并不十分明确，需要由法官裁判。这一画线的工作是客观存在的，无法避免的。但能否说法官在意义边缘的裁判都是合理的呢？不能，因为这样会导致司法独断和不统一。法官不能以自己的主观意志实施画线工作，而应该根据一般社会大众的认识。如果一般社会大众都认为有关案件属于特定刑法规范的调整范围之内，并且法官的裁判符合这种认识，则裁判是合法的，反之则是不合法的。这就符合了罪刑法定的根本宗旨，即一般大众相信该种情况是属于刑罚权的调整范围之内的，针对该种情况发动刑罚权是并不让人感到意外的，是符合可预测性的。如果不是这样，人民就不会有安全感，因为他们的权利不再有切实的保障。我们完全有理由支持这样一个命题："法律规则代表这样的观念：只有适用众所周知的法律规则，才能作出有关的判决。"[③]

---

① 杨仁寿：《法学方法论》，128 页，台北，三民书局，1987。

② 参见杨仁寿：《法学方法论》，93 页，台北，三民书局，1987。

③ ［英］彼得·斯坦等：《西方社会的法律价值》，42 页，北京，中国人民公安大学出版社，1990。

第五节　刑法解释的方法

一、解释方法的分类

刑法有多少种解释方法？应否分类？如何分类？对此，理论界有不同的认识。主要有以下几种观点：

1. 分为文理解释、系统解释和历史解释三种，不分类。[①]

2. 分为文义解释法、系统解释法、历史解释法和目的解释法四种，不分类。[②]

3. 分为扩张解释、限制解释、当然解释和类推解释四种，不分类。[③]

4. 分为文理解释、论理解释两类。其中论理解释又分为扩张解释、限制解释两种。[④]

5. 分为文理解释、论理解释两类。其中文理解释又分为字面解释和语法解释两种，论理解释又分为扩张解释、限制解释、当然解释、反面解释、系统解释、沿革解释、比较解释和目的解释八种。[⑤]

6. 分为文理解释、论理解释两类。其中论理解释又分为扩张解释、缩小解释、当然解释、反面解释四种。[⑥]

7. 分为文理解释、论理解释、进化解释三类。又再分为扩张解释、缩小解释、类推解释、当然解释、沿革解释、比较解释、反对解释七种。[⑦]

---

① 参见杨春洗等：《刑法总论》，73～74页，北京，北京大学出版社，1981。
② 参见林山田：《刑法通论》，33页，台北，兴来印刷有限公司，1986。
③ 参见王勇：《定罪导论》，195页，北京，中国人民大学出版社，1990。
④ 参见高铭暄主编：《中国刑法学》，45页，北京，中国人民大学出版社，1989。
⑤ 参见李希慧：《刑法解释论》，北京，中国人民公安大学出版社，1995。
⑥ 参见翁国梁：《中日刑法总论》，23页，台北，正中书局，1970。
⑦ 参见陈朴生：《刑法总论》，13页，台北，正中书局，1969。

8. 分为文理解释、论理解释两类。又再分为限制解释、扩张解释、类推解释和正常解释四种。[①]

二、解释方法述评

通观上列诸说，刑法解释的类别共计有文理解释、论理解释与进化解释三类。我们认为，刑法解释宜分为文理解释和论理解释两类，不宜另行分出一类进化解释来，这是因为：(1) 文理解释、论理解释已经足以概括传统的刑法解释方法；(2) 符合理论上通行的观点，不会引起认识上的混乱；(3) 保证分类标准的统一性，进化解释属于按照解释的效果、功能所作的分类，不应同按照解释方法所作的分类混在一起。问题是，除文理解释和论理解释之外，刑法解释的方法中是否还有其他的类别呢？我们认为，由于社会学解释方法日益突出的地位，应该作为一类独立的解释方法。

在论理解释中，共涉及系统解释、历史解释、沿革解释、扩张解释、限缩解释、缩小解释、当然解释、反面解释、比较解释、目的解释、类推解释、正常解释，计有 12 种。但其中历史解释与沿革解释、缩小解释和限缩解释、正常解释和文理解释中的文字解释只是名称不同，实质并无二致，所以他们所提到的论理解释方法共有沿革解释、限缩解释、扩张解释、当然解释、反面解释、比较解释、目的解释、系统解释、类推解释共 9 种。其中类推解释虽然从获得定罪判刑的大前提的刑法规范这样一个刑法解释的概念出发，是解释刑法的一种方法，但论理解释属于狭义刑法解释即确定刑法规范意义内容的方法，不包括对刑法漏洞的补充，所以不应将类推解释作为论理解释方法，而应作为漏洞补充方法。

在文理解释中，我国学者主张进一步划分为字面解释和语法解释两种。我们

① 参见何秉松主编：《刑法教科学》，40～41 页，北京，中国法制出版社，1993。

认为，字面解释和语法解释作为确定立法文字意义的办法是很难分开的，因为单独的文字一般都没有确定的意义，只有一定的文字依一定的语法规则组合起来才会成为一个相对确定的意义域，单独分析文字或单独分析语法都无法确定意义，所以，不如将字面解释和语法解释统一为文义解释法。

综上所述，我们主张对刑法解释方法作如下分类：(1) 文理解释，即文义解释；(2) 论理解释，包括体系解释（系统解释）、沿革解释（历史解释）、扩张解释、限缩解释、当然解释、反面解释、比较解释、目的解释；(3) 社会学解释。①

三、解释方法的特征

解释方法乃是把握刑法规范意义内容的工具，为了准确地把握刑法规范的意义内容就不能不对解释方法的特征有一个整体把握，因为只有这样，我们才能够自觉地、合理地在解释方法之间进行选择，合理地运用每一种解释方法，从而保证解释结论的合理、合法。合理者，即符合当时社会一般的公平正义观念，符合具体案件的公平正义要求；合法者，即不违背法律，符合罪刑法定主义的基本要求。刑法适用要既合理又合法，而刑法解释的终极目标就是寻求合理和合法之间的最佳结合点，解释方法的选择也要以此为目标而展开。

刑法解释的经验告诉我们，单独使用一种方法或固定地使用几种方法，往往不能圆满达到刑法解释的目标，这乃是人的认识能力的局限性所致，而集中表现为解释方法功能的有限性。因为，刑法解释方法是在人类社会的刑法解释中发现、发展起来的。在最初，可能是不自觉地运用了某种或某几种解释方法，只是在解释实践发展到比较成熟的阶段，才概括、总结出某种或某几种解释方法自觉

① 参见李希慧：《刑法解释论》，96 页以下，北京，中国人民公安大学出版社，1995。

地加以利用，再后来，随着人们对解释规律认识的加深，才又根据解释目标反过来寻找作为手段的解释方法。人的认识能力是至上性和非至上性的统一，认识成果是真理和谬误并存。在刑法解释实践中形成和发展起来的解释方法既有一定的科学性、有用性，又有一定的狭隘性、局限性，由此造成了迄今为止刑法解释方法的不圆满性。

刑法解释方法的不圆满性，集中地体现为刑法解释方法的三个特征，即：每种方法的功能是有限的；方法的选择和运用具有很强的主观性；整个方法体系是变化发展的。

（一）解释方法的有限性

特定的解释方法意味着对特定资料范围的特定使用方式，形成的是一个有关范围的资料的运作系统。如沿革解释乃是将立法资料和立法文件相互印证、鉴别的过程；社会学解释乃是将立法文件的可能解释结论同社会上的价值观、利益需要联系在一起，经过反复的价值选择、利益衡量，最终选择最适合社会需要、最有利社会进步的解释结论的过程。任何系统在其运作过程中，都有一定的目标范围，其最终的效果也是有限的，这正是系统功能的局限性。

刑法解释的每一种方法都只有有限的功能，都不可绝对化。例如，文义解释是刑法解释的基础，对任何文字、条文的解释均应从文义解释开始。但法律所用之语言多具有歧义性，需再进一步使用其他解释方法。又如，体系解释方法具有重要的功能，它通过法律条文在法律体系上的关联性探求刑法规范的意义内容，可以维护刑法体系及其概念用语的统一性，但相同用语应有相同解释这只是从一般的意义上讲的，并不一致，“暴力”一词在我国刑法中的强奸罪、抢劫罪、妨碍公务罪、暴力干涉婚姻自由罪等多处用到，但其含义却并不完全相同。我们如何知道它们的含义相同还是不同？其不同之处究竟在哪里？怎么得出的？都得通过文义解释、体系解释以外的方法来说明。再如，沿革解释对于排除文字歧义、准确适法具有重要意义，但这并不能单独完成解释刑法规范的任务，还要借助体系解释、目的解释等解释方法。

单独解释方法的功能是有限的，这就要求我们在刑法解释中综合利用各种方法，多方面考察，而不能只顾其一，不顾其他。

（二）解释方法的主观性

刑法解释活动并不是一个机械的操作过程，它是解释主体为了准确适用刑法而对刑法规范的意义内容进行研究的过程，是为了确定有关案件事实的刑法意义而进行找法的过程。传统的理论认为，适用刑法是以刑法规范为大前提，以案件事实为小前提而进行的三段论推理，过程机械而又简单。但实际情况却并非如此。人们在一开始接触案件事实的时候，根据其已有的观念，就形成了一个对该案件应当如何处理的认识，然后以印证这一认识为目标，开始寻找刑法依据的活动，也就是说，刑法解释在一开始就受到了案件事实、已有刑法观念、法制意识、道德取向、价值标准，甚至爱好、情绪的强烈影响，深深地打上了主观性的烙印。当然，找法活动可能是失败的，然而，这只会促使他进行新一轮的找法活动。在找法过程中，怎么找，即用什么样的方法来解释刑法，其主观性也是至为明显的。一方面，方法受到目标的制约，不同的人对相同的案件事实有不同甚至相反的认识是非常自然的，他必然会自觉或不自觉地选用有利于达到自己预先希望的解释结论即他所找之法的一种或几种方法。另一方面，任何人在运用解释方法解释刑法时，都会受到其思维惯式、解释观的影响，譬如有的人对刑法条文的圆满性十分迷信，对文义解释有十分执著的信念，他就不会或不经常会去考察立法沿革、衡量不同解释的社会效果；而主张法官在行使刑罚权中有较大权限、法官不是立法者的奴仆的人则会经常地运用价值衡量、目的考察、社会学研究等解释方法。

解释方法的选择和运用都具有很强的主观性，这是一个客观事实，无法回避、无法避免。这就出现了这样一种危险：不同的解释者根据自己的偏好、习惯、需要等有意或无意地选用一种或数种方法，以支持自己的某项解释结论，因而造成见解不一、众说纷纭的现象，影响刑法适用之安定性、统一性。于是就提出了一个问题，能否尽量提高在解释方法的选择和运用上的客观性、统一性？换

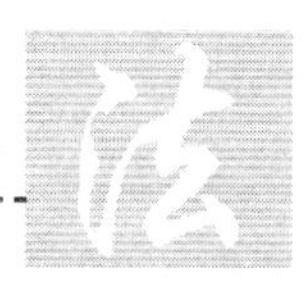

言之，各种解释方法之间是否具有某种选用上的位阶关系，从而解决因解释方法之不同而造成的解释结论上的冲突？

关于不同解释方法之间的位阶关系问题，如果能从“实然”的层次上作出证明，当然最好，但这无疑是一项十分艰巨的任务，目前的研究水平尚不能及。在不能从“实然”上得到证明之前，毋宁在“应然”的层面作出更多的考虑，即各种解释方法之间应否具有位阶关系？应具有怎样的位阶关系？在解决了这两个问题之后，即使不能保证解释结论之绝对为真，也至少能保证其为善，能够在最大限度内实现刑法的公平、正义、合理、合法，获得绝大多数社会成员的理解和支持，从而具有巨大的伦理说服力。

关于解释方法之间应否具有位阶关系的问题，刑法理论界殊少论及。近来开始有人涉及这一问题，提出“各种具体的刑法解释方法之间的关系并非都是并列关系，而是具有层次上的高低之分的，如文理解释与系统解释和历史解释所处的层次就不同。文理解释处于高一层次……而系统解释和历史解释则是论理解释的下位概念，是不宜与论理解释相提并论的”①。这相对于以前对各种解释方法之间的关系不加区分无疑是一个巨大的进步，但还很不令人满意，遗留问题尚多。“并非都是并列关系”是否意味着某些解释方法之间是并列关系？如果确实如此，那么哪些解释方法之间是并列关系？笼统地说“文理解释处于高一层次”，是否意味着只要文理解释和论理解释之间出现冲突，哪怕文理解释结论是荒谬的、既不合逻辑也不合时宜的，也要无条件地采用文理解释结论？同属于论理解释方法的各种方法之间是否具有位阶关系？关系怎样？

法理学界、民法学界对于各种解释方法之间的关系问题，多有论及。他们一般都是从价值论及应然的角度论述这一问题的。日本学者矶村哲指出：关于解释基准是否有一定的顺序，对此虽有否定的见解，但多数人认为，目的论的解释具有终局的优越性，即法规语义——其理论的关联性——其趣旨目的。我

① 李希慧：《刑法解释论》，96页，北京，中国人民公安大学出版社，1995。

国台湾地区学者王泽鉴认为，各种解释方法之间虽然没有固定不变的位阶关系，但也并非完全是随意的，解释者不可以任意地选择一种解释方法，以支持其论点。法律解释是一个以法律目的为主导的思维过程，每一种解释方法，各具功能，但亦有限制，不可绝对化。每种解释方法之分量不同，但需相互补充，共同协力，始能获致合理之解释结果，于个案中妥当调和当事人利益，贯彻正义之理念。① 另一位台湾地区学者黄茂荣也承认，各种解释因素之间具有大致的顺序，“文义因素首先确定法律解释活动的范围，接着历史因素对此范围再进一步加以确定，同时并对法律的内容，即其规定意旨，作一些提示。紧接着体系因素与目的因素开始在这个范围内进行规范意旨的发现或确定工作。这个时候，合宪性因素也作了一些参与。最后终于获得了解释的结果。于是再复核一下看它是否合乎宪法的要求”②。我国民法学者梁慧星更是明确指出，存在解释规则，即在运用各种解释方法时应该遵循的大致规律，主要内容包括：(1) 在顺序上应该首先运用文义解释方法，即对任何法律条文之解释，均需从文义解释入手。(2) 经文义解释后，若无复数解释结果存在的可能性，不得再运用其他解释方法；只有在有复数解释结果存在可能性时，方能继之以论理解释。(3) 在作论理解释时：1) 应先用体系解释方法和法意解释方法；2) 在确定法律意旨的前提下，可继之以扩张解释或限缩解释或当然解释，以判明法律之意义内容；3) 若仍不能完全澄清法律文义之疑义时，应进一步作目的解释，以探求立法目的，或在依上述方法已初步确定法律意义内容后，再作目的解释，以立法目的检查、确定之；4) 法律规范意义内容确定后，可以再作合宪性解释，审核其是否符合宪法之基本价值判断。(4) 倘若依论理解释的各种方法，仍不能确定解释结论，可进一步作比较法解释或社会学解释。(5) 所作解释，不得完全无视法条之文义。如论理解释、比较法解释或社会学解释之结论，若与通常之文义解释结果相冲

① 参见梁慧星：《民法学说判例与立法研究》，47页，北京，中国政法大学出版社，1993。

② 黄茂荣：《法学方法与现代民法》，301页，台北，台大法学丛书，1982。

突，在不超过法条文义之可能范围时，应以其他解释方法（如论理解释、比较法解释或社会学解释）所得之解释结论为准。（6）在经解释存在相互抵触之解释结论，且各种解释结论均言之成理、持之有据时，则应进行利益衡量或价值判断，从中选出具有社会妥当性的解释结论，作为最终的解释结论。[①] 我们认为，上述解释规则，对于克服刑法解释中解释的主观性而可能带来的混乱和冲突，从价值论的角度看，同样是适用的。

① 参见梁慧星：《论法律解释方法》，载《比较法研究》，1993（1），64页。

第五章

刑事裁量

第一节　裁判公正的理念分析

一、公正的一般含义

公正，又称公平、正义，源于拉丁语 Justitia，由 Jus 一词演变而来。从词源学上分析，公正具有正直、正当、公正、公平、不偏不倚的含义。

从法理学上分析，古今思想家赋予了公正以丰富的内涵。柏拉图认为公正是强者的利益。在一个国家中，法律永远是由强者的权力制定的。[①] 每一项公正都和一种强制权利相结合。[②] 公正是一种法律所保护的利益，而法律所要保护的不是社会所有人的利益，它只保护社会中占统治地位的立法者的利益。所以它又是

① 参见肖金泉主编：《世界法律思想宝库》，75～76 页，北京，中国政法大学出版社，1992。

② 参见《西方法律思想史资料选编》，401 页，北京，北京大学出版社，1989。

一种强者的利益。亚里士多德的公正观则更宽泛，他认为公正是一种中道、中正。所谓中道是指一切人认为由之而作出公正的事情来的品质，由于这种品质人们行为公正和想要做公正的事情。守法的人和均等的人是公正的，因而，合法和均等是公正的。不公正分为两类：一是违法，一是不均。违法与不均是部分与全体的关系，不均全是违法，而违法并非全部不均。[①] 公正是一种德性，是应用于德性的整体，不公正则是邪恶的整体。这里的公正、正义观未被局限于立法惩罚规范、司法解释规范和合同规定的规范的范围。它们被扩大适用于个人行为领域，并用来表示一个人对另一个人所采取的违法的和不正直的行为的特征。[②] 法国空想社会主义者傅立叶则从分配的角度思考公正问题，他认为公正的第一标志应该是保障人民随着社会进步而得到最低限度的生活。文明社会那种唯利是图和使贫民不能保持有工作的状况是不公正的。[③] 正义的含义真是仁者见仁，智者见智，大到国家的体制，小到人的生活行为都被我们的先贤们用正义进行过评价，相应地建立了各自的正义标准。限于篇幅我们在这里不再一一加以引证论述。以我国学者张文显的研究，可以把古今贤哲比较有影响的正义含义归纳为六种：(1) 正义是指一种德行。这种德行的经典表述就是“己所不欲，勿施于人”，“己之所欲乃施于人”。(2) 正义意味着一种对等的回报。一个以某一方式对待别人的人，不能认为别人在同样情况下以同一方式对待他自己是不公正的，以其人之道还治其人之身，就表达了这种正义观，这种正义观还突出地表现在报复主义的刑罚理论中。(3) 正义指一种形式上的平等，即给予从某一特殊观点看来是平等的人，即属于同一范围或阶层的人同样的对待。(4) 正义指某种“自然的”从而也是理想的关系。只是不同的人们对这种关系有不同的理解。古代有些思想家认为社会上划分自由民和奴隶，“治人者”和“治于人者”是“自然的安排”。如果

---

① 参见肖金泉主编：《世界法律思想宝库》，76～77页，北京，中国政法大学出版社，1992。

② 参见［美］E. 博登海默：《法理学——法哲学及其方法》，257～258页，北京，华夏出版社，1987。

③ 参见肖金泉主编：《世界法律思想宝库》，81页，北京，中国政法大学出版社，1992。

大家遵循这些关系，正义即在社会上实现了；近代资产阶级认为“自由、平等和博爱”是理想的关系；马克思主义者则认为，正义意味着消灭阶级和阶级差别，消灭阶级剥削和阶级压迫。(5) 正义指法治和合法性。(6) 正义指一种公正的体制。① 正义的含义在社会发展中逐步深化，由一般行为、事物的问题，发展到社会制度等大是大非问题。古代的人们更多的是从人的行为的角度，或者某种事物本身谈论正义问题，而近现代的思想家则越来越多地注意社会基本结构的正义性，正义被专门用作评价一种社会制度的道德标准，被看作社会制度的首要价值。② 在这里正义的对象是社会基本结构——即用来分配公民的基本权利和义务，划分由社会合作产生的利益和负担的主要制度，这种结构就是指一定社会一整套主要的社会制度、经济制度、政治制度、法律制度。在近现代思想家的著述中，正义问题，更多的是关于社会的大是大非问题，即社会正义问题。

二、裁判公正之要义

裁判公正在一定社会大多数人们的感受和认识中主要反映在两方面：一是法官行为，即程序领域，评价的标准是程序是否公正；一是案件的结果，即实体处罚是否合理合法，亦即处罚公正与否。一行为及行为人是否应受处罚和处罚之轻重，这些都是人们用公正评价的范围。这是表象层面上的感受和认识。当我们从深层思考问题的时候，不得不追溯到制度层面。深层的法律制度的公正是裁判现象公正的内在决定因素，是实现裁判公正的前提。这才是我们研究裁判公正的着墨之处。

（一）程序公正与法官行为

程序公正意味着在整个诉讼程序中公正地对待当事人，保证当事人有足够和

① 参见张文显：《法学基本范畴研究》，268～269页，北京，中国政法大学出版社，1993。

② 参见［美］约翰·罗尔斯：《正义论》，1页，北京，中国社会科学出版社，1988。

充分的表述自己愿望、主张和请求的手段和行为空间。法官的审判行为反映程序设计者的偏好，因而在整个诉讼过程的审判阶段法官的行为是否公正只能以实定法为据，法官严格遵循法律规定的程序进行的活动，不应该受到非议。这种情况下留给人们不公正的感受则要在诉讼法律制度中去找原因。从人类诉讼发展中考察诉讼法律制度的变化，正是人们扬弃不公正，寻找理想公正的过程。文明社会发展至今，主要存在过四种刑事诉讼法律制度：(1) 弹劾式诉讼制度。这种诉讼制度国家不行使起诉权，由被害人或其代理人以及其他任何人向法院提起诉讼；当事人在诉讼活动中地位平等，各自为其主张举证，法官不负调查举证之责。这种诉讼明确了控、辩、审三种职能，控诉方与辩护方以同等的地位在法庭上主动积极地进行控辩争讼，法官默察于其间，有利于法官兼听各方意见，明辨是非。它的主要问题是如果当事人不告，一些犯罪行为则无法受到追究，失去社会惩罚犯罪的公正性。(2) 纠问式诉讼制度。纠问式诉讼中法官可以主动追究犯罪，审判机关兼具控诉和审判两种职能，被告人在诉讼中不享有任何权利，只是被刑讯逼供的对象，唯有法院是刑事诉讼的主体。这种诉讼制度法官在侦查中已形成对案件的处理意见，法庭审理流于形式；被告人没有辩护等诉讼权利，凭拷问所得证据处理案件，难免出现冤错。(3) 职权主义诉讼制度。此种诉讼制度在程序设计和运作中，突出国家职权的作用，在侦查阶段强化侦查机关的职权活动，在审判阶段则以法官活动为中心，控辩活动被置于次要的地位。这样的诉讼对充分发挥国家职能追查惩罚犯罪，实现实体真实更加有利，但是由于这种主要是线型结构的诉讼，法官在审判活动中实质上站在了当事人一方，被告人的辩护权及辩护主张对法官断案的影响都受到限制，对保障人权不利。(4) 当事人主义诉讼制度。职权主义和当事人主义都是近现代国家所采用的诉讼制度，职权主义存在于大陆法系国家，当事人主义则为英美法系国家所采取。当事人主义诉讼在一些主要方面正好相对于职权主义，职权主义之利恰好是当事人主义之弊，反之，职权主义之弊又恰好是当事人主义之利。在当事人主义诉讼制度中，法官的职权行为比较弱，法官在法庭审判中处于中立的地位，在调查证实犯罪过程中行为消极，而在认定和处罚犯罪时则行为积极。

四种诉讼模式前两种已成既往，后两种正在当今不同的国家发挥作用。既往的东西在既往的时代是合理的，是当时不同国家的文化决定的，它们之既往是人们认识公正之过程的扬弃。现存的一定有现存的道理，简单地作以孰优孰劣的评价都不是科学的态度。职权主义和当事人主义诉讼，从总体上反映了不同国家的法律文化传统及不同的价值要求，大陆法国家有自己的目的追求，英美法国家亦有其自己的价值取向，不同的诉讼制度则是这种不同追求的体现。前面已经说到职权主义和当事人主义两种诉讼制度各有其长，亦各有其短，不能简单地否定，这是就整体而言的，不影响对个别的问题的改进。我们以为在诉讼的不同阶段，对国家职权和当事人作用的强弱应有不同设计，在审判阶段突出当事人的作用，弱化法官行为。法官在法庭审判中地位应当适当中立，站在公正的立场裁决案件。“作为公平的一个主要方面的第三者的中立性，在所有形式中都是至关重要的。”① 中立与公正在诉讼程序中几乎具有相同的意义。戈尔丁认为程序公正的标准同下述3个方面、9项规则相联系：

1. 中立。包括：

(1) 任何人不能作为有关自己案件的法官；

(2) 冲突的解决结果中不含有解决者个人的利益；

(3) 冲突的解决者不应有对当事人一方的好恶偏见；

2. 冲突的劝导。包括：

(1) 平等地告知每一方当事人有关程序的事项；

(2) 冲突的解决者应听取双方的辩论和证据；

(3) 冲突的解决者只应在一方当事人在场的情况下听取另一方的意见；

(4) 每一当事人都应有公平的机会回答另一方所提出的辩论和证据；

3. 裁决。包括：

---

① [美] 戈尔丁：《法律哲学》，23页，北京，三联书店，1987。

（1）解决诸项内容应以理性推演为依据；

（2）推理应建立于当事人作出的辩论和提出的证据之上。①

在这里戈尔丁注意的是事实与利益的关联性，强调执法者与冲突的事实过程以及冲突解决的后果没有任何直接或间接的利害关系；执法者在解决冲突的过程中，应当为冲突主体创造一种平等的境况，不能偏向任何一方。执法者的任何偏向或疏忽可能导致诉讼过程失于公正。当然这种不偏不倚的立场是与法律相一致的，不排斥法律规定的给予特殊主体的特殊帮助，如给聋哑被告人提供翻译，为未成年被告人指定辩护人等，这种措施，既是对某些主体的特殊帮助，更是为了达到控辩力量平衡，使法官的中立更有可能。

中立，这是法官行为公正的必要条件。

（二）法官——机器还是机器操作者

不同的法律渊源制度对法官的作用有不同的设计。在人类司法发展史上，在习惯法渊源时期，法官（这里的法官泛指有权处理案件的人，在古时法官与行政官并无严格区分）依习惯处理案件，而习惯是众多的、多层面的，法官在选择时有相当大的自由度，法官有绝对的自由裁量权。权力的绝对化使社会饱尝了不加限制的权力酿成的苦酒——司法擅断、草菅人命。17、18 世纪的启蒙思想家们对那种司法制度进行了猛烈的抨击，他们在反思中提出了分权和权力制约的理论，从那以后的文明社会的法律渊源制度在两条路上走开了自己的路：一条是法典法之路；一条是判例法之路。这两种法律渊源制度并驾齐驱至今，有相互靠近之势。

法典法是大陆法系所创造的经验，它根据已经出现的和认识能力所及的将要出现的社会现象，制定出调整各种社会关系的法典，法官处理案件必须严格遵循这些法典断案。法官审判案件犹如机器生产产品，案件是他们的产品，法典就是

① 参见［美］戈尔丁：《法律哲学》，240～241 页，北京，三联书店，1987；柴发邦主编：《法律改革与完善诉讼制度》，63～64 页，北京，中国人民大学出版社，1991。

他们转动的程序。在这里立法权与司法权有严格界限，不能有所僭越，立法与司法不能相互染指。法典法制度下的法律渊源只能是立法机关的立法。法典法的主张，即严格的规则主义无可否认有其实践意义，它在司法实践中可以有效地防止法官擅断。但是这样把法官设计成机器职能角色，使司法机械化从而致使法律经常成为恶法，法治在这一条件下蜕变为“物治”，法律变死物。[①] 虽然从大局来看它都体现了自然的正义原理，但按理论将其适用于各个具体案件时，却并非都能与自然的正义相吻合。[②] 仅仅满足于大局的、宏观上的公正，忽视具体一个案件的处理公正是不应该的，因为就个案的当事人来说，他受到了完全不公正的待遇。社会大众也正是从这些个案感知和评价法律与法官行为的公正性。

判例法为英美法系国家所推崇。判例法又称“法官法”，一定级别法院的法官所判的案件对以后审判案件具有约束力。在这里立法权与司法权没有绝对的界限，权力分离是相对的。立法机关只对大的原则进行立法权独揽，一些比较小的问题则留给法官依社会发展的实际情况而定。刑事法律的大原则主要规定在宪法中。英美法系国家的法律渊源具有多样性，就刑法而言，主要有：宪法、联邦刑法、习惯判例等。[③] 法官在处理案件时可以不受已有规则的限制，发挥主观能动性，依据实际情况按照习惯和法律的精神决定案件。他们的考虑正像英国学者拉斯基所说：“死板地执行法律常常有悖于正义的目的，我们的原则要想在任何长时期内都能得到人民的尊重，就得在实施上具有伸缩性，因为它们将会遇到各不相同的局面。如果我们执行法律时一成不变，我们就要陷入进退维谷之中，有时候会造成非常不公平的现象。”[④] 这是因为“在一起诉讼案件中，有时会出现一系列具有奇特特点的事实，这些事实既不适于按先存规则加以裁判，也不适于同

---

① 参见洪逊欣：《精神主义的法律观之检讨》，载刁荣华主编：《中西法律思想论集》，402页，台北，汉林出版社，1984。

② 参见［日］高柳贤三：《英美法源理论》，7页，重庆，西南政法学院，1983年印行。

③ 参见储槐植：《美国刑法》，10～20页，北京，北京大学出版社，1987。

④ 徐国栋：《民法基本原则解释》，218页，北京，中国政法大学出版社，1992。

早期的已决判决相比较。在这种情形中，正义之考虑会在一定的狭小范围内要求背离某条业已确定的规范或对该规范作扩大解释，以达到公正满意地裁判该案件”[①]。判例法制度允许法官根据案件的具体情况按照法的精神进行处理，避免了严格规则主义对个别公正的抹杀。但是浩如烟海的先例也给法官操作带来不少困难。

单一的法律渊源制度、绝对化地立法与司法分离，看来并不是科学的制度；以制定法为主、其他渊源作补充的多元法律渊源制也许更科学。

（三）惩罚——行为、行为者或者二者兼顾

犯罪应该受到惩罚，这是人们维持共同生产、生活的要求。如何惩罚则反映出人们不同的公正观念。奴隶制时期人们还带有浓厚的复仇习惯，在我们看来同态复仇是最公正的，因此那时的刑罚制度便主要是以“以牙还牙”、“以眼还眼”式的同害报复为原则。如汉谟拉比法典就规定，伤害他人的眼睛、折断他人骨头、击落他人牙齿的，就分别处以伤其眼、断其骨、击落其牙的刑罚。及至19世纪末叶，刑罚的根据是报应，社会报应观念是刑罚赖以存在的正当根据，人们认为的公正就是对犯罪进行罪有应得的惩罚。尽管刑罚方法逐渐向人道化方面进化，其残酷仍然不堪回首，特别是中世纪封建时代，简直奉行的就是威吓主义刑罚。到18世纪由于社会的发展和资产阶级启蒙思想家的无情抨击，刑罚转向博爱，但仍然主张罪刑等价、罪刑适应，即犯什么样的罪就应得到与之相适应的惩罚，使其恢复社会原有的一种均等。这些主张被人们称为行为主义、客观主义、现实主义的行为论，他们认为刑罚的对象是犯罪的行为，而对犯罪人未加注意。19世纪末叶以来，随着自然科学的发达，社会文化的进步，对犯罪和刑罚的认识发展到了一个新阶段。以龙勃罗梭为代表的新派刑法理论家对犯罪人给予了更多的注意，把犯罪与刑罚的研究重点由犯罪行为转为犯罪人的人格及其形成，以

① ［美］E. 博登海默：《法理学——法哲学及其方法》，442页，北京，华夏出版社，1987。

及犯罪的社会环境因素方面。[①] 认为刑罚的对象是犯罪者而非犯罪行为。既然犯罪人是刑罚的对象，那么公平、正义的刑罚就要考虑人的因素，刑罚主要不是对已然之罪的回顾，而是对未然之前瞻。对犯罪人决定刑罚时，要从改造教育的观点出发，考虑犯罪人的可改造情况采用不同的刑罚和相异的处遇措施，即刑罚个别化。主张刑罚不在于与犯罪行为均等而在于达到改造教育之目的。这种公平、正义是分配意义的，而不是同害报复的公平、正义。[②]

用今人的眼光看，以犯罪行为作为刑罚处罚的对象，仍然具有合理性。因为，无论个人还是社会都不能把他人当作实现某一目的的手段，犯罪在主观上是犯罪人自由选择的结果，在客观上是危害他人或社会的行为，因此它是一种恶，对这种行为之恶加以惩罚是社会公正观念的要求。但是正如国际刑法学家联合会的创始人之一普林斯指出的那样，只注意犯罪行为，把犯罪行为作为专有概念，而不注意犯罪人的人身危险性，是不对的，因为孤立地来看，所犯的罪行可能比犯这种罪的主体的危险性小。如果不注意主体固有的特性，而对犯这种违法行为的人加以惩罚，就可能是完全虚妄的方法。[③] 以犯罪人作为刑罚之对象，克服了行为对象论的缺点，但是它完全否定犯罪与刑罚的报应关系，否定犯罪的一般预防作用，则是极端片面的。我们认为应当兼顾二者，刑罚的对象主要是犯罪行为，同时不把其绝对化而兼顾犯罪人的情况，把二者有机地结合起来。

公正作为一种社会观念，是一种文化现象，它是上层建筑之一部分，受一定社会经济基础决定。经济基础发生变化，公正观念也将随之发生变化。因此，公正是相对的、历史的，不同时期人们对公正的评价标准是相异的，裁判公正作为社会公正观念之一种，也是相对的、历史的，没有绝对的、永恒不变的公正。

裁判公正是一种社会评价。人们对裁判公正的评价往往是通过表层现象进行的，主要来自两个方面：一是法官的审判行为是否公正；二是案件的处理结果是

---

① 参见甘雨沛、何鹏：《外国刑法学》（上），87页，北京，北京大学出版社，1984。

② 参见甘雨沛、何鹏：《外国刑法学》（上），138页，北京，北京大学出版社，1984。

③ 参见陈兴良：《刑法哲学》，134页，北京，中国政法大学出版社，1992。

否公正。法官审判行为由程序法律规定，案件的处理结果则由实体法律决定，也就是说裁判公正是程序公正与实体公正的结合。单有审判行为的公正而无案件处理结果的公正，是一种单纯的形式公正；相反单纯有实体处理结果的公正，尽管这点很重要，但法官的审判行为很糟糕，也不是一种理想的公正。“理想的正义是形式要素与实体要素之和。”①

对裁判行为的是否公正进行社会评价，是程序性和实体性的统一。当我们对这种评价进行更深一层的分析发现，它实质上是在评价一种法律制度及其理论依据。因此，在一定的历史时期对法律制度及其理论的改造是实现裁判公正的根本。这里的法律制度包括程序法律制度、实体法律制度等。而不同的法律制度对法官行为有不同的态度。在程序法律制度中，设定法官在法庭上审判行为中立，站在公正的立场上行使审判行为，消极地对待追查犯罪，积极地履行判断证据、适用法律、决定刑罚之职，这应该是当今法官的公正行为。在实体法方面，完全厌恶法官的主观能动行为既不现实也不科学，而给予法官以自由裁量权是实现裁判公正的不可替代的必要条件。

第二节　古代刑事自由裁量及其主张

一、衡平法与自由裁量

自由裁量之渊源当追溯到英国衡平法时期，衡平法的出现第一次从词源意义上明确了法官的自由裁量权。衡平法对英美法系普通法的两大特殊贡献之一就是创设确立了“司法自由裁量权”②。

衡平法作为一种法律制度肇始于英国，是作为对普通法在过于严苛，不能根

① ［美］戈尔丁：《法律哲学》，137页，北京，三联书店，1987。

② ［美］约翰·亨利·梅里曼：《大陆法系》，52页，北京，法律出版社，2004。

据不同案件的具体情况适用法律，牺牲个别正义的情况下进行补救的措施出现的。在14世纪以前，英国普通法十分严苛和僵化，人们要向普通法法院提起诉讼请求保护权利，必须先申请获得以国王名义发出的有限的令状。这种公式主义和条条款款的束缚[①]，使人们的权利往往得不到保护。人们不满于这种情况，便按照古老的习惯向被视为“正义的源泉”、“公正的化身”的国王请求保护。国王便委托大法官处理这类案件，后来则可以直接向大法官申请审理，到“1474年，出现了大法官以自己的名义而不是以国王的名义颁布命令的第一个有文字记载的事例。至此，衡平法法院的创立宣告完成”[②]，并列于普通法法院而存在。衡平法法院审理案件的实体法根据不是现存的法律，而是正义和良心原则。在程序上“衡平法的诉讼程序比较简单，它不设陪审团，一般采用书面形式审理，判决由衡平法法院直接执行，违抗者以蔑视法庭论处，重者可下狱”[③]。这种独立的法院的长期的实践中，创立了一套独特的衡平法律制度。1875年英国司法改革废除了法院的双轨制，建立了单一的法院体系，但是衡平法不仅仍然是处理案件的根据，而且当普通法规则与衡平法规则抵触或不一致时，以衡平法为准。衡平法所创设的法官自由裁量制度也被长久地保存了下来。

由此，不难看出衡平法实质上是法官自由裁量法，衡平法规则是法官创制的规则。衡平的含义在亚里士多德看来是“当法律因其他原则而不能解决具体问题时对法律进行的一种补正”[④]。就是说法律是从多数案件出发，对典型的一般的情形的规定，而对特殊情况无法加以说明，当特殊的案件出现时法律不能做到公正。这就要求法官可以背离法律的字面含义，依据正义的原则处理案件，以实现个别公正。美国学者约翰·亨利·梅利曼更加明确地说明了这个问题。他说：“‘衡平’的主旨是指法官有权根据个别案件的具体情况，避免因适用法律条款而

---

① 参见［美］约翰·亨利·梅里曼：《大陆法系》，51页，北京，法律出版社，2004。

② ［英］R.J.沃克：《英国法渊源》，53页，重庆，西南政法学院，1980年印行。

③ 《中国大百科全书·法学》“衡平法”词条。

④ ［美］E.博登海默：《法理学——法哲学及其方法》，11页，北京，华夏出版社，1987。

使处罚过于严峻和公正地分配财产，或合理地确定当事人各自的责任。简言之，‘衡平’就是指法院在解决争讼时，有一定的根据公平正义原则进行裁决的权力。‘衡平’原则表明，当法律条文的一般性规定有时过严或不适应时，当某些具体问题过于复杂以致立法机关不能对可能发生的各种事实的结果作出详细规定时，法院运用公平正义原则加以处理是必要的。”[①] “‘衡平’就是对个别案件的‘公正’处理，是对法官拥有某种自由裁量权的承认。”[②] 就其实质而言，衡平就是自由裁量，法官的衡平权也就是自由裁量权。

衡平法这种法律制度是法官在处理民事案件中创立的，它所开创的“审判自由裁量权”那时也主要是指法官处理民事案件的权力。刑事案件的处理按照爱德华一世（1272 年—1307 年在位）1275 年颁发的威斯敏斯特条例规定，由大、小陪审团负责起诉事实审理，并根据事实作出是否构成犯罪或侵犯的裁决[③]，因而基本上存在法官的审判自由裁量问题。应当指出这里所说的不存在法官刑事审判自由裁量，是就有法律规定而赋予法官可以不按规定处理案件的一种制度而言的，并不是说那时刑事案件的审理不存在自由裁量问题。这一点将在下一个问题中论述。前述意义上的“审判自由裁量权”在刑事审判中提出是 19 世纪末叶教育刑出现以后。

二、绝对自由裁量：古代的司法特征

在古代，从总体上看司法是绝对自由裁量的。

在人类社会的早期，无论东方抑或是西方都经历了一个按照习惯调节社会冲突的时期。这些由人们在长期交往中形成的习惯，规范着原始人的生产、生活，交往中冲突的解决也依据这些习惯。阶级社会出现、国家产生的一段时间里，统

---

①② ［美］约翰·亨利·梅里曼：《大陆法系》，50 页，北京，法律出版社，2004。

③ 参见林榕年主编：《外国法律制度史》，171 页，北京，中国人民公安大学出版社，1992。

治者继承原始人的某些习惯形成了最初的习惯法制。习惯法是不成文的、观念性的，因而不确定性、可伸缩性是其明显的特征。统治者为了对某种行为以犯罪处罚寻找根据不可能是一件难事。这时的司法可以说是无法司法，裁判者具有绝对的自由裁量权。

在公元前3000年左右，生活在两河流域南部地区的苏美尔人和阿卡德人，开始以楔形文字制定了一些零星的成文法。到大约公元前22世纪至21世纪之交，这个地区的乌尔第三王朝的国王乌尔纳姆创制了迄今所知人类历史上最早的成文法典——乌尔纳姆法典。后来到古巴比伦王国时期，第六代国王汉谟拉比吸取两河流域原有楔形文字法的精华，制定了闻名于世的汉谟拉比法典。这部法典的内容涉及民法、刑法、诉讼法、婚姻家庭法等，主要是司法判例的汇编，法典条文都是规定的某种违法事例或纠纷发生后如何处理和解决。[①] 就在汉谟拉比法典产生的前后，生活在世界上其他地域的人们也相继制定了一批奴隶制的成文法。限于当时人们的知识，奴隶制时期的成文法都比较简单，执行中最高统治者不断根据需要制定新法律。如古罗马的《十二表法》在执行中，统治阶级设置的最高裁判官就通过发布“告示”，制定了许多新的、过去不曾有过的法律规范。[②] 不仅如此，习惯还是法律的重要渊源。定罪量刑的随意性很大程度不是无限制的。让我们以古代希腊社会的主要国家雅典为例说明这个问题。雅典是一个古代民主十分发达的、在人类民主政治史上具有辉煌一页的国家。雅典审判案件由陪审法院进行，陪审法院由十个选区以抽签的方式选出的6 000人组成。6 000人被分成十个陪审庭具体审理重大案件。审理特别重大的案件由6 001人组成大陪审法庭进行，一般刑事案件则据情由501人、1 001人或1 501人进行。判决结果以表决方式由多数票决定。公元前7世纪以后雅典相继制定了《德拉古法》、《梭伦立法》、《克里斯提尼立法》等成文法。[③] 雅典刑法规定的犯罪主要有：国事罪、

---

①② 参见林榕年主编：《外国法律制度史》，59页，北京，中国人民公安大学出版社，1992。

③ 参见林榕年主编：《外国法律制度史》，66页，北京，中国人民公安大学出版社，1992。

破坏家庭罪、侵犯人身罪、侵犯财产罪。国事罪包括：背叛国家、欺骗民众、亵渎神祇、向民众大会发表诋毁现行政策的演说或提出非法议案等；破坏家庭罪包括：子女虐待父母、收养人虐待孤儿、亲属虐待女继承人等；侵犯人身罪包括：杀人、殴击、诽谤、凌辱、诬告等；侵犯财产罪包括：盗窃、抢劫等。对犯罪采用的刑罚主要有死刑、出卖为奴、剥夺自由、鞭笞、凌辱、烙印、放逐、罚金等。[①] 但是，在对具体案件的处理中则不一定以此为依据，习惯甚至审判官的情绪都影响甚至决定案件的处理结果。苏格拉底之死就是这个国家写下的在史册上难以抹掉的世界大耻。苏格拉底是当时著名的哲学家、演说家。他被指控的罪名有两条：一是谩神和引进新神；二是蛊惑和败坏青年。这引进新神、蛊惑破坏青年之罪，大约不会是事前法之规定，而是被临时罗织的。对他的刑罚也是随意进行的。这类罪没有法律规定，由陪审员自由决定刑罚。审判苏格拉底的裁判者是501名雅典公民，决定他有罪和无罪的投票是281对220，不算绝对多数，如果他认罪并认罚结果会完全不一样。可是他不服审判而激怒了陪审员，在第二次投票时更多的人又投票赞成判处他死刑。还有一个案件的审理从另一方面说明了这个问题。被告费莱恩，是一名放荡女子，被控犯有谩神罪。审判进行中眼看陪审团就要作出有罪判决，这时她的辩护人突然将其拖至庭前，在众目睽睽之下撕去其外衣露出胸膛，并以激烈的言辞激发了陪审员们的怜悯心，结果被无罪开释。[②] 雅典尚且如此，其他国家可想而知。

如果说雅典的审判是随意的，偶然性很大的，那还是一种很少受君主左右的、成百上千人的随意性——有一定限制的随意性。其他国家君王意志支配一切，裁判者为个人或几个人，要治人以罪处以刑罚基本上是无所顾忌的。在古代东方的印度，国王可以随时发布敕令作为法律，而诉讼案件的裁判者主要又是国王，有什么法律能够约束国王的行为呢!? 在我国古代，也有成文法，但统治者

① 参见林榕年主编：《外国法律制度史》，50页，北京，中国人民公安大学出版社，1992。

② 关于苏格拉底和费莱恩的审判，参见梁治平：《从苏格拉底之死看希腊法的悲剧》，载《读书》，1987（8）。

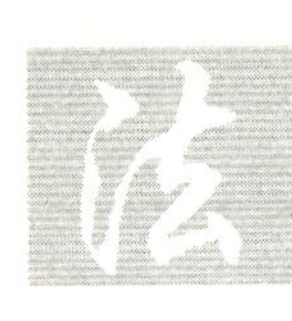

处理案件是相当随便的。《左传·昭公六年》概括了奴隶制时期的法律："夏有乱政而作夏刑；商有乱政而作汤刑；周有乱政而作九刑、三辟之兴皆叔此也。"据《魏书·刑罚志》载："夏刑大辟二百、膑辟三百、宫辟五百、劓、墨各千。"到周朝周穆王时，司寇吕侯制作刑书，史称《吕刑》，吕刑有三千条，其中墨刑一千、劓刑一千、腓刑五百、宫刑三百、大辟二百。我国奴隶社会的刑法有一大特点，即以刑统罪，统治者可以根据需要在不同的刑罚种类里罗织罪名，因而刑辟由百到千地增加。有了刑书即依此判案还会好一些，可怕的是统治者不仅经常发布敕令作为法律，而且经常随意罗织罪名治人以刑。人们熟知的商朝殷纣王时期实行的法外用刑、法外用极刑，甚至"刑弃灰于街者"[①]，再清楚不过地说明，奴隶制时期执法者裁判案件是绝对自由的。

人类社会发展进化到封建制度时期，法律在形式上已经比较详备。封建制度法律的形成主要有两种方式：一种是直接来自习惯；二是从奴隶制法发展过渡而成。[②] 在西欧公元476年西罗马帝国灭亡，入侵的日耳曼人按照他们旧时的习惯法汇编成法典（被称为蛮族法典）适用于各部族的日耳曼人。被征服的罗马人则仍然适用罗马法。东欧拜占庭帝国在查士丁尼《国法大全》的基础上制定了"拜占庭法"。在印度有《摩奴法典》，阿拉伯国家有伊斯兰法。而且这些法律在发展中不断详备，有的及至琐碎。印度《摩奴法典》有12章、2 684颂（条），其中纯法律规范共有3章九百余条。[③] 伊斯兰法的渊源有《古兰经》、圣训、教法学，其中《古兰经》有30卷、114章、6 236节，约有八十章直接涉及法律内容。[④] 在我国从战国时期的《法经》到秦朝秦律、汉朝汉律到隋朝开皇律再到唐朝的唐律，发展到了相当完备的程度，主要规定刑事法律的唐律有30卷502条，加上"疏议"则更多，而且不仅条文多，涉及的内容也广泛。

---

① 《韩非子·内储说上》。

② 参见杨联华主编：《外国法制史》，31页，成都，四川大学出版社，1989。

③ 参见林榕年主编：《外国法律制度史》，41～42页，北京，中国人民公安大学出版社，1992。

④ 参见杨联华主编：《外国法制史》，55页，成都，四川大学出版社，1989。

但是，法律规定是一回事，执行法律又是另一回事。无论是封建社会的早期抑或是晚期，法外司法的情况都不是个别现象。在欧洲日耳曼法中具有代表性的是法兰克王国法律《撒利克法典》，该法典规定的犯罪类型有两类：侵犯人身罪和侵犯财产罪。但是法典的字面规定与实际适用并不一致，法典规定的刑罚主要是罚金，但事实上执行中广泛施行死刑、体刑、宫刑、残害肢体刑以及宣布处于法律保护外，而且在封建主的领地内，还对农民采用非常野蛮的私刑。[①] 到了封建社会后期，封建统治者把法外司法、法外用刑、罪刑擅断推向了极端。欧洲在封建社会后期的刑法渊源主要是：罗马法、日耳曼习惯法（落后的日耳曼习惯在刑事制度中复活）和教会法。经过封建社会一千多年的发展，到后期罗马法的国家至上主义、日耳曼法的报复主义和教会法的道义责任论紧密地联系在一起。这时的刑法随着专制君主制的确立和加强，随着宗教改革后教会对宗教犯罪镇压的加强，国家至上原则和道义责任论在刑事立法、司法和刑法理论中占据了更加绝对的统治地位。因此，罪刑擅断主义、酷刑威吓主义和对违背宗教道德规范的行为的迫害，在18世纪已经发展到了登峰造极的地步。[②] 法国是罪刑擅断主义极为典型的例证。国王不仅通过王室法庭行使自己的罪刑擅断权，而且还采用“密封信令”随意将人投入监狱。“密封信令”，即国王决定将人逮捕和送入监狱的手令。它只需要国王签字、枢密大臣副署并加盖国王御玺便发生效力。“密封信令”治人以罪可以纯粹出于国王的好恶。1735年就有一位艺术家在给一位骑士的信中未称“骑士”而称“先生”，被国王以密封信令治以罪，其随意性可想而知。德国著名刑法史学家冯·巴尔对大革命前法国刑法的描述，恰当地反映了法国刑法发展的可悲状况：“当我们研究旧制度的刑法并把它同罗马帝国后期和中世纪前期的刑法加以对照时，我们将发现，文明的发展未给刑法带来任何进步，——它实际上处于停滞状态，完全带有在这些时期中所具有的缺陷。刑罚是不平等

① 参见杨联华主编：《外国法制史》，42页，成都，四川大学出版社，1989。
② 参见黄风：《贝卡里亚及其刑法思想》，11页，北京，中国政法大学出版社，1987。

的，它们不是根据犯罪的性质而是根据犯罪人的地位或等级而发生变化；刑罚的执行方式也是残酷和野蛮的，刑罚体系的基础是死刑和滥用的肢体刑；犯罪没有确切的含义；个人没有丝毫的安全保障足以避免国家在镇压犯罪时的过失行动。最后，愚昧、偏见和感情上的狂暴制造臆想中的犯罪；刑法的适用范围扩展到了调整社会关系之外，甚至超越了对意识的统治。”① 在对犯罪人的处刑和刑罚的执行上也具有相当的随意性，可以说无所不用其极。对不合乎统治思想的言行，他们都可以加之于异端而处死刑。死刑的执行方式有火刑、绞刑、砍头、轮刑，有的把人夹在两块木板中间锯成数段而致死，有的把受刑人的身体用灼热的钳子撕开，将融化的锡液灌进伤口，再四马分尸裂为碎块。其他肉刑也多种多样，如割舌或在舌头上穿洞、切除喉管、割掉鼻子、砍去或烧掉手等等。总之，他们想得出的方法都可以成为行刑方法，没有法律也无所谓法律的限制。

在我国封建社会的法律制度中，也反映出两方面：详备的法律条文为一方面；另一方面也是实质的方面，统治者可以随意对人治罪处刑，并不需要依据法律条文。封建社会之初，由于刚脱胎于奴隶制社会，随意司法的遗风自然还吹得有劲，中后期又怎么样呢？回答仍然是肯定的。秦朝暴政出入人罪，稍知世理者有谁不知!？就以刑事立法极其详备，堪称立法之典范的唐律之后明、清朝为例，又何尝不是如此。明初朱元璋表示“今制宜遵唐旧”②，建朝30年后颁布的明律也仅仅是在唐律体系结构的基础上稍作改动而成，共分30卷460章。从内容看脱胎于唐律，变化不很大，主要是增加和充实了加强专制主义中央集权制度的内容。再就是把30年统治期间内朱元璋不遵唐旧而处理的案件编制成《大诰》发布。不能说没有法律，也不能说没有比较完备的法律。但是，对明朝统治者来说似乎仍然不够用，随意加罪于人的情况时有发生，冤狱不在少数。特别是明代中叶以后皇帝利用宦官参与司法，以扩大实权，制造冤狱更是惊人。据《武宗实

① 黄风：《贝卡里亚及其刑法思想》，2页，北京，中国政法大学出版社，1987。

② 《明史·刑法志》。

录》记载，明正德时太监刘瑾法外用刑，“非罪滥及良善，三四年来，枷号死者何止数千人”[①]。这里仅是刘瑾一人做太监三四年间司法的情况，并且只是枷号致死者，加上其他宦官、其他方法致死的，冤狱的数量肯定更大。封建社会司法从两个方面来说已经相当自由：一是皇帝可以按自己的意志随时以敕令的形式发布法律，然后以自己发布的法律自己处理案件；二是可以依据判例断案，以例代律。可是他们在司法中还可以按好恶和情绪任意处置人。明朝皇帝为了扩大皇权，在司法中更多地体现个人意志，除了自己亲自审批一些重大案件外，还通过宦官参与司法，形成刑部司法与宦官司法的双轨制，二者发生矛盾时，则往往以宦官裁判为准。宦官司法，定罪处刑轻重出入极有伸缩性，一任皇帝的喜怒。[②]武宗时，就有太监将江西南良县吴登显等三家于端午节竞渡，以擅造龙舟罪而处罚。更有甚者还以所谓妖言治人以罪。被诬为妖言处死者“数十年内，死者填狱，生者冤号”[③]。此外，在处刑上也相当随意，甚至擅创刑罚。明朝正德时的太监刘瑾就创立了“重枷荷校法”与“罚米法”两个刑种。“重枷”原是一种戒具，用于对人犯的控制，死罪枷重25斤，徒、流枷重20斤，杖罪枷重15斤。“荷校”指枷号。刘瑾则对他认为的犯罪者枷重150斤，作为常刑。“罚米法”指对犯罪者处罚交米的刑罚。[④] 清朝也是如此，并有过之而无不及，大兴“文字狱”，以“莫须有”的罪名，横加屠戮，滥罚无辜，刑罚之酷，是历史上少见的。

综上之简述，我们认为无论是习惯法时期抑或是成文法出现以后，无论是成文法粗疏的时期抑或是成文法详备的时代，在古代社会—奴隶制时代—封建制时代的司法中，裁判者对刑事案件的裁判自由都是绝对的。法之有无、疏密对古代社会的统治者来说是无足轻重的，有法也好，无法也罢，统治者有凌驾于法律之上的特权，他们不受法律的约束；法律是统治者个人用以治人的工具，既然是工

① 西南政法学院1984年编印：《硕士学位论文集》，35页。
② 参见西南政法学院1984年编印：《硕士学位论文集》，31页。
③ 西南政法学院1984年编印：《硕士学位论文集》，23页。
④ 参见西南政法学院1984年编印：《硕士学位论文集》，35页。

具，他当然可以用鞭子，也可以使棍子，一任由其方便。凌驾于法律之上集立法、行政管理、司法三者于一身的皇帝，对其行为选择的完全自由，从总体上清楚地反映了古代社会司法的特征。正如法国伟大的思想家孟德斯鸠所说："专制国家是无所谓法律的。法官本身就是法律。"[①] 在封建专制的社会实际上没有法律，只有君主反复无常的意志。

三、古代绝对自由裁量主义

在古代，绝对自由裁量的主张固然与对人性的不同认识有关，但更主要的是其基于对政体、对国家的治理方式的特殊认识。性善论者认为人生来是善良的，先天即具有人类伦理美德。这种理论命题逻辑地得出两个结论：一是统治者是可以信赖的贤人，他们受众人的推举组织管理国家，完全能够公正地安排社会生活；二是被统治者是顺民，他们完全能够按照其在共同生活、生产中形成的规则行事，遵守社会秩序。因此，国家所需要的是"贤人政治"，而这种国家才是理想的国家。柏拉图在早期思索中就提出让哲学家当国王，这种国家是第一等理想的国家。当然柏拉图作如此主张还有一个原因，即认为法律有局限性，人性千差万别，人事变化无常，立法者"无法为种种情况立法，使得每一项法律对每一个人都非常合适"[②]。所以，"最佳的立法并不是给予法律以最高权威，而是给予通晓统治艺术，具有才智的人以最高权威"[③]。因为人可以对各种意想不到的情况见机行事。我国古代思想家孔子、孟轲就认为人生下来就是有"仁"、"义"、"礼"、"智"四种道德。因此主张"人治"施"仁政"，统治者是贤明的，施"仁政"于社会，被统治者也以"仁爱"之心对待人、守本分，国家则大治。"人治"之治国主张把一切权力包括解决社会冲突的权力托付给了统治者。思想家的论述

① ［法］孟德斯鸠：《论法的精神》（上册），76页，北京，商务印书馆，1982。

② 《西方法律思想史资料选编》，17页，北京，北京大学出版社，1983。

③ ［美］E. 博登海默：《法理学——法哲学及其方法》，8页，北京，华夏出版社，1987。

中，人性恶包括统治者和被统治者之恶，柏拉图就认为“人的本性无法了解社会利益，统治者掌握权力也会谋取私人利益”[①]。但是，也有的思想家在论证人性恶的同时，又认为君权是神授的，他们的职责是接受上帝的派遣而管理社会。因此，他们所为的一切都是正当的。法律作为防止人性之恶的工具，自然只能对付被统治者。所谓“法治”就是统治者以法作为工具治服被统治者，而他们则是凌驾于法律之上的。就其实质而言，这样的社会与其说是“法治”，毋宁说是“人治”的。

第三节　法官裁量行为：两大法系之比较

一、两种迥然相异的选择

人类社会发展到18世纪以前——封建社会的中晚期，封建国家政治的黑暗包括司法制度的黑暗到了无以复加的地步。出于对这种社会制度的反抗的思想理论准备，首先在18世纪的法国发生了继“文艺复兴”以后第二次震撼欧洲的思想解放运动。这一运动的启蒙思想家们利用科学的最新发现说明了人类和自然界一样有自身的发展规律，认为人有按照自身的规律自由发展的权利，一切违背人性的禁欲主义统治都是应当彻底推翻的暴政。在资产阶级启蒙思想的指导下，于1789年—1794年法国爆发了推翻封建专制制度，建立资本主义制度的革命，史称“法国大革命”。这场革命摧毁了法国封建制度，建立了资产阶级的国家制度。法国在推翻旧制度建立新制度的革命中，对旧刑法的革命并没有成熟的思想，但是他们以革命的敏感很快找到并吸收了他国的思想，这就是来自意大利米兰的名叫贝卡里亚的人的思想。当法国启蒙思想家孟德斯鸠、卢梭等人还在更大范围思

① 《中国大百科全书·法学》，5页，北京，中国大百科全书出版社，1984。

考问题的时候，1764年26岁的青年贝卡里亚运用他们的思想成果于刑事法律制度的研究，在猛烈抨击旧刑事制度的同时提出了一系列令世界震惊的刑法原则。这些批判和原则完美地浓缩在一本6万字、题为《论犯罪与刑罚》的小书之中。正当这本小书在意大利作为禁书被查禁的时候，法国资产阶级却视若珍宝，不仅把书中的原则搬到了1789年通过的《人权与公民权利宣言》，即《人权宣言》中，而且还把它稍加具体化而制成了1791年法国刑法典。后来在拿破仑执政时期，经过全国法院系统的讨论制定成了世界著名的1810年法国刑法典，从此刑法典定型化。

法国资产阶级夺取政权后特别是在拿破仑时期，开展了一系列立法活动，先后制定了宪法（1791年—1875年共颁布五部宪法）、民法典（1804年）、刑法典（1810年）、商法典（1807年）、民事诉讼法典（1806年）、刑事诉讼法典（1808年）等，形成了一个完整的成文法体系。“拿破仑的立法活动，成为欧洲大陆各国建立自己的资产阶级法律制度的先声。从此，在欧洲大陆各国掀起了法典编纂运动。”[①] 后来这一运动还影响到亚洲、非洲、拉丁美洲的一些国家。在资产阶级分权原则的前提下进行的法典编纂，目的之一是限制法官权力。刑法典的编纂同其他法典的编纂一样，其中的重要原因之一就是为了限制法官的刑事自由裁定权，使法官在处理刑事案件时，只能按照预定规则进行。这种按照预先制定之法、不得僭越而进行的审判，是一种严格规则主义的审判模式。

发祥于法国影响全欧洲乃至世界的严格规则主义的法典编纂运动，却没有动摇同样地处欧洲的英国，它同样沿着自己以判例法为主的道路走了下来，以至于形成在今天仍然独具特色的、影响世界的两大法系之一——英美法系。另一个法系就是以法国为代表的大陆法系。[②] 之所以在法国大革命后欧洲法律制度出现如

① 林榕年主编：《外国法律制度史》，259页，北京，中国人民公安大学出版社，1992。

② 也有人把世界的法系作了其他划分，如美国学者弗伦·纳琪分为：英美法系、大陆法系、社会主义法系，还有人在此基础上又分出了伊斯兰法系。但是对英美法系、大陆法系两大法系的划分是一致的。

此迥然不同的两种选择，这恐怕离不开其特定的历史背景、法律文化传统、政治状况、意识形态的影响。

二、历史背景与革命方式

法国大革命前的欧洲正是封建专制制度的后期，政治腐朽、司法黑暗，法国则是当时欧洲黑暗的典型。政治的腐朽可以从王位的继承中见其一斑，司法黑暗是政治黑暗的主要反映之一。自 13 世纪天主教在法国、意大利、西班牙等国设置宗教裁判所以后，更增添了司法的恐怖。不仅有专制君主罪刑擅断出入人罪，宗教裁判所还有侦查和审判权，以所谓“异端”、“异端嫌疑者”为名，镇压思想、言论犯，并大施刑讯逼供、严刑拷打以获取口供，审讯秘密进行，之后对被告人处以流放、火刑等刑罚。君主的暴政和宗教的残酷构成了当时法国十分黑暗的一面。在这样的背景下法国新兴的资产阶级带领人民举行了推翻封建统治制度的斗争，斗争是急风暴雨式的、流血的战斗。革命横扫了封建制度，建立了新的资本主义制度。革命前司法制度之黑暗、之为国民所痛恨，自然在彻底破除之列。

英国则是另一种情形，它在当时的欧洲尽管刑罚比较残酷，但政治比较开明。英国在 1215 年就制定了大宪章，尽管它是封建性的法律文件，但它的民主性已有所体现，如国王权力受法律限制的原则，非经法律判决不得逮捕、拘禁、放逐、没收财产等规定，以致资产阶级取得政权后，把它奉为英国“宪法的基石”。1265 年第一次国会召开，1343 年国会确立两院制，权力日益扩大，逐渐取得了有限的立法权。17 世纪中叶英国开始了资产阶级革命，革命分四个阶段渐进地进行，从 1640 年到 1688 年“光荣革命”，经过四十多年最终确立了资产阶级君主立宪政体。从英国的革命过程，我们可以作这样一些思索：（1）英国的革命是没有成熟的理论指导的、实践性的。17、18 世纪欧洲启蒙思想运动正轰轰烈烈地进行的时候，英国人已在进行着他们的革命并取得了成功。（2）除了第二阶段（1642年—1649年）国会与国王之间发生过两次国内战争外，革命的方式主要是和平的、渐进的，每一阶段革命解决了当时的突出问题，边破边立，及至资产阶级国家政体的确定，没有也无必要彻底打碎旧的国家机器。(3）司法在革命过程中适应革命的需要，法律也在革命过程中以渐变的方式成为适应资产阶级需要的法律，因此，革命后既没有也无必要完全废除。相反，“旧的司法体系和诉讼制度照旧存在，普通法和衡平法各自遵循的原则依然未变，只不过赋予它们以资产阶级的含义罢了”[①]。(4）启蒙思想家们在政治方面的主要主张，如权力分立、承认和保障人的自然权利等，在英国人看来他们在13世纪就开始实践，到17世纪已经比较完善。而且孟德斯鸠的“三权分立”学说本身就是“继承英国人洛克的分权说和参考英国的政治制度而提出的”[②]。因此，法国大革命的影响在英国自然就很有限了。作为大革命成果的法典编纂运动，没有得到英国人的青睐。就这样英国人按照他们自己的路走了下来。

三、两种法律文化传统

英国和法国同属于日耳曼人入侵西罗马时期的日耳曼王国，在日耳曼王国，罗马法与日耳曼法并行。罗马法承继古罗马衰亡前的法律，日耳曼法则来自日耳曼人的习惯。法国人有法典编纂的传统。在日耳曼王国时期法国人的祖辈法兰克人就制定了《撒利克法典》，在当时是一部影响广泛、权威性很大的法典。从13世纪以后又对习惯法进行整理、汇编，到资产阶级革命前，有习惯法汇编360部之多。[③] 12世纪罗马法复兴，也被这个有法典编纂传统的国家很快接受，到16世纪在罗马法的研究方面它超过了发源国意大利，居于全欧洲的领导地位。罗马法成了法国法的主要渊源，日耳曼法只被少量吸收。正是如此，法国法被称为

① 林榕年主编：《外国法律制度史》，179页，北京，中国人民公安大学出版社，1992。

② 全增瑕主编：《西方哲学史》（上册），680页，上海，上海人民出版社，1983。

③ 参见林榕年主编：《外国法律制度史》，256页，北京，中国人民公安大学出版社，1992。

“罗马日耳曼法”。

英国人对法典编纂似乎没有更多偏好，尽管在日耳曼时期它们间接地受到罗马法法典编纂的影响，于公元 600 年之后逐步编纂了一些法典，然而到 1066 年威廉一世前它们的法律渊源仍然是习惯法。从威廉一世起英国封建制度的确立以后，虽有一些法律编纂活动，如爱德华一世（1272 年—1307 年在位）就比较重视制定法，被誉为“英国的查士丁尼”，但更多的不是制定法，而是判例法。它们受罗马法的影响很小，是直接在原始日耳曼法的基础上沿着自己的特殊途径发展起来的。对它们的法律制度来说，日耳曼习惯法是其主要渊源，罗马法则被少量吸收，所以被称为“日耳曼罗马法”。

法国大革命后兴起的法典编纂运动，曾引起了主张法典编纂与反对法典编纂的两派之争。菲尔德主张学习法国编纂成文法典，并提出了一个法典编纂计划，这个计划遭到了反对派卡特的激烈反对，他指出：“科学仅仅是对事实的整理和分类，具体案件的实际判决就是事实。它们只有在进入存在后才能被观察和分类，例如在判决作出后这样做。因此，要求法律科学为未来制定规则，在逻辑上是不可能的，换言之，法学家或法典编纂者不能对未知世界的人类行为进行分类并继而就它们制定法律，正犹如博物学家不能对未知世界的动植物进行分类一样。”[①] 结果卡特在论战中取胜，菲尔德失败，法典编纂计划告吹。就刑事法律而言，英国人在启蒙思想的影响下，制定了一系列刑事法令，对普通法中的犯罪制度实行了一些改革，但仍然反对编纂统一的刑法典。历史联系割不断，传统文化在人类思想、行为中的沉积可谓根深蒂固，法律制度作为文化之一部分，只能在社会的发展中逐渐改变，以适应需要，谁要在一夜之间改变它，恐怕只能是失败。英国之所以排斥法典编纂，传统的法律文化不能不说是一个重要原因。

---

① 徐国栋：《民法基本原则解释》，208 页，北京，中国政法大学出版社，1992。

四、法官的两种命运

严格规则主义法典编纂的动机之一就是对法官行使职权的不信任。为了防止法官滥施审判权，便制定法典，给法官提供一个具体的、解决一切问题的办法。法国人在大革命后就是这样思考问题的。法官在法国人心目中如此不受信任，以至于立法者把他们设计成为机器的操作者[①]，或者像孟德斯鸠描述的“被剥夺权力”的法官那样，把他们限于法律的“喉舌”的角色[②]，这需要从大革命前法官的所作所为中找原因。革命前法国法官属于封建的反动势力范围，是司法黑暗的制造者之一，是资产阶级革命的对象。当时法官本身属于贵族阶级，他们支持土地贵族，反对农民、城市工人和中产阶级，支持土地贵族与巴黎的中央政府分庭抗礼。不仅如此，法国法官在革命前执行法律时已经悄悄地脱离传统，创造性地解释法律和创建地方习惯。由于他们的贵族地位，其所做的努力恰恰是对社会发展的反动。他们“站在与新法宗旨相对的立场上解释新法”，使“国王对统一王土，实行开明和进步的立法改革所做的努力屡屡受挫”[③]。

如果说法国法官是站在革命的反面反对革命的话，英国法官则是站在革命一边推进革命的。英国资产阶级革命从1640年至1688年，经历48年，分为四个阶段，除第三阶段（1649年—1660年）是建立军事独裁的“护国政府”，加快资本主义的原始积累外，其他三个阶段都是为限制皇权而进行的，资产阶级与新贵族结成了同盟，革命的对象主要是封建君主和封建旧贵族。革命的组织者是国会，革命的方式主要是国会通过制定法律迫使国王签字颁行，从而逐步达到限制皇权的目的。在这些斗争中法官站在革命一边，是革命的力量。他们在实施法律中能够根据国会立法的宗旨作出适应社会发展的解释，起到了推动革命的作用。

---

① 参见［美］约翰·亨利·梅里曼：《大陆法系》，37页，北京，法律出版社，2004。

② 参见［美］埃尔曼：《比较法律文化》，20页，北京，三联书店，1990。

③ ［美］约翰·亨利·梅里曼：《大陆法系》，16页，北京，法律出版社，2004。

正如美国法学教授约翰·亨利·梅利曼所说：在英国和美国“法官常常是与人民站在一起反对统治者滥用权力的进步力量。而且，他们在集中政府权力，摧毁封建制度方面起过重要的作用”①。

由于法官在革命前和革命中不同的地位和作用，英国人和法国人对法官产生了两种截然相反的态度。英国人对法官非常信任，不担心法官会无所顾忌地干坏事，“不存在对于法官创法和司法干涉行政的恐惧”②，不需要千方百计地提防和限制。法国人则相反，总是耿耿于怀于司法权力可能被滥用的忧虑之中，必须想出万全之策，千方百计限死法官的权力，而后才能放心。两种不同的态度、两种不同的结果，使得法国法官和英国法官处在两种不同的命运中：一是在司法中不能有任何意志，不能有染指立法的企图，解释法律也不行。因为法官不是立法者，只根据这一点，解释法律的权力就不能属于法官，法官只能处于机器的地位。这就是法国法官的命运。二是能动司法，有权根据法律宗旨——精神，解释法律。对既无法律规定，又无先例可循的具体案件，可以依据社会的发展，按照“正义”的原则处理。在执法中是机器的操作者。这是英国法官的命运。

法国法官遭受如此之命运在我们看来是有“冤情”的。大革命前法国处在专制的封建社会，君主的意志就是法律，教皇的意志就是法律，法官与其说执法，不如说是在执行君主的旨意。这是其一。更重要之其二是：君主集立法、司法、行政权于一身，国王既可以自己处理案件，又可以通过王室法庭行使自己的罪刑擅断权，刑罚权完全受君权支配，君主的意志就是定罪处刑的标准。教皇也按自己的意志毫无顾忌地对人定罪处刑。这时的司法权本质上是君主、领主、教皇行使，职业法官作用微不足道，司法黑暗的渊源来自封建专制的君主和教会势力。如果法国资产阶级革命者在革命中或者革命后冷静地面对过去和未来，也许法国法官的命运会好一些。但是，在急风暴雨式的革命中，热情变为狂热，狂热之中往往不能理智地对待和思考问题。“在革命改革中所出现的问题不是受到忽视就

①②　［美］约翰·亨利·梅里曼：《大陆法系》，16页，北京，法律出版社，2004。

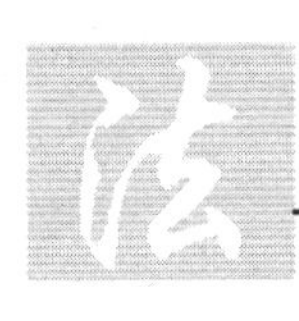

是处理得简单化了。”[①] 在革命后建立的法律制度中，对法官自由裁量权的处理就是这样被简单化了的。

五、两种民族意识

“理性”与“经验”是近代欧洲历史上的两种哲学思想，即：理性主义和经验主义。在我们分析英、法两国在法国大革命后对法典编纂所持的两种态度的时候，当我们把分析的目光投向哲学领域，我们惊奇地发现近代史上的法国人如此崇尚理性主义，而英国人又是那样热衷于自己的经验主义——意识形态如此对立。也许正是这种对立和差异，对他们的选择起了非常重要的作用。法国人勒内·笛卡儿（1596—1650）“是近代哲学真正的创始人”，“法国人所谓精确科学，即确定理智的科学，是从这个时候开始的”[②]。他的哲学的特点就是以思维为原则。独立的思维在这里与进行哲学论证的神学分开了。近代哲学由他开始，由法国人马勒伯郎士（1638—1715）、葡萄牙人斯宾诺莎（1632—1677）、德国人莱布尼茨（1646—1716）和沃尔夫（1679—1754）等汇成了一股理性主义的思想洪流。从此理性主义哲学统治了欧洲思想界两百多年。饶有兴味的是在理性主义势大流洪的欧洲，英国人却依然故我地进行着另一种思维。就在比笛卡儿早三十多年的同一时代，英国也出了一位思想伟人培根（1561—1626），他的思想继后由他的同胞洛克（1632—1704）、巴克莱（1684—1754）、休谟（1711—1776）等人发展、完善，形成了独树一帜的经验主义哲学思想，被称为英国的哲学“风格”。理性主义在法国大革命前后达到狂热的地步，英国人仍然坚守他们的经验主义。

理性主义的特点是在认识论上坚持绝对主义，片面夸大真理的绝对性，

① ［美］约翰·亨利·梅里曼：《大陆法系》，18页，北京，法律出版社，2004。

② ［德］黑格尔：《哲学史讲演录》，第4卷，63页，北京，商务印书馆，1978。

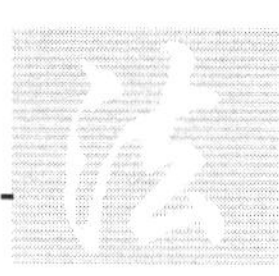

否定真理的相对性，否定真理的发展是一个过程，认为人们可以一次穷尽真理。这种真理观就导致了一种认为立法可以穷尽未来一切社会关系的思想倾向，自信“仅用理性的力量，人们能够发现一个理想的法律体系。因此很自然，他们都力图系统地规划出各种各样的自然法的规则和原则，并将它们全部纳入一部法典之中”①。19世纪的法国革命者们，就是在这种狂热的理性主义支配下掀起了法典编纂运动。相反，经验主义的真理观是怀疑主义甚至是不可知论的，他们认为人无法认识真理。因而从根本上否定了制定普遍性法律的可能性。这种不是从理性，而是“从事实出发，并依据事实下判断，当时已经成为时代的趋势，成为英国人说理的趋势”②。哲学是一个民族时代精神的体现，是一种根本的世界观，构成社会具体领域人们思想方式的基调。思想支配行为，不同的思想决定了人们的不同行为。英国人在法典编纂运动中的冷淡态度正是这种民族意识所决定的。“英国人在欧洲似乎是一个局限于现实理智的民族，就像国内小商贩和手工业者阶层那样，注定老是沉陷在物质生活之中，以现实为对象，却不以理性为对象。”③ 这种民族意识之根深蒂固以至于他们在他人狂热的时候仍然能做一个冷静者。

第四节　法官刑事自由裁量权的价值与模式选择

一、法官刑事自由裁量权的界定及本质

自由裁量权的含义是什么，这是我们首先要明确的问题。英国法学家戴维·M·沃克给自由裁量权下了这样一个定义：“自由裁量权，指酌情作出决定的权

---

① ［美］E. 博登海默：《法理学——法哲学及其方法》，60页，北京，华夏出版社，1987。
② ［德］黑格尔：《哲学史讲演录》，第4卷，19页，北京，商务印书馆，1978。
③ ［德］黑格尔：《哲学史讲演录》，第4卷，18页，北京，商务印书馆，1978。

力，并且这种决定在当时情况下应是正义、公正、正确、公平和合理的。法律常常授予法官以权力或责任，使其在某种情况下可以行使自由裁量权。有时是根据情势所需，有时则仅仅是在规定的限度内行使这种权力。"① 美国法学教授约翰·亨利·梅里曼认为：审判上的自由裁量权，它是普通法系法官传统固有的权力，是指"能够根据案件事实决定其法律后果，为了实现真正的公平正义可以不拘泥于法律，还能够不断地解释法律使之更合于社会的变化"②。综合沃克和梅里曼关于自由裁量权的论述，自由裁量权的含义可作如下概括：(1) 不是按已有法律的明确规定决定案件，而是法官据情自由决定。(2) 作出决定的依据是社会公平、正义的要求。(3) 自由裁量权来源于法律。梅里曼认为是传统固有的，即习惯性授权；沃克认为"法律常常授予"，即法官的自由裁量权是法律授予的。两者似乎没有本质上的区别，因为传统的法官自由决定案件的权力，事实上已被判例法律制度所确认，因而已经是一种法律授权。(4) 行使自由裁量权的方式是解释法律。

自由裁量权的体现，我们从其产生的背景可以得知。审判自由裁量权是英国衡平法律制度的贡献。衡平法是作为对普通法的严苛性——即法律不能根据具体情况具体适用，牺牲个别正义——进行补救的措施出现的，实质是补充法律的不足。因此，自由裁量权就在两个方面体现出来：一是当法律没有规定时，视案件的具体情况，"根据情势所需"创制新规范，即法官立法；二是"有时则仅仅是在规定的限度内行使这种权力"，即在对案件的处理总体上有规定，只是规定有一定幅度，在这个幅度内具体如何处理法官有自由裁量的权力。行使自由裁量权的目的，是为了实现法院裁决的真正公平、正义，即公正。沃克在论述自由裁量权时，以否定的表述方式肯定了这个问题。他说："授予法官以自由裁量权，是使法律具体情况具体适用的最普通方式之一，从而使法律更具灵活性和适应性。

---

① [英] 戴维·M·沃克：《牛津法律大辞典》，261 页，北京，光明日报出版社，1988。

② [美] 约翰·亨利·梅里曼：《大陆法系》，52～53 页，北京，法律出版社，2004。

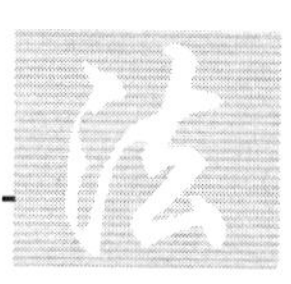

没有自由裁量权，法律会经常受到诸如严厉、无情、不公正等批评。”①

自由裁量权的含义可作如下表述：自由裁量权，是指在法律没有规定或者规定有缺陷时，法官根据法律授予的职权，在有限范围内按照公正原则处理案件的权力。这一概念明确和包含了以下五个命题：

1. 法律没有规定的案件法院要处理，而不能一概以法无规定为由不管；

2. 法律规定不明确、不具体时，法官可以按照自己的解释——包括个案解释和类案解释——处理案件；

3. 法律规定明显不合时宜，即过时性立法，法官可以避开其字面含义而以法的总的原则和精神作出适应社会发展的解释。

4. 当法律无规定或规定有缺陷时，法官处理案件的依据是社会的公正原则和主流道德要求；

5. 法官的这种权力是按照权力分立、制约原则由国家基本法律授予的、有限的。

法官的刑事自由裁量权是法官自由裁量权的一个方面，脱不开其总的含义。但是有一点必须明确，如果说在民事等审判中法官的自由裁量权要有限制的话，刑事审判中的限制应该更严，这是因为刑事审判更多地涉及人的民主自由权利。法官刑事自由裁量权问题在我国刑法学界偶有文章论及，但触角并不深。关于法官刑事自由裁量权的定义，有的学者认为，“自由裁量权，是指法官在审判刑事案件时，在坚持罪刑法定、有法必依原则的前提下，对具体案件的犯罪分子有权在法律规定的法定范围内视情选择与犯罪行为和犯罪人个人特点相适应的处罚方法”。它的特点有四：“（1）这种权利只能由法官行使，而不能由其他人或其他机关行使，法官们行使这种权利是代表国家的意志；（2）自由裁量权只能适用于犯罪分子，而不能是没有犯罪而只有一般违法行为的人；（3）行使裁量权的自由必须受法律规定的限制，这种限制主要表现为应严格遵守分则条文规定的法定刑，

① ［英］戴维·M·沃克：《牛津法律大辞典》，262页，北京，光明日报出版社，1988。

不能任意超出法定刑幅度选择更重或更轻的刑罚，同时，法官还应遵守总则关于量刑情节的各项规定；(4) 只要在法律允许的范围内，法官可根据犯罪行为及犯罪人的各种情况，任意选择宣告刑的刑种和刑度，无论如何选择，都应视为'合法'行为。"① 也有学者这样下定义："刑事自由裁量行为主要指刑法授权审判员在一定条件下和一定范围内斟酌案情裁量刑罚的权力。"② 从上述界定看，无论"自由裁量"还是"刑事自由裁量"，实际上都是谈的在现行刑法规定幅度内的量刑权，或者说是对刑法量刑规定之不确定性的斟酌处理权。有的学者干脆就只谈量刑的自由裁量权，认为"量刑的自由裁量权，是指法官在相对法定刑体制下，根据客观存在的犯罪事实，依照刑法的规定，在法定刑幅度内对犯罪分子自由裁量刑罚的权力"③。从我国刑法学界对刑事自由裁量权的少有的研究看来，学者们对赋予法官刑事自由裁量权是极为谨慎的，以至于大多数论者脱离世界和我国的实际，认为刑事自由裁量权只能在量刑领域行使，定罪之雷池是万万越不得的。鉴于刑事定罪量刑关系对人权的保护，授出这种权力持慎之又慎的态度当然是应该的。更何况在传统的重判例法的国家，对这种授权及授权的大小认识也是相左的。美国参议员埃德伍德·M·肯尼迪认为："今天，量刑是国家的丑闻。每天，不同的法官对被指控有类似罪行的被告科以截然不同的刑罚，一位可能被判缓刑，而另一位罪行相似的被告则可能被长期监禁。导致这种差异的原因是我们赋予法官不加约束的自由裁量权，他们的行为不受任何法定原则或复查程序的限制。惩罚的确定性——有效的司法政策的基础——并不存在。"④ 有人则看得更重，认为这是对自由的破坏，"过分的自由处置就像营私舞弊一样，标志着自由的终结"⑤。查尔斯·E·斯尔伯曼反对这种指责，指出法官使用自由裁量权惩

---

① 杨敦先等编：《刑法发展与司法完善》，251～252页，北京，中国人民公安大学出版社，1989。

② 赵炳寿主编：《刑法若干理论问题研究》，32页，成都，四川大学出版社，1992。

③ 陈殿福：《量刑的自由裁量权及其偏差》，载《法学》（中国人民大学复印资料），1991 (8)。

④ ［美］克莱门斯·巴特勒斯：《矫正导论》，75～76页，北京，中国人民公安大学出版社，1991。

⑤ 赵炳寿主编：《刑法若干理论问题研究》，35～36页，成都，四川大学出版社，1992。

罚了“真正的罪犯”，使应受惩罚的人受到了制裁，而且这种制裁是公正的。[①]我国是制定法国家，特别是长期封建社会的影响和“文化大革命”中不少人饱尝了判案随意性的恶果，人们的切肤之痛难以抹去，在这种心态下探讨法官刑事自由裁量权，其结果是不言而喻的。但是，作为理论研究，应当冷静地思考，不可无视客观情况，科学的态度应该是研究一种方法使用好自由裁量这把“双刃剑”，趋其利而避其害。我们以为刑事自由裁量权的含义应该包括定罪和量刑两个方面。法官刑事自由裁量权应为：在法律没有规定或者规定有缺陷时，法官根据法律的授权，在有限范围内按照公正原则裁判刑事案件的权力。只是条件限制应该更严，比如定罪的自由度只应在很小的范围内，而且必须有严格的程序限制和出现失误后的救济措施。

刑事裁量权就其本质是一种国家刑罚权，即国家对犯罪行为进行惩罚的权力，而法官的刑事自由裁量权是其内容之一部分。刑罚权可以分为四个方面的内容：制刑权、求刑权、量刑权、行刑权。量刑权即是由法院代表国家行使的裁量刑罚的权力，法官自由裁量权又是其中按照法官的自由意志斟酌的裁定之权。法官的这部分权力并不是绝对的纯而又纯的量刑权，它实质上包含了两个方面的内容：量刑权和补充制刑权。正如求刑权中包含有处理权——公诉之免予起诉和自诉之撤回自诉等一样，补充制刑权存在于量刑之中是合理的，它正反映了我们所处的世界的复杂性。人们不会否认，人类历史上已有无数事实证明，任何把世间复杂事物绝对化的尝试大概没有不失败的。

补充制刑权之谓补充，意在界明法官的制刑不是制定单独存在的普遍适用的法律条文，而主要表现为两方面：一是法官对立法机关制定的法律或者法官办案中形成的“先例原则”内涵与外延作逻辑的说明和延伸；二是对具体案件的处理在法律规定不确定的情况下作出确定的处理决定。对既有法律的说明与延伸，即解释，和对具体案件刑度的确定所体现的补充制刑权比较明白，容不赘述。在此

① 参见［美］克莱门斯·巴特勒斯：《矫正导论》，76页，北京，中国人民公安大学出版社，1991。

我们重点探讨确定犯罪所体现的补充制刑权。立法机关对什么是犯罪的确定如果说是普遍性的话，那么法官根据补充制刑权所确定的犯罪就是个别性的，法官仅限于对个别行为的犯罪予以确定。这种确定标准不是法律也没有法律，而是社会评价标准或者说社会危害性标准，具体来说就是道德——一定社会的主流道德意识。法律与道德是一致的，违反法律构成犯罪的行为必然是一定社会的主流道德所不容的，相反违反道德规范的行为却不一定是犯罪，这是千真万确的，不能把违反道德的行为都以犯罪处理。但是，对于其中严重违反一定社会的主流道德意识，为社会大众所不允许，达到以刑罚加以否定的程度——量变成质变的程度，不以犯罪处置是不公正的。这一点容易形成共识，分歧的见解是：由法官直接处置还是等到立法机关立法以后再处置。我国不少学者从严格的分权角度考虑，坚决主张"法无明文规定不治罪"，必须等到立法机关对某种行为作出否定性评价之后，法官才能作出处理。如果立法机关能够及时作出这种评价，那当然是再好不过的，问题是任何事物发展都有一个过程，有一个由小到大、由少到多的发生、蔓延、发展的过程，立法机关的立法是针对普遍性问题而不能对个别情况立法。又有学者会说放掉几个该处理的人无碍大局，可是这些学者忽视了一个问题，社会心理学告诉我们，行为是有示范作用的，当一个行为不被社会所否定，就会留下示范，被仿效，如果有高利，发展将是迅速的；相反及时作出否定评价，立下反面示范，以儆效尤，将会遏止其发展。而且有些事开初往往看不出倾向性，难以作为普遍性问题加以立法否定。与其眼睁睁看到成为普遍性问题，给社会带来严重后果才立法处理，不如授予法官有限的权力及时处置，避免造成大的损失。对此，英美法系国家则采取另一种态度，英国大法官丹宁勋爵以他长期的审判实践经验说明了这个问题，他说："通过罗马条约的所有道路都布满了沟壑和洼地，这些沟壑和洼地必须由法官们去填平，或者用法规和命令去补充。"[①]法官（司法人员）填平和国会（立法者）填平都可以，是等到立法者填平沟壑和

① ［英］丹宁：《法律的训诫》，17页，北京，群众出版社，1985。

洼地，法官才走呢？还是法官可以不必等而自己填平？——案件不能不处理，正确的方法应是：法官随时填平沟壑、洼地；某些问题具有一定普遍性时，或者立法者认为应该作出立法时，则由立法者去填平。

这里我们又碰到一个麻烦的问题——怎样看待事后法。法官对个别行为的处理所确定的规则确实是一种事后立法，但是，这种个别处理并非邪恶。其一，这种行为严重违反社会的主流道德，具有严重的社会危害性，是应该用刑罚加以处罚的行为。其二，严重违反社会的主流道德，本质上与违法无异，对社会的防卫权来说这种处理是公正的。刑法是为普遍公正而定，无力考虑个别公正，刑法对认识错误不免罪就是例证，因而对个别刑法未及规定，但应该以犯罪处理的行为加以处罚是合理的。正如美国法学家庞德所说："法官只要可以证明他们的主张反映的是公共道德的价值标准而不纯属自己的一孔之见，他们的判决就获得了合法的性质。"① 其三，对明定之罪才能处罚暗含着一种要求人人均悉知法律的前提，但事实上这是理性主义而非现实的，现实生活中法律汗牛充栋，不可能都悉知，人们事实上是在含糊的法律观念和社会主流道德的约束下生活，从这个意义说，法律多数都是溯及既往的。正如美国法学家格雷所说的那样："在实际生活中，大部分人在行为时对有关法律只有很含糊的观念，事实上在一个复杂的法律制度下生活，也只能是这种情况。也就是说，法律规则对人们的实际生活是没有多大影响的，许多人一直从事某种活动，实际上他们并不知道也并不注意有关法律规则。这就是说，法律对他们一直在'溯及既往'地适用。这说明法官创造法律所带来的'溯及既往'之嫌，并不像人们想象的那样是件邪恶的事情。"②

二、法官刑事自由裁量权和刑法局限性

在刑事审判活动中法官自由裁量权的存在与刑事立法的局限性有密切的联

---

① ［美］G. 怀特：《美国法律思想模式》，62～63页，重庆，西南政法学院，1986。

② 徐友军：《法官创新：英美人的态度》，载《外国法学研究》，1993（2），58页。

系，可以说立法的局限性导致了法官自由裁量行为的客观必然性。立法机关制定的成文法典，就其立法的过程和技术观之，它是参考已经出现的社会现象而思考未来，即归纳过去推测未来，是着眼于明天而为将来规制的，这就决定它规制的对象是普遍的，不可能是具体的；立法的出发点是给社会以绳墨，让人们遵守，使司法有据，而且这种绳墨不能朝令夕改，使人无所适从。这就要求法律明确而稳定。法律的这种普遍性、明确性和稳定性，体现了立法者的初衷，自然是积极的，但是，如同任何事物均有反面一样，它在实现立法意图的同时又显出了消极一面，反映了它的局限性。这些局限性主要从三个方面表现出来：一是不合法律目的。刑法的目的是保护合法、惩罚犯罪，实现全社会的公平、正义，然而刑法的普遍性特征使其注意了一般性却舍弃了特殊性，因而在适用于具体人、特定的案件时可能有违刑法的目的，实现了一般公正的刑法对特殊却可能是不公正的。二是不周延。人的认识受主客观条件的限制，不可能一次达到对绝对真理的认识，绝对真理的认识永远是一个过程。这就决定了一项法律不可能对社会作充分的认识，以致存在修改和补充的必要。三是模糊。英国大法官丹宁勋爵指出："必须记住，无论一项法律什么时候被提出来考虑，人们都没有能力预见到在实际生活中可能出现的多种多样的情况，即使人们有这种预见能力，也不可能用没有任何歧义的措辞把这些情况都包括进去。"① 人们要求立法明确，立法者希图明确并为此努力，这种愿望是无可非议的，但是事实与愿望总是有距离，首先语言本身难达此目的，语言是用以描述客观世界的符号，而"客观世界上的事物比用来描述它们的语词要多得多"②。刑法描述的模糊性，决定了人们可能根据自己的认识作不同的解释。四是滞后。由于世界是无限发展的，因而任何刑法一经制定公布便当然地滞后于现实社会。

---

① ［英］丹宁：《法律的训诫》，10页，北京，群众出版社，1985。

② ［美］E. 博登海默：《法理学——法哲学及其方法》，464页，北京，华夏出版社，1987。

三、法官刑事自由裁量权的价值

刑事制定法局限性的难以克服给法官刑事自由裁量权的存在以时间上的无限空间。探明价值，便能更好地认识其存在的意义。法官刑事自由裁量权的价值至少体现在实现个别公正、保证灵活、避免突变性立法三个方面。

（一）实现个别正义的手段

制定法是立法者针对普遍的对象就一些共同性的问题所定的规范，只对社会关系作类的调整，而不作个别调整，换句话说就是法律只考虑共同体的臣民以及抽象的行为，而绝不考虑个别的人以及个别的行为。刑法也是如此，它不可能是对具体个人的单独立法，因而也必然包含着对特殊社会关系的舍弃。这就是说制定法律体现一般正义，对大多数人来说可以获得各得其所的分配结果。但是具体情况并非总是典型的，相对于典型情况存在许多差异，正如世界上没有完全相同的两片树叶一样，世间不会存在完全相同的两个案件。如果个别情况与典型情况适用相同法律，必然牺牲个别情况而导致不公正。这就是说制定法在实现一般分配公正的同时，并不能保证每一次的分配是公正的。然而人道主义不允许少数人成为牺牲品。少数人成为牺牲品对一个社会可能是无足轻重的，但对于他们及其家人则是百分之百的灾难，对此无动于衷的人们绝不是理智的动物，因而不能放弃对个别正义的追求。对个别正义的追求如前所述单靠法律是不能实现的，必须引入人的因素——尽管这种因素是危险的，需要严加防范的，——因为只有人才能做法律不能做的事，能够度量事物之间的差别并作出适当的裁判。

（二）法律灵活性的保证

刑法是制定于过去、适用于现在、规制着将来的行为规范，这一特点决定其具有稳定性，而这正是人们对刑法追求的一个方面，是刑法安全价值的体现。刑法没有稳定性的社会是一个不安全的社会。刑法的安全价值要求把各种行为的法律后果明确于社会，使人们在行为之前即可预料刑法对自己行为的态度，不必担

心突如其来的打击，从而起到防范权力阶层滥用权力的作用。然而刑法适用于现在又规制着未来，它又必须具有适应社会发展的能力。现实社会生活是发展变化的，要求刑法也应该是发展的，具有灵活性的。排斥灵活性的刑法是僵硬的、凝固的刑法，它同时就失去了生命力，为社会所抛弃。如上所述刑法的灵活性蕴涵于具有稳定性的法律中，而保证刑法灵活性的实现还得引入人的因素，由法官在运作中发挥主观能动性，因为法律不可能自我调节以实现与发展的社会生活相一致。

（三）突变性立法的避免

法律作为一定经济基础之上的上层建筑，必须为之服务。一般情况下一定社会经济基础的发展是渐进的，剧烈的社会震动性的变革在历史发展的长河中不能成为一种主要形式。社会的渐进发展决定法律发展的渐进性。法律如果不能适应这种需要，势必阻碍经济的发展，问题的积累使得法律不进行大量修改甚至废除重立便无存在的余地。这种突变立法的形式尽管最终满足了社会的需要，但是，这样的立法使社会震动大，而震动与损失成正比，社会所遭受的损失也大。刑法同其他制定法一样，它的特点决定其不可能自行渐进地变化以适应经济基础的发展，渐进变化的任务主要靠法官来完成。换言之，法官在刑事审判中正当地行使自由裁量权，按社会发展的需要补之以新的内容，使法律与社会同步渐进地发展，从而避免突变性立法，引起不必要的社会震动，阻碍经济发展。

四、法官裁量行为模式选择及其评析

人类社会进入阶级社会，刑罚权由国家行使至今，法官裁量行为模式大体可分为三种：绝对自由裁量模式、绝对严格规则模式、严格规则与自由裁量相结合模式。

（一）绝对自由裁量模式及评析

绝对自由裁量，指法官在审理刑事案件时完全按其意志或者基本上按照其意

志裁量。这种模式在本章第二节中已作论述，它是表征法治国的近代社会之前的裁判模式。在古代的奴隶社会抑或是封建社会，在完全适用习惯法的人类社会早期抑或是制定法与习惯法同时适用的古代社会的中、晚期，都是绝对的自由裁量模式。有的学者断言：绝对的自由裁量就是无法司法，就是人治。成文法的公布标志了绝对的裁量的终结。[①] 按照这种断言，法治社会就不是产生于近代而应该前推至奴隶社会的中后期。显然这种结论是难以站住脚的，它的错误在于把成文法等同于法治。人类历史上大量的事实已经证明，有了成文法绝对自由裁量并未终结，法治社会并未因此而建立。绝对自由裁量的标志，本质上不在于有无成文法或者成文法之密与疏，而在于专制制度死亡和国家政治权力的分立。在奴隶制和封建制社会，皇帝或者国王集立法、司法和行政等一切权力于一身，皇权或者王权凌驾于法律之上，法律可以一任其意而颁行。司法自然是随其意，有法或者该法合其意时，则以法断案，无法或者法不合其意时，他可以“言出法随”、“监事制刑”而处置，有法和无法对王权并无不同之处。社会发展后虽有专司断案的官吏——法官，但是从总体上看他们不是依已定之法，而是按国家统治君主的意志办事。人们可能会举出古代一些按法办事的官吏——“清官”，然而请不要忽视这样一个事实，即他们首先得以君主的容忍为前提。

概言之，绝对自由裁量模式是人类社会并不发达的古代社会的一种模式。它以专制制度为政治基础。近现代西方世界出现了复活绝对自由裁量主义的迹象，一些学者基于对法律局限性的认识，主张绝对的自由裁量主义，如庞德就提出：“为了使司法适应新的道德观念和变化了的社会政治条件，有时或多或少采取无法的司法是必要的。”[②] 但是，我们以为在国家权力分立和相互制约的社会，绝对自由裁量模式不会复活了。专制制度的死亡标志着绝对自由裁量的终结。

绝对自由裁量虽已成为过去，但是它对人的因素在裁量行为中的承认有合理

① 参见徐国栋：《民法基本原则解释》，145、147页，北京，中国政法大学出版社，1992。

② 徐国栋：《民法基本原则解释》，150页，北京，中国政法大学出版社，1992。

的成分。执法者可以根据社会发展和统治者的需要灵活地适用法律，法律的灵活性价值得到充分体现。只是这种人的因素无限制地发挥，完全牺牲法律的安全价值，把法律与人的因素关系颠倒则是应予扬弃的。

（二）绝对严格规则模式及评析

绝对严格规则模式指司法中不容任何人的因素渗入，只能按照规定的法律定罪量刑，法官是法律之口。法官在司法活动中如同一个工匠或机器。要在司法中排除人的因素，“那么法律就必须完整、连贯和清晰。当法官裁断案件而有欠缺立法条文时，他实质上是在创制法律，这就会有损分权原则。在这种情况下，势必要求立法机关制定出完美无缺的法律。第二，如果法典中的条文互相矛盾，需要法官选择对案件事实更为适用的规定，那么这样做又形成了法官立法。为了避免这类情况的发生，就要求法典规定本身不自相矛盾。最后，如果允许法官对模棱两可或者含混不清的法律条款进行解释，那就无异于承认法官立法。因此，这又要求法典的规定必须明白无误”①。严格意义上的绝对严格规则模式产生于近代，即法国大革命后欧洲的法典编纂运动及司法实践。在此之前的古罗马曾有编纂法典的尝试，但不是绝对严格规则模式。绝对严格规则模式实际上仅仅是一种理论模式，基本上没有付诸司法实践，其致命之点便是脱离实际，完全排斥人的因素。在严格规则主义者看来，经过努力可以做到“法规自动适用”，即“立法机关制定的法规非常清楚，以至于它的适用成了一个自动实现的过程”②。结果都是以失败而告终。法国大革命后1789年《人权宣言》提出了反映严格规则主义的罪刑法定等资产阶级刑法原则。该宣言第5条规定：“法律仅有权禁止有害于社会的行为。凡未经法律禁止的行为即不受到妨碍，而且任何人都不得被迫从事法律所未规定的行为。”第8条规定：“法律只应规定确实需要和显然必不可少的刑罚，而且除非根据犯法前已经制定和公布的且系依法施行的法律以外，不得

① ［美］约翰·亨利·梅里曼：《大陆法系》，29页，北京，法律出版社，2004。
② ［美］约翰·亨利·梅里曼：《大陆法系》，42页，北京，法律出版社，2004。

处罚任何人。”以这种思想为指导，1791 年制定了一部刑法典草案，这部草案对各种犯罪都规定了具体的构成条件和绝对确定的法定刑，排斥法官有任何自由裁量之余地。由于太理想化，脱离实际，拿破仑执政后印发全国征求意见时遭到大部分法官反对而被否决。于是拿破仑重新组织起草委员会，拟定新的刑法典草案，草案拟出后经多次讨论修改，直到 1810 年获正式通过，史称 1810 年法国刑法典。这部刑法典改变了 1791 年刑法草案中绝对罪刑法定的规定，对大多数犯罪规定了一定的幅度，允许法官在法定幅度内的酌量权，刑法理论上称此为相对罪刑法定的刑法。1810 年法国刑法典的颁布在欧洲产生了广泛的影响，各国纷纷仿效制定自己的刑法典。换言之，刑事严格规则主义的法典在欧洲并未付诸实践，仅仅是严格规则主义者们的愿望而已。刑法如此，民法又怎么样呢？德国 1704 年制定了一部多达一万九千多条的普鲁士民法典，立法者试图对各种特殊而细微的事实情况开列出各种具体、实际的解决办法。它的最终目的，是想有效地为法官提供一个完整的办案依据，以便使法官在审理任何案件时都能得心应手地引律据典，同时又禁止法官对法典作任何解释。遇有疑难案件，法官必须将解释和适用法律的内容提交一个专为此目的而设立的“法规委员会”。结果“法规委员会”从未起到编纂者所期望的作用。“因为，尽管《普鲁士民法典》的规定极为详细，也不可能为一切案件设定明确的答案。”[①] 1804 年法国民法典是由一些经验丰富、学识渊博的法学家起草的。他们了解普鲁士人完全沉湎于这种法典编纂而导致惨重失败的教训。因而这部法典始终带有现实主义色彩而避免了激进的理性主义思想的影响[②]，使得这部法典能够在现实中运作。在古罗马，查士丁尼就曾想制定一部包罗万象的法典，为法官提供一切问题的答案，实现法律渊源的一元化。《国法大全》就是一种尝试。《国法大全》分《查士丁尼法典》、《查士丁尼法学总论》、《查士丁尼学说汇纂》、《查士丁尼新律》四部。前 3 部颁行后不

① ［美］约翰·亨利·梅里曼：《大陆法系》，39 页，北京，法律出版社，2004。
② 参见［美］约翰·亨利·梅里曼：《大陆法系》，30 页，北京，法律出版社，2004。

久查士丁尼国王便发现其想法脱离实际。随即又继续寻求补充法典不足的途径，最终又颁布了168项敕令。[①]他死后，法学家将这些敕令汇编成册，是为《查士丁尼新律》。不仅如此，他认为，他所编纂的法典不需借助于任何法学家的注释和评论就足以解决一切法律问题，禁止对法典作任何评注，然而收效甚微，这种禁令在查氏在世期间就遭到藐视。[②]

严格规则的行为模式不失败需要满足这样的前提：一是刑事法律的立法者的预见能力是超人的；二是法律的正义性问题在立法程序中迅速而全部地解决，法官无须在司法过程中为正义操心；三是社会生活是静止的，法律不会因社会的发展而与现实脱节。前提的不能满足，结果的失败自然是题中之义。正如庞德指出的那样："19世纪的法学家曾试图从司法中排除人的因素，他们努力排除法律适用中所有的个体化因素。他们相信按严谨的逻辑机械地建立和实施的封闭的法规体系，在他们看来，在这一封闭的法规体系的起源和适用中承认人的创造性因素，在组构和确立这一封闭的法规体系的制度中承认人的创造性因素，是极不恰当的。"[③]把整个审判过程简单化于形式逻辑的三段论式之中。即：成文法规定是大前提，案件事实是小前提，案件的判决则是推论出的必然结果。使法官审判过程所呈现出来的画面酷似一幅典型的机械式活动的操作图。法官酷似一种专门的工匠，除了很特殊的案件外，他出席法庭仅是为了解决各种争讼事实，从现存的法律规定中寻觅显而易见的法律后果。他的作用也仅仅在于找到这个正确的法律条款，把条款与事实联系起来，并对从法律条款与事实的结合中会自动产生的解决办法赋予法律意义。[④]从查士丁尼法典到普鲁士法典再到大革命后拿破仑制定的法典，长长的路，前人覆辙的重蹈，一次次坚定地证明，在司法中完全排斥人的因素，企望法律渊源一元化，一开始便碰壁，呈现在人们面前的都是失败的

---

① 参见林榕年主编：《外国法律制度史》，70页，北京，中国人民公安大学出版社，1992。

② 参见［美］约翰·亨利·梅里曼：《大陆法系》，7、8页，北京，法律出版社，2004。

③ 徐国栋：《民法基本原则解释》，153页，北京，中国政法大学出版社，1992。

④ 参见［美］约翰·亨利·梅里曼：《大陆法系》，36页，北京，法律出版社，2004。

记录。

严格规则模式是在对绝对自由裁量模式所造成的社会恶果的反思中产生的，因而对司法中人的因素的渗入有痛切的感受，反叛中过多地带上了感情色彩，终于走到了另一个极端。它之不可取就在于这致命的“极端”。采取马克思主义的扬弃态度，去掉“极端”，剩下的对规则的理论与实践的推崇，却是我们应当倍加重视的。有了全社会一体遵行的规则，一般正义的实现就有了保证，刑法的安全价值得以体现，有了普遍遵循的刑法，法官在处理案件时可以同类情况同类处理，只对其中差异点和个别特殊情况单独注意，不必案案因人司法，节约审判时间，获得法律的效率价值。

（三）严格规则与自由裁量相结合模式及评析

这种模式是一种折中模式，是对严格规则和绝对自由裁量两种模式的折中。它在当今世界不同的国家，其组合结构有别。大陆法系国家采取的是以制定法为主的严格规则与自由裁量相结合的组合；英美法系国家则是以判例法为主的严格规则与自由裁量相结合的组合。在英美法系国家“服从先例”原则确定之前，法官对呈现于他们面前的案件大概是根据当时社会的政治、经济情况，按照他们心中的、当时的正义观念处理。法律的确定性在这样的时代不能说是高的。这种情况经过长期的实践，一代一代人的经验沉积，直至形成了两种不同的观念。大陆法系与英美法系对法律的“确定”不变性持两种迥然不同的态度，前者重观念而轻实际；后者则只是观念上承认，法律活动中轻观念更重实际。他们“通常是依据更实用的观念来认识，并没有把它奉为信条。这种‘确定’观念认为，应当在可能范围内使人们了解他们应有的权利和义务，使他们尽量在考虑到法律后果的前提下去筹划他们的行为。但是，‘确定’的范围有一定限制，这就是‘确定’必须是可能的”①。他们还认为，“‘确定’仅是许多重要法律原则中的一个，它有时同其他法律原则发生冲突。而且，‘确定’，往往意味着僵化，将已经‘确

① ［美］约翰·亨利·梅里曼：《大陆法系》，49～50页，北京，法律出版社，2004。

定'的法律适用于正在发生变化的情况或处理特殊的案件就将发生困难"①。真是条条道路通罗马！英美人不信奉、不抬高"确定"，却从一条独特的道路上实现了"确定"，形成了一套独特的法律应变机制。让我们来具体看看英美法系国家是怎样实现法律确定性与灵活性的统一的。

在以判例法为主的英美法系国家，从宏观上看，判例法是法律确定性的承载者，制定法则充当着保证法律灵活性的角色。判例所确定的大部分原则是针对具体案件的，概括性低，外延小，针对性强。正是这种特点使它比较精确，解释的余地小，从而使法律具有较强的确定性和稳定性。所以，美国法学教授约翰·亨利·梅里曼说："真正的'确定'是通过坚持'遵循先例'的审判原则来实现的。"② 这是因为"审判中长时间积累的判例涵盖了各种各样的典型案例，为法律的实施提供了具体、详细的法律规范的例子，这些判例和法律规范本身结合在一起，比空泛的立法条文更有助于加强法的'确定'"③。就制定法而言，它可以随时由立法机关创制、修改或废除，能够满足大规模法律变革的需要，因此就整个社会的变革而言，它又是保障法律灵活价值的重要手段。英国就在改革精神旺盛的时代出现了三个立法极盛期："一是中央集权化封建国家的创始期，即从威廉一世到爱德华一世为止的所谓诺曼王朝及古代王朝时期；二是宗教革命的时代，即从封建国家向近代化资本主义国家转变的都铎王朝时期；三是以法国革命为中心的自由民权运动的时代、产业革命时代的19世纪前半期，以及自由放任主义经济向垄断主义经济转变为特征的19世纪后半期到现在为止的时代。"④ 变革时代积极制定法律，既反映了时代之需又满足了变革的要求。

从微观上看，判例法与制定法扮演的角色与它们在宏观视野中相反。判例法承载了法律的灵活价值，而制定法则保证了法律确定性的实现。就判例法而论，

①③ ［美］约翰·亨利·梅里曼：《大陆法系》，50页，北京，法律出版社，2004。

② ［美］约翰·亨利·梅里曼：《大陆法系》，53页，北京，法律出版社，2004。

④ ［日］高柳贤三：《英美法源理论》，25页，重庆，西南政法学院，1983年印行。

它通过赋予法官较大的自由裁量权使法律的灵活价值得以体现。基于两点事实，使其对法官的作用加以重视：一是判例法是面向过去的法律，它是以往经验和智慧的积累，并不承担预见一切未来可能发生的情况而为之设定规则的任务，这就从根本上不得不承认法律的局限性，对法律作用于未来打了折扣。尽管他们在口头上也同大陆法系一样不承认法官有立法权，但是新的情况出现，既有的判例不能提供与之相应的规则时，法官事实上的立法就不可避免。同理，二是当既有判例提供的规则明显脱离社会发展的实际时，法官作为客观上沟通过去与未来的承担者，他们可以“根据案件事实决定其法律后果，为了实现真正的公平正义可以不拘泥于法律，还能够不断地解释法律使之更合于社会的变化”①。而且法院在适用先例时，还有权“有选择地使用判例，甚至推翻自己过去作出的判决”②。法官的这种作用作为法律的渐变机制，保障了法律的灵活价值。从制定法来说，由于它在法律渊源体系中处于次要地位，往往是以单行的法规出现，如英国的刑事法制法——杀人法（1957 年）、盗窃罪法（1968 年）、劫持罪法（1971 年）等，没有高度的规范体系和广泛的指导性，然而有较高的精确性，由此体现了法律的确定性和安全价值。

大陆法系的规则基本上是制定法，制定法在法律渊源体系中处于非常重要的地位。大陆法系的制定法主要以法典形式出现，有高度的规范体系，有广泛的指导性。在这种单一的法律渊源体制下，制定法要承担多种法律价值，却往往顾此失彼。在宏观上保障了法律对于社会的灵活价值，却又显得确定性差；在微观上，由于法律是一种抽象的具有共性的东西，精确性差，因而出现超意图因果效应——想尽力排除司法中人的因素，结果给人的因素的渗入留下了无数空隙，想尽量少地赋予法官以自由裁量权，结果法官在法律模糊概念中游刃有余；而且，当法律的缺陷难以避免地显现时，又没有适当的机制予以修补。当然，大陆法系

① ［美］约翰·亨利·梅里曼：《大陆法系》，52～53 页，北京，法律出版社，2004。
② ［美］约翰·亨利·梅里曼：《大陆法系》，48 页，北京，法律出版社，2004。

的法院事实上也重视判例，正如美国法学教授约翰·亨利·梅里曼所指出的那样："在事实上大陆法系法院在审判实践中对于判例的态度同美国的法院没有多大区别。"但是，重视判例的原因不是使其在宏观和微观环境中担任相应的角色，而是别的。"法官之所以要参照判例办案，主要有以下几个原因：第一，法官深受先前法院判例的权威的影响；第二，法官不愿独立思考问题；第三，不愿冒自己所作判决被上诉审撤销的风险。"① 这在一定程度上也反映了我国法官适用案例的客观事实。

英美法系以判例法为主、制定法为辅的严格规则与自由裁量相结合的结构，把判例法和制定法分别在宏观与微观环境中的角色划分得比较科学，其运作机制能使法律的安全价值和灵活价值得以合理的体现。但是，它的致命弱点是判例太凌乱、庞杂，浩如烟海的判例使法官适用起来非常不便，不必要的费时费力难以避免，有损法律的效率价值。大陆法系坚守制定法严格规则与自由裁量相结合的结构，却能弥补此不足。因而现代英美法系国家对制定法也产生了浓厚的兴趣。美国到 1980 年，普通犯罪已法典化的州和地区有：亚拉巴马州、阿拉斯加州、亚利桑那州、阿肯色州、加利福尼亚州、哥伦比亚特区、佐治亚州、爱达荷州、伊利诺伊州、印第安纳州、缅因州、密歇根州、密西西比州、密苏里州、内布拉斯加州、内华达州、新墨西哥州、北达科他州、南达科他州、俄克拉何马州、南卡罗来纳州、田纳西州、华盛顿州、怀俄明州等 24 个。美国全国没有统一的刑法典，但美国法学会 1931 年着手制定，第二次世界大战中断，1951 年又恢复工作，从 1953 年起共易 13 稿，于 1962 年公布了一部模范刑法典，该"法典"本身并无拘束力，但其示范作用重大，它公布后 20 年间，美国有威斯康星州（1958 年）、伊利诺伊州（1961 年）、明尼苏达州（1964 年）、纽约州（1967 年）、堪萨斯州（1970 年）、科罗拉多州（1971 年）、康涅狄格州（1971 年）、夏威夷州（1971 年）、特拉华州（1973 年）、蒙

① ［美］约翰·亨利·梅里曼：《大陆法系》，47 页，北京，法律出版社，2004。

大拿州（1973年）、新罕布什尔州（1973年）、俄勒冈州（1973年）、宾夕法尼亚州（1973年）、得克萨斯州（1973年）、犹他州（1973年）、肯塔基州（1974年）、俄亥俄州（1974年）、新墨西哥州（1977年）、印第安纳州（1977年）、缅因州（1978年）、新泽西州（1979年）等21个州以它为蓝本对本州的刑法进行了重大修订或者重新制定。[①] 英国在第一次世界大战后，颁布了大量单行刑事法规，对过去的判例和刑事立法进行某些修改与补充，制定法的比重和作用上升，判例法的比重和作用明显下降，制定法逐渐趋于系统化，刑法等基本法律部门差不多也都以制定法形式成文法了。两大法系相互影响，相互渗透和融合的趋势明显增强。[②] 不过两种结构模式保持各自的特点并驾齐驱的态势恐怕也是长期的。我们以为比较理想的结构模式应是：以制定法为主、判例法为辅的严格规则与自由裁量相结合，即在法律渊源上采取制定法与判例法二元体制，以制定法为主、判例法为辅。在宏观上由制定法作类的、普遍性的规则，判例法作具体的规则，从而保障法律的确定性。在这里制定法担负两种职能，即在司法判案中起类的、普遍的规则作用，实现一般公正，体现法律的安全价值；就整个社会生活而言，它可以及时废、改、立，以适应社会变革的需要，体现法的灵活价值。在微观上，发挥法官的主观能动性，通过行使自由裁量权，使法律渐进地变化，以适应社会不断发展的需要，体现法律的灵活价值。由制定法在原则方面、在普遍性问题上，就总的方面进行规则，以实现确定性，体现法律的安全价值。在一般情况下，社会正常的发展是渐进的，因此应该避免突变性立法，即在宏观上靠随时制定、修改、废除法律以体现法律于社会的灵活价值，不是常用手段。因此，要更加重视在微观环境中体现法律的灵活价值。而要做到这一点就得赋予法官以适当的自由裁量权，通过判例法之形式使法律适应社会的发展。“先例构筑的法律只是在社会以平稳的节奏发展，

① 参见储槐植：《美国刑法》，21、23页，北京，北京大学出版社，1987。

② 参见林榕年主编：《外国法律制度史》，204、207页，北京，中国人民公安大学出版社，1992。

重要案件判决所处的历史条件之间没有较深裂痕的情况下才能最好地发挥作用。”①

第五节　严格规则与自由裁量相结合的理论基础

在人类司法史上，古代社会总体上是绝对自由裁量的（古罗马、古希腊及英国政治民主气氛浓厚的古典民主政治的时期，绝对自由裁量的程度相对较弱，规则可以起到一定的限制作用）。到了近代曾一时分别从两条路上发展开去：以法国为表征的大陆法系走上绝对严格规则之路；以英国为代表的英美法系则走的是严格规则与自由裁量相结合之路。大陆法系绕了一个小弯也走到以严格规则与自由裁量相结合之路，尽管规则内容有别。有趣的是各种裁判模式都有自己的一套理论，让我们对理论予以评析之后再评判模式的合理性。

一、绝对严格规则主义评析

绝对严格规则主义是指通过完美的立法，给司法提供规则，从而排除司法中人的因素起作用的主张。溯其源，此主张的理论根源是对人性恶的认识，主要出现于思想家、理论家的研讨中。真正成为社会共识并付诸实践还是近代的事。人们在对封建社会野蛮专制的反思中，深深地意识到用规则防范人性恶的重要性，于是形成了一股势不可挡的思潮，同其他政治制度一样，司法制度首先在欧洲开始了一场革命。在严格规则主义思潮的影响下，主要在19世纪欧洲大陆各国相继编纂了一批法典，形成了一场史学家所称的法典编纂运动。这场运动的影响后来扩及世界不少国家。这之前和这一时期最著名的民法典有：普鲁士国家法

① ［美］埃尔曼：《比较法律文化》，46页，北京，三联书店，1990。

(1704年，一万九千多条)、俄国法律汇编(1832年，四万二千多条)、法国民法典(1804年，2 281条)、德国民法典(1897年，2 385条)。刑法方面法国刑法典公布后，欧洲及世界其他地区一些国家纷纷仿效，以其为蓝本制定自己的刑法典，比较早的有：法国刑法典(1810年，477条)、德国刑法典(1871年，370条)、日本刑法典(1880年，430条)等。[①] 从这些法律我们不难看出，当时立法者们对防范司法中人的因素用心之良苦。

绝对严格规则主义产生的时代背景及理论支柱在前面已经论及，容不赘述。这里我们要注意的是绝对严格规则的主张，就刑事司法而言，为什么付诸实践很快就破灭了。由于大众情绪的作用，人们对一种切肤之痛有共同的感受时，便形成共同的义愤，当这种共同的义愤被激发外化于言行时，容易产生反叛的狂热，走向另一极端。以法国大革命为表征的欧洲资产阶级革命，就带有一定的狂热性。“革命是自然权利、权力分立、理性主义、反封建主义、资产阶级自由主义、国家主义以及民族主义等理性力量的汇合……但是，革命期间以及革命以后的一段时间内，它们被过分渲染(而这正是革命运动的普遍现象)，可憎的过去被描绘得过于黑暗，革命的目标被理想化了……其结果是：思想的热情取代了理性；革命的理论演变为教条；革命本身则成了乌托邦。”[②] 绝对严格规则的实践就是这种情绪的表现。更主要的是它的理论基础的错误，即错误的主观唯心主义和形而上学的思想方法。这种理论过分地夸大人的认识能力，认为人能够认识未来的一切。他们自信只要知道了宇宙各质量的瞬间构形与速度，一个头脑精细的人就可以算出整个过去与未来的历史(有名的决定论者，拿破仑的同时代人拉普拉斯语)。人对事物的认识可以达到绝对终极，即掌握绝对真理。因而为未来社会规制当然就是不成问题的了。另外他们又把世界看作是静止的、不变的，人们能够创造一个包罗万象的体系把流动的、发展而丰富的现实社会圈住在其内，因而法

① 参见林榕年主编：《外国法律制度史》，北京，中国人民公安大学出版社，1992。

② [美]约翰·亨利·梅里曼：《大陆法系》，18页，北京，法律出版社，2004。

律一经制定则一劳永逸，无须为不适应发展的社会而担心。理论基础的虚幻，实践不成为妄行才真正是怪事。

二、严格规则与自由裁量相结合的哲学渊源

严格规则与自由裁量相结合的思想渊源，我们仍可以追溯到古希腊思想家亚里士多德那里。亚氏关于人性的思索超越他的老师柏拉图。柏拉图认为“因为‘善的本体’产生了人和性，所以人性是善的”[①]。古代绝对自由裁量主张的思想之一就是对人性善的认识。亚里士多德反对其老师的看法，认为人性并非单纯的善，还有恶的一面。“人类由于志趋善良而有所成就，成为最优良的动物，如果不讲礼法、违背正义，他就堕落为最恶劣的动物。”[②] 可见他坚持善与恶相混合的人性观。既然有性恶的一面，就需要法律规则。这是因为，“虽最好的人们（贤良）也未免有热忱，这就往往在执政的时候引起偏向。法律恰恰好正是免除一切情欲影响的神祇和理智的体现。凡是不凭感情因素治事的统治者总比感情用事的人们较为优良。法律恰正是全没有感情的。”[③] 同时他又指出：“完全按照成文法律统治的政体不会是最优良的政体。”[④] “因为法律只能订出一些通则，不能完备无遗，不能规定一切细节，把所有问题都包括进去。”[⑤] 所以人的作用不应当完全否定。由此可见在亚里士多德的思想中，早已把规则与人的因素结合在了一起。

如果说亚里士多德的思想是规则与人的因素结合的思想萌芽的话，那么最终釜底抽薪彻底动摇绝对严格规则主义，促成规则与人的因素结合的是 18 世纪末叶至 19 世纪的哲学。我们前面已经说到法国大革命后，大陆法系与英美

---

① 徐国栋：《民法基本原则解释》，178 页，北京，中国政法大学出版社，1992。

② 《西方法律思想史资料选编》，42 页，北京，北京大学出版社，1983。

③④ 张宏生主编：《西方法律思想史》，52 页，北京，北京大学出版社，1983。

⑤ 张宏生主编：《西方法律思想史》，53 页，北京，北京大学出版社，1983。

法系国家选择两种不同的司法裁量行为模式重要根源之一也是哲学。大革命前后法国及欧洲大多数国家完全由以笛卡儿为代表的理性主义哲学统治，法国革命的思想武器之一也是理性主义。而英国则完全由产生于自己本土的、几乎不受欧洲其他国家影响的，为英国人坚守了两百多年的从培根（1561—1626）、洛克（1632—1704）到休谟（1711—1776）的经验主义统治。就在法国革命正酣，影响波及欧洲以至整个世界的时候，在理性主义的巢穴德国和法国出现了对理性主义的坚决反叛，倒向了经验主义的哲学，之后，整个欧洲乃至西方世界尽管有各种不同流派，但多属主观经验主义或叫实证主义，贝克莱—休谟开创的主观经验主义哲学占了统治地位。① 反叛的先导是德国的康德，其后是黑格尔，再其后就是法国的孔德和柏格森等。康德在认识论上批判了理性主义的人的认识能力至上论，认为人的认识分为三个阶段：感性、知性、理性，而知识有两个来源：一个来源是外物作用于我们的感官所引起的感觉经验；另一个来源是理性先天地固有的认识能力。这就是说在康德之认识论中有经验主义成分和理性主义成分。感性认识不能提供的普遍性、必然性，则能由理性认识即所谓“知性”来提供。康德认为，理性指人先天具有的一种要求把握绝对的无条件的知识的能力，即要求超越“现象世界”去把握“自在之物”的能力。而理性这种存在于人心中的要求把相对的、有条件的知识综合成为绝对的、无条件的知识的倾向是难以实现的，这是因为“理性”所追求的绝对无条件的对象在“现象世界”中是根本没有的。他首先是一位不可知论者，同时又是可知论者。他的“现象世界”是可知的，为超乎经验的对未来世界规制的可能性提供了理论依据；而“自在之物”的不可知性，又排除了一举把握全部绝对真理的可能，堵死了为未来社会一切人类行为制定法典的可能性。这就是说，在康德的哲学中已经为大陆法与英美法的趋同，为规则与人的因素的结合开始做理论准备了。黑格尔一方面把从康德开始的德国古典哲学中的唯心主义发展到了

① 参见夏基松：《当代西方哲学》，5页，哈尔滨，黑龙江人民出版社，1983。

顶峰；另一方面，又在唯心主义的基础上对辩证法"给了很重要的贡献"。黑格尔认为，绝对真理并不是表现为最终把握到某种一成不变的东西，而是体现在认识的不断深入的过程中。正如恩格斯所说："黑格尔哲学……的真实意义和革命性质，正是在于它彻底否定了关于人的思维和行动的一切结果具有最终性质的看法。哲学所应当认识的真理，在黑格尔看来，不再是一堆现成的、一经发现就只要熟读死记的教条了；现在，真理是在认识过程本身中，在科学的长期的历史发展中，而科学从认识的较低阶段向越来越高的阶段上升，但是永远不能通过所谓绝对真理的发现而达到这样一点，在这一点上它再也不能前进一步，除了袖手一旁惊愕地望着这个已经获得的绝对真理，就再也无事可做了。"① 这种真理观进一步断绝了一次把握绝对真理的一切通道，破灭了所有为未来社会人类的一切行为规制的梦想。黑格尔哲学的另一深刻思想是关于事物运动、发展、变化和转化的学说，他认为人的认识所要把握的，并不是某种现成的给定了的、一成不变的东西，而是某种发展着的、变化着的东西。他"把整个自然的、历史的和精神的世界描写为一个过程，即把它描写为处在不断的运动、变化、转变和发展中，并企图揭示这种运动和发展的内在联系"②。对理性主义来说这又是致命一击。在黑格尔的认识论中，世界是可知的，但又不是一次能达到的；任何对真理的认识都不是绝对的，而是相对的。这就为两大法系的融合提供了进一步的理论根据。在马克思、恩格斯之前，黑格尔哲学有广泛的影响，如果说康德哲学是严格规则与自由裁量相结合理论准备的开始的话，那么黑格尔哲学则是发展，并形成了绝对的优势。19 世纪至 20 世纪初在法国影响比较大的是柏格森的生命哲学。生命哲学认为传统哲学只能把握凝固的、静止的、表面的东西，不能把握作为真正的实在的活生生的生命。因为生命总是处于不断的变化、发展过程中，其中没有任何相对静止和稳定的东西。为了掌握生命，必须深入到生命本身中去，而这只有

---

① 《马克思恩格斯选集》，2 版，第 4 卷，216 页，北京，人民出版社，1995。

② 《马克思恩格斯选集》，2 版，第 3 卷，362 页，北京，人民出版社，1995。

依靠非理性的直觉。这实际上是黑格尔认识论的继续，只是从不同的角度进行说明罢了。孔德的哲学是实证主义的，而实证主义渊源于18世纪上半叶之前美国贝克莱（1684—1754）—休谟（1711—1776）的主观经验主义，自然是对理性主义的反叛。在法国大革命后不太长的时间内，整个欧洲都在对理性主义的反思后走向经验主义，经验主义成为社会的主流哲学。这种意识形态必然影响司法行为，规则与人的因素结合便是结果。

三、严格规则与自由裁量相结合的法学理论依据

在英美法系国家法国大革命后不再像之前那样有自己独立于欧洲各国的哲学理论。英国哲学在休谟之后再没有单独的辉煌，整个欧洲由前述的德国、法国哲学所统治，而这些哲学正是规则与人的因素结合的理论武器。也就是说英国在法国大革命后即明确了判案“遵循先例”原则（13世纪法官判案往往引用判例阐明法律，16世纪引用判例作为判案依据在普通法院已成惯例），并在立法方面受法典编纂运动影响，成为英国历史上制定法极盛时期之一，从而实现了严格规则与自由裁量的统一。哲学上是欧洲其他国家向他们靠拢（当然有大的发展），因而对他们来说主要的问题只是实践了。因此，他们主要在具体的学科——法学上发挥其思维能力，结果意外地向大陆法靠近了一步。在英美法系中有代表性的法模式理论可以说明这一点。关于法的模式理论当首推美国法学家庞德和德沃金的理论。法的模式指法这种社会现象的简化或抽象化形式，是人们为了说明或解释法是什么或由什么元素构成而使用的概念。庞德认为法律是一种秩序，包括律令、技术和理想3种成分。律令中包括规则、原则、概念和标准。规则指以一个确定的、具体的法律后果赋予一个确定的、具体的事实状态的法律律令。原则指用来进行法律推理的权威性出发点，它没有预先假定任何确定的人、具体的事的

状态，也没有赋予确定的、具体的法律后果。标准指法律所规定的行为尺度。[①]技术指解释和适用法的规定、概念的方法和在权威性的资料中寻找审理特殊案件的根据的方法。理想，是指导法官去寻找法律规则、解释法律规则、将法律规则适用于判案之中的蓝图，它也指导立法人员创制法律，指导法学家设计创造性的方法。[②] 同样德沃金也认为“法不仅包括规则，而且还包括非法律规则的准则，特别是原则和政策，它们也是法的重要组成部分”[③]。也就是说，德沃金的法律的成分也是三个方面：规则、原则和政策。这两种法的模式理论都提出了法律不仅是规则，还包括规则以外的内容。而原则是一些有高度涵盖力的准则，它具有面向未来的性质，要确立这些原则，经验主义的归纳法是难以实现的，它必须通过演绎推理。这就使英美国家的经验主义思维方法向大陆国家的理性思维方法靠近了一步。

在人类思维史上，真理终是不分门派的。与英美法国家法学研究相对应，19世纪末叶和20世纪初大陆法学者在自己法传统、法实践的基础上开展了广泛的研究，法学思想深广、流派纷呈，各有各自成为流派的独到见地，但有一点却惊人地相同或相似，即“几乎一切法学思想流派都主张自由裁量主义、反对机械司法，换言之，是概念法学的对立物”[④]。大陆法学的研究不约而同地向英美法靠近了一大步。给严格规则与自由裁量相结合提供了法学理论根据。

我们再翻开刑法学说史，刑法理论的发展也从部门法的角度为严格规则与自由裁量相结合提供了一个全面的理论根据。在此我们主要以刑罚理论的发展来说明此问题。刑罚理论发展至今总体上是三种主张：报应说、预防论（功利论）、二元论。古代社会的报应论是神意报应，认为神是世间万物的主宰，世俗社会是神的安排，犯罪侵犯世俗社会秩序，实质上违背了神的意志因而应受

① 参见沈宗灵：《现代西方法律哲学》，84～87页，北京，法律出版社，1983。
② 参见张文显：《当代西方法学思潮》，215页，沈阳，辽宁人民出版社，1988。
③ 《中国大百科全书·法学》，60页，北京，中国大百科全书出版社，1984。
④ 徐国栋：《民法基本原则解释》，261页，北京，中国政法大学出版社，1992。

到神的制裁。近代的道义报应，其思想根源也可追溯到古希腊。亚里士多德基于他的朴素的公正观念，阐述了他的报应观。亚氏从社会伦理道德出发，把对违背道德使人受到不公正待遇的处理称为矫正性的公正。矫正性公正就是使事物回到中间，即得到和损失的中间。对好处的多占或少选取坏处就是得利，反之，就是损失。违法就是对好处的多占，是不公正的。对其处理就是使好处与坏处均等，回复到中间状态。"谁害了人，谁受了害，由于这类不公正是不均等，所以裁判者就尽量让它均等，倘若是一个人打人，一个人被打，一个人杀人，一个人被杀，这样承受和行为之间就形成了不均等，于是就以惩罚使其均等，或者剥夺其得利。"[①] 换言之，谁做了多大的恶事，谁就应受到多重的处罚，使其回复到中间，这恐怕是最早的等量报应的思想萌芽。道义报应是指根据犯罪人的主观恶性程度实行报应。刑罚的发动应以犯罪人的道德罪过为基础，使刑罚与道德一致。康德是道义报应论系统化的开山之祖。康德认为人是现实上创造的最终目的，而作为目的的人是道德的人，犯罪侵犯他人的权利，把人当作了手段，违背了道德，为了恢复其作为目的的价值，就应对犯罪人施以惩罚。惩罚的形成取决于犯罪的形式，惩罚应与犯罪在量和形式上相均衡。稍后，黑格尔将其辩证法中的否定之否定规律运用于对罪刑关系的考察，提出了法律报应。在他看来犯罪是对法律秩序的否定，而刑罚则是对犯罪的再否定，即否定之否定。刑罚的发动以犯罪人客观上对社会造成的损害为基础，刑罚的分量应与犯罪在价值上相等。由此看出，无论是古代的神意报应，还是康德、黑格尔的道义报应和法律报应，都是对已然之罪的回顾，刑罚是面向过去的。刑罚之目的是为了报恶。他们把犯罪看作一种恶意，而善有善报，恶有恶报，刑罚则是这报恶的手段。近代法国启蒙思想运动后，出现了预防论，又称功利论。这种理论认为刑罚之所以存在，并不是为了满足社会的报应观念，而在于惩罚犯罪人能给社会带来一定的实际利益，即"功利"，这种功利的集中

---

① 肖金泉主编：《世界法律思想宝库》，77页，北京，中国政法大学出版社，1992。

表现就是预防犯罪。刑罚的分量取决于预防犯罪的实际需要。18世纪的启蒙思想家、刑法学家贝卡里亚首先提出了这个命题。他认为，刑罚的目的仅仅在于："阻止罪犯再重新侵害公民，并规诫他人不要重蹈覆辙。"[①] 贝氏的刑罚目的是两个：一是阻止有罪的人再犯罪；二是制止他人犯罪。后来这种理论被功利主义巨匠英国法学家边沁发扬光大，并首次将刑罚目的分为"一般预防"和"特殊预防"。贝卡里亚和边沁之后，功利主义内部围绕以"一般预防"为主，还是以"个别预防"（特殊预防）为主的论争而分化。18～19世纪一般预防占统治地位，随着刑事实证学派的崛起，19世纪末叶20世纪前半叶个别预防风行。预防犯罪的刑罚理论是一种前瞻性的理论，认为刑罚的目的应着眼于未来，量刑的轻重取决于预防犯罪的需要。而这种"需要"除了立法时考虑外，量刑时自然也应考虑，要求法官把握实际情况酌量刑罚，这就给了法官自由裁量刑罚的余地。因此，功利主义的出现就是从理论上承认了法官的刑事自由裁量权。只是由于功利主义产生时正是严格规则主义盛行之时，未及重视。到个别预防论中教育刑论的出现，法官的刑事自由裁量权被当然地提了出来。教育刑论是由德国刑法学家李斯特提出的。他认为，犯罪既非犯罪人自由意志的结果，也非天生固有的，而是不良社会环境的牺牲品，国家不应惩罚这种牺牲品，而应该教育。因而刑罚的本质是教育而非惩罚。由此他主张刑罚应当个别化，应根据犯罪者的人身危险性即再犯可能性以及其人格形成的过程，决定适用相应的刑罚。刑法是一种普遍性的规定，在适用中要个别化，这个任务当然地交给了法官。法官再也不能作"法律之口"，"而是有较大的裁量权，起到权宜掌握的作用"[②]。教育刑论的刑罚理论是刑事审判中承认法官自由裁量权的最明确的理论依据。由于单纯的报应论和预防论都有缺陷，都不能解决日益增多的犯罪问题，近年来以美国学者帕克为代表提出了一体论，即报应与预防融为一体的刑罚理论，我国有的学者称之为刑罚目

① ［意］贝卡里亚：《论犯罪和刑罚》，42页，北京，中国大百科全书出版社，1993。

② 甘雨沛、何鹏：《外国刑法学》（上），149页，北京，北京大学出版社，1984。

的二元论。[①] 该论认为：犯罪是社会危害性与人身危险性的统一，是犯罪本质的二元论。基于此，刑罚作为犯罪的否定，其功能应当具有相应的二元性：刑罚之于已然之罪，表现为惩罚；对未然之罪则表现为教育。从刑罚功能再推论刑罚目的，当然也具有二元性：惩罚功能表现为报应，教育功能表现为预防。[②] 报应与预防结合的二元论，为刑事审判中严格规则与自由裁量相结合，提供了刑法理论依据。

四、严格规则与自由裁量相结合的政治理论依据

法国大革命后绝对严格规则主义的重要理论根据之一即是分权原则。孟德斯鸠关于政治权力分立的设计，是当时欧洲各国建立政治体制的依据。他认为："一切有权力的人都容易滥用权力，这是万古不易的一条经验。有权力的人们使用权力一直到遇有界限的地方才休止……从事物的性质来说，要防止滥用权力，就必须以权力约束权力。"[③] 因此，国家必须实行分权，"每一个国家有三种权力：（一）立法权力；（二）关于国际法事项的行政权力；（三）有关民政法规事项的行政权力。我们将后者称为司法权力，而第二种权力则简称为国家的行政权力"[④]。如果立法权、行政权、司法权不分立，"则一切便都完了"[⑤]。"如果司法权同立法权合而为一，则将对公民的生命和自由施行专断的权力，因为法官就是立法者。"[⑥]孟氏的三权分立理论对反封建和防止专制有着重大的现实意义，是人类的一大进步。但是，在当时的法国，如同其他革命理论被绝对化了一样，分权理论也被绝对化了，对权力的分立采取了绝对严格的态度，"这种主张一个表现，

---

① 参见陈兴良：《刑法哲学》，335页，北京，中国政法大学出版社，1991。

② 参见陈兴良：《刑法哲学》，354～355页，北京，中国政法大学出版社，1991。

③ ［法］孟德斯鸠：《论法的精神》（上册），154页，北京，商务印书馆，1982。

④ ［法］孟德斯鸠：《论法的精神》（上册），155页，北京，商务印书馆，1982。

⑤⑥ ［法］孟德斯鸠：《论法的精神》（上册），156页，北京，商务印书馆，1982。

就是要求法官只能运用既定的法律判案而不能依据先前的判例，‘遵循先例’的原则被拒绝运用。另一个表现是，立法权同司法权严格分立的原则不允许法官对立法机关制定的法规中有缺陷、互相冲突或者不明确的地方进行解释”①。绝对的分权理论支撑绝对的严格规则主义。然而这种分权理论本身的科学性令人生疑。从法国实行这种绝对严格的分权实践看，第二次世界大战以前，由于存在封建复辟与反复辟的斗争，政体变幻不已，有时仍然是专制政体。避开这一时期不论，从第二次世界大战后的1945年到1958年第五共和国成立的14年内，一连更换了25届政府，执政最长的只有一年多，最短的是1950年的克那内阁只维持了两天，法国政局长期处于动荡之中。② 除开战后时局变化各种政治力量的调整组合外，对分权的过分严格化恐怕也是原因之一。

孟德斯鸠的分权理论，含有三种权力既分立又制衡两方面的内容。制衡之意就在于当一种权力过大僭越其他权力时，其他权力予以制止，使三种权力的行使始终保持一种平衡态，保证国家协调发展。“这三种权力原来应该形成静止或无为的状态。不过，事物的必然的运动逼使它们前进，因此它们就不能不协调地前进了。”③ 就是说，这三种权力的平衡态并非静止，而是运动的，是一种运动的平衡态。事物处在运动中，这三种权力也必须在运动中保持平衡。保证运动的平衡除了制止某一种权力过大外，还应当包括对另一权力过弱或出现缺陷时给予补充。即是说，如果立法权过大损害行政权时，司法权则与行政权可以联盟，制止立法权的无限扩大。对司法权来说，这时可以起两个作用，一是直接反对立法权的无限扩大，给行政权以扩大势力的支持；二是以自己的职能范围填补使行政权过弱而受损的某种缺陷。这种“填补”对严格的分权论者来说也许被认为是“越权”，然而这种“越权”，对保持动态平衡来说又是必需的。美国被认为是全面贯彻孟德斯鸠的分权理论最好的国家，他们不仅重视权力分立，而且更重视权力的

① ［美］约翰·亨利·梅里曼：《大陆法系》，36页，北京，法律出版社，2004。

② 参见赵震江：《分权制度和分权理论》，141页，成都，四川人民出版社，1988。

③ ［法］孟德斯鸠：《论法的精神》（上册），164页，北京，商务印书馆，1982。

制衡。美国宪法就明确规定：立法权属于参议院和众议院组成的合众国国会；行政权属于美利坚合众国总统；司法权属于最高法院及国会随时制定与设定的下级法院。但是他们并没有绝对化，比如宪法第 1 条第 3 款第 2 项中就规定：参议院有审讯一切弹劾案的全权。而按照宪法的精神，最高法院对宪法和法律有解释权。限于篇幅，我们仅以司法方面的制衡实践为例。美国最高法院具有“司法审查权”，即可以通过判决宣布国会的某一项立法因违宪而无效。据美国最高法院成立到 1946 年的统计，对国会通过的 80 件法案和州议会制定的几百件法律作了违宪判决。罗斯福总统因此曾提出改组最高法院的议案，未获国会的支持。国会的理由是：总统的这一计划很可能使司法部门从属于行政部门，从而破坏三权分立制度的制衡原则。法院在行使解释法律的权力时，也可以在法的原则精神范围内有倾向性，并起支持另一权力的作用。如宪法规定宣战权与实际发动战争的权力分别由国会和总统行使。最高法院 1863 年在捕获案件的判决中宣布，假使由于外国侵略而发生战争总统不仅有权而且有道义责任用武力抵抗武力；总统并没有发动战争，但他有义务立即接受挑战，而不需要任何特别立法授权；并且不管敌方是外国侵略者还是几个州组织起来的叛乱分子。这实际上就为扩大行政权提供了法律依据，可以视作一种补充立法，因而又限制了国会的立法权。由此可见，对一种权力的限制，事实上又将是对另一权力的渗入。换言之，承认权力制衡，就是否定绝对严格的分权。世界上的事情大概都会这样：任何极端的、绝对化的行为，都是要碰壁的。法国从 1958 年第五共和国成立后，新颁布了戴高乐宪法，改变了过去的分权制度，三权分立不再过分严格，标志之一就是总统享有了立法权。从现代资本主义国家的情况看，除英、美两国外，其他国家三权都有相互渗入的一面。立法权不仅由立法机关行使，行政部门也有委任立法权。这是因为在现代国家中基于六项原因，委任立法不可避免：（1）议会议事时间不足以应付巨数之法案；（2）议事主题过于部门技术化；（3）不可预测的偶发事件；（4）立法机能的弹性问题；（5）立法机关欠缺试行的经验造成困难；（6）有关紧

急权问题，须赋予行政机关紧急立法权。[①] 这些原因无一不可，同时成为不能排斥法官有限制地创法的原因。

概言之，正如世界上没有任何绝对的事物一样，分权制度也不应该是绝对的。司法中的有条件的（不违背宪法和法律的原则精神）补充创法权不应该视为邪恶；法官的自由裁量权，理应在克服严格规则之局限性范围内作为补充而存在。

五、二者结合与辩证唯物主义世界观

马克思主义辩证唯物主义的世界观告诉我们，世界是物质的，物质是不依赖于意识、精神而独立存在的客观实在。运动是物质的根本属性，物质的任何一种形态都处于运动中，世界便是这种永恒运动着的物质世界。运动是物质的存在形式，没有运动的物质是不存在的。但同时也不否认物质世界中有某种相对静止状态。物质的运动是绝对的，静止是相对的。物质的运动是在一定的时间和空间进行的，并且有自己的规律性，因此，是可以认识的。人的认识是在实践的基础上，从感性认识能动地飞跃到理性认识，又从理性认识能动地飞跃到实践的辩证过程。感性认识是认识的初级阶段，人们在这个阶段只能认识事物的现象、事物的各个片面和事物的外部联系，即个别。但是它是认识的第一步，没有感性认识，不可能有理性认识。理性认识是在感性材料的基础上形成概念，运用概念进行判断、推理的过程。它是认识的高级阶段，即经过抽象的概括、分析和综合，从现象深入到本质，从个别上升到一般的过程。理性认识能动地飞跃到实践，即是用理论指导实践的过程。这两个过程毛泽东同志概括得好，他说："这是两个认识的过程：一个是由特殊到一般，一个是由一般到特殊。人类的认识总是这样循环往复地进行的，而每一次的循环（只要是严格

---

① 参见徐国栋：《民法基本原则解释》，240～241页，北京，中国政法大学出版社，1992。

地按照科学的方法）都可能使人类的认识提高一步，使人类的认识不断地深化。”① 人类认识真理的过程也是这样一步一步地接近绝对真理的过程。一定历史时代的人们对无限运动着的物质世界的认识，只能达到一定的深度和广度。在这个意义上辩证唯物主义承认人的认识的相对性，承认真理是相对的。就是说任何真理都是相对和绝对的统一，没有离开相对的绝对，也不存在脱离绝对的相对。

马克思主义辩证唯物主义告诉我们，人们能够在自己所处的时代通过对个别现象的抽象、综合、分析和推理，把握一般，从而对未来进行一定的认识。因此，人们能够为未来规制，而且这种规制对提高未来人们的认识和实践有重要作用，以使将来的认识在循环往复中达到更高一层，以使将来的实践更有效率。从这个意义上说这种规制还是必需的。没有理论指导的实践是盲目的实践，没有规则规范的实践是盲目而混乱的实践。但是，事物的运动是绝对的，物质处在永恒的运动中，人类对运动着的世界的认识是有限的。社会环境的运动不拘性要求任何规则都要具有对这种社会生活的适应性。这就必然得出两个命题：

第一，一切规则不能企望为将来的一切个别提供行为依据，即是说对未来只能作相对一般的规则，不得不留下一定的余地；

第二，发挥法官的能动性，赋予法官一定的职权，以便随时修补规则与现实的脱节。

这就是说，不应该把法律看作一种固定的规范，而必须把它作为一种变化发展的东西来考虑。即法律是一种具有过程性形象的东西，它不是静止的，而是动态的。动态的法应该包含两层意义：一是从宏观角度看，法典应该具有确定性，一定时期是相对稳定的，然而它又不是凝固的，当在不同的时期据情而变化。这种变化表现在立法机关按程序对法典进行修改补充。二是从微观角度看，法律一

① 《毛泽东选集》，2 版，第 1 卷，310 页，北京，人民出版社，1991。

经制定便落后于活生生的社会现实，法官将规范一般的、适用于普遍对象的法律运用于个别的、具体的每一案件，必须对法进行合理的解释。解释包括个案的判决解释和类案的条文式解释。易言之，把法视作变动的活法，而不是死法，机械地以己为“法之口”而只管宣读。解释所遵循的指导思想和坚持的准则即是法律的原则和精神。

第六节　法官刑事自由裁量行为控制

一、罪刑擅断之根：一个尚需澄清的认识问题

罪刑擅断乃民权保障的一大威胁，是社会安全的大敌，必须防范。法官刑事自由裁量行为的控制，即是承认法官在刑事案件的处理中有一定的自由，允许并鼓励法官在审案中发挥一定主观能动性的前提下，为了防止权力无限扩大演化为罪刑擅断而给予限制约束，明确权力的边界，使之存在于一定的范围内。社会是一个复杂的大系统，任何现象的出现都有其相应的原因，只有由表及里探明其因才能施之以治。罪刑擅断产生的根源是什么，这是我们研究法官刑事裁量行为控制应当首先解决的问题。

回顾人类审判史，有这样一个事实应该是不争的：人类进入近现代社会以来，即使是在西方资本主义国家，定罪量刑应该说也是依法进行的。无论是大陆法系抑或英美法系国家，罪刑法定都是其基本的刑法原则，只是实现的方式不同而已。大陆法系国家奉行成文制定法，罪刑法定原则在宪法和刑法中明确规定，体现方式主要有三：（1）在宪法或宪法性文献和刑法中都明确规定。如法国1789年人权宣言第5条对罪刑法定作了明确规定，以后的每一部刑法典也都明确规定了这一内容。意大利现行宪法第25条第2款规定：“不根据犯罪以前业已生效之法律，不得对任何人处以刑罚。”同时1968年10月修正的刑法典第1条

又规定："行为非经法律明文规定犯罪及刑罚者，不得定罪科刑。"（2）在宪法中明确规定，刑法"不言而喻"地维持罪刑法定原则，而不必作重复规定。如日本宪法第31条规定："任何人，非经法律手续不得剥夺其生命或自由以及科以其他刑罚。"第39条规定："任何人的行为，在其实行时，是合法的或经认为是无罪的，不得追究其刑事责任。"（3）仅在刑法典中对罪刑法定原则作明确规定。如联邦德国刑法典第1条规定："行为之处罚，以其可罚性于行为前规定于法律者为限。"它们通过成文制定法而保证罪刑法定的实现。英美法系国家则另具特色，它们奉行判例法，罪刑法定的实现形式除执行有限的成文制定法规定外，主要是通过宪法进行程序限制。也就是说它们是在"适当的法定手续"的形式下走向罪刑法定的具体化道路的。①

从这个事实我们可以逻辑地得出如下结论：罪刑擅断与单纯的社会性质关系不大，或者说与之没有关系。

法国大革命后出现的法典编纂运动，反映了当时人们的一个共同认识：用法典限制法官的权力，防范罪刑擅断。它暗含的逻辑结论便是：有无法典，或者法典的详密、粗疏，是产生罪刑擅断和罪刑擅断严重程度的决定因素。事实则不然，对此在第二节中已经有论述。在封建社会甚至奴隶社会也有法律，有的还相当完备、详密，如我国的唐律其完备性令今人赞叹，然而无论是东方还是西方国家，封建社会和奴隶社会不仅罪刑擅断，简直草菅人命。这又从另一方面无可辩驳地告诉我们：法典的有无和详密与罪刑擅断的有无和轻重没有根本性联系。

在人类司法史上，罪刑擅断普遍而严重的时期是奴隶社会和封建社会，而奴隶社会和封建社会政体的共同而明显的特点是：专制。在专制政治制度下，王权至高无上。国王总揽国家的立法、司法和行政大权，国王言出法随，立法根据自己在行政管理中的需要，司法可以根据既有法律，也可以根据需要甚至受喜怒哀

① 参见甘雨沛、何鹏：《外国刑法学》（上），230页，北京，北京大学出版社，1984。

乐情绪左右而随时立法。国王是立法者、司法者和行政管理者，便无法律可言，要治人以罪全凭国王随意。正如美国法学家博登海默所说："纯粹的专制君主是根据其自由的无限制的意志及其偶然的兴致或一时的情绪颁布命令与禁令的。某天，他判处一个人死刑，因为他偷了一匹马；而次日他会宣判另一个偷马贼无罪，因为当该贼被带到他面前时告诉了他一个逗人的故事……这种纯粹的专制君主的行为是不可预见的，因为这些行为并不遵循理性方式，而且不受明文规定的规则或政策的调整。"① 这样的国家，由"一个人或是由重要人物、贵族或平民组成的同一个机关行使这三种权力，即制定法律权、执行公共决议权和裁判私人犯罪或争讼权，则一切便完了"②。"同一个机关，既是法律执行者，又享有立法者的全部权力。它可以用它的'一般的意志'去蹂躏全国；因为它还有司法权，它又可以用它的'个别的意志'去毁灭每一个公民。"③ 奴隶社会和封建社会的情形对文化人来说是无人不晓的，因此容不多言。在此简要引述的目的是想说明，从根本上看：罪刑擅断的真正根源是专制的政治制度。当然这种制度已经成为历史。尽管如此，澄清这个问题仍有助于我们认识法官行为的能量，从而对法官行为持客观、正确的态度，考虑事物间的联系性，采取相应的控制措施，才能收预想之效。否则，片面地看待问题，就表面现象施策，结果将会徒劳无功。法国大革命时期，资产阶级革命者就把革命之前的黑暗司法归因于法官，革命之后殚精竭虑地寻找彻底限制法官行为的方略。在他们看来只要制定完备的法典，为法官处理每一个案件提供明确的标准，法官处理案件只需进行正确的推理，"大前提是一般法律，小前提是行为是否符合法律，结论是自由或者刑罚"④，只要他们机械地执行法律，作法律的"喉舌"，起法律之口的作用，罪刑擅断便无从而生。于是过分偏爱法典，迷信法典的作用。的确包括法国在内的欧洲，进入近代以来在刑事司法领域不再是罪刑擅断的，这就容易使人产生错觉，以为法典真行！但

① ［美］E. 博登海默：《法理学——法哲学及其方法》，222 页，北京，华夏出版社，1987。

②③ ［法］孟德斯鸠：《论法的精神》（上册），156 页，北京，商务印书馆，1982。

④ ［意］贝卡里亚：《论犯罪与刑罚》，12 页，北京，中国大百科全书出版社，1995。

稍加分析便不难发现，主要起根本作用的不是法典，而是专制政治制度的死亡。

概言之，在奴隶制社会和封建制社会，司法权属大小皇权的范围，少量的职业法官的行为无非是执行皇帝的旨意而已。因而定罪判刑与其说是法官擅断毋宁说是大小皇权擅断，与其控制法官行为不如控制大小皇家官员的行为。也就是说那时压根就没有独立的职业法官司法，但是我们的学者谈及法官行为的危险性时，则往往以此为佐证，由于大前提的不真结论自然不真。通过上述分析我们可以得出两个命题：第一，控制法官自由裁量行为要以法官独立司法为前提，即要以政治权力的分立为前提，否则妄谈控制。第二，法官行为的参照系不应该在封建社会以前的专制政治制度中去寻找，而要把法官行为置于独立的范围来考虑，研究其控制的措施。

本节所要研究的控制法官自由裁量行为的措施，就是以近现代以来专制制度死亡后，仅限于法官行为的研究而提出的相应的措施。

二、确定控制目标与法官自由裁量权之边界

根据系统控制论原理，法院是一个大的执法系统，为了保证系统的正常运动，必须施以有效的控制，使系统运动一直保持理想状态。要对系统进行控制，必须首先确定控制目标。确立了预期的控制目标，然后根据目标的要求，系统在运动中随时随地调节自己的行为，最后达到或者接近控制目标。系统论原理同时也告诉我们，确立预期控制目标，必须在系统所面临的可能状态空间内去寻找。被确定的预期控制目标，应当既是可能的又是能够实现的。当然由于社会系统的复杂性和客观因素的限制，完全实现预期控制目标难以如愿，但是随着系统控制手段的不断改善，达到或逼近系统运动的预期目标是可以实现的。实现系统运动向控制目标前进，还必须选择最佳的系统运动条件。按照控制论原理分析，法院作为执法系统其预期控制目标是判决的每一个案件都公平、正义，而要实现这个预期目标，还取决于对法院系统运作行为的选择，即法官在裁判中的行为选择。

绝对严格规则主义完全无视人的自由意志，迷信规则的作用，虽可以实现一般公平、正义，但则以牺牲个别公平、正义为代价，不能实现预期的控制目标。绝对自由裁量主义完全排斥规则，一任人的自由意志处理案件，则破坏法的安全价值，而且这种无规则的运行将从整体上使案件的处理失去公平、正义。最佳的条件选择应该是严格规则与自由裁量恰当地结合。所谓“恰当”是指对自由裁量度的选择，法官自由裁量权既不能太大也不能几尽全无。这就要求我们在研究控制法官自由裁量行为时，要首先解决一个问题——法官自由裁量权的力度的掌握，或者说判定自由裁量的边界。

任何权力都应该有边界，都应该被控制在一定范围内，否则就将走向反面。法官的刑事自由裁量权也不例外，一方面我们承认法官应该具有一定的自由裁量权，以实现案件处理上的个别公正；另一方面又要警惕权力被滥用，损害法律的安全价值，造成更多的案件处理上的不公正。孟德斯鸠精辟地指出，任何有权力的人使用权力都要到边界时才停止。没有边界的权力便是一种无休止的任意性的权力，必然弊害无穷，因此任何权力都要判定其边界。法官刑事自由裁量权的边界如何判定，首先要明确两个问题：第一，刑事处罚直接涉及人权的重要方面——人身自由权，剥夺和限制人身自由的权力不能有任意性。第二，相对于民事、商事审判，刑事审判中更应注重规则的作用。如果说民事、商事审判中法官的自由裁量权不能太大的话，那么在刑事审判中则应更小。这就是说法官的刑事自由裁量权只能在很小的范围内行使，自由度是极有限的。怎样判定法官刑事自由裁量权的边界，古希腊思想巨人亚里士多德认为：“如果说具体法律规范在执行时可以根据情况加以改变的话，那么法律的精神、法律的原则在任何情况下都是不能改变的，都必须加以遵守和执行。”① 在亚氏那里法律的精神和原则是法官自由裁量权的边界，即在法律精神和原则的范围内法官可以据情自由地处理案件。让我们再看看英美法系国家理论家和法官的见地，尽管这些国家具有法官造

① 张宏生主编：《西方法律思想史》，51页，北京，北京大学出版社，1983。

法的传统，但对法官造法的权限则持谨慎的态度。英国大法官丹宁勋爵把法官的这种权力仅看成弄平“法律织物”上的皱褶。他说：“一个法官绝不可以改变法律织物的编织材料，但是他可以，也应该把皱褶熨平。”[①] 美国著名法官霍姆斯对法官造法的限制更显保守性：“我毫不犹豫地承认法官立法，并且他们必须这样做，但他们只有在弥补裂缝时才能这样做，他们的活动被局限于从克分子到分子那样的运动。”[②] 这里所说的“裂缝”是指法律与现实社会生活的差距。法官的自由裁量权只有在这种差距不可避免地出现时才能行使。关于行使法官自由裁量权，弥补法律与现实裂缝的方法，另一位美国著名法官卡多佐提出了以下四种：（1）就法则的指导力量作逻辑推理，可称之为类推规则或哲学方法；（2）沿着历史发展趋势处理，可称之为进化论方法；（3）沿着社会习惯处理，可称之为传统的方法；（4）沿着公正、风尚和社会福利几条线，即按现今习俗道德去处理，可称之为社会学方法。[③] 法官的这种作用“必须被认为是基本职能所附带的一种职能”，这种职能的行使还必须应是不得已而为之的，“对于法官来说，创立新的法律只是一种最后手段，即当现行的实在法渊源或非实在法渊源不能给他以任何指导时或当有必要废除某个过时的先例时，他所必须诉诸的最后手段”[④]。

从上面的分析中，我们已经可以给法官刑事自由裁量权划定一条边界。这就是说从权力的发动来看它是不得已而最后采取的手段；而且仅仅是弥补法律与现实社会之间的“裂缝”，即是一种对既存法律的补充行为，就普通法来说它只能是一种例外情况。如果说这种补充是立法的话，那么“法官只是偶然地制定法律”[⑤]。行使这种权力的出发点和归宿，是为了保证法院判处的每一个案件都是公正的。我们对法官刑事自由裁量权的控制，就应从这个边界出发，采取相应的

① ［英］丹宁：《法律的训诫》，10页，北京，群众出版社，1985。

② ［美］埃尔曼：《比较法律文化》，207页，北京，三联书店，1990。

③ 参见徐国栋：《民法基本原则解释》，217～218页，北京，中国政法大学出版社，1992。

④ ［美］E. 博登海默：《法理学——法哲学及其方法》，397页，北京，华夏出版社，1987。

⑤ ［英］詹姆斯：《法律原理》，42页，北京，中国金融出版社，1990。

措施，使之在划定的边界范围内充分发挥作用，从而兼顾法律安全价值和个别正义的实现。

三、动与静：两种控制并举

司法系统是一个复杂的社会系统，司法活动是无数个人活动的结合，要对这种复杂的社会运动系统和分散性的个人行为施控，使之达到理想状态，难度是可想而知的。采取动和静两种状态的控制也许是一种理想的方法。

静态控制，是从相对静止的状态出发考虑控制的措施。在司法活动的控制过程中，这种控制主要表现为立法，即事先给法官行为划定一个边界，约束限制法官的超边界行为。立法包括实体法和程序法两个方面。

立法控制就刑事实体法而言即是按照预定的控制目标，规定犯罪的范围，罪名的确定，刑事处罚及轻重。要达此则取决于立法者对未来的认知程度。一般来说，立法者对未来认知程度越高，所立法律越详备，留给法官的自由裁量权就越小，反之就越大。但是，详备不是绝对的，正如任何真理越出半步即变为谬误一样，立法细密也有一定的度，越过这个度则走向它的反面。如果立法细到具体命令的程度，则失去涵盖力，对未来的案件难以适用。这种立法只能作为过去和现在的法律，而失去未来法的功能。未来几近于无法，法官可能处于无制定法渊源而司法的地位，对立法者来说结果适得其反。按照预定的控制目标，法官的自由裁量行为仅仅是一种补充，一种对于法律与实现社会生活裂缝的补充，暗含着对立法详备的高期望值。满足的条件就是把握好详备性与具体命令之间的度。从理论上讲接近于具体命令的法律为理想详备的法律。这种法律对犯罪和刑罚的规定都是明确而具体的。

就程序法而言，则是规定处理案件的形式，把处理案件的过程规范在一定的范围内，而在这样的范围法官的自由裁量权被有力地监控于正常的境况中。如公开处理是在社会的监督之下，法官的随心所欲被限制；回避制度避免法官处理案

件因与自己有利害关系而徇私枉法，等等。英美法系国家由于受传统的影响，对程序的重视胜于实体，在独特的道路上实现了罪刑法定，避免了法官滥施刑罚。英美法有一条古老的准则：“程序先于权利”。这一准则产生于英国的原始令状制度。1066年诺曼人威廉征服英国以后至亨利二世这一制度形成原则。按照这一原则诉讼的发动取决于国王的令状，刑事案件的审理先由国王的首席大臣，即大法官向被告所在地的行政长官发出诉讼开始令状或人身保护令状。“令状”是大法官以国王名义颁发的书面命令，是责令被告到王室法院出庭的正式文件。它规定了诉讼的方式和管辖，决定被告的传唤方式、诉讼答辩方式、审理办法、判决形式、执行方法等，如果选错令状种类，案件将被驳回或终止审理，如要继续主张权利得重新申请取得令状。对当事人来说得到令状比请求判决更重要。因为有令状的地方才有救助方法，而有救助的地方才有权利可言。这种传统便形成了英美人对程序的特殊关注，至今影响其立法。英美法系国家的实践给人们的启示便是在司法控制中不可轻视程序的作用。

动态控制，是在司法运作过程中的控制。表现为两个方面，一是通过控制措施直接纠正司法向预定控制目标运行过程中出现的偏差；二是促使法官自己纠正偏差。这种控制既可以是立法机关进行立法控制，又可以是司法机关按照立法机关规定的程序自我控制。司法活动中的立法控制，是针对某一类问题已具有一定的普遍性，而不加规定可能造成执法不一时，由立法机关作出规定，这种控制对法典法国家表现为对已有法典的修改补充，而对判例法国家则表现为制定单行的法规。司法机关的自我控制表现为按程序规定上诉审法院对一审法院的判决直接改判或发回重审改判。改判的根据可以是实体的也可以是程序的。对适用实体法错误的改判世界各国大体无异，而对有违程序法的案件的改判则有严有宽。英美法系国家有重程序法的传统，采严的态度，即使是对真正的罪犯的处理，只要有违程序法也要改判。如在美国著名的案例有四个。一是米兰达案件。供认了犯罪事实的米兰达，在被判有罪后以对他进行讯问时未告知其有权请辩护律师，自己的供述因律师不在场而不能作为证据为由上诉于联邦最高法院。联邦最高法院认

定上诉有理，推翻了有罪判决。二是多丽·马普案。警官随便出示一张纸片冒充搜查证，要搜查马普小姐的住宅，马普夺过纸片，警官认为她是“好战的”而给她戴上了手铐，警官在她住宅的地下室发现了猥亵材料。俄亥俄州最高法院认定马普有罪，而联邦最高法院则以警方非法搜查获得的东西不能成为证据，非法逮捕又构成严重违反程序为由，推翻了有罪判决。三是克拉伦斯·吉地恩案。吉地恩因盗窃被捕，被法院判决有罪。而联邦最高法院以庭审时无辩护律师为由予以推翻。理由是“在刑事案件的对抗制度中，任何一个因为太穷而不能聘请律师的人，如果法院没有为他提供辩护人，就不能保证他得到公正的审判”。四是丹尼·埃斯科比多（以下简称埃）案。他被控杀害了他的妹夫，而且一名共犯供称埃付给了他500美元作为枪杀埃妹夫的报酬。埃要求会见律师被拒绝，因而有罪判决被推翻。原因是埃要求会见律师的权利被剥夺了。在我们看来这似乎是吹毛求疵，但是，它唤起人们对程序法的重视，从而发挥程序法对司法行为的控制所起的作用则不可小视。

四、诉讼开放：通过社会的控制

我国法院是一个复杂的社会系统，它的结构是正金字塔形。最高人民法院的子系统是各高级人民法院，高级人民法院的子系统是各中级人民法院，中级人民法院的子系统是各基层人民法院。按照系统论原理继续往下分，各个法院又是一个独立系统，它们的子系统是其内部设置的各审判庭等机构，各个工作人员则又是各内部机构的子系统。作为系统，对它的有效控制则绝不能仅仅依靠其内部的监督，内部监督是一种封闭状态的自我控制，它的作用是很有限的。一个系统要有序的发展，开放是必要的条件。系统论原理指出：在一个大系统中的子系统本身又是一个低层次的独立系统，作为独立的系统，它向其上级和下级系统开放，也是一种开放而非封闭的系统。如作为独立系统的高级人民法院向最高人民法院和中级人民法院诉讼开放，就不能视其为封闭系统。但是我们这里的论述不仅限

于此，而是把整个法院作为一个系统来研究的。耗散结构理论告诉我们，一个开放的系统可以从外界得到负熵流，即对系统运行偏差的负反馈，把这种得到的负反馈信息加以调节处理，纠正系统在运行中出现的偏差，从而保证其按预定的方向运行。开放的系统也可以从外界得到正熵流，即对系统运行正常的信息反馈。正熵流不仅不能促进系统正常运行，相反，会加速系统无序化进程。动态的决策就是在系统运动中选择最优方案，促进其正常运行的过程，而这种选择则依赖于反馈的信息。因此，反馈信息的真伪对系统的运行至关重要，系统运行本来已经偏离方向，而控制中心或者说决策者得到的是正常的信息，必然误导决策行为，结果使系统运行偏离轨道更远，与预期目标差距更大。仅仅依靠内部监督的系统获得这种假信息的可能性更大、机会更多，所以系统的开放绝不仅是对自己的上下级开放，而是向社会开放。通过开放而得到社会各方面的监督，获得监督信息用以改进工作，保证法院系统的运行不偏离国家管理控制的预期目标。

法院系统开放主要是诉讼向社会公开。向社会公开的目的是通过社会的监督对诉讼行为实行控制。按照系统控制理论，法院作为系统其控制依赖于自身，但施控的条件是真实的信息反馈。诉讼向社会公开本身不是施控，它对系统的控制主要从两个方面发挥作用，而且是两个非常重要的作用。这两个方面的作用是：获得更多的系统运行的真实信息；给系统施控以压力。法院是一个复杂的社会系统，它的运行有复杂的人的因素，诉讼公开就使各个人的行为不仅置于上级和同事的监督之下，而且置于广泛的社会监督之下。这就使各种不良行为难以隐瞒，从而受到最大限度的监督；对某种劣行当纠正而不纠正，对行为人当处理而不处理或处理不恰当，即系统施控不为或不当为时，社会给予压力迫使其施控。因此，在这里社会的力量是一种监督和制约。社会监督制约的渠道主要有三：一是国家权力机关；二是相关执法部门；三是公众。三个方面的监督制约最终能够形成压力的是国家权力机关的监督制约。公众监督中有两种力量是重要的：法学家和新闻舆论工作者。前者以行业专家的身份对法院的诉讼行为进行评议，使之难以蒙混过关；后者可以把诉讼中的不良行为置于更广阔的社会环境，形成更大的

压力。最终由国家机关通过对法官的任命与罢免，给法院系统的施控以压力，促使其正常施控。

诉讼公开在当今已不成问题。自资产阶级革命以来，无论是英美法系国家抑或是大陆法系国家，都把诉讼公开的程度作为衡量国家政治民主程度的标志之一，诉讼越开放国家的民主程度越高，反之亦然。诉讼公开主要是指诉讼过程，即个案的审理过程向社会公开，也即通常所说的公开审判原则，无疑这是正确的，无可非议。但是，仅靠公开审判体现诉讼过程公开是很有限的。任何一件案子在任何场合、任何时候公开审理，能够旁听了解的人都是不多的。因而一定程度上说光靠审案时公开诉讼过程，只是一种形式上的诉讼过程公开，并没有从本质上实现诉讼公开。我们以为解决这个问题的办法是公布案件的判决书。这样做的好处之一是可以把案件的处理置于更加广泛的社会监督之下；之二是监督者可以更加全面准确地了解案情，靠旁听时的了解往往是有限的。同时，要求判决书的制作至少要符合三个条件：一是准确地反映案件诉讼的全过程；二是详述案件的事实和认定的证据；三是阐明处理的理由。这样社会对法院的监督才能由理论变为现实，由形式上的监督变为实质上的监督，从而保证法院系统的正常运行和有序发展。

第1版后记

《刑事司法研究》一书由各章作者分别撰稿，最后由主编统改定稿。本书的分工情况如下（以撰写章节为序）：

绪论　陈兴良（中国人民大学法学院教授、法学博士、博士生导师）

第一章　黄朝华（法学硕士、北京市司法局干部）

第二章　莫开勤（法学硕士、中国人民大学法学院博士研究生）

第三章　蔡富超（法学硕士、郑州市中级人民法院干部）

第四章　付正权（法学硕士、深圳市人民检察院干部）

第五章　夏成福（法学硕士、四川省高级人民法院研究室主任）

由于作者水平所限，书中若有不妥之处，敬请各位读者指正。

作者

1995.8.23于北京

图书在版编目（CIP）数据

刑事司法研究/陈兴良主编. 3版.
北京：中国人民大学出版社，2008
（中国当代法学家文库·陈兴良刑法研究主编系列）
ISBN 978-7-300-09780-0

Ⅰ. 刑…
Ⅱ. 陈…
Ⅲ. ①刑法-研究-中国②刑事诉讼法-研究-中国
Ⅳ. D924.04　D925.204

中国版本图书馆 CIP 数据核字（2008）第 149352 号

中国当代法学家文库
陈兴良刑法研究主编系列
刑事司法研究（第三版）
主　编　陈兴良

出版发行　中国人民大学出版社
社　　址　北京中关村大街 31 号　　邮政编码　100080
电　　话　010－62511242（总编室）　010－62511398（质管部）
　　　　　010－82501766（邮购部）　010－62514148（门市部）
　　　　　010－62515195（发行公司）　010－62515275（盗版举报）
网　　址　http://www.crup.com.cn
　　　　　http://www.ttrnet.com(人大教研网)
经　　销　新华书店
印　　刷　河北涿州星河印刷有限公司
规　　格　170 mm×228 mm　16 开本　　版　　次　2008 年 10 月第 1 版
印　　张　28.25 插页 3　　印　　次　2008 年 10 月第 1 次印刷
字　　数　411 000　　定　　价　65.00 元
